우루무치시
신지앙위구르자치구
칭하이성
시닝시
티베트자치구
라싸시
쓰추안성
쿤밍시
윈난성

헤이룽지앙성
하얼빈시
지린성
창춘시
지린시
네이멍구자치구
선양시
리아오닝성
후허하오터시
허베이성
구
베이징시
티엔진시
다리엔시
이엔타이시
다통시
안시
스지아주앙시
타이위엔시
지난시
이엔안시
산시성
청다오시
산동성
르짜오시
산시성
정저우시
시안시
허난성
지앙쑤성
안후이성
난징시
허페이시
상하이시
후베이성
우한시
항저우시
닝보시
저지앙성
난창시
후난성
원저우시
광시성
창사시
푸저우시
푸지엔성
자치구
광동성
시아먼시
광저우시
타이완
선쩐시
마오밍시
마카오 특별행정구
홍콩
특별행정구
하이코우시
난성

차이나 리포트

중국 전문가 최명철의

차이나 리포트

도서출판 월인

머리말

지금 시중에 나가보면 중국 관련 책들이 무수히 많다. 필자가 90년 대 중후반 중국어를 처음 접했을 때 적당한 교재가 없어 사회주의 색채가 남아있는 중국어 교재로 공부하며, 원하는 중국 관련 책과 정보를 찾기 위해 도서관을 한참 뒤지던 때를 생각하면 격세지감을 느낀다.

이 마당에 필자가 한 권의 책을 더 내놓는다는 것은 너무 많은 중국 관련 책 앞에서 혼란을 느끼는 독자들에게 현기증을 더 하게 하는 것일까.

중국! 단 두 자이지만, '중국은 이렇다'고 딱 부러지게 말하는 것은 사실상 불가능한 것 같다. 워낙 복잡다단하고 다양하며, 그 어느 나라보다 하루가 다르게 발전하고 있기 때문이다.

수도 북경에서는 말이 끄는 마차 옆에 벤츠가 다니는 것을 어렵지 않게 볼 수 있다. 마차를 보는 사람은 북경이 가난하다고, 벤츠를 보는 사람은 북경이 부유하다고 말할 것이다. 사실 둘 다 맞는 이야기이다. 북경과 상해의 번화가는 선진국 못지 않지만, 번화가를 벗어나 차로 1시간 정도 거리에 있는 지역은 같은 북경, 상해시라도 '여기가 과연 북경과 상해가 맞을까'하는 생각이 들 정도로 시골이다. 북경과 상해, 그리고 중국은 가난하기도 하고 부유하기도 하다. 그 상반된 두 사실이 절묘하게 공존하고 있다.

중국에 대해 단순히 많이 아는 것도 나름대로 중요하다고 할 수 있지만, 이런 복잡다단한 중국의 모습을 어떻게 제대로 이해하는가가 더 중요하다고 할 수 있다. 이는 비단 현재의 모습만이 아니다. 우리가 제법 잘 알고 있다고 할 수 있는 고대의 고사성어도 제대로 이해하지 못하는 경우가 적지 않다.

예를 들어 춘추전국시대 사상가인 한비자(韓非子)의 저서 <한비자(韓非子)>에서 유래한 '모순(矛盾)'이란 단어는 일상생활에서도 자주 쓰이기에 그 의미를 모르는 사람은 없을 것이다. 그런데 '모순'에 관한 설명은 대부분 방패와 창의 이야기에서 끝난다. 그러나 이 이야기를 통해 한비자가 전달하고자 한 뜻은 전후맥락을 살펴보아야 제대로 파악할 수 있다. 그가 진정으로 의도한 바는 "지금 요(堯)와 순(舜)을 둘 다 한꺼번에 칭찬할 수 없는 것은 이 '창과 방패의 이야기'와 같다"는 것이다.

지금 요(堯)와 순(舜)을 둘 다 한꺼번에 칭찬할 수 없는 것은 이 '창과 방패의 이야기'와 같은 것이다.

무엇이든 뚫을 수 있는 창과 그 무엇도 뚫을 수 없는 방패는 서로 양립할 수 없다는 것. 같은 원리로 "요가 현명했다면 순의 덕화가 성립할 수 없고, 순의 덕화가 성립한다면 요가 현명하지 않았다"고 논증하는 것이다. 다시 말하자면, 순이 사람들을 교화시켰다고 하면, 그것은 최고통치자인 요가 사람들을 교화시키지 못했다는 얘기가 아니냐는 것이다. 그리고 만일 요가 이상적 통치자였다면 순이 사람들을 교화시킬 필요가 없었을 것이라면서 따라서 둘 중 하나는 성군(聖君)으로 추앙 받을 이유가 없다고 주장하였다. 그러면서 든 예가 바로 방패와 창의 이야기이다.

이렇듯 많은 고문들을 단순히 읽고 문자적인 해석과 지식에 사로 잡혀 있다면, 그 이면에 숨겨진 진실을 놓칠 수가 있다.

지금 화제가 되고 있는 중국경제도 마찬가지이다. 너무나 장밋빛인 것으로 알려진 중국경제, 그러면서도 한편에서는 중국붕괴론이나 경계론도 일고 있는 실정이다. 양 극단을 달리는 이 두 견해에서 많은 사람들은 아직도 우왕좌왕하고 있다. 중국경제가 빠른 속도로 발전하고 있고 전망이 좋은 것은 사실이지만, 많은 정보와 언론보도들은 과대 포장되어 있으며 거품이 끼어 있다. 그렇지만 중국붕괴론이나 경계론도 사실과 다소 동떨어진 것도 사실이다. 이 모두가 균형을 잃은 시각이며, 그 중간 정도가 적절한 답일 듯싶다.

중국 역사와 경제를 잘 아는 사람들을 어렵지 않게 만날 수 있다. 그렇지만(중국인의 민족성을 이해할 수 있는) 역사와 경제를 통털어서 볼 수 있는, 그 이면의 진실을 꿰뚫어 볼 수 있는 사람들은 의외로 적다. 역사나 경제를 하나만 안다면 절름발이 분석만 될 뿐이다.

중국에 대해 많이 알더라도 종합적으로 이해하지 못하고 표면에 드러난 지식과 정보에만 의존한다면, 중국에 대해 비슷하게 맞지만 어딘가 틀리고 현실과 다른 말을 할 수가 있다.

또, 중국의 90년대 정보가 뒤늦게 한국에 전해지고, 이제는 상황이 바뀌었지만 그 바뀐 정보는 아직 한국에 전해지지 않았을 수도 있다. 중국은 낙후된 면도 있지만, 발전속도는 한국보다 빠르다. 과거의 정보가 지금의 상황과 다른 경우도 허다하고, 중국 문화와 상황이 복잡다단한 관계로 알려진 것과 정반대의 사실이 동시에 존재할 수도 있다.

중국에 와 본 사람들은 중국공안(公安)의 막강한 권위에 놀랐을 것이다. 그래서 한국에 가서 중국공안은 날아가는 새도 떨어뜨릴 것 같다는 이야기를 한다. 지나가는 차도 막 세워 조사하고 검찰도 그 앞에서 기를 못 편다는 내용이다. 그렇지만 90년대말부터 공안의 힘은 다소 약해지며 민주적이 되었고, 유명무실에 가깝던 검찰은 점점 위상이 높아만 가고 있다.

중국을 꼼꼼히 분석하며 여러 각도로 살펴보고 언제든지 지금의 지식과 정보가 바뀔 수 있다는, 지금 알려진 사실과 전혀 다른 사실도 중국에 존재할 수 있다는 가변성을 품지 않으면, 내가 중국을 제대로 알고 있는지 끊임없이 확인해보며 겸손한 자세를 유지하지 않으면, 중국을 제대로 보기 어렵다.

많은 사람들이 중국을 어설프게 알면서도 중국을 이해했다고 자신하다가 큰 코 다친 일이 얼마나 많은가.

필자도 중국전문가가 되기 위해 중국에 왔지만, 아직도 배우는 단계이고 정확히 안다고 말하기는 어렵다. 중국에서 태어나 수십 년을 자라온 사람들도 중국을 잘 모른다고 하는 마당에 필자 같은 사람이 어떻게 중국에 대해 속시원히 말하겠는가.

그렇지만 중국을 이해하기 위해 부단히 노력해왔다. 이 책은 그 같은 노력의 산물이라고 할 수 있다. 물론 많이 미흡하다. 그리고 완성형이 아니라 진행형이다. 필자의 지식과 식견이 아직 완성되지 않았고 중국의 상황도 계속 변하고 있기 때문이다.

그럼에도 중국을 정확히 이해하는 데 도움이 될 수 있기를 바라며, 표면적인 내용이 아니라 그 이면에 숨겨진 참된 정보와 의미를 알릴 수 있기를 바라는 마음은 간절하다. 그래서 제목도 '차이나 리포트'로 정했다.

양파와 같은 중국을 한 꺼풀씩 벗겨 가며 참된 중국을 알리자는 의미이지만, 실제로 그런지는 독자들의 판단에 맡기겠다.

이 책은 2003년 중반부터 2006년 중반까지 『조선일보』, 『매경이코노미』, 『위드차이나』, 『비즈넷타임즈』, 『유통저널』, 『물류신문』, 『코트라』 등에 기고했던 글들과 필자가 마음속에 담아 오던 생각들을 정리해서 다시 엮어 낸 것이다.

중국의 상황이 계속해서 바뀌는 것을 고려해서, 이 책의 글 배열 순서는 주제별이 아니라 주요 사건의 시간 순으로 되어 있다. 그리고 최신 내용을 중간중간 덧붙였다. 발음표기는 원음을 그대로 살리는 방향으로 했다. 예를 들어 일반적으로 쓰이는 '짱쩌민' 전 주석과 '원짜바오' 현 총리의 이름은 '지앙쩌민'과 '원지아바오'가 원음에 가깝기에 보다 원음에 가깝게 표기했다. 그렇지만 '신화'통신과 '광동'성에서 '신화'와 '광동'은 '신후아'와 '구앙동'이 보다 원음에 가깝지만, 신화와 광동성으로 발음해도 큰 무리가 없고 일반적으로 잘 알려져 있기에 대중화된 표기법을 따랐다.

이 책이 세상에 나오기까지 많은 분들의 도움이 있었다. 필자의 부족한 글을 출판하기로 결정하시고 이 책을 내는 데 수고하신 월인출판사 여러분께 고개 숙여 감사를 드린다. 특히 필자도 혼란스러워 하던 원고를 묵묵히 정리해주신 윤영민 선생님께서 누구보다 수고하셨다. 월인출판사와 관계자

분들이 아니었다면 이 책은 출판이 불가능했을 것이다.

필자의 글에 조언을 해주신 『물류신문』의 김성우 국장님, 『매경이코노미』의 명순영 기자님, 『에너지일보』의 노진섭 기자님, 조창완 선배님에게 고마움을 전한다. 추천사를 써주신 최래옥 교수님에게도 감사드린다.

사진을 제공해주신 정병찬 선생님과 최지웅 군에게 고마움을 전하고 싶다.

교정을 도와주신 니트젠테크놀러지스 주성진 이사님과 서정규 차장님에게 감사를 드린다. 아마 이 분들의 도움이 없었다면, 제대로 된 책이 나오기 어려웠을 것이다.

출판을 위해서 뒤에서 후원해주신 부모님과 동생들, 니트젠테크놀러지스 전명진 차장님에게도 감사를 잊을 수 없다.

이 자리를 빌어 필자를 위해서 기도해 주시고 도와주셨던 많은 분들께 감사의 말을 전하고 싶다. 필자가 여기까지 올 수 있었던 것은 다 많은 분들의 기도와 관심 덕분이다. 그리고 그 분들께 이 책을 바치고 싶다.

2006년 8월

최 명 철

추천사

오늘의 중국을 알고자 하는 분네에게

우리나라와 중국은 오랜 역사상 뗄래야 뗄 수 없는 관계가 있다.

요순 시절에서 출발하여서 한(漢)나라, 위오촉(魏吳蜀) 삼국나라, 당(唐)나라, 송(宋)나라, 원(元)나라, 명(明)나라, 청(淸)나라 등등 우리와 관계를 보면 그렇다.

문화면에서 한문(漢文)이 오늘까지 우리에게 지대한 영향을 마치고 있다. 공자(孔子) 맹자(孟子) 주자(朱子)를 출발로 한 유교가 들어오고, 인도 불교가 중국에 자리잡고 나서 우리나라에 들어오고, 서구 문명도 서학(西學)이라고 하여서 중국을 거쳐서 우리나라에 들어온 것도 그렇다.

정치(政治), 경제(經濟), 의학(醫學), 미술(美術) 문학(文學) 등 여러면에서 두 나라가 빈번히 주고 받았다.

그런데 이것은 과거시대의 일이다.

우리는 현재 21세기 초엽을 살고 있다. 중국 사람도 현재 21세기를 살고 있다.

두 나라는 오늘날 여러 방면에서 인적으로, 물적으로, 문화적으로 활발하게 왕래하고 교역하고 수출과 수입을 하면서 살고 있다.

나도 중국에 학술과 관광과 서적 일로 열 번 이상을 가고, 중국 인사와 교유(交遊)를 하고, 몇몇은 우리 학회와 우리 집에 초청을 하였다. 내가 대학과 대학원에서 가르친 중국인, 조선족을 포함하여서 중국 학생이 여럿이 있다. 그런가 하면 우리 넷째딸은 북경과 대만에 유학을 가기도 하였다. 이처럼 나와 우리 집과 우리나라는 중국과 관계가 깊다.

그런데 사실 나는 현재 중국 실상을 잘 모른다.

나는 중국을 여러번 갔다 왔어도 현재 중국 전체로 보면 주마간산(走馬看山) 격이요 군맹무상(群盲撫象) 격이라서 무척 아쉬웠다. 오늘 현재를 사는 양국 사람은 실상을 제대로 알고, 그리고 나서 서로 돕고 사는 상생(相生), 공익(共益)을 이루어야 하는데 말이다.

정말의 현재를 실감이 나게 사진을 보듯 영화를 보듯 알 수 있는 책이 있으면 얼마나 좋을까? 그것도 젊은이가 중국에 몇 년 가 있어서 몸으로 부딪치고 부대끼고 어울리면서 속속들이 솔직하게 기술한 책이 있었으면 하였는데……

마음에 든 책을 보게 되었다. 바로 이 책이다.

목차를 보니 흥미롭다.

중국의 개 수난시대, 값비싼 결혼비용으로 고민하는 중국의 젊은이들, 상업화에 멍들어 가는 샤오린스, 바로 우리가 무협영화에서 보는 소림사(少林寺), 묻지 마 중국 유학이 과연 좋은가, 중국 차 과연 마실 만한가? 중국 대학생의 3대 보물……

더 목차를 보니 두렵다. 그러고 부럽다.

세계 500개 대학 중 중국은 8개, 세계로 뻗어가는 중국 신발, 중국, 애니메이션 강국으로, 중국 항만 처리량 연간 30억 톤으로 세계 1위, 중국 반도체 산업 세계대국 부상……

작자는 20대에서 30대 초입 지금까지 수년간 중국에 가서 몸으로 때우는 유학을 하여 박사학위를 눈앞에 두고 있는 열성이 있는 젊은 학생이요, 학자 후보생이요, 경제 물류 유통 분야 관심자요, 중국을 우리에게 제대로 알리려는 관찰자요 기록자다.

이 책은 여러 분야를 참신하게, 정확 면밀하게 담고 있다. 원래 두 권 분량이었는데 우선 한 권으로 낸다고 하니까 자연히 두툼하였다. 이 큰 책을 읽노라니 시간이 걸렸지만 그래도 나에게 많은 중국에 대한 공부를 하게 하여서 그동안 중국의 현실에 아쉽던 내 마음을 씻어주었다.

이에 나 같은 독자가 있으리라고 보고 추천하는 바이다.

2006.8.15.

한양대학교 사범대학 국어교육과 명예교수

최래옥(崔來沃)

contents

한국인이 중국에 가면 두 가지의 길이 있다고 한다.
제대로 망하거나 제대로 성공하는 길. 그렇다고 이 글에 성공하는 법이 나와 있지는 않다.
단지, 최소한 제대로 망하지 않게 하기 위한 한국인이 모르는 중국을 이야기 할까 한다.

사회

CHINA
차 이 나 리 포 트
REPORT

CHINA REPORT

contents

경제

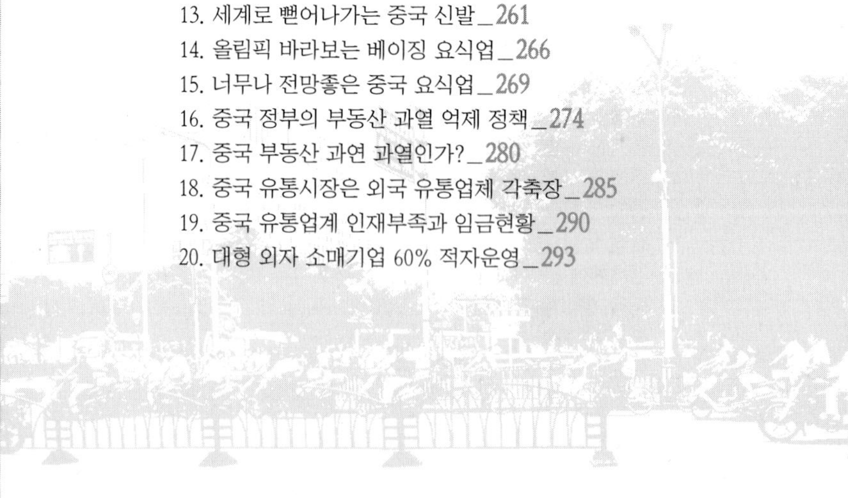

CHINA
차 이 나 리 포 트
REPORT

사회

고사성어 바로 읽기

중국 역사와 고전에 대한 많은 책들이 있다. 그리고 중국 역사와 고전에 밝은 사람들을 어렵지 않게 만날 수 있다. 그런데 그 역사와 고전에 숨은 이면의 이야기를 꿰뚫은 사람들은 생각보다 적다.

앞서 머리말에서 잠깐 소개된 '모순(矛盾)'에 대해 좀더 자세히 살펴보자. ≪한비자(韓非子)≫의 글을 자세히 읽어 보면 모순에 대한 단순한 설명 이상의 예리한 비판과 주장이 있음을 알 수 있다.

역산(歷山)의 농부들은 서로 논의 논두렁을 침범하여 다투는 일이 많았다. 그러나 순(舜)이 그곳에 가서 농사를 짓게 되자, 1년 만에 논두렁은 정상대로 되돌아갔으며 아무도 침범하려 하지 않았다. 황하(黃河)의 어부들이 그물을 치는 장소를 두고 다투는 일은 그칠 날이 없었다. 그런데 순이 그곳에 가서 고기잡이를 하자 1년 만에 다툼이 그치고, 그 장소를 연장자에게 양보하게 되었다. 이에 대해 공자는 다음과 같이 말하면서 감탄했다.

> 농사를 짓는 일, 고기를 잡는 일, 도기를 만드는 일은 순의 직책은 아니었다. 그럼에도 불구하고 순이 직접 나가서 그런 일을 한 것은 나쁜 점을 고치려고 했기 때문이다. 순은 진정한 박애자라고 할 수 있다. 스스로 경작을 하며 고생하고 있는 동안에 백성이 그것을 따르게끔 된 것이다. 그러므로 '성인의 덕은 사람을 감화시킬 수 있다.'는 것이다.

한비자는 순의 자애에 의해 스스로 이루어지는 교화의 이야기에 대해 어떤 사람의 말을 빌어 이렇게 반론하고 있다.

어떤 사람이 유자에게 물었다.

"그때 요(堯)는 대체 어디에 있었습니까?"

유자는 대답했다.

"요는 천자였다네."

"그렇다면 공자가 요를 성인이라고 한 것은 어떤 뜻입니까? 깊은 통찰력을 가진 성인이 위에 있으면 모든 것을 내려다보고 온 세상에 나쁜 짓은 있을 수 없게 할 것이 아닙니까. 그렇게 되면 농부나 어부도 다툴 일이 없을 것이고 도기도 조악품이 아니었을 것이므로 순으로써는 굳이 그 사랑으로 백성을 교화할 필요가 있었겠습니까. 그러나 순이 나쁜 점을 고치려 한 것을 보면 요에게 실수가 있었을 것이 틀림없습니다.

순을 훌륭한 사람이라고 칭찬해야 한다면 요의 깊은 통찰력은 부정되어야 할 것이며, 요를 성인으로써 칭송했다면 순의 사랑에 의한 교화는 부정되어야 할 것입니다. 그 두 가지가 양립한다는 것은 있을 수 없을 것입니다.

초나라에 방패와 창을 파는 자가 있었습니다. 방패를 자랑하면서 '이 방패의 튼튼하기를 말한다면 어떤 것으로도 이를 뚫을 수가 없습니다.'라고 말했습니다. 그런 다음에 다시 창을 자랑하며 '이 창이 얼마나 예리한지 어떤 것이든 이것으로 꿰뚫지 못하는 것이 없습니다.'라고 말했습니다. 그러자 어떤 사람이 '당신의 창으로 당신의 방패를 찌르면 어떻게 됩니까?'하고 말했습니다.

방패와 창을 파는 사람은 더 대답을 하지 못했습니다.

대저, 어떤 것으로서도 꿰뚫을 수 없는 방패와 어떤 것이든지 꿰뚫을 수 있는 창과는 동시에 존재할 수 없는 것입니다. 요와 순을 동시에 칭송할 수 없는 것은 마치 이 창과 방패가 동시에 존재할 수 없는 것과 같습니다.

더구나 순은 나쁜 점을 고치는데 1년 걸려 한 가지를 고치고 3년 걸려 3가지를 고쳤을 뿐입니다. 그러나 세상의 악은 그칠 날이 없습니다. 한정이 있는 것으로 그치지 않는 것에 대처한다고 하면 고칠 수 있는 악은 극히 적을 것이 아니겠습니까? 상벌이야말로 세상 사람들을 복종케 하지 않을 수 없는 것입니다.

'기준에 맞는 것에는 상을 주고 기준에 맞지 않는 것에는 벌을 준다.'는 법령을 발포한다면, 그 법령이 이른 아침에 도달하면 저녁때에는 고쳐지고 저녁때 도달하면 다음날 아침에는 고쳐져서 열흘 동안에 전국 각처에서 잘못이 고쳐질 것입니다.

어째서 1년이나 기다려야 할 필요가 있습니까. 그런데도 순은 그렇게 말하여 요를 설득하고 온 세상 사람들을 복종시키려 하지 않고 오히려 제 발로 걸어가서 손수 일을 했습니다. 이 얼마나 책략에 어긋나는 것입니까."

요(堯)와 순(舜)은 유가학파가 지극히 받드는 성인(聖人)들이다. 이른바 '요순시절'은 가장 안정된 정치 아래서 백성들의 복지가 가장 잘 보장된 사회로 동양인의 정치적 유토피아를 가리키는 말이 되어 왔었다. 모순이라는 말을 처음 사용한 한비자는 법지상주의자(法至上主義者)였기에, 그의 저서 ≪한비자(韓非子)≫에서는 유가들이 주장하는 낙관론을 통렬히 비판하는 대목이 많은데, '모순'이 들어있는 <난일(難一)·난세편(難勢篇)>도 그 하나이다. 난(難)이란 여기서는 '어렵다'가 아니라 '비판한다'는 뜻이다. 여기서 우리는 한비자가 '모순'을 왜 이야기 했는지 그의 의도를 읽을 수 있다.

순임금을 성인이라고 하기 위해서는 요임금의 치세를 부정하지 않을 수 없고, 요임금을 성인이라고 하기 위해서는 순임금의 덕화(德化)를 부정하지 않을 수 없다'고 하였으며, 이는 마치 '창과 방패의 이치와 같은 것이 아니겠는가'라고 하여 순임금의 치세를 칭송하고 있는 유가의 설을 논란한 것이다.

모순보다는 덜 유명하지만, 서시빈목(西施矉目)·효빈(效矉)·서시봉심(西施捧心)이라는 고사성어를 살펴보자.

중국 월(越)나라에 불세출의 미인 서시(西施)가 살았다. 그녀에겐 가슴앓이가 있어 자주 눈살을 찌푸렸는데, 어떤 못생긴 여인이 그 모습을 보고는 자신도 눈살을 찌푸리면 아름다워 보이려나 여기어 눈살 찌푸리기를 일삼아 마을 사람들이 모두 비웃고 꺼려 했다.

≪장자(莊子)≫, <천운편(天運篇)>에 나오는 이 이야기는 원래 반유교적(反儒敎的)인 장자가 외형에만 사로잡혀 본질(本質)을 꿰뚫어 볼 능력이 없는 사람을 신랄하게 풍자하고 있는 것으로 실로 의미심장(意味深長)하다. 원래는 공자의 제자인 안연(顔淵)에게 노(魯)나라의 악사장(樂師長)인 사금(師金)이 한 말이라 한다.

이 이야기를 꺼낸 장자는 시대의 변천에 따라 제도나 도덕도 변해야 한다고 강조하면서, 춘추시대 말엽의 난세에 태어난 공자가 그 옛날 주왕조(周王朝)의 이상정치(理想政治)를 그대로 노(魯)나라와 위(衛)나라에 재현하려 하는 것은 마치 추녀가 서시를 무작정 흉내내는 것과 다르지 않다고 빈정댄 것이다.

서시(西施) – 중국 4대 미인중의 하나

모순도 서시봉심도 단순한 설명이나 문자적인 해석이 중요한 것이 아니다. 한비자나 장자가 무슨 의도로 글을 썼는지를 아는 것이 중요하다. 그래서 중국을 이해하는 것이 어렵다고 할 수 있다. 우리가 잘 알고 있다고 생각하지만, 실상은 절반만 혹은 껍데기만 아는 것이 많기에 말이다.

정말 알 수 없는 중국인

당나라(唐) 현종때 '이임보(李林甫)'라는 재상이 있었다. 그는 사람들 앞에서는 매우 다정하게 말하고 친하게 지냈지만 뒤에서 몰래 정적들을 해치고 흉계를 꾸미는 인물이었다. 그런 이임보를 가리켜 구밀복검(口蜜腹劍)이란 고사성어가 만들어졌다. 문자적으로 '말을 달콤하게 하면서 뱃속엔 칼을 품고 있다'라는 뜻이며, 교활하고 음흉하다는 의미이다. 중국에서는 어렵지 않게 그런 예를 찾아 볼 수가 있다.

날씨도 춥고 해서 몇몇 사람들하고 술과 함께 양꼬치를 먹는 중이었다.

중국에 오신 지 2년쯤 되신 분께서 느닷없이 자기는 중국인이 무섭다는 것이었다. 그 분은 겉으로 보아서 한국인이 아니라 전형적인 중국인이다. 그리고 위생관념과 교통의식이 없고 남에 대한 배려심이 없는 중국이지만, 여긴 삶에 여유있고 좁은 땅에서 아웅다웅하며 힘들게 사는 것보다 넓은 중국이 좋다고 항상 이야기하시던 분께서 '갑자기 웬 말씀이실까'라는 생각이 들었다.

비 없고 건조하기로 유명한 북경에 올해는 유달리 비가 많이 왔던 적이 있다. 어느 여름날 폭우가 많이 내려 거리엔 나무가 뽑히고, 그 분이 사는 집 베란다에 비가 들어온 적이 있었다.

그래서 그 분이 베란다에 들어온 비를 청소하다가 아래층의 주인과 얼굴을 마주하게 됐다. 각자의 집을 청소하면서 농담도 하고 인사도 주고받았다. 그런데 그 날 저녁에 집주인에게서 전화가 왔다. 아래층 주인이 그분이 비 올 때 제대로 창문을 닫지 않아 아래층으로 물이 새어 보상해 달라고 전화가 왔다는 것이다. 그리고 다음 날에 주인이 직접 왔다. '아래층에서 하도 전화가 와서 자기가 오지 않을 수가 없다'라는 것이었다. 나중에 들으니 아래 층 주인은 학교에까지 가서 배상문제를 얘기했다고 한다. 자기와는 다정하게 이야기하고 인사도 했는데 어떻게 이렇게 할 수 있을까라는 생각이 들었다고 한다.

물론 이런 이중적인 사람은 어느 나라에서나 있을 수 있다. 그렇지만 중국에 유달리 많다는 것을 부인하기는 힘들 것이다.

중국인의 속성을 잘 나타내는 병법36계(計)에서 차도살인(借刀殺人)과 소리장도(笑裏藏刀)가 위의 예에 적합하지 않을까 한다. 차도살인과 소리장도를 사전적으로 해석해보면, 차도살인은 '남의 칼을 빌려서 적을 해친다'라는 뜻이며, 소리장도는 '웃음 속에 칼을 숨기다'라는 뜻이다.

생각과 행동 그리고 일처리하는 방식에서 한국인은 즉흥적이고 직접적인데 비해 중국인은 간접적이고 우회적인 경우가 많다. 한국인은 좋게 말하면 뒤탈은 없지만 나쁘게 말하면 성급하고 인내심이 부족하고, 중국인은 좋게 말하면 신중하지만 나쁘게 말하면 겉과 속이 다를 수 있고 권모술수에 능하다.

지금 중국에 있는 유학생들은 과거엔 문학, 역사, 철학 등을 공부했고 지금은 경제나 경영, 법학, 정치 등으로 옮겨가는 추세이다. 그러나 대다수의 유학생들은 자기 전공에만 치중해 중국의 고사성어나 민족성은 잘 이해하지 못하는 경향이 있다. 설사 중국 역사나 문학을 공부해도 포괄적으로 중국을 알며 중국인을 이해하려는 노력이 부족하다.

중국을 소개하는 책이나 한국의 중문학은 공자나 맹자 아니면 이백과 두보와 같은 지나치고 이상적인 철학이나 고상한 문학에만 치중해있는 게 문제라 할 수 있다. 이는 단지 중국의 한 단면만을 보여주기 때문이다.

중국을 알기 위해 공자나 맹자 이백과 두보만 볼 게 아니라 중국의 대표적인 복수담인 와신상담(臥薪嘗膽)이나 삼국지연의의 공성계(空城計)를 이해하는 게 더 현실적일 수 있다.

유학생의 편지: 사스에 대해

不信의 거리엔 죽음의 소문만이… '쉬쉬' 정책에 분노

세계보건기구(WHO)가 여행 연기 지역으로 권고한 중국 베이징(北京) 주민들은 매일 전화로 친지들의 안부를 묻는 게 습관이 됐다. 굳이 정부가 "외출을 삼가라"고 권고하지 않아도 겁에 질린 주민들은 바깥으로 나갈 엄두도 내지 못한다.

인적이 끊긴 거리에는 식초 태우는 냄새만 진동한다. 중국산 검은색 식초인 미초(米醋)가 사스에 특효가 있다고 소문나면서 모든 가정이 미초를 태우기 때문이다. 간혹 창문 너머로 보이는 행인들의 얼굴은 마스크로 뒤덮여 있다. 아무리 추운 겨울철에도 마스크 쓰는 것을 꺼려 하는 중국 사람들이 얼마나 겁에 질려 있는지를 엿볼 수 있다.

주민들은 신문이나 방송 뉴스보다는 오히려 전화를 통해 전해듣는 소문을 사실로 받아들이고 있다. 내가 사는 곳 바로 옆에 있는 경제관리간부학원에서 1명이 죽고 1명이 중태라는 이야기가 떠돌았고, 맞은 편의 청년정치학원에서도 사망자가 나왔다고 한다. 베이징대에서는 한 여자 교수의 친정어머니가 사스에 감염돼 일가족이 모두 전염됐고, 이중 교수 부부는 둘다 사망했다는 루머도 나돌고 있다. 중국 정부가 곧 베이징시에 계엄령을 선포할 것이라는 소문도 있다. 한 친구가 농으로 건넨 "사스보다 유언비어가 더 무섭다"는 말이 농담처럼 들리지 않는다.

동료 일본인 유학생 말로는 평소 자주 찾아뵙던 우리 학교 교수 한 분이 사망했다고 한다. 그 교수가 평소 건강했고, 학내 활동을 열심히 했기 때문에 감염자가 더 있을 것이라는 얘기도 덧붙여졌다. 조만간 내 주변에서도 누가 희생될지 모른다는 불안감이 엄습해 왔다.

베이징에 있는 각 대학은 앞다퉈 휴교에 들어가고 있다. 내가 다니는 사회과학원도 지난 21일부터 전면 휴강에 들어 갔다. 휴강 직후 학교에 가보았더니 인적이 끊겨 텅빈 교내에 '사스'를 조심하라는 대자보만 곳곳에 나붙어 있었다.

한국 유학생들도 귀국을 서두르고 있다. 며칠 전 만난 한국 유학생회 회장은 "조만간 가족들을 데리고 한국으로 돌아갈 예정"이라고 말했다. 다음달로 예정됐던 유학생들의 수학여행도 취소됐다. 이미 단기 체류하는 어학연수생들은 대부분 한국으로 돌아갔고, 정규 학과 과정에 재학 중인 유학생과 상사 주재원들도 귀국 계획을 잡고 있다고 한다. 또 중국 정부의 초기 발표보다 사스의 실제 사망률이 높은 것으로 알려지면서 외국인들의 출국도 이어지고 있다. 조금만 사태가 더 악화되면 외국인뿐 아니라 베이징 주민 전체가 도시를 떠나는 '북경발 엑소더스'가 될 수도 있다는 얘기도 나온다.

웬만해서는 공식 언급을 꺼리는 중국 정부도 매일 TV를 통해 주민들의 불안감을 잠재우기 위해 나섰지만, 주민들의 불신과 공포는 더욱 악화되고 있다. 주민들 사이에서는 이미 "정부의 늑장 대응과 무사안일한 처리가 사태를 이 지경으로 악화시켰다"는 불만이 팽배한 상태다. 중국의 전통적인 '쉬쉬' 정책이 사태를 걷잡을 수 없는 상황으로 악화시켰다는 것이다. 사스에 대한 공포에 더해 당국에 대한 분노와 배신감이 베이징 주민들을 걷잡을 수 없는 심리적 공황 상태로 빠뜨리고 있다.

중국, 개 수난시대

광견병 원흉, 보이는 족족 사살…

베이징 후아지아디(花家地)에 사는 조 모씨, 그는 밖으로 개를 데리고 나가기가 두렵다. 요즘 동물들에 대한 중국 사람들의 인식이 나빠졌기 때문이다. 개를 밖으로 내보냈다가 무슨 일을 당할지 모른다. 중국에 온 지 4년이 넘는 그는 "사스 이후 동물들이 중국에서 수난을 당하고 있다"며 "동물들이 점점 인기를 얻는 한국과는 대조적"이라고 말했다.

2003년 중반 사스(SARS)전파 주범으로 알려져 박해 받았던 줄머리 사향살쾡이가 그 억울한 누명을 벗었다. 중국 당국이 양식한 줄머리 사향 살쾡이를 '식용 가능한 야생동물'로 지정했다. 이 동물은 고양이과 동물 가운데 고기가 가장 맛있어 '팔대산진(八大山珍)'으로 불리며 중국인의 사랑을 받아왔었다.

그러다가 사스 주범으로 알려진 뒤로는 눈에 띄기만 하면 죽음을 피하지 못했다. 맞아죽으나 식사를 위해 죽으나 마찬가지일지 모르나 그래도 인식이 바뀐 셈이다.

신화통신에 따르면 중국 당국은 2003년 7월 각 성(省)으로부터 제출받은 '양식 가능한 야생동물' 명단을 검토해 확정했다. 이 중 광동성(廣東省)은 줄머리 사향 살쾡이를 포함해 메추라기, 멧돼지 등 40종류 동물을 통과시켰다. 이 검토작업에 참여했던 한 전문가는 "사람들이 남용해서 먹는 게 잘못되었다. 야생동물 자체에는 피해를 줄 큰 문제가 없다는 결론을 얻었다"고 말했다. 이로써 야생동물들은 이유 없이 거리에서 맞아 죽는 재난을 피하게 되었다.

반면 개들이 수난시대를 맞았다. “요새 개들이 잘 안 보이네?” 사스로 한국에 피난(?)갔다가 중국에 돌아온 한국 사람들이 하는 이야기다. 사스 전에는 중국 사람들이 저녁에 자기 개를 데리고 산책을 다니곤 했다. 개 혼자 길거리를 다니는 경우도 종종 볼 수 있었다. 하지만 대부분이 사스 후에는 좀처럼 개를 보기 어렵다는 생각을 갖게 된다. 여기에는 다음과 같은 이유가 있었다.

기동타격대까지 나서

2003년 7월 하순 중국위생부는 상반기 사망자를 가장 많이 낸 전염병을 발표했다. 다들 사스라 생각했는데 의외로 광견병이었다. 발병자 수는 545명으로 2002년보다 89명 많았다. 사망률은 무려 90%, 51년부터 시작한 대대적인 개 박멸운동으로 잠잠해졌던 광견병이 70년대 이후 꾸준히 늘어났다.

위생부의 발표 이후 사스가 처음 발생했던 중국 광동성에 광견병 비상이 걸려 주인없는 개 6만여 마리가 타살됐다고 신화통신이 보도했다. 광동성 위생청은 2003년 들어 6월말까지 74명이 광견병에 걸려 환자 대부분이 숨진 데 충격을 받았다. 성내 13개 광견병 발생지역에 대해 주인 없는 개를 발견하는 대로 현장에서 때려 죽이라고 지시했다.

위생청은 각 지방에 내려 보낸 공문에서 일주일 내 ‘정화작업’을 마무리하라고 강조했다. 동시에 앞으로 1년 내 외부지방에서 개를 반입하지 말도록 명령을 내렸다. 광견병 상황이 심각한 마오밍시(茂名市)는 3,000명의 기동타격대를 조직해 짧은 기간 내 6,800여 마리의 개를 죽였다. 잔지앙시는 5만여 마리를 죽였다.

중국은 개를 기르는 가정이 점차 늘어나면서 2002년 개에게 물린 피해자가 3만여 명에 이른다. 그러나 상당수 개들이 주인들의 인식부족으로 예방주사를 맞히거나 치료를 하지 않아 광견병이 크게 번지고 있다.

참고로 27종의 법정 전염병 중 발병자 기준 2003년 상위 10위는 △간염 △폐결핵 △세균성 아메바성 이질 △임질 △홍역 △매독 △티푸스와 장티푸스 △유행성 출혈열 △학질 △성홍열 순이다.

사망률을 기준으로 한 2003년 상위 10위는 △광견병 △에이즈 △신생아 파상풍 △유행성 뇌염 △사스 △유행성 뇌척수막염 △구단(鉤端) 스피로헤타병 △탄저 △유행성 출혈열 △학질 순이다.

상업화에 멍들어 가는 샤오린쓰(少林寺)

5악 중 하나인 송산(嵩山: 숭산)에 위치한 샤오린쓰(少林寺: 소림사)는 더 이상의 말이 필요없는 중국 최고의 사찰이다. 북위의 효문제 때(495년) 인도에서 온 발타선사가 창건했으며 선종의 개조 인도승 달마 조사로 유명해져 그 역사와 규모 면에서 아직까지도 그 위용을 자랑한다.

지난 15세기 동안 샤오린쓰는 화재와 외침 등으로 여러 번 파괴됐고, 가장 최근에는 문화혁명 당시 마오쩌둥(毛澤東)의 홍위병들 손에 큰 피해를 입었다. 그러나 그런 파괴는 외형적인 면에 한했고 샤오린쓰 선종의 정신은 유구한 세월에도 면면히 계승되어 왔다. 그렇지만 지금의 샤오린쓰는 외형적으론 화려하지만 선종의 정신적인 면은 점점 붕괴되어 가고 있다. 그러므로 샤오린쓰에 너무 많은 기대를 가지고 갔다가는 실망을 하기가 쉽다. 샤오린쓰는 한국 사람이 생각하는 선불교의 본고장이 아니라 그저 역사 유적지이며, 무술관광지일 뿐이다. 단순한 관광객들에겐 좋은 볼거

5악중의 하나 – 송산(嵩山)

리와 즐거움을 선사할진 몰라도 신실한 불교 신자에겐 실망감과 허탈감을 안겨줄 뿐이다.

현재 샤오린쓰에서는 동양 종교·무술에 대한 중국 및 세계사회의 관심 증대를 최대한 활용하고 있다. 그러면서 샤오린쓰의 엄숙한 종교성은 점차 사라지고 있다. 그러나 샤오린쓰에 대한 환상은 샤오린쓰를 상품화하여 팔아먹는 데 매우 유용하다. 매년 1백만 명 이상의 중국인과 외국인 관광객이 허난성(河南省) 산악지대의 소림사를 찾는다. 그들은 상식에 도전하는 쿵후 동작을 경이로운 눈으로 구경한 뒤 구내매점에서 칼·무술비결이라 씌어진 비디오 테이프·브루스 리(李小龍) DVD 등을 구입하거나, 약 1천~5백년 전 선종(禪宗)과 소림 무술을 창시했다고 전해진 달마대사의 유적들을 본다.

현재 샤오린쓰 출입문 밖에는 수십, 수백 개나 되는 무술학교들이 난립, 중국인의 몇십 배나 되는 수업료를 내는 소수의 외국인을 포함한 수만 명이 넘는 무술인 지망생들의 꿈(돈 그리고 명예)을 겨냥해 경쟁을 벌인다. 소림사 자체도 쇼비즈니스계에 뛰어들었다. 오늘날 샤오린쓰는 돈에 굶주리고 이윤추구에 열성적인 새로운 중국을 상징적으로 보여준다는 표현은 지나친 비하일까? 현재 샤오린쓰를 규정하는 건 달마선사로 대변되는 선불교 유산이 아니라 바로 리리엔지에(李連杰)로 대변되는 무술의 유행이라고 말하면 샤오린쓰와 달마를 모욕하는 말일까?

아직은 외국인을 샤오린쓰로 끌어들이는 것보다 해외로 '포교사를 보내는 일이 더 중요하다. 선종포교가 아니라 무술전파라고 말해야 옳을 듯 하다. 지난 10여 년 간 샤오린쓰 무술시범단은 세계 각지를 돌며 샤오린쓰와 중국 정부를 위해 돈을 벌어들였다. 두 손가락으로 물구나무서기와 진검대련시범 등을 보이며 관객의 뜨거운 성원을 얻어왔다. 그렇지만 일각의 비판처럼 이 시범은 전통 무술이라기보다는 서커스에 가깝다. 한국 강화 선원사가 소림사의 무술 총책임자와 자매결연을 맺은 것도 무술 교류라는 측면이 강하다. 사실 선종의 정신이, 참선의 수행이 잘 남아있는 나라는 한국인데.

(한국 승려들이 참선만 중요시한 나머지 불교의 교리를 잘 모른다는 외부의 비판이 있는 듯 하지만…)

샤오린쓰 '상표' 보호 발벗고 나섰다

2002년 9월 중국 관영 신화통신은 수십 편의 쿵후 영화로 유명해진 중국 중부 지역 소재 샤오린쓰 승려들이 샤오린이라는 이름으로 돈을 벌려는 사람들로부터 샤오린 상표권을 보호하기 위한 투쟁에 나섰다고 보도했다. 이 통신은 스용신(釋永信) 주지가 "샤오린쓰의 문화를 보호하고 활력을 불어넣는 것은 우리들의 피할 수 없는 역사적 책임"이라고 역설했다면서 샤오린쓰가 최근 수개월동안 '샤오린'과 '샤오린쓰'를 상표로 등록하려는 노력을 전개해 왔다고 전언.

그렇지만 이런 스용신 방장 스님에게 심기가 불편한 일이 있었다.

샤오린쓰가 호주 상표국에 '샤오린(少林)' 상표 등록을 신청했다가, '샤오린'은 아무나 쉽게 사용할 수 있는 일반명사라는 이유로 상표등록을 거부당했기 때문이다. 호주에서 '샤오린' 상표가 등록되지 못하면 법적 보호를 받지 못하게 되고 그로 인해 불리한 연쇄반응이 일어날 수 있다는 것이다.

그런데 문제는 국내외에서 '샤오린' 상표 도난 현상이 비일비재하다는 데 있다. 그래서 스용신 방장 스님의 걱정은 태산 같다. 지난 몇 년간 샤오린 무술이 유명해지면서 '샤오린' 브랜드도 갈수록 국제화되고 상품화 되는 추세다. 이 같은 추세에 발맞춰 간교한 상인들이 '샤오린' 상표에 잠재된 상업적 기회를 노리고 다투어 상표등록을 하는 바람에 '샤오린' 상표 도난 현상이 심각해지게 된 것이다.

중국 상표 등록소가 세계 11개 국가 및 지구에 등록된 '샤오린' 상표를 집계한 결과 다른 국가 및 지구에 '샤오린' 또는 '샤오린쓰' 상표로 등록된 건수가 무려 117건에 달했다. 그 중 이웃 일본과 호주 두 나라가 가장 많다. 현재 미국 서해안에만 '샤오린쓰'가 3곳이나 된다. 유럽에는 오스트리아와 헝가리에도 '샤오린쓰'가 있다.

문제는 이들 '샤오린쓰'가 중국 송산(嵩山)의 샤오린쓰와 아무런 관계가 없다는 것이다.

『스창빠오(市場報)』에서는 다음과 같은 에피소드를 소개하고 있다. 2002년 4월 샤오린쓰 무승 공연단을 이끌고 공연차 일본에 갔다가 스용신 방장스님은 아주 어처구니없는 일에 부딪쳤다. 일본측에서 정말 예상밖의 '선물'을 준비했던 것이다. 그것은 일본 국내에 등록된 샤오린, 샤오린쓰, 샤오린쓰 권법 등을 망라한 총 272건의 관련 상표와 세계 각지에 분포된 28개 회원국에 대한 검색 결과 보고서였다.

샤오린쓰의 수련하는 승려상

보고서를 방장스님에 넘겨주면서 일본측 관계자는 "당신들이 더 이상 서두르지 않는다면 온 세계가 정통의 샤오린쓰나 샤오린쓰 권법이 도대체 중국 것인지 일본 것인지 모르게 될 것입니다."하고 선의의 충고를 했다.

실제 '샤오린', '샤오린쓰' 명칭을 남용하는 행위가 범람하고 있어 일부 국가의 상표국은 '샤오린'이란 단어를 오해하기 일쑤이다. 영국의 상표국은 중국의 무술, 무예, 기공 등을 총칭해 '샤오린'이라고 칭하는 줄로 알고 한동안 상표등록 보호를 받을 수 없다고 주장하기도 했다.

외국에서 이렇다면 중국 국내 상황은 어떠한가?

2003년 국가공상행정관리총국 상표국은 국내 100여 개 기업에서 사용하는 '샤오린' 상표가 54건, 자동차, 철물, 식품, 의약품 등 다양한 품종을 망라하고 있다고 밝혔다. 등록상표를 보면 심지어 '샤오린술', '샤오린담배'까지 있으니 샤오린쓰에서 보기에는 정말 한심하지 그지없다. 앞을 다투어 상표 등록을 하는 현상은 합법적인 절차를 통해 가지지 말아야 할 권리를 가지는 불법행위라고 할 수 있다. '샤오린' 상표의 범람도 따지고 보면 그 동안 샤오린쓰가 지적 재산권을 보호하기 위한 대책 마련에 너무 소홀히 했던 데 원인이 있다는 샤오린쓰측의 반성어린 인식이 있다. 그 결과 1500년의 찬란한 브랜드가 이처럼 전례 없는 위기에 부딪치게 된 거라는 것이다.

다행히 이러한 상황을 개선하고 지적 재산권을 보호하기 위해 샤오린쓰는 지난 1998년 7월 자체적으로 투자를 통해 허난샤오린쓰실업발전유한회사를 설립, 체계적으로 '샤오린(샤오린쓰)'이라는 무형자산을 보호 관리하기 위한 작업에 본격적으로 나섰다.

'소 잃고 외양간 고친다'는 속담이 있듯이 샤오린쓰도 뒤늦게나마 국가공상행정관리총국 상표국에 '샤오린', '샤오린쓰' 상표 등록을 했다. 현재 샤오린쓰는 허난성 공상국의 전폭적인 지지를 받아 '허난셩 유명상표' 칭호를 받은데 이어 국가공상행정관리총국에 '전국 유명상표' 등록을 신청하였다.

샤오린쓰측도, 신화통신, 스창빠오 등의 중국 언론들도 소림사가 브랜드를 관리하는 게 늦었다는 인식을 하고 있지만, 소림사가 상표화하는 것보다 숭고한 종교성지로 남아야 하지 않을까?

중국인들의 상술은 세계적으로 유명하다. 과연 그 한계는 어디까지인가? 그 곳엔 성역이란 없는 것인가?

유대인과 어깨를 나란히 하는 중국인의 상술이 종교적인 성역을 넘어 성지를 관광지로 변모시키고, 이미 상혼에 찌들대로 찌든 소림사는 이미 신비감과 숭고함은 찾아보기 힘들다고 말하는 건 필자 혼자만의 생각일까? 달마가 선을 수행했다는 달마동(達磨洞)과 탑림(塔林)에서는 그래도 기나긴 세월의 정취를 느낄 수 있으리라.

무서워서 먹을 수가 있어야지

중국 학생들은 외국인 친구들에게 중국에서 음식을 먹을 때 조심하라는 충고를 아끼지 않는다.

중국에 오래살은 최모 씨주위사람들에게 같은 충고를 하곤 하는데, 다음과 같은 일이 있었다. 최모 씨가 중국 브랜드의 한 음료수를 사놓고 나중에 마시려고 보니 음료수에서 무엇인가 떠 있는 것을 발견했다. 혹시나 해서 손가락으로 빼서 종이에 묻혀보니 오렌지색 물감이었다.

중국에 온 지 1년 반 되는 박 모씨는 평소 건강에 자신있어 예전에는 그런 충고를 귀담아 듣지 않았지만, 요새 계속 설사를 하더니 좋아하던 외식을 끊었다. 밖에서 먹었던 음식이 원인이 되었다는 생각이 들어서다. 싼 맛 –보통 2위엔(元) 안팎– 에 많이 마셨던 맥주에도 이젠 손이 가지 않는다. 아래의 『징화스빠오(京華時報)』의 보도를 보고 나서부터는 말이다.

중국의 대표적인 맥주브랜드 칭다오 맥주

인체에 해로운 포름알데히드가 중국산 맥주에 많이 함유돼 있는 것으로 나타났다. 현재 시장에서 유통되는 10가지 브랜드의 맥주를 검사한 결과 그 중 8가지 맥주의 포름알데히드 함량이 1리터당 0.2mg의 기준치를 초과한 것으로 밝혀졌다.

신문은 중국의 맥주양조 전문가인 꾸구오시엔(顧國賢) 교수가 주도하는 과제 팀의 조사결과를 인용해 이같이 전했다. 포름알데히드는 맥주의 침전물을 제거하는 작용을 하는데, 그 함량이 1리터당 0.2mg의 기준치를 초과하면 인체의 간 기능에 손상을 준다.

중국은 지난 80년대초부터 포름알데히드의 사용을 금지했으나 아직도 많은 맥주 생산업체들이 사용하고 있다. 꾸 교수는 맥주 침전물을 제거하려면 PVPP 재료기술을 채택할 수도 있는데 원가가 높기 때문에 보급이 어려운 실정이라고 지적했다.

연간 생산량이 10만 톤인 중소형 맥주공장의 경우 PVPP 재료를 도입할 경우 연간 최소 240만 위엔의 원가가 더 든다. 그러나 포름알데히드를 사용하면 몇만 위엔이면 된다.

그런가 하면 티엔진(天津)시 품질감독국이 티엔진 시내 24개 유통업체에서 판매되는 음료수, 설탕, 식용유 등에 대해 품질검사를 실시한 결과 합격률이 △음료수=87.5% △설탕=80% △식용유=20% 등으로 나타났다고 『스창빠오(市場報)』가 보도했다.

특히 이번 검사에서 땅콩을 원료로 한 7종의 식용유는 모두 불합격품으로 알려졌다. 조사결과에 따르면, 식용유 생산자와 판매자들이 원가와 판매가격을 낮추기 위해 땅콩식용유에 다른 기름을 첨가하는 현상이 보편적으로 드러났다. 식용유 가공도 대부분 개인의 가내공업 형태로 시설미비와 기술낙후로 식용유의 품질을 보장하기 어려운 실정이다.

한편 베이징(北京)의 한 음식점에서는 저질의 식초를 싼값에 사다가 '쿠안(寬)' 브랜드의 식초병에 담아 사용하는 것이 현장에서 목격됐다. 상하이(上海)시의 꽤 큰 규모의 음식점은 2개월 동안에 경영허가도 없는 상인들로부터 30여 만 위엔어치의 조미료를 사들인 것이 적발됐다.

이런 사건 등으로 2003년 2월부터 중국공상계통에서 전국 서비스업종에서 사용되는 각종 상품의 품질에 대한 검사를 실시했다.

그 결과 서비스업체들의 상품유통 규모가 크면서도 거래루트가 복잡하고 이들 업종에 공급되는 원재료의 품질문제가 심각한 것으로 드러났다고 『베이징완빠오(北京晩報)』가 보도했다.

여기에는 간장, 양념, 다시다, 식초 등 조미료를 포함해 담배, 술, 음료 등도 포함돼 있다. 이같이 복잡한 유통과정을 거쳐 요식업체에 유입된 원재료는 흔히 시장의 엄격한 감독관리를 거치지 않기 때문에 소비자들의 권익과 건강을 해치는 요인으로 작용하고 있다고 신문은 지적했다. 특히 음식점의 경우 조미료의 품질에 문제가 많은 것으로 밝혀졌다. 이번 검사결과 참기름 한 가지만 해도 저질의 가짜 참기름을 사용하는 요식업체가 전체의 80%에 달할 정도였다.

2003년 여름 베이징에서는 32건의 식중독 사건이 발생, 693명이 발병하여, 이를 계기로 베이징시 위생당국은 한 해에 위생 불합격으로 2차례 이상 행정처벌을 받은 요식업체 및 식품생산업체에 대해 생산경영허가증 및 위생 허가증을 취소하는 강력한 조치를 취하기로 했다.

위생불량의 또 다른 사례

▶ 중 청산가리 개고기 14톤 적발

중국 저지앙성(浙江省)은 독극물 청산가리 시안화칼륨이 든 개고기 14.7톤을 적발해 모두 폐기처분했다고 신화통신이 보도한 바 있다.

저지앙성 위생청은 최근 1주일 간 대대적인 조사에 나서 이같이 조치했기 때문에 시중에 유통될 염려는 없다고 밝혔으나 중국산 개고기가 상당량 한국에 수입되고 있는 실정이어서 주의가 필요하다.

▶ 중국시장 유통 육류 20% 이상 불량품

신화통신에 따르면 중국시장에서 유통되는 육류와 콩 가공식품의 20% 이상이 정부의 품질기준에 미달하는 불량품이라고 한다. 2003년 상반기 1천 177종의 식료품을 대상으로 한 조사결과에 따르면 일부 육류에서는 기준치 이상의 박테리아가 검출되고 금지된 첨가물이 사용된 것으로 확인됐다고 말했다. 그러나 전체적으로는 조사대상 식품의 82.8%가 기준치에 부합된다고 한다.

▶ 두부 한 모에 세균 100만마리

중국국가부식물품질감독센터가 시중에서 판매되는 콩 제품에 대한 품질 조사 결과 합격률이 61.1%에 불과했다고 『스창빠오(市場報)』가 2003년 10월 중순에 보도했다. 위생 기준에 도달하지 못한 불합격 두부 한 모에 들어있는 세균 수는 무려 100만 마리 이상으로 밝혀졌다. 일부 콩 제품가공업체는 제품의 유효기간을 연장하기 위해서 사용을 금지한 방부제를 첨가하거나 인체에 유해한 표백제를 사용하는 현상도 드러났다고 신문은 전했다.

▶ 중국 음식점에서 사용하는 냅킨・젓가락은 위생적인가?

중국의 음식점에서 사용하는 냅킨과 1회용 젓가락은 위생적으로 큰 문제가 없을까? 많은 사람들이 사용하면서도 불안한 마음을 지울 수 없는데, 실제로 음식점에서 사용하는 냅킨과 1회용 젓가락은 유통과정에서 매우 비위생적인 것으로 밝혀졌다.

2005년 7월 중순 『스창빠오(市場報)』의 보도에 따르면, 산동성(山東省) 웨이하이(威海)시의 한 음식점에서 사용하는 냅킨과 1회용 젓가락은 전부 도매시장에서 구입한 것이다.

그 도매시장의 냅킨과 1회용 젓가락 저장 창고에서 풍기는 곰팡이 냄새는 멀리서도 쉽게 맡을 수 있었다. 이곳에는 냅킨과 1회용 젓가락이 아무 포장도 없이 그대로 방치되어 있었다.

이런 냅킨과 젓가락은 생산일자나 유효기간이 표시되지 않은 채 직접 음식점의 식탁으로 옮겨지는 것이다. 웨이하이시 위생감독사무소 관계자에 따르면, 냅킨이나 1회용 젓가락에 대한 구체적인 저장조건이나 환경요구가 아직 없는 실정이라고 한다.

값비싼 결혼 비용으로 고민하는 중국의 젊은이들

중국의 결혼 경제학

3성급 호텔인 북경21세기호텔에서 결혼하는 한 쌍의 신랑 쉬(徐) 씨, 신부 시에(謝) 씨… 음력 8월에 결혼에 적합한 길일(吉日)이 많기 때문에 요즘 중국에선 도처에서 결혼하는 젊은이들을 볼 수 있다.

특히 매년 10월 1일에서 7일 사이의 구오칭지에(國慶節)로 접어들면 본격적인 결혼시즌이 시작된다.

그러나 수많은 젊은이들이 사랑하는 데는 돈이 들지 않지만 결혼식에는 많은 돈이 필요하다는 평범한 진리를 뼈저리게 느끼게 되는 기간이기도 하다.

사실 이론적으로 보면 베이징(北京)에서 결혼을 하는 데 드는 비용은 단돈 9위엔(元)이다. 주민증과 건강진단서 등 구비서류와 함께 9위엔을 결혼등기소에 내면 모든 절차는 끝난다. 그러나 이것은 어디까지나 이론일 뿐 결코 거기서 끝나는 과정이 아니다. 결혼도 사업과 마찬가지로 새로 시작할 때는 일종의 통과의례가 따르게 마련이고 여기서 빠지지 않는 가장 중요한 요소는 돈, 그것도 한 뭉치의 돈이다.

일반적으로 베이징을 기준으로 보면 결혼에는 가재도구 장만과 인테리어 비용, 결혼식장, 결혼사진, 피로연 비용에다 비행기를 타고 유명 관광지로 신혼여행을 가는 돈까지 합하면 10만 위엔을 훌쩍 넘는다. 만일 광저우(廣州), 선쩐(深圳), 상하이(上海) 등 신흥 결혼명소로 알려진 지역에서 결혼식을 올리면 훨씬 늘어난다.

베이징에서 경찰로 일하는 리우(柳) 씨는 재작년 결혼이 너무 힘들었다고 회상한다. 그는 결혼식 날 양가 손님을 모시기 위해 하나당 10명씩 앉을 수 있는 테이블 60개를 예약했다. 당일 하객이 생각 외로 많아 12개를 추가했고 테이블 하나에 든 비용은 5백 위엔 정도였다. 그는 결혼식 전에 양가 부모 4명과 부인이 될 사람까지 6명이 한 조가 돼 백화점, 소매점 할 것 없이 두루 훑었고 심지어 다른 도시로 원정까지 가서 세탁기, TV, 컴퓨터, 스테레오 등을 장만했다. 또 결혼식 당일에는 무려 2천 위엔 –일반 대졸자 한 달 월급– 을 내고 리무진을 전세내어서 신부를 모셨다. 아직도 자전거가 주요 교통수단이지만 결혼식 날에는 차가 고급일수록 더 존경받는 것으로 인식되고 있다. 신랑 신부용 자동차로 리무진이나 벤츠가 많이 이용된다. 그런데 결혼식의 차량행렬 속에 신랑신부가 탄 자동차가 벤츠(奔馳: 번츠)일 경우 그 뒤에 따라오는 하객용의 자동차는 절대로 산타나(桑塔納: 쌍타나)를 이용하지 않는다고 한다. 벤츠 뒤의 산타나는 발음이 '奔桑(번쌍)'이 되고, 이는 '奔喪(번쌍)'으로 연상돼 자칫 결혼행렬이 장례행렬로 보일 수 있다는 것이다. 그리고 신랑신부용 자동차로 한 대만 빌리는 것이 아니라, 보통 6대나 짝수로 차를 빌려 꽃이나 풍선으로 장식하고 일렬로 도로를 주행한다. 신랑신부용 자동차는 일반적으로 고급이고, 그 뒤를 따르는 차는 동급이거나 한 등급 아래이다. 만일 일생에 단 한 번인 결혼식에 싸구려 차를 대절하거나 남들보다 적은 수의 차를 대절했다가는 신부에게 평생 원망을 들을 수도 있다.

신혼 여행을 홍콩 4일, 마카오 1일, 다리엔(大連) 3일 코스로 다녀온 또 다른 커플은 교통, 숙식비로 2만 위엔을 썼고 70m^2 아파트 실내장식에 6만 위엔이 들었으며 신부의 보석과 액세사리 구입에 2만 위엔이 지출됐다고 밝혔다.

중국 경제 중심지 상하이를 보면 좀더 현실감 있게 느낄 수 있다.

경제 발전과 함께 상하이 시민들의 결혼비용이 급격히 늘어나고 있다. 현지 언론이 보도한 바에 따르면 상하이에서는 매년 10만 쌍의 신혼부부가 탄생하고 있으며, 이들의 평균 결혼비용은 5년 전의 9만 위엔에서 최근에는 15만 위엔으로 크게 늘어난 것으로 나타났다.

또 신혼부부의 결혼식 비용만으로 5만 위엔 규모의 결혼식 시장이 상하이에서 형성되고 있는 것으로 추산된다. 결혼 피로연 비용도 5성급 호텔의 경우 테이블당 4천 위엔까지 치솟았다.

따라서 신혼 여행 경비까지 합치면 최근 경제수준이 크게 향상된 상하이 시민들의 결혼비용은 웬만한 선진국 수준과 맞먹는 정도다.

중국 젊은이들이 추구하는 새로운 결혼패션

중국에서는 매년 5월 1일에서 7일 사이의 라오동지에(勞動節)나 10월 1일에서 7일 사이의 구오칭지에(國慶節) 기간이면, 도처에서 결혼하는 젊은이들을 볼 수 있다.

특히 구오칭지에 연휴기간에는 보통 음력 8월 16일이 들게 마련인데, 이 날은 중국에서 전통적으로 혼인에 가장 적합하고 상서로운 날로 여겨져 왔다. 따라서 사랑하는 사람들은 이 날 결혼하기를 못내 소망하면서 혼사 준비에 바빴다고 한다.

이제 중국에서는 붉은 천을 깔고 둘이서 손을 잡은 채 평생을 함께 하기로 다짐하던 예전의 '혁명부부'를 찾아보기란 여간 힘든 일이 아니다. 필자도 몇 년을 살아오면서 드라마에서 나오던 '혁명부부'는 보지 못했다. 시대가 변함에 따라 중국인들의 결혼풍속도 바뀌고 있기 때문이다.

1950~60년대 젊은이들에게 결혼식이란 따로 덮던 이부자리를 하나로 합치는 형식을 의미했다. 경제 조건이 좋지 않던 당시 일반인들은 친지들에게 사탕이나 땅콩을 주는 것으로 피로연을 대신했다.

1970년대에는 '삼륜차'가 가장 호화판 '혼례용 차량'이었으며 신부가 축하 담배에 불을 붙여주고 사과를 입으로 '깎아 먹는' 요즘 사람들의 눈으로 보면 촌스러운 모습이 연출됐다. 또 결혼식을 마친 후에도 친구들이 밤새 신방에 쳐들어가 신랑과 신부가 지칠 때까지 함께 지냈다.

1980년대 후반부터 친구나 친척 중에서 표준어인 푸통화(普通話)를 잘 구사하는 사람이 결혼식 사회를 보며 식장의 축하 분위기를 돋궜다.

호화 '결혼식' 유행

중국의 결혼식은 가정이나 음식점에 하객을 모셔 놓고 간단한 식을 올리면서 동시에 음식을 대접하는 것이 일반적이어서 전문 결혼음식점이 호황을 누린 적도 있었다.

그러나 최근에는 중국 도시 젊은이의 90% 이상이 격조 높고 품위 있는 결혼식을 올리기를 원하고 있다.

이들이 4, 5성급 고급 호텔들을 새로운 결혼식장으로 눈여겨보기 시작하자 이들 호텔들도 눈높이를 낮추기에 이르렀다. 호텔에서 결혼 피로연 마케팅을 시작한 것이다. 호텔 레스토랑에 테이블당 500~600위엔짜리 식단을 예약하는 예비부부들이 등장한 것도 이런 도시 젊은이들의 욕구를 반영한 것이다.

호화 결혼식이 가져온 또 다른 변화는 결혼대행업체의 등장이다. 이들 결혼대행업체는 결혼식장인 고급 호텔에 어울리는 혼례를 원하는 신혼부부들의 기호에 맞춰 혼례 상품을 개발해 냈다.

이들은 주로 피로연 이후의 행사를 화려하게 준비해 신랑과 신부에게는 좋은 추억을, 하객들에게는 기분 좋은 하루를 만들어준다.

이렇게 중국 도시 젊은이들이 호화 결혼식을 선호하기 시작하면서 고급 호텔과 결혼 대행업체가 결혼식 소비 시장을 주도해 나가고 있다.

일반적인 결혼식

가장 일반적인 중국결혼식은 피로연과 식이 같이 이루어진다. 한국처럼 결혼식 하고 피로연을 하며 격식을 갖췄다기보다 많은 사람들이 함께 즐기며 어울릴 수 있는 축제 분위기다. 피로연에서 신랑은 술을 권하고, 신부는 결혼사탕을 나눠주며 결혼을 알린다. 술과 사탕을 나눠주는 것과 함께 손님들에게 담배를 권하는데, 결혼식에서 술은 희주(喜酒), 사탕은 희당(喜糖), 담배는 희연(喜煙)이라고 하여 보통 한 글자로 쓰지 않고 두 자의 희자를 붙여

쌍희(囍)자를 사용한다. 희당(喜糖), 희주(喜酒), 희연(喜煙)은 중국 결혼식의 상징이다.

이처럼 사탕과 술, 담배를 선물하는 이유는 자신들의 결혼식이 다른 사람들에게 술이나 사탕처럼 기쁘고 달콤함을 안겨주기를 기원하는 이유 때문이다. 또한 사탕, 술과 함께 나눠주는 담배는 쌍희(囍)자가 쓰여진 담배연기처럼 퍼져 기쁨이 두 배가 되기를 희망하는 풍습이라고 할 수 있다.

결혼식이 열릴 때 혼주는 쌍희자가 적힌 중국인이 좋아하는 색인 빨간색의 봉투를 준비하여 하객에게 나눠주면, 하객은 그 속에 돈을 넣어 축의금을 전달하게 된다.

최신 결혼식의 유형

- TOP 결혼식: 왕푸(王府)호텔 등 일급호텔에서 치러지는 초호화 결혼식을 말한다. 이곳에서는 최상의 서비스와 최고급 음식을 제공하기 때문에 비용은 비싸지만 결혼 당일 신랑과 신부들이 왕자와 공주가 된 기분을 느끼게 해준다.
- 무도회 결혼식: 가장 서양적인 혼례 형태로 신랑과 신부가 하객들과 함께 춤을 추면서 즐기는 결혼식을 말한다. 대개 뷔페 음식이 마련된다.
- 촛불 결혼식: 요란한 분위기를 싫어하는 사람들의 취향에 맞춰 촛불로 꾸며진 조명 아래서 은은하고 자연스럽게 치러지는 결혼식을 말한다.
- 셀프 결혼식: 다른 사람들 빼고 신랑과 신부 둘만이 꾸미는 '은밀한' 결혼식을 말한다.

현재 결혼식 관련 산업 발전의 일등공신은 누가 뭐라 해도 개성 있는 결혼식을 추구하는 젊은이들이다. 이에 따라 결혼대행업체들은 다양하고 특색 있는 각종 혼례 상품을 준비해 이들의 입맛에 맞추고 있다.

결혼경제학

왕치이엔(王琪延) 런민(人民)대학 교수의 분석에 따르면 중국의 결혼 경제학은 엄청난 잠재력을 가지고 있다.

현재 혼인에 관련된 업종들은 모두 상승기조를 타고 있다. 예물반지의 경우 결혼시즌인 가을이 돌아온 것을 확연히 느낄 수 있다. 9월과 10월 2달 동안의 매출액이 보통 1년 매출액의 30%에 이르니 말이다. 3천 위엔짜리 반지를 신부에게 선물로 주는 것은 흔히 있는 일이다.

홍콩 브랜드 저우다푸(周大福)의 경우 하루에 11만 위엔 매출을 올리는 때도 있다. 이는 더운 여름 1개월 매출액과 맞먹는 액수이다.

웨딩 사진관도 즐거운 비명을 올리고 있다. 예전에는 신부 화장에서 웨딩복장대여, 웨딩사진까지 세트로 1천 위엔 이하짜리는 취급하지도 않았지만 경쟁이 치열해지면서 몇백 위엔짜리 상품도 생겨나고 있다. 그러나 40% 이상의 소비자들은 3천 위엔 가량의 세트 상품을 선호하고 있다. 허니문에 아낌없이 지갑을 털기 때문에 여행사들은 신혼부부들을 최대의 고객으로 여긴다. 네팔 2주일 여행에 2인 기준 2만 5천 위엔쯤 들어가는데 이 정도도 흔쾌히 신청한다는 것이다.

피로연 비용도 상당하다. 한 테이블에 1천 위엔쯤 하는 코스요리를 척척 예약한다. 한 테이블에 10명 정도 앉는 것으로 계산하는데, 테이블을 보통 수십 개 빌린다.

대개 호텔의 분위기와 친절한 서비스, 주차장 등이 좋은데다 결혼하는 사람들의 체면을 살릴 수 있기 때문에 혼례의식에만 두 사람 반년치 봉급을 합한 3만 위엔을 써도 그럴 만한 가치가 있다는 것이다.

경제발전에 따라 결혼식 문화가 갈수록 풍요하고 다채로워지는가 하면 전통적인 중국식 결혼예식이 점차 서구화, 대형화 추세를 보이고 있다.

실업난에 시달리는 중국

중 베이징(北京)시 2003년 50만 명 실직

"취직이 되야 할 텐데…" 요즘 많이 들어보았음직한 이 한숨 섞인 말은 한국 학생이 하는 게 아니다. 바로 중국 학생이 하는 말이다. 당사자는 중국 정부 씽크탱크인 중국사회과학원 역사연구소에 다니는 장(張)씨. 비록 중국사회과학원(中國社會科學院)이 중국에서 최고의 권위를 자랑한다 하더라도 역사란 비인기과목을 공부하는 그녀가 원하는 좋은 직장에 취직하기란 쉽지 않다.

물론 중국에서 취업난과 실업난은 한국만큼 심각하지는 않다. 그렇지만 장밋빛 전망이 가득찬 중국경제에 암울한 그림자를 드리우는 악역을 취업난과 실업난이 맡고 있다. 그래서일까? 대형은행에서 근무하며 변호사 자격증을 취득하고 지금은 중국사회과학원 금융연구소의 박사를 하고 있는 우(伍)씨는 그의 다양한 경력에도 불구하고 졸업 뒤 진로를 염두에 둔 듯 지금 중국경제 문제점에 대해 실업이 큰 문제라고 단도직입적으로 말한다. 이런 걱정은 학생들 사이에서의 고민이 아니라 이미 사회에서 문제시되고 있다. 중국 베이징시는 정부의 국영기업 경영합리화 등으로 2003년 한 해 동안 50만 명에 가까운 실직자가 발생할 것으로 예상하고 있다고 신화통신이 보도했다. 신화에

중국사회과학원 연구생원(석 · 박사과정)

따르면 전통산업에서 모두 43만 명 정도가 실직하고 사양산업에서도 약 4만 5천 명이 일자리를 잃을 것으로 보인다. 업종별로는 치열한 경쟁구도에 있는 운송과 창고업, 우편업무부분에서 1만 명이 2003년 안에 실직할 전망이다. 또 사회서비스부분에서 3만 9천여 명이 일자리를 잃고 그 밖에 선진화된 관리기준이 요구되는 도·소매업과 요식업, 정부관련단체, 교육, 문화부분, 영화·TV, 금융부분에서 감원이 집중될 것으로 분석했다. 한편 베이징시는 이보다 앞서 2003년 한 해 동안 모두 44만 5천 개 정도의 일자리가 생길 것으로 예상했었다.

베이징시를 예로 들었지만 다른 도시들도 비슷한 편이다. 물론 경제가 발전하면서 새로운 일자리가 늘어나지만 실업률은 조금씩 높아만 가고 있다. 그래서 2003년 1분기에는 실업률이 22년 만의 최고 수준으로 상승한 것으로 나타났다. 노동부는 1분기 실업률이 4.1%를 기록했다고 발표했었다. 그런가하면 6월말 도시지역 실업률은 사스의 영향으로 2002년 말보다 0.2% 상승한 4.2%를 기록했다고 노동부는 발표했다.

중, 10개 도시 창업시범도시 선정

중국이 심각해져 가는 실업문제를 해결하기 위해 대대적인 창업지원에 나선다.

중국노동사회보장부는 "갈수록 심각해지는 실업문제를 해결하기 위해 베이징(北京), 티엔진(天津), 안산(鞍山), 쑤저우(蘇州), 난창(南昌), 칭다오(青島), 이창(宜昌), 창사(長沙), 청두(成都), 우루무치(烏魯木齊) 등 중국 10개의 도시를 창업시범도시로 선정한다."고 밝혔다. 이들 도시에는 실업자 교육을 맡게 될 창업센터가 건설된다. 창업센터는 실업자 주민들을 대상으로 사업프로젝트 개발과 창업지도뿐 아니라 자금 융자까지 창업과 관련된 모든 서비스를 일괄적으로 제공하게 된다.

노동사회보장부는 "실직자들은 이곳에서 전문가들의 집중적인 교육을 받을 수 있으며 창업자금대출, 세금 혜택도 받을 수 있다."고 밝혔다.

중국은 국유기업의 개혁과 시장개방 확대과정에서 발생하는 실업문제를 해결하기 위해 재취업사업을 비롯해 자영업자 육성책 등을 마련하고 있다. 지난 98년부터 2003년 까지 국유기업에서 정리된 실업자는 2,700만 여 명에 달한다.

중국의 도시지역 등록실업율은 2000년말 3.1%에서 2001년 3.6%, 2002년 4%대로 상승했으며, 경제성장률 외에 실업률도 상승추세에 있다. 중국은 특히나 사회안전망, 사회복지가 취약하기에 취업난과 실업난은 단순한 수치를 넘어서 더 큰 영향을 중국에 미칠 수 있다.

2006년도 심각한 취업난 예고, 1400만 공급과잉

농촌에서 잉여노동력에 의한 노동력 공급이 증가하고 대학졸업생 수가 크게 늘어나면서 올 2분기와 3분기 중국에서 심각한 취업난이 예상된다고 중국국가발전개혁위원회가 4월 10일 밝혔다.

중국언론 보도에 따르면, 국가발전개혁위원회는 올해 중국에서 새로 공급될 노동력이 1,700만 명으로 절정에 이를 것으로 예상하고, 그 중 수요를 초과하는 공급과잉 노동력이 1,400만 명으로 지난해보다 100만 명이 증가할 것으로 전망했다.

이에 따라 올 2분기와 3분기 중 심각한 취업난이 예상된다고 발전개혁위원회는 밝혔다. 발전개혁위원회는 농촌의 남아도는 노동력을 도시에서 전부 소화하기도 어렵고, 대학졸업생 수가 큰 폭으로 증가한데다 생산설비가 남아돌고 있는 점 등을 취업난 가중의 원인으로 꼽았다. 외국과의 무역마찰도 중국의 취업시장에 부정적인 영향을 미칠 것으로 보인다. 발전개혁위원회는 올해 중국 전역의 대학졸업생 수는 413만 명(2005년보다 75만 명 증가)으로, 2001년에 비해 3배나 증가하면서 취업부담이 이전과 비교할 수 없을 정도로 과중해졌다고 설명했다.

쩡공칭(鄭功成) 런민(人民)대학 사회보장연구센터 주임은 "우선 경제가 발전할수록 취업경쟁이 치열해지면서 취업탄성이 줄어든 것"을 취업난의 이유로 꼽았다. 20년 전에는 GDP가 1% 증가할 때마다 240만 개의 일자리가 창출됐으나, 10년 전에는 그것이 120만 개로, 지금은 70~80만 개로 급속히 감소했다.

쩡 주임은 "사회발전에 따른 취업경쟁이 치열해진 것도 그 이유지만, 대학생 자신의 기대치가 높아진 것도 취업을 어렵게 만드는 요인"이라고 지적했다. 대부분 대학생들이 일반적으로 경제가 발달한 지역을 선호하고 높은 임금을 조건으로 제시한다는 것이다. 이른바 눈을 낮추기 어려운 것이다.

전문가들은 문화대혁명 이후인 1970년대말 지식청년들이 농촌에서 도시로 돌아오면서 절정에 달했던 1차 실업위기와 1990년대 국영기업의 구조조정으로 인한 2차 실업위기에 이어 올해 3차 실업위기가 도래하고 있다고 경고했다.

이번 실업위기는 실업인구가 어느 때보다 누적돼 있고 생산능력이 넘치는 상황이라 1, 2차 실업위기 때보다 훨씬 가혹할 것으로 보인다고 전문가들은 지적했다.

중국 부유층 초호화 사치바람

20여 년에 걸친 개혁, 개방 정책 덕분에 부유해진 중국인이 늘어나면서 일부에서 사치풍조가 기승을 부리고 있다. 이에 따른 호화, 사치품들이 중국 사회에 잇따라 등장하고 있다.

베이징(北京) 대학가에는 최고급 마이카족이 등장했고, 이젠 대학생들이 차를 몰고 다니는 것도 그리 신기한 일이 아니다. 사실 베이징 유명 대학들이 밀집한 학원가에서는 학생들이 몰고 다니는 고급 세단이나 외제차를 어렵지 않게 볼 수 있다. 중국 언론에 따르면 이 지역 대학생이 보유하고 있는 자가용은 300여 대에 이르는데 대부분 부호의 자제, 연예인 등의 차이다.

신흥 고소득자들 호화별장식 주택 구입 붐

지앙(江) 씨는 지엔구오먼(建國門)에 있는 중국사회과학원 본원의 금융연구소에 강좌를 들으러 갔다가 엄청난 이야기를 들었다. 한 연구원이 그에게 창문에 보이는 건물 하나를 가리키며 저기가 어딘지 아냐고 물었다. 지방에서 올라온 그가 잘 모르겠다고 하자, 그 연구원은 저기 보이는 아파트가 바로 그 방값 비싸기로 유명한 '공위엔(貢院) 6호'라고 했다.

1m^{2}가 보통 4만 위엔(元)이고 집 한 채는 보통 600만 위엔이란 말에 놀란 그의 입에선 '저기 누가 사나?'라는 질문과 '저기 사는 사람들은 제정신인가?'란 말이 연거푸 나왔다. 시 중심지에 가까운 얼후안(二環) 주위는 1m^{2}가 대략 7,000위엔 정도이고 시 변두리인 화자디는 1m^{2}에 5,000~6,000위엔 정도, 시외곽은 1m^{2}에 3,000~4,000위엔 정도이니 그가 놀라는 것도 무리는

아니다.

지앙(江) 씨의 고향 중칭(重慶)시는 1m²에 보통 몇백 위엔 정도 좋은 집은 2,000~3,000위엔 정도이고 이 정도면 북경의 6,000위엔 정도급이라고 한다. 물론 시 중심지인 천안문과 왕푸징(王府井) 그리고 다국적 기업들이 많이 있는 구오마오중신(國貿中心) 사이에 있으며 조금만 걸으면 북경역이기 때문에 땅값이 비쌀 수밖에 없다는 건 누구나 인정하지만 이건 도를 지나쳤다는 게 일반적인 인식이다. 금가루를 섞어 만든 상들리에, 말가죽을 손으로 꿰매 만든 차(茶)탁자 등으로 장식한 이 고급 아파트는 그야말로 금은과 보석으로 장식한 궁궐이나 다를 바 없다. 중국의 땅값과 물가를 감안하면 엄청난 가격이다. 중국 경제의 활력을 대표하는 상하이에서는 2004년초 1백 70여 억원짜리 고급 별장이 익명의 한 구매자에게 팔려 나갔다고 해서 화제가 됐었다.

땅값 비싼 칭다오(青島)시의 건물들

부유층의 호화, 사치 풍조는 주택에 그치지 않는다.

베이징을 비롯한 중국 대도시에서는 특히 음력 8월과 10월 1일에서 7일 사이의 국경절이면 약 2천 위엔을 내야 빌릴 수 있는 리무진을 간간히 목격할 수 있다. 결혼식 날 신부를 모시는 이른바 '혼례용 차(車)'이다. 결혼식 후 가족, 친지들이 피로연을 겸해 한 끼 식사를 해결하는 데 6만 위엔까지 든다. 시안(西安)의 5천만 원이 넘는 궁중요리가 한때 화제였지만, 베이징 등의 일부 음식점에서도 칭(淸) 황실 궁중요리인 만한전석(滿漢全席) 코스요리를 판다. 한 끼에 8천 여 위엔인 상급 코스는 설과 추석 등 명절에는 예약이 넘칠 정도로 인기다.

벽돌만큼 큼직한 초기 휴대 전화로 중국인이 자신의 부를 과시하던 것이 불과 10년 전이었다. 이제 중국의 부유층은 연미복을 입고 2천 위엔짜리 입장권을 산 뒤 5성급 호텔의 호화 파티에 참석한다.

작년 크리스마스와 올해 신정(元旦)은 베이징시 고급호텔들의 연말파티 예약 경쟁이 치열해지면서 가격도 앞을 다투어 상승하고 있다.

티엔룬왕차오(天倫王朝) 호텔은 크리스마스 이브 파티 참가자의 1인당 비용을 1,888위엔으로 책정하고 베이징 최고가 파티를 자랑하였다.

그런가 하면 베이징호텔(北京飯店)은 크리스마스 이브를 맞아 '황제 룸'에서 촛불 파티를 열기로 하고 9,888위엔으로 사상 최고의 입장가격을 제시했다.

이에 질세라 야윈촌(亞運村)의 한 호텔은 크리스마스 이브 파티 입장권의 가격을 9,999위엔으로 책정하고, 고객들에게 경품으로 승용차를 내놓았다.

이 같은 호텔 파티의 고급화는 참가자를 500~600명으로 계산할 때 입장권 한 장당 2,000위엔을 받으면 호텔측이 100만 위엔의 이익을 거둘 수 있다는 계산이 나온다. 호텔측의 설명에 따르면, 크리스마스 트리 구입비 10만 위엔, 연예인 초청비 30여 만 위엔 등에다 연회장 장식비, 경품 등의 비용을 합치면 원가만 60만 위엔이나 든다고 말한다.

중국 내 16개 주요 업종별 최고 급여와 최저 급여의 차이는 무려 4백 50배, 농촌과 도시, 동부와 서부 지역의 빈부격차가 극심한 가운데 번지고 있는 호화사치 풍조를 개탄하는 목소리도 높다. 전문가들은 중국의 도시와 농촌, 동·서부 지역 간의 소득격차가 현재의 속도로 계속 확대된다면, 지니계수가 지속적으로 상승하면서 국민경제의 지속적인 발전을 위협할 우려가 있다고 보고 있다.

"상하이가 가라앉네…"

고대 중국 저우(周)나라시대 기국(杞國)의 어떤 사람이 하늘이 무너지고 땅이 꺼지지 않을까 하는 걱정에 빠졌다. 옆의 한 현인이 그럴 가능성이 없는데 괜한 일을 쓸데없이 걱정한다 하여, 후에 쓸데없는 걱정을 '기우(杞憂)'라 한다. 그런데 이 기우가 중국에서 점차 현실화되고 있다고, 상해에 사는 지아(賈) 씨는 걱정한다.

실제로, 베이징(北京)과 상하이(上海)시가 밀집한 고층건물과 과도한 지하수 사용으로 매년 조금씩 가라앉고 있다고 2004년 9월 2일 중국 언론이 보도했다. 베이징 동지아오(東郊)지역의 경우 매년 평균 10mm씩 지반이 침하하고 있다고 베이징시 지질탐사원 지아산만(賈三滿) 고급연구원이 밝혔다.

남방의 경우는 더 심각해…

중국의 과거를 보려면 시안(西安)으로, 현재를 느끼려면 베이징으로, 미래를 감지하려면 상하이(上海)로 가라는 말이 있다. 그래서일까. 상하이는 세계의 경제, 문화, 유행을 단숨에 소화해 버리고 재배치하는, 마치 미래로 가는 거대한 타임머신처럼 보인다. 거대한 현대식 고층건물들과 20세기초의 유럽식 건물들이 빌딩숲을 이루며, 거리 도처의 수많은 사람들과 조화를 이루는… 그렇지만 너무 화려하고 번영한

상하이(上海)의 와이탄(外灘)

것이 독이 될 수도 있는 것일까?

중국의 경제중심지인 상하이의 지반이 계속해서 가라앉고 있어 정부가 대응책 마련에 고심하고 있다고 중국의 관영 영자지 『차이나데일리(中國日報)』가 2003년 보도한 바 있다. 상하이 지질조사연구소는 2002년 상하이의 지반이 10.22mm 내려앉았다고 밝혔다.

연구소는 또 1990~2001년에 상하이가 연평균 1.6cm씩 가라앉은 것으로 나타나는 등 13년 만에 성인남성의 손가락 한 뼘(약 20cm) 정도가 내려앉았다고 전했다.

이에 시정부는 우선 역내 개발 가능한 지하수의 양을 연간 100㎥로 제한하고 건축업자들에게 가능한 한 가벼운 자재를 사용토록 권장하는 등 각종 대책을 내놓고 있다. 이 같은 조치를 통해 상하이의 지반 침강을 점차 완화할 계획이다.

상하이가 가라앉고 있다는 사실이 처음 알려진 것은 1921년이다. 『차이나데일리』는 "모래사장과 점토층 위에 건설된 상하이는 원래 지반층이 약한 편"이라며 "최근 급속히 대도시화하는 과정에서 지하수의 무분별한 개발과 고층 빌딩의 난립으로 지반의 침하가 계속되고 있다"고 분석했다.

중국 400여개 주요 도시들 용수의 30% 가량은 지하수에 의존하고 있는 실정이며, 상하이시의 사정도 이와 비슷하다. 상하이는 또 고층건물의 밀집도가 가장 높다.

지반 침하가 특히 심한 곳은 황푸(黃浦)강변의 푸동(浦東) 금융지구 일대로, 매년 12~15mm씩 낮아지는 것으로 나타났다. 그 중 루지아주이(陸家嘴) 금융무역지구의 지반은 2003년 1년 동안 30mm나 내려앉았으며, 높이 420m에 달하는 진마오(金茂)빌딩 주변은 정도가 더 심해 63mm까지 가라앉았다.

상하이시 수리업무국은 현 상태로 지반 침하가 지속될 경우 주요시설물과 대형건물의 안전이 위험한 상황이라고 밝혔다. 일부 지질전문가들은 40~50년 후 상하이시 일부지역이 해수면보다 낮아지는 상황에 이를 수도 있다고 경고하고 있다.

결국 지반의 침하를 견디지 못한 상하이시는 2005년 2월 지반의 침하를 막기 위한 비상대책 마련에 들어갔고, 2005년 안으로 50곳에 이르는 지하수 취수장을 봉쇄하였다.

그리고 중심부의 고층빌딩 건축허가 기준을 강화한 도시계획안과 지하수 남용을 막는 방재종합대책을 마련했다. 방재대책에 따르면, 상하이시는 지하수 채취를 지속적으로 줄일 계획이다. 또 인공적으로 지하수를 보충해주기 위해 도시 주요지역에 24개의 구멍을 뚫어 1,700만m^3의 물을 지하에 공급할 계획이다.

상하이처럼 지반의 침강은 아니지만, 2030년 광저우(廣州)의 일부가 물에 잠길 수 있다고 『베이징천빠오(北京晨報)』가 보도했다.

세계 기후의 온난화로 광동(廣東)연해지역의 해수면이 매년 1cm씩의 속도로 상승하고 있다. 만약 이 속도가 계속 유지된다면 오는 2030년 연해지역의 해수면은 지금보다 30cm나 더 높아지게 된다. 이같은 결론은 최근 광동성 과학원이 발표한 '해수면 상승이 광동 연해지역 경제발전에 미치는 영향 및 대책' 프로젝트 연구에 의해 내려졌다.

이 프로젝트의 황전구오(黃鎭國) 수석연구원은 "광동 연해의 해수면이 매년 1cm씩 상승하면 2030년까지 30cm씩 상승하게 되는데 이는 간단하게 보아 넘길 문제가 아니다"고 말했다.

국가해양정보센터에 따르면 광동연해 해수면이 30cm 상승하면 최고 수위를 기준으로 할 때 1,154km^2 면적의 연해지역 및 섬들이 잠겨버리며 이로 인한 직접적인 경제손실은 1,332억 위엔이고, 주지앙(珠江)삼각주 지역에서 99만 6400명의 주민들이 이주해야 한다.

만약 해수면이 1m상승하면 물에 잠겨버리는 면적은 6,250km^2이다. 일부 지역은 아예 해양에 침몰될 수도 있다는 얘기다.

"야 이제 중국은 강대국이다!"

"너무 기분좋다!"

중국사회과학원 역사연구소의 리우(劉) 씨는 기쁨에 들떠 말한다. 이제 중국이 미국과 러시아 다음으로 세계에서 3번째로 유인우주선을 보냈다고 힘주어 말하기 시작한다. 중국 역사상 획기적인 일이며 이제 중국도 우주 대국이라는 것이다. 물론 중국이 미국과 러시아에 비해 한 15년은 뒤져있을 거라는 중국식 특유의 겸손도 잊지 않았다.

중국사회과학원 정부정책연구소의 리(李) 씨는 중국인이라면 누구나 기분좋고 축하할 만한 일이라고 말했다. 이어서 "중국의 과학기술이 많이 발전했다는 의미도 되겠지만 경제력이 뒷받침되지 않고서 유인우주선을 발사할 수 있었겠나?"고 반문했다. 평소 농촌을 봐야 중국을 제대로 이해할 수 있다는 주장하던 그였지만, "이번 유인우주선 개발비를 농촌 문제 등을 해결하는데 쓰였다면 좋았지 않았을까"라는 질문에 농촌 문제와 유인우주선 성공은 다른 문제라고 단정지었다. 이제 중국은 진정한 강대국이라는 것이다.

중국정부는 이번 발사 성공을 중화민족 부흥의 신호탄으로 충분히 활용하려는 모습을 보이고 있으며, 국민들도 이에 중국인임을 자랑스러워하며 화답하고 있다.

선저우(神舟) 5호의 성공적인 발사와 무사 귀환에 중국은 1997년 홍콩 주권 접수나 2008년 올림픽 유치에 못지 않은 흥분의 도가니에 빠졌다.

중국을 흥분의 도가니로 몰아넣은 유인우주선 계획은 1992년에 시작됐다. 중국의 우주개발사상 최대규모의 계획인 동시에, 최고의 기술력이 요구되는 중요 프로젝트이기도 하다. 중국 110개의 연구기관들이 개발을 담당한 외에, 3000개 기관 및 기업들이 협력하고, 수만 명의 과학기술자들과 해방군 관계자들이 연구를 추진했다.

먼저 우주선 '선저우(神舟)'의 로켓트 개발에 성공했다. 이어 우주선 응용 시스템을 완성시켰다. 발사시설, 우주관측네트워크, 이착륙시스템 개발도 순조롭게 진행됐다. 우주비행사 팀을 훈련하고 완전한 개발, 생산, 시험 시스템을 구축했다.

1990년 11월, 2001년 1월, 2002년 3월과 12월 등 4차례에 걸쳐 무인우주선 '선저우' 발사, 비행, 회수실험을 성공시켰다. 유인우주선 비행프로젝트의 한 책임자는 중국의 유인비행프로젝트는 △유인우주선과 복수의 우주선과의 도킹 기술 구축과 궤도 실험실 발사 △우주비행사의 우주공간에서의 단기체류 △우주정거장에서의 장기 체류, 대규모 우주 과학실험과 응용기술 전개 등 우주의 평화이용에 공헌하기 위한 3단계를 계획하고 있다고 주장했다.

한편 이번 성공에 대해 지앙(江) 씨는 중국이 큰 일을 해냈다고 한다. 이런 큰 일은 인력과 경제력, 물자가 다 갖추어져야 할 수 있다고 했다. 중국인의 본심이 드러나는 듯한 느낌이다.

그리고 한국인에게 적잖은 충격을 주었던 중국의 국가신용등급이 'A2'로 상향조정됐으며, 한국을 앞섰다는 소식을 중국인들은 잘 알지 못하고 있다. 사실 중국에게는 신용등급 상향조정이 큰 의미를 지니지 못한다고 말하는 중국사람들도 있다. 이미 외화가 너무 많아 주체할 수 없을 정도고 경제가 이렇게 눈부시게 발전하는데 신용등급이 상승하는 건 당연한 거 아니냐는 인식이다. 일주일에 하나씩 건물이 생기고 자고 일어나면 도로가 나있는 이 나라 앞에 더 이상 장애물이란 없다는 자신감이 깔리고 있다.

한 중국인은 이렇게 말한다. "중국이 떠오르는 건 당연하다. 단지 시간 문제일뿐!"

중국의 고학력 증후군-학력이 최고야

중 명문대 가짜 졸업장 해외서 파문

중국에서 학력이 높을수록 더 좋은 혜택을 누릴 수 있으며, 최근 들어 이런 현상이 점점 심해진다고 중국사회과학원 마르크스·레닌 연구소의 렁(冷)씨는 말한다. 그 역시 산동의 모 대학 부교수이지만 학력을 높이기 위해 현재 박사과정에 있으며, 그는 다른 나라는 어떤지 모르지만 적어도 중국에서는 고학력일수록 더 넓은 기회와 더 높은 성공 가능성이 보장된다고 말한다.

"고학력이 아니면 좋은 직장을 찾을 수 없다" -대학원 수료자

"고학력이 아니면 승진의 기회가 없다" -기관간부

"고학력이 아니면 받을 수 없습니다" -기업체 사장

"고학력이 아니면 결혼할 수 없어요" -고학력 여성

"고학력이 아니면 세상을 살아가기 힘들단다" -한 아이의 부모

이상은 오늘날 중국사회의 학력에 대한 5가지 관점을 집약한 것이다.

5가지 관점은 사회의 3대 붐을 일으키고 있다.

우선 대학가에 부는 '대학원 진학 붐'이다 "대학원 준비하고 있나?" "대학원 입시 자료는 준비됐나?" "대학원 예비학습반 신청했나?" 등은 대학생들 사이에 가장 많이 오가는 대화내용 중 하나이다. 그야말로 모든 길이 대학원 진학 준비로 통하고 이를 위해서는 모든 것을 포기해도 된다는 분위기다.

다음은 기관간부들의 '졸업증 붐'이다. 통계에 따르면, 2003년 말 중국 공무원 500만 명 중 대학 및 전문대 이상 학력자가 69%로, 지난 1993년의 32%에 비해 무려 37% 포인트나 상승했다.

9년간 새로 증가한 대학 및 전문대 이상 학력자를 180만 명으로 추산할 때 이들 모두가 대학을 졸업하고 취직한 것이 아니고 그 상당수는 각종 시험을 통해 대학 졸업장을 딴 공무원들이다.

또 다른 하나는 직장의 '인재 고소비 붐'이다. 과거에는 4년 정규대학이나 전문대만 졸업하면 좋은 직장을 찾을 수 있었지만 지금은 사정이 달라졌다.

일부 고용업체는 하는 일에 관계없이 석사나 박사 심지어 포스트닥터 학력을 요구한다. 그래서 4년 정규대학 졸업자가 청소부 노릇을 하거나, 대학원 학력자가 판매원으로 일하며, 박사가 잡일을 한다는 등의 뉴스가 언론에 심심찮게 오르내리고 있다. 그렇다면 고학력이 과연 높은 수준과 능력을 의미하는 것일까? 그렇지는 않다.

언론보도에 따르면, 전문대학력의 한 농촌(鄕鎭) 간부는 공금 2만 위엔을 내고 현지에서 1주일 동안의 과외수업을 받고 대학원 학력증서를 받았다고 한다. 이런 고학력을 과연 믿을 수 있을까?

더구나 이런 고학력 우대는 명문대 가짜 졸업장이 사회를 휩쓰는 데 일조하고 있다.

얼마 전 왕(王) 씨는 '당신도 베이징(北京)대, 칭화(清華)대 등 명문대학 졸업생이 될 수 있습니다.'란 핸드폰에 뜬 광고를 보고 깜짝 놀랐다.

최근 이런 내용의 가짜 대학졸업증에 관한 정보가 이동전화 문자메시지(SMS)를 통해 학생들 사이에 나돌고 있다. 이미 중국사회과학원 정치연구소에서 석사를 하고 있기에 자기는 그런 광고를 무시했지만, 아마 이런 광고에 넘어가 비싼 돈을 들여가며 가짜 졸업장을 만드는 사람이 적지 않을 거라고 한다. 비록 그런 가짜 졸업장은 겉으로 보기엔 진짜와 똑같이 만들어졌지만 결국은 들통나는데도, 지금 중국의 고학력붐은 그런 위험을 간과하게 만든다는 것이다.

실제로 2003년 5월말까지 싱가포르 법원이 심리한 가짜 티엔진(天津)대학 졸업장 사건은 8건이나 됐으며, 그 해 6월에 싱가포르 초급법원은 가짜 티엔진대학 졸업장과 학위증서를 가지고 취업한 한 중국인에 대해 3개월 징역형을 선고하고 출감 후 곧장 중국으로 추방키로 결정했다.

▶ 중국 쓰추안(四川)성의 시난(西南)교통대학 부근에서 영업 중인 한 옷가게에 이색적인 할인공고가 붙어 있었다.

박사 70%, 석사 60%, 박사과정 50%, 석사과정 40%, 학부생 30%의 할인 혜택이 주어지며 고졸 이하의 학력은 깎아주지 않습니다. 이 광고를 내건 가게 주인은 "학업이 다른 일에 비해 그리 쉽지 않으며, 학력이 높은 사람들은 그만큼 존경을 받아야 한다"고 강조했다. 문맹률이 15% 수준으로 다른 나라에 비해 높은 중국에서 지방소도시나 농촌에서 대학이상의 학력자를 찾아보기 힘듦을 감안한다면 그의 말을 이해할 수 있다.

▶ 졸업증서에 고유번호까지 완벽하게 갖춘 진짜 같은 가짜가 버젓이 등장했다. 가짜 졸업증서는 인터넷에서 고유번호 검색도 가능하다.

이런 가짜 졸업증은 일반 유명대학 2,800위엔, 베이징/칭화 대학 4,800위엔, 석사과정 5,800위엔에 판매되고 있는 것으로 알려졌다.

중국의 교통지옥

위에탄(月壇)에 있는 중국사회과학원 재정·무역연구소에 수업을 들으러 가던 김모 씨는 차가 막히자 짜증을 내며 말한다. "사람들은 보통 중구안춘(中關村)이나 우다오코우(五道口), 리두판디엔(Lido Hotel) 등이 막힌다고 하지만 여기 위에탄도 자주 막힌단 말이야…" 몇 년째 주재원으로써 차를 몰면서 느끼는 것은 중국에서 차가 점점 늘어나는데 2003년은 사스로 인해 대중교통을 이용하기 꺼려하는 중국사람들의 심리로 올해 특히 차가 엄청 늘어났다는 것이다.

그 결과 교통체증은 더욱 심해졌고, 2008년 올림픽을 개최하는 중국 베이징시는 '교통지옥' 해결책 마련에 부심하고 있다. 올림픽에 앞서 해결해야 할 가장 중요한 과제로 '교통체증'이 떠올랐지만, 자동차가 폭발적으로 늘면서 오히려 교통상황을 더 악화시키고 있기 때문이다. 중국관영 신화통신은 베이징의 도로 중 90%가 포화상태에 이르렀다고 보도했다. 2003년 8월까지 이미 2002년 전체 증가 규모에 육박하는 24만 6,000대의 자동차가 늘었다.

그런 성장세에 힘입어 2003년 8월 4일에 베이징의 자동차수가 200만 대를 돌파했다. 그중 개인 차량은 128만 대로써 총 차량수의 64%를 차지했다. 전문가들은 이는 베이징시가 이미 마이카시대에 진입했음을 표명한다고 밝혔다.

건국초기 베이징시 등록차량은 2,300대 정도, 1997년 2월까지 베이징시 차량이 100만 대를 돌파하는데 48년이란 시간이 걸렸다. 원래 전문가들은 베이징시 차량이 2010년에 가서야 200만에 달할 수 있다고 예측하였지만,

베이징의 자동차 보유량이 다시 100만 대가 증가되어 200만 대가 되기까지 1997년 2월부터 2003년 8월까지 6년 반밖에 걸리지 않았다.

지하철이 제대로 발달되지 않은 상태에서 현재의 도로만으로는 이렇게 기하급수적으로 늘어나는 자동차를 감당하기 어려운 사태가 벌어지고 있는 것이다. 이로 인해 구오마오치아오(國貿橋), 시즈먼차오(西直門橋) 등 중심가는 24시간 체증이 나타나고 있다. 주차장을 방불케 할 정도로 체증이 심한 곳도 65곳에 이른다. 신화통신은 직장인들의 출근 소요시간을 조사한 결과 60~80분이 34.30%, 100분 이상도 6.5%를 차지한다고 보도했다.

자동차의 증가는 교통체증 외에 다른 심각한 문제를 야기한다.

중국이 '세계 1위의 교통사고 대국'이라는 오명 씻기에 나서고 있다. 자동차가 늘어나면서 중국에서는 하루 평균 300여 명이 교통사고로 목숨을 잃고 있다. 이 문제를 해결하기 위해 중국이 사고를 낸 운전자에게 무조건 과실책임을 물리는 방안을 추진해 주목되고 있다.

우다오코우(五道口)의 교통체증

새로 만들어지는 법률 조항은 자동차가 행인이나 자전거와 부딪친 경우 잘잘못에 관계없이 운전자에게 책임을 물린다는 것을 주내용으로 한다. 책임이 전혀 없다는 것을 입증하기 전에는 책임을 져야 하는 이른바 '과실추정 원칙'을 도입하기로 한 것이다. 중국에서 교통사고를 내면 과실이 있든 없든 보상금을 물어야 하는 상황이 벌어지게 된 것이다

운전자의 입장에서 보면 엉겁결에 무거운 짐을 짊어지게 됐고 당연히 많은 불만을 야기시킬 수 있지만, 중국 전인대 상무위원회가 법률개정에 나선 데에는 그만한 이유가 있다. 첫째는 교통사고를 줄일 특단의 대책이 필요하고, 둘째는 교통사고를 당한 가난한 행인이나 자전거를 탄 사람이 최소한의 치료를 받자면 (상대적으로 부유한) 자동차 운전자가 책임을 떠안는 길밖에 없기 때문이다.

교통체증이 심화하면서 직격탄을 맞게 된 곳 중 하나는 택시사업자다. 베이징의 택시요금은 거리와 시간을 병산해 계산하는데, 가뜩이나 비싼 요금이 교통체증에 따라 사실상 인상되는 효과를 가져와 택시타기를 기피하는 현상이 나타나고 있기 때문이다. 더구나 2006년 중반부터 1km당 요금이 1.6위엔인 택시가 2.0위엔으로 바뀌면서 택시 기피현상이 더욱 심해졌고, 이제는 베이징 택시들이 생존의 위기에 처해 있다는 말도 떠돌고 있다.

占 그 끈질긴 생명력

고대로 거슬러 올라가 은나라 때 이미 소, 거북 등의 뼈를 불에 구워 그 갈라진 정도로 미래를 예측하는 등의 占이 발달했었고 그 점친 결과가 지금까지 남아 있는 게 갑골문으로 당시 왕의 정책결정과 사람들의 의사결정에 절대적인 영향을 미쳤으며, 진시황의 분서갱유 때 주역(周易)은 점서(占書)로 그 화를 면했을 정도로 중국에서 점의 역사는 수천 년의 역사를 자랑(?)한다.

하지만 현재 중국사람들은 유물주의, 무신론 등 공산주의 이론으로 정신적 무장이 돼 이미 점은 그 영향력을 잃었다고 지앙(蔣) 씨는 말한다. 사라진 봉건잔재라는 것이다. 그래서일까?

중국과학협회(中國科協)가 중국전역에서 운명 감정(占) 등 미신행위에 대한 중국인들의 생각과 태도를 표본 조사한 결과, 응답자의 3.7%만 점괘를 믿고 나머지 6할 이상은 점괘가 사회활동에 해롭다고 여기는 것으로 드러났다. 특히, '점을 친 결과 내일 좋지 않을 일이 생길 것이라고 나왔을 때는 어떻게 할 것인가'라는 질문에 대해 응답자의 36.4%가 '듣는 것으로 그친다'고 대답한 반면, 40%는 점 때문에 일방적인 생활을 바꾸지는 않겠지만 점의 결과에 대해서는 적절히 유념할 것이라는 의견을 나타냈다.

난창(南昌)시에서 점보는 모습

중국인들은 일반적으로 재물,

건강 및 결혼 운수를 보기 위해 점을 치고 있었으며, 그 중에서도 재물 점이 28.4%로 가장 많았다. 또, 사업과 직업선택, 애정관계, 진학 및 출국 등과 관련한 점도 많은 것으로 나타났다. 그밖에, 재미로 점을 치는 경우와 '정신적 공허감'을 메우기 위한 경우도 많았다. 특히, 힘든 일이 닥쳤을 때나 액땜 목적으로 점을 치는 경우, 점은 당사자의 정신적인 곤혹감을 해소해주는 심리적인 위로작용을 하는 것으로 분석됐다.

중국사회과학원에서 공부하는 리우(柳) 씨는 이런 미신행위는 중국에서 한때 수그러드는 듯하다가 최근 되살아나는 추세를 보이고 있다고 한다. 물질생활 수준이 향상되고 사회의 경쟁이 치열해지는 상황에 제대로 적응하지 못한 사람들이나, 살아가면서 큰 문제에 부닥친 사람들이 스스로 결단을 내리기 힘들거나 방향을 잡지 못하는 틈새를 비집고 점과 같은 미신행위가 각종 형태로 활개를 치게 된다는 것이다. 특히 농촌 등에서는 상당한 영향력을 발휘한다는 것이다.

칭다오(青島)의 도교사원인 라오샨(崂山) 타이칭궁(太清宫)

한편 같은 학교친구인 후난(湖南)성 출신의 후(胡) 씨는 홍콩, 상해 등 남부지방에서도 특히 상인들 사이에서 점 등의 미신이 성행한다고 한다.

그런가하면 입시를 앞둔 고3 학생과 학부모들도 불안한 미래를 알기 위해 점을 보는 경우가 점점 늘어나고 있다.

점치는 방식도 다양화

사회가 끊임없이 변화하면서 일부 전통적인 미신행위는 갈수록 시장이 축소되고 있지만, 그 형태를 달리하는 방식으로 다양화하며 첨단화하는 양상을 보이고 있다. 조사결과, 대다수 사람들이 이제 부적이나 주문, 종이 사르기 등의 방법으로 악귀를 쫓거나 병을 치료할 수 있다는 말은 믿지 않는 것으로 나타났다. 대신 컴퓨터 점, 행운의 숫자, 별자리 점, 손금, 관상 등 각종 변형된 형태의 운명 감정 행위가 적지 않은 사람들을 유인하고 있다.

멍(孟) 씨는 예전의 주역이나 팔괘 등은 학술화가 됐고, 요즘 젊은이들은 관상이나 운세 등을 믿는다고 말한다. 자기 주위 사람들도 런민(人民)대 맞은 편에 관상을 잘 보는 집이 많다고 해 꽤나 갔다는 것이다.

이에 대해 전문가들은 과학시대에 미신과 의사(擬似)과학 행위가 여전히 변형된 방식으로 생존공간을 추구하고 있다고 보고 있다. 급격히 변하는 중국에서 점은 서민들에게 일종의 심리적인 위로작용을 한다고 볼 수도 있다.

> 중국에 '젠부부젠이(薦卜不薦醫)'라는 말이 있다. '점술인은 천거해도 의사는 천거하지 않는다'는 뜻이다. 점술인은 다른 사람에게 잘못 소개해도 큰 문제가 발생하지 않지만, 환자에게 의사를 추천했다가 잘못되면 원망을 들을 수 있는 문제이기 때문에 중국인들의 일종의 '자기방어(?)'에서 나온 말이다. 한편 중국인들은 밤에 병문안을 가지 않는 관습이 있는 데, 어둠 속에 있는 안 좋은 기운이 환자에게 영향을 미쳐 역시 재난을 일으킬 수 있기 때문이라고 한다.

난징 유치원 사건

난징(南京)의 한 유치원에서 원장과 교사가 한국 학부모에게 무릎을 꿇은 사건이 점점 큰 파문을 일으키고 있다. 『시엔따이쿠아이빠오(現代快報)』뿐 아니라 베이징 사람들이 많이 보는 『베이징완빠오(北京晚報)』에 11월 6일 실리면서 사태는 진정의 기미를 보이지 않고 있다.

11월 3일 오후 3시쯤 한 학생이 양 교사에게 한국 학생이 자기 머리를 때렸다고 말하자, 양 교사는 한국 학생을 불러 "왜 다른 친구를 모욕하느냐"고 물었다. 한국 학생이 대답하지 않자 양 교사가 다시 물었다.

"왼손으로 때렸냐, 오른손으로 때렸냐." 한국 학생이 오른손을 뻗자 양 교사는 들고 있던 가위로 한국 학생의 오른손을 자르는 시늉을 하며 말했다. "다음에 다시 이러면, 바로 너의 손을 잘라 버리겠다!"

그 날 저녁, 한국 학생은 이 일을 부모에게 알렸고, 저녁 7시 이 한국인 부모는 유치원 원장을 찾아 상담을 했다. 원장은 즉시 반 주임 진 선생을 불렀고 양 교사에게 이 일을 확인하고는 양 교사를 해고시켰다. 이에 대해 양 교사는 언어가 통하지 않아 가위로 시늉을 한 것은 좀 더 현실감을 주며 아이를 위협하기 위해서였다고 변명했다.

11월 4일 정오, 한국 부부는 다시 유치원에 왔다. 아이 말로는, 이전 휴식 시간에 자기가 끙끙거린다고, 양 교사가 바늘로 입술을 찌르려는 듯한 행동을 취했다는 것이다. 또 자기가 말을 안 듣는다고 화장실에 3번 가뒀다는 것이다. 이에 대해 유치원 원장과 진 선생은 양 교사가 이 두 사실을 시인했다고 말했다. 그러나 양 교사 본인은 "나는 한국 학생에 대해 그런 사실이 없고, 더욱이 시인한 적도 없다"고 말했다. 원장은 한국 부부가 찾아왔을 때 유치원을 대표해 이 부부에게 정중한 사과를 했다. 11월 4일 정오 그들이 다시 유치원에 왔을 때, 원장은 재차 그들에게 사과했으며 또 반주임인 진 선생에게도 경고처분을 내렸다.

유치원 교사, 법정까지 이 사건 끌고 갈 듯

11월 5일 점심쯤, 한국 학생의 부모가 세 번째로 유치원에 왔고, 이번에는 양 교사가 직접 부모에게 사과할 것을 요구했다. 원장과 진 선생이 부모에게 사과하며 무릎을 꿇었고, 양 교사는 한동안 버티다 결국 무릎을 꿇고 사과했다.

이에 베이징완빠오 기자는 한국인 부부에게 "양 교사의 잘못이 무릎을 꿇게 할 정도였냐"고 물었고 이에 한국인 부모는 "그녀는 진심으로 잘못을 인정하지 않았고 그녀의 행위는 내 자식의 마음을 아프게 했다"고 대답했다. 그렇지만 이에 대한 대답이 베이징완빠오에는 "무릎 꿇는 게 무슨 큰 일이냐"는 부제목으로 크게 나왔다.

중국에 오래 산 박모 씨는 "문화대혁명 이후로 중국인들은 자기 잘못을 인정하지 않는다"며 자기 자식이 그런 위협을 당했으면 그렇게 할 수도 있지 않냐"고 말했다. 잘못을 했으면서도 뻔뻔스럽게 제대로 된 사과가 없는 데는 양 교사의 잘못이 크다.

그렇지만 한국인 부부 역시 심했다는 의견도 적지 않다. 더욱이 무릎을 꿇는 행위가 한국인보다 중국인에게 더 큰 모욕을 준다는 점에서 일부 재중국 교민들 사이에서는 "무슨 일이든 끝장을 보고야 마는 한국인의 습성이 일정 선을 넘었지 않았느냐"며, 사소한 일로 반한(反韓) 기류가 생기지 않을까 하는 걱정도 일고 있다.

한편 양 교사는 평생 잊을 수 없는 일이라며 이 사건을 법정에 끌고 갈 결심을 하고 있다. 이에 대해 중국인들은 "중국인이 중국 땅에서 외국인에게 무릎을 꿇을 수 있냐, 어떻게 한국인에게 무릎을 꿇을 수 있냐"며 분개하고 있다. 문제의 원인은 중국 교사에게 있지만, 최근 달아오르기 시작한 민족주의 감정은 객관적인 결론을 내리지 못하게 하고 있다.

중국 언론의 보도와 여론은 한국인 부부에게 불리하기만 하다. 이제 가해자와 피해자가 뒤바뀐 셈이 되었다.

촌사람, 베이징서 살아남기

베이징 드림을 꿈꾸는 중국 젊은이들

베이징에 살면서 느끼는 것은 베이징 토박이가 의외로 적다는 것이다. 어쩌면 보기 힘들다는 표현이 더 맞을 듯하다. 그 이유로 개혁, 개방과 더불어 거주와 이동의 자유가 점점 자유로워지면서 많은 지방사람들이 고향을 떠나 베이징을 비롯한 대도시로 몰려드는 현상을 들 수 있다. 얼마나 많은 지는 정확한 통계를 내기 어렵지만, 상당수의 사람들은 베이징에 토박이보다 외지인과 외지인이 후에 베이징본적(戶口)을 얻어 베이징시민이 된 숫자가 더 많을 수도 있다는 생각을 하고 있다.

내몽고에서 올라와 베이징의 한 학교를 졸업한 진(靳) 씨는 베이징에 온다는 것은 더 많은 기회와 더 높은 성공 가능성을 의미한다고 한다. 그래서 직업을 구하러 온 경우 외에도, 학업으로 지방에서 올라온 학생들 대부분이 베이징의 학교를 졸업하고는 고향으로 돌아갈 생각을 안 한다는 것이다.

새로운 것에 대한 호기심과 열정으로 충만한 젊은이들은 지방에서 그들의 가능성을 썩히느니 고생을 각오하더라도 베이징(北京) 드림을 꿈꾸며 점점 동경의 땅 베이징행을 선택하고 있다. 지방에서 온 젊은이들이 베이징에서 살아남기 위해 겪는 온갖 고통을 두 사람의 경험을 통해 느껴보기로 한다.

칭칭의 좌절기록

헤이룽장(黑龍江)성 따칭(大慶) 출신의 30세 주부인 칭칭(靑靑)은 1년 간의 베이징 생활에 대해 한 마디로 너무 힘들었다고 회상한다.

남편과 아들이 남아있는 고향을 떠나 잡지사 편집 직원으로 취직이 되어 베이징에 도착했다. 금전적 여유가 없었던 그녀가 간단한 짐을 꾸려 세 들어간 집은 창문에 방충망이 없었다. 더위를 이기지 못해 창문을 열고 잠자리에 들었다가 어김없이 한 밤중이면 모기의 집중 공격을 이기지 못해 잠에서 깨어나곤 했다.

한편 길눈이 유난히 어두운 그녀는 소득의 많은 부분을 교통비에 쓰느라 적자 생활을 면치 못했다. 방세도, 교통비도, 베이징의 물가는 만만치 않았다. 사실 먹고 마시는 것 외에 한국과 별 차이가 없다.

세 살도 안된 아들을 고향에 두고 온 그녀는 낯선 여자가 자기 아들의 뺨을 만지는 것만 보아도 눈물이 쏟아졌다. 전화기를 통해 아들이 들려주는 '나는 엄마도 없어'라는 내용의 동요에 목이 메고, 편집회의에 참가하느라 아들의 전화를 끊어야 할 때는 곁에 있는 동료들까지도 함께 울었다고 한다.

위에광런이 된 쑨빈

베이징에서 대개 기본 재산 없이 자신이 그 달 벌어 그 달 생활하는 외지인들을 "위에광런(月光人)"이라고 한다. 돈 없이는 발붙일 수 없는 베이징을 향해 쑨빈(孫彬)은 간단한 짐과 컴퓨터만 들고 고향을 떠났다.

베이징에서 살아남기 위해서는 돈을 아껴야 했던 그는 일을 핑계로 사무실에서 기거하기로 작정했다. 회사의 사정이 좋아지면서 사무실을 수면 공간으로 더 이상 사용할 수 없게 되자(수면을 취할 공간이 없어서) 잠자는 시간을 최대한 줄이는 수밖에 없었다. 몸이 자주 아프게 되자, 건강이 재산이라는 교훈을 굳게 믿고 소득의 절반을 먹는 일에 투자하는 것이 조금도 아깝지 않게 생각되었다고 한다.

며칠 밤 뜬눈으로 보내다가 촬영 현장에서 의자에 똑바로 앉아서 잠이 든 적도 있었고 컴퓨터 시스템 오류로 작성하고 있던 자료가 날아가 버린 적도 있었다. 그 자료를 우여곡절 끝에 완성하던 날 그렇게 원하던 잠이 오지 않

베이징 거리에서 물건 파는 사람. 상당수가 지방에서 올라온 사람들이다.

았다. 그는 지친 기색으로 말을 매듭지었다. "성공을 위해 포기할 것은 과감히 포기해야 한다는 걸 안다. 고독을 누릴 여유도, 맘대로 살아볼 기분도 남아 있지 않다."

중국을 뒤흔드는 에이즈

중국에 총 4년(2003년 당시) 넘게 살아오면서 에이즈(후천성면역결핍증)에 대한 중국의 인식이 점점 바뀌고 있다는 것을 느낄 수 있다. 97년 어학연수를 왔을 때 중국에는 서양처럼 혹은 자본주의의 물이 든 한국이나 일본처럼 에이즈 환자가 많지 않다고 주장하던 중국사람들을 간간이 볼 수 있었는데, 근래 어느 순간부터 베이징(北京)시 곳곳에 에이즈를 조심하자는 경고문과 함께 콘돔 자판기가 설치되기 시작했다.

우(吳) 씨는 베이징에서도 보기 힘든 베이징 토박이. 그녀는 최근 몇 년새 에이즈 경고문과 콘돔 자판기가 늘은 것도 별로 보기 안 좋은데 2003년엔 사스까지 퍼져서 중국이 온갖 병원체들의 온상이라는 생각이 들 때가 많다고 한다.

길거리의 헌혈광고를 봐도 자기는 헌혈하기가 두렵다고 한다. 시골에서 피를 뽑다가 에이즈에 걸리는 사례가 흔하기 때문에, 정부에서 관리하는 헌혈이 비록 좀더 위생적일지라도(정부도 완전하게 믿기 힘들다는 인식과 함께) 혹시나 하는 두려움에 헌혈 할 의향이 사라진다는 설명을 덧붙였다.

2003년 중국에서 사스 못지않은 화제의 대상은 바로 에이즈.

2003년초 에이즈 고아들을 가르치는 열세 살의 소녀 조우진용(周金永)이 중국 대륙을 울렸다. 장소는 중국 허난(河南)성 상차이(上蔡)현 호우양(後楊)촌.

4천여 명의 주민 중 1천 5백여 명이 에이즈에 감염됐고, 지난 5년 간 1백 60여 명이 숨져 전형적인 에이즈 촌(村)으로 손꼽힌다.

이들은 대부분 가난을 이기지 못해 피를 뽑다가 화를 당했다. 조우 양은 에이즈로 부모를 잃은 고아들에게 한자와 산수 등을 가르치는 꼬마 교사(小教師)다. 자신도 두 살 때 아버지를 잃고, 큰 언니와 오빠 역시 에이즈 환자인 불우한 처지다.

작은 언니는 지난해 에이즈 판정을 받자 스스로 목숨을 끊었다. 한창 배워야 할 조우 양이 교단에 선 것은 바로 가난과 에이즈에 대한 투혼 때문이다. 그녀는 2002년 9월 학비를 못내 중학교를 그만둬야 했다.

그러다가 이 마을 주민 청동양(程東陽)이 만든 에이즈 고아 유치원에서 세 살부터 일곱 살까지의 학생 10여 명을 가르치는 교사로 변신했다. 청 씨의 "에이즈 고아들이 자라 다시 빈곤과 무지의 늪에 빠져선 안 된다."는 결심에 동감했기 때문이다.

2003년 8월 중국 스추안(四川)성에서 중국에서는 처음으로 에이즈 감염자끼리 정부의 정식 승인을 받아 결혼식을 올렸다.

이들 '에이즈 부부'의 주인공은 스추안 즈중(資中)현의 한 마을에 사는 37세 남성과 34세 여성. 이 마을은 '에이즈 부락'으로 불릴 만큼 에이즈 환자가 많았다.

1995년 다른 성에서 피를 팔다가 에이즈에 감염된 사람들이 마을로 돌아오면서 생기기 시작한 감염자는 지금까지 67명에 달했다. 그 중 25명이 이미 숨졌다.

10여 년 전 에이즈에 감염된 37세 신랑 역시 마을 밖에서 피를 팔다가 병을 얻었다. 34세 신부는 에이즈에 걸려 2002년 9월 사망한 전남편에게서 전염됐다.

2010년 에이즈 감염자 수가 1,000만 명

최근 들어 에이즈 환자와 감염자 수가 급증하고 있는 중국은 오는 2010년 에이즈 감염자 수가 1,000만 명을 돌파할 가능성이 있다고 중국 정부가 밝힌 바 있다. 12월 1일 세계 에이즈의 날을 기해 중국언론들이 보도한 중국내 에이즈 실태에 따르면 중국 전역에 에이즈 바이러스 감염자와 환자 수가 각각 84만 명, 8만 명으로 나타났다. 또 매년 에이즈 감염률과 사망률, 발병률이 30% 정도씩 급증하고 있는 것으로 나타났다.

이와 관련, 한치더(韓啓德) 전국인민대표대회(국회격) 부위원장은 "유효한 조치를 취하지 않을 경우 2010년 에이즈 감염자 수가 천만 명을 넘어설 것"이라며 "에이즈 확산은 앞으로 국가적인 재앙이 될 것"이라고 경고했다. 유엔의 한 조사평가보고서도 "중국의 에이즈 감염자 수는 이미 100만 명에 도달했으며 7개 성(省)의 확산 상황이 매우 심각하다"고 밝히고 있다.

1985년 첫 에이즈 발병 사례가 보고된 중국은 이미 국내 31개 성·시(省·市: 성과 직할시) 전역에 에이즈가 확산됐으며 경제성장과 개방속도가 빠른 연해지역 및 대도시의 상황은 특히 심각하다.

유엔 보고서는 중국의 에이즈 확산 상황을 '거대한 빙산과 충돌하는 타이태닉호(號)'로 표현하고 있다. 중국의 에이즈 확산은 주로 마약용주사기와 성접촉, 출산 감염 등을 통해 이루어지고 있다. 하지만 일반인들의 성관념과 성지식이 저급해 콘돔을 사용하지 않는 비율이 세계 최고인 70%대를 기록하고 있다.

위험성 있는 성행위에 중국인 76% 콘돔 사용 안해

2003년 12월 1일 '세계 에이즈의 날'을 맞아 베이징의 조사회사 '링디엔디아오차(零點調査)'가 발표한 실태조사 결과에 따르면, 위험성이 높은 성행위에서도 중국인의 76%가 콘돔을 사용하지 않는 것으로 나타났다고 『런민르빠오(人民日報)』 인터넷판이 2003년 12월 2일 보도했다.

이번 조사는 베이징(北京)·상하이(上海)·광저우(廣州) 등 주요 7개 도시, 허베이성(河北省) 등의 지방도시, 농촌을 대상으로 16세 이상의 주민 약 4,000명을 대상으로 대면 형식으로 실시됐다.

조사 결과, 복수의 이성과 성관계를 갖는 비율은 HIV 감염률이 높은 다른 나라만큼 높지는 않지만, 위험성이 높은 성행위를 하는 사람들의 'HIV 감염예방을 위한 콘돔 사용' 의식이 상당히 희박한 것으로 밝혀졌다.

'배우자와 정해진 애인 이외의 이성과 성관계를 가진 적이 있는가'라는 질문에 대해 약 27%가 '예'라고 대답했다. 그중 약 76%는 '전혀 콘돔을 사용하지 않는다'고 답변했다. '언제나 콘돔을 사용한다'고 답한 것은 7.1%에 불과했다.

콘돔 사용이 적은 것도 문제지만 공급량 자체가 적다는 데 좀더 근원적인 문제가 있다.

중국은 고도성장을 바탕으로 인구가 도시로 급속하게 유입되면서 성매매가 크게 늘어났지만 콘돔 공급량은 수요(연간 10억개)의 20%밖에 안되 에이즈 예방에 구멍이 뚫린 상태라고 『홍콩밍빠오(明報)』는 2003년 8월에 분석했다.

인도와 마찬가지로 중국 역시 세계적 마약 생산지인 동남아와 인접해 있는 점도 문제다. 마약 이용자들이 주사기를 돌려가며 사용하는 경우가 많아 에이즈 감염자가 폭발적으로 늘어날 가능성이 크다고 전문가들은 지적한다.

그렇지만 중국의 경우 체면을 중시하는 문화적 특성 때문에 에이즈 환자를 공공 의료기구를 통해 체계적으로 관리하는 것이 아니라 개인 문제로 축소시키거나 은폐해 감염자 실태 파악도 제대로 되고 있지 않다.

2003년 6월 허난(河南)성 당국은 열악한 에이즈 치료 환경 개선을 요구하며 시위하던 에이즈 환자들을 "더러운 인간" 취급을 하며 강제로 진압, 에이즈 운동가와 인권 단체들이 반발했었던 사태가 발생했다.

점점 확산돼 가는 에이즈를 막기 위해 2003년 중국위생부는 '중국 에이즈 예방억제 장기계획'과 '에이즈 예방억제 행동계획'의 관련 사항에 따라 향후 3년에 걸쳐 허난(河南), 꾸이저우(貴州) 등 11개성의 55개 현에 100개의 에이즈 종합예방 시범지역을 세우기로 했다.

시범지역에 에이즈 예방 지식 보급률 70% 이상 · 에이즈 감염자, 환자 및 부부의 콘돔 사용률 95% 이상·90% 이상의 감염자와 환자에게 치료 및 예방 보건 서비스 제공·체계적인 에이즈 예방 및 억제 관리방식 도입 등의 방법으로 에이즈의 종합 예방대책을 찾고 경험을 쌓는 것이 그 목적이다.

사태의 심각성을 인식한 중국 정부는 국무원 내 34개 부처가 참가하는 에이즈 예방치료 연락회의를 구성하고 우이(吳儀) 부총리 겸 위생 부장을 책임자로 선임했다. 또 에이즈 방지를 위해 매년 2억 위엔 이상의 예산을 투입키로 했다.

믿을 수 없는 중국 콘돔

콘돔의 사용도도 낮지만, 중국에서 팔리고 있는 콘돔은 대부분 불량품으로 피임을 하거나 에이즈, 성병 등을 예방하는데 거의 도움이 되지 않는 것으로 밝혀져 충격을 주고 있다.

중국에서 팔리고 있는 콘돔 브랜드는 2천여 종이지만 국가의 '안전인증'을 받은 제품은 불과 11개 브랜드인 것으로 확인됐다고 대만의 『중국시보』가 2004년 9월 30일 베이징(北京)발로 보도했다.

중국 정부는 2003년 5월부터 콘돔에 대해 강제 안전인증 제도를 추진해 2004년 8월부터 정식 실시하고 있으나 안전인증에 합격한 브랜드는 불과 11개인 것으로 밝혀졌다고 대만 언론들은 전했다.

중국은 안전인증 증서를 받지 못했거나 안전인증 표지를 제품상에 부착하지 않은 콘돔 브랜드는 팔지 못하도록 조치했으나 여전히 널리 유통 중이다.

중국 『스따이상빠오(時代商報)』가 중국 동북의 중심 도시 리아오닝성(遼寧省) 성도 선양(瀋陽)시에서 20여 개 약국, 보건상점, 생육용품점을 현장 조사한 결과, 안전인증을 받지 못했거나, 안전인증을 받은 것으로 허위 선전하는 콘돔 브랜드가 여전히 아주 잘 팔리고 있다고 이 신문이 전했다.

일부 약국 주인들은 안전인증이 무엇인지조차 모르고 있으며 "안전인증 표지가 있거나 없거나 아무런 문제가 없다"는 태도를 취했다고 스따이상빠오는 전했다.

중국 정부는 콘돔 사용을 널리 권장해 중국 최대 방송사인 CCTV(中國中央電視臺)가 광고까지 하며 콘돔 사용의 중요성을 알리고 있다.

중국서 여성 에이즈 감염 급증

중국에서 처음 에이즈 감염 사례가 보고된 1985년 이래 중국 여성의 에이즈 감염이 급증하고 있는 것으로 나타났다. 중국 전역의 에이즈 감염 사례 중 여성 감염자의 비율은 지난 2000년의 19.4%에서 2005년 3월 28.1%로 증가했으며, 여성 감염자 중 성관계에 의한 비율도 2001년의 44.1%에서 2004년 55%로 급격히 늘었다.

이 같은 사실은 2005년 7월 11일 '세계 인구의 날'을 맞아 여성의 에이즈 문제를 주제로 한 텔레비전 회의에 참석한 까오치앙(高强) 중국위생부장에 의해 밝혀졌다고 중국언론이 보도했다.

까오 부장이 인용한 '중국 에이즈 예방 · 억제 중장기계획'의 중간평가보고서에 따르면, 에이즈 예방에 관한 지식을 가진 여성의 비율은 46.1%, 남성은 53%로 집계됐다. 그 중 농촌 여성은 39.9%, 농촌 남성은 48.3%에 달했다.

중국 유출 문화재 되찾기 한창

마리 씨는 눈이 내리자 위엔밍위엔(圓明園)에 갔다. 봄이나 여름에 날씨 좋은 날 가면 더 좋지 않겠냐는 질문에 겨울에 눈이 내린 후 가야 폐허가 된 유적의 기분을 더 느낄 수 있기 때문이라고 대답했다.

위엔밍위엔은 청나라 때 전국의 유명한 목공과 석공을 모아 150년의 세월을 들여 완성하였다. 주변의 이허위엔(頤和園)이 전통적인 중국식 정원이라면, 위엔밍위엔의 일부인 해안당(海晏堂)은 청나라 황제가 프랑스 베르사유 궁전을 모방해 지은 서양식 궁전으로 전체적인 분위기는 유럽풍이다. 그 규모와 아름다움에서 이허위엔과 어깨를 나란히 했지만, 한국여행사들의 패키지관광에 구공(故宮=자금성), 이허위엔 등은 있지만 위엔밍위엔은 대체로 빠져 있다. 그 이유는 위엔밍위엔은 1860년 제2차 아편전쟁 때 영국, 프랑스 등의 공격으로 지금은 폐허만 남아 있기 때문이다.

위엔밍위엔은 정부의 인가로 복구 예정이긴 하지만, 베르사유궁을 모방하여 만든 궁전의 폐허만은 손을 대지 않기로 되어 있다.

위엔밍위엔(圓明園)

마리 씨에 따르면 폐허가 된 위엔밍위엔은 애국주의 교육의 현장이라는 것이다. 더불어 비장감 어린 목소리로 그 당시 약탈당한 문화재도 회복해야 하지 않겠냐고 말했다. 자기의 이름이 영어식 이름 메리의 중국음역과 비슷한 것도 그리 달갑지 않다. 자기는 중국인이라는 것이다.

중국이 지난 140여 년 간 해외로 유출된 문화유산과 국보 되찾기에 본격적으로 나서고 있다.

먼저 눈에 띄는 것은 돈으로 되사는 운동이다. '중화사회문화발전기금회'라는 민간단체는 전세계에 흩어져 있는 문화재를 되찾고 있다. 군 소유의 기업집단으로 무기 수출과 건축업 등의 사업을 벌이고 있는 바오리(保利)그룹이 거액을 기부하며 그 뒤를 후원하고 있다. 바오리그룹은 실질적으로 중국인민해방군 총참모부의 명령을 직접 받고 있어 이 기금회는 반민반관이라 할 수 있다. 중국 정부가 전면에 나서는 것보다 민간단체를 동원하는 것이 외교적 마찰을 줄이고 일도 훨씬 수월하기 때문이다.

전문가들은 중국정부 산하 재단이나 박물관, 국유기업들이 전세계에 흩어진 유물들을 다시 사들이고 있는 현상을 두고 중화민족주의의 새로운 표현으로 분석하고 있다. 19, 20세기 중국혼란기 때 서양인들이 강탈했거나 외국의 수집가들이 중간상을 통해 밀반출한 보물들이 중국으로 되돌아오고 있다.

상하이(上海)박물관은 2003년 8월 미국의 한 개인 수집상이 소장하고 있던 베이송(北宋)대(960~1127) 서예 목판서책 4권을 450만 달러를 주고 사들였다.

이 목판서책은 서기 992년 103명의 서예가들이 대추나무 목판에 새긴 420권 분량의 작품으로 1800년대 사라진 이후 1980년대 홍콩의 한 경매장에 일부가 나타났다.

전문가들은 중국의 박물관들이 국보 환수에 나서고 있는 것은 중앙정부가 민족적 자긍심을 북돋우기 위해 국보 환수를 배후에서 적극 독려하기 때문이라고 설명했다.

이에 앞선 7월 중국 정부는 해외역사유물보존재단을 새로 설립하고 해외로 유출된 문화유산 및 국보 되찾기 운동을 본격적으로 추진하고 있다.

또한 2006년 5월에는 '중화 해외유실 문물 회수 기금회'가 일본에서 상(商)나라 말·저우(周)나라 초기의 청동삼족격, 송(宋)나라 말과 위엔(元)나라 초기의 용청쌍이병, 용천대족격 등의 청동기와 도자기 등을 사들여 왔다. 중국 유물학회의 한 인사는 값비싼 국보를 되찾는 것은 중국 경제성장의 결과라면서 "이런 일은 15년 전만 해도 상상조차 할 수 없던 일"이라고 말했다.

중 보물 돼지머리 143년 만에 귀향

바오리그룹은 2000년 4월 30일과 5월 2일 홍콩에서 크리스티와 소더비가 칭(淸)대의 12지신 청동머리상 3점과 건륭제 때인 1743년에 만든 육각채색 호리병을 경매에 부치자 바오리 박물관 고문을 파견해 3천 4백만 홍콩달러를 들여 이를 사갔다. 1860년 2차 아편전쟁 때 영국·프랑스 연합군이 위엔밍위엔을 불태우고 거기서 약탈해간 보물들이다.

이어서 2003년 9월에는 143년 간 외국에서 보관돼 온 중국보물인 돼지머리상이 고향인 베이징으로 반환됐다.

구리로 만들어진 이 보물 역시 1760년 청 황실의 여름 궁전이었던 위엔밍위엔의 건립 당시 만들어진 사람의 몸과 동물의 얼굴 모양을 한 십이지상 중 하나로 1860년 영국과 프랑스 군대의 침입으로 유실됐다. 이 돼지머리상은 홍콩의 사업가인 스텐리 호 씨가 뉴욕의 한 수집가에게서 90만 달러에 구입해 국립박물관에 기증했다.

중국 대학생들의 3대 보물

예전에 중국과 경제 협력을 강화하기 위해 베이징(北京)을 방문했던 우쭈오동(吳作棟) 싱가포르 총리는 중-싱가포르 기업인 만찬 포럼에서 지난 30년간의 중국의 상전벽해(桑田碧海) 같은 엄청난 변화를 소유 욕망 4대 물건의 변화를 통해 갈파했다.

지난 1971년 처음으로 중국을 방문한 우 총리에 따르면, 중국인들은 70년대에 시계, 자전거, 반도체 녹음기, 미싱 등 4대 물건을 가장 가지고 싶어했다. 소유 욕망 4대 물건은 80년대 들어 냉장고, TV 세트, 크리스털 시계, 세탁기로 변하더니 90년대 들어서는 에어컨, 컴퓨터, 휴대전화, 소형차로 바뀌었다.

신문에 대서특필 됐던 건 아니었지만, 학생들 사이에 우 총리의 말이 화제가 되면서 일반인들에게 소유하고픈 4대 물건이 있다면 대학생들에게는 3대 보물이 있다고 말이 나왔다.

과거 중국에서 대학생의 '3대 보물'이라면 라디오, 헤드폰스테레오, 포켓벨 등이었다고 한다. 그것이 지금은 컴퓨터, MP3, 휴대폰 등으로 바뀌었다.

컴퓨터

요즘 중국 학생들 사이에서는 시중에서 가장 인기 있는 노트북을 사용하고 있는 학생들이 더러 보인다. 학교마다 차이는 있을 수 있지만 대체로 고가의 모바일 컴퓨터를 가진 학생이 약 50명 클래스에서는 평균 5, 6명, 많은 클래스에서는 10명 이상이나 된다. 석·박사의 경우 대부분이 노트북을 가지고 있다.

데스크탑 컴퓨터의 보유율은 훨씬 높아 4명이 쓰는 기숙사마다 2, 3대 정도는 놓여 있다. 각자 전용으로 구입하는 학생이 많지만, 돈이 없는 학생들은 몇 명이 돈을 모아 샀다가 졸업 전에 싼값으로 후배에게 물려주기도 한다. 1만 또는 6천 위엔이 중국에서 결코 적은 돈이 아니지만 이런 고가의 컴퓨터를 사는 것이 유행처럼 되어버렸다.

MP3

요즘 캠퍼스에서는 'MP3 사서 유행곡 듣기'가 붐이다. 이어폰을 낀 채로 캠퍼스를 돌아다니는 장면을 흔히 볼 수 있다. MP3 가격도 만만치 않지만 MP3로 누구라도 간단히 인터넷에서 음악을 다운받을 수 있기 때문에 이것만 있으면 유료 카세트 테이프나 CD는 필요가 없어서 오히려 더 경제적일 수 있다는 베이징스판대학생 천(陳) 씨의 말이다. 전자상점에 가보면 저가의 중국 브랜드 MP3 광고가 상점을 도배하고 있다.

휴대폰

가격이 계속 하락하고 있는 휴대폰은 신 '3대 보물' 가운데 대학생들의 보유율이 가장 높은 아이템이다. 예전에 한 미디어에서 저지앙(浙江)대학 학생들을 대상으로 조사한 결과, 휴대폰을 갖고 있거나 가까운 장래에 구입할 예정인 학생이 전체의 80% 이상을 차지했을 정도. 그렇지만 이마저도 옛날 이야기가 되어버렸다. 이제는 휴대폰 없는 학생을 찾아보기 힘들 정도.

과거에 자전거로 넘치던 거리에 이제는 자동차 행렬이 물결을 이루는 중국에서 대학생들에게 3대 보물은 더 이상 특별히 소유하고 싶은 물건이 아니다. 경제가 발달하고 생활이 윤택해지면서 3대 보물은 점점 일상품이 되어 가기 때문이다.

중국에서 사랑받는 원숭이

2004년은 갑신년(甲申年)으로 원숭이해다. 중국사람들은 대체로 원숭이에 대해 특별히 호감을 갖고 있다. 원숭이의 '호우(猴)'자는 고관대작 혹은 제후(후작)라는 '호우(侯)'자와 발음이 같아 당나라(唐朝) 때부터 전통 민속에서는 원숭이를 길하고 귀한 신분 그리고 사악을 좇아내고 복을 들여오는 상징으로 삼았다.

중국 민속화(畵)에서 말을 타고 있는 원숭이를 흔히 볼 수 있는데, 이는 '말 위에서 후작에 봉해졌다(馬上封侯)'는 뜻이며, 새끼 원숭이가 어른 원숭이의 어깨에 오른 그림은 '대대로 고관대작이 된다(輩輩封侯)'라는 의미이다. 또 원숭이 9마리가 소나무에 오르는(九猴攀松) 그림에서의 소나무와 '오래가다'는 '지우(久)'와 발음이 같은 '지우(九)'는 '영원하다'는 뜻으로 장수를 의미한다. 발음의 유사성으로 생기는 중국문화의 한 특성을 엿볼 수 있다.

'發財'와 발음 같다 하여 '發菜' 마구 채집해서야…

덕담으로 새해 인사를 나누는 것은 중국인의 오랜 풍속이다. 양력 하례풍습이 생겨나면서 새해 인사는 일반적으로 읍(揖)한 자세에 상대방이 잘 되기를 기원하는 '공시파차이(恭喜發財: 돈 많이 버세요)'같은 말을 주고 받는다. 경제성을 중요시하는 중국인의 전통적 사고방식을 잘 보여주고 있다.

필자도 중국친구들에게 읍한 자세로 '恭喜發財'를 말하자 친구들이 웃기 시작한다. 외국인이 恭喜發財를 말해 놀랍기도 해서였지만, 자기들의 고향 내몽고의 發菜가 생각나서라는 설명을 한다.

중국어로 돈을 번다는 뜻의 단어 '파차이(發財)'와 같은 발음을 가진 야채 '파차이(發菜)'의 가격이 급격히 상승한 결과 많은 사람들이 초원에서 파차이를 마구 채집하게 되어 가뜩이나 취약한 서부지구 초원생태를 심하게 훼손하고 있다. 돈벌이에 눈이 먼 사람들이 대량으로 서부지구에 들어와 파차이를 채집하면서 초원의 퇴화와 사막화를 초래하고 생태환경을 파괴하고 있는 것이다.

이 야채는 영양분은 별로 없지만 이름이 좋은 의미를 가진 덕분에 주로 선물용으로 사용되고 있다. 일반적으로 친구보다는 지위가 높거나 연세가 많으신 분들께 선물로 드린다는 중국인들의 설명이다. 전문가들에 따르면 1kg의 파차이를 파려면 5~10무(0.33~0.66ha)의 초원을 훼손시키게 되는데, 이를 회복하는 데는 2~3년의 시간이 걸린다고 한다.

또한 관련 기관의 통계에 따르면 1994~1999년 사이 내몽골 자치구는 파차이를 채집하는 사람들 때문에 초원면적이 1억 9,500만 무(1300만ha)가 파괴되었으며, 그 중 6천만 무(400만ha)는 사막으로 변했다.

급기야 2000년 국무원에서는 파차이 채집과 판매에 대한 금지령을 내리고 각 성과 자치구 정부에서도 즉각 같은 내용의 통지를 발표하여 파차이 시장을 척결했으나, 아직도 암 시장은 여전히 활동하고 있다.

이에 국가 환경보호총국, 감찰부(監察部), 농업부, 국가 공상행정관리총국 등 4개 국무원 기관은 적극적인 조치를 취해 파차이의 채집과 판매를 금지하는 감시감독을 강화하는 한편 4개 부문이 공동으로 검사팀을 구성해 은밀하게 조사활동을 하는 등 각종 수단을 동원하고 있다.

고급 자동차가 거리를 덮지만 옆 길가에서 말이 수레를 끌고 있고, 유인 우주선을 쏘아올리는 동안 한편에서는 '끝나다'란 의미의 '쫑(終)'과 발음이 같다 해서 '쫑(鐘: 괘종시계)'을 선물하지 않는 풍습이 공존하고 있는, 과거와 현재 그리고 미래가 공존하는 모습이 바로 중국의 현실이다.

발음의 유사성

중국에서는 음력 1월 1일을 춘지에(春節: 설)라고 부르는데 이맘때쯤이면 사람들은 집이나 문 앞에 '푸(福)'를 써 붙인다. 그런데 특이한 점은 글씨를 '거꾸로' 붙인다는 점이다. 이는 '거꾸로'라는 뜻인 '따오(倒)'자는 발음이 '도착하다'라는 뜻의 '따오(到)'자와 같기 때문에 '복이 온다'는 의미를 지니며, 한자의 특성을 잘 살린 경우라고 할 수 있다.

한편 중국 남방사람들은 년초에 '니엔까오(年糕)'라는 우리의 떡과 비슷한 음식을 먹거나 탕위엔(湯圓) 등을 먹는다. 니엔까꼬는 니엔니엔셩까오(年年升高: 매년 발전한다는 의미)를 뜻하는 것으로서 니엔까오의 까오(糕)자는 높다란 의미의 까오(高)자와 같은 음을 내는 데서 비롯된 것이다. 탕위엔은 취엔지아투안위엔(全家團圓: 온 가족이 한 자리에 모임)을 뜻하는 것으로서 물론 투안위엔(團圓)과 유사한 음을 내는 데서 비롯된 것이며, 앞서 언급한 따오(到)와 같은 맥락으로 보여진다. 이 모두가 중국어의 발음에서 유사한 것들로 만들어진 음식 이름들이며 이를 두고 해음(諧音)이라고 한다.

여기까지는 독특하고 재미있는 풍습이라고 생각될 수 있지만, 중국인이 발음의 유사 또는 같다고 해서 숫자를 좋아하고 싫어하는 경향은 도가 지나치다고 생각될 때도 있다. 어느 때는 미신이라고 생각될 만큼…

4는 싫고 8은 좋아요

중국에 온 지 얼마 안 되는 박모 씨는 최근 휴대폰을 샀는데 또 휴대폰 전화번호를 사야한다는 말에 깜짝 놀랐다. 중국에서는 휴대폰 기계 외에 번호도 사야 한다. 최저 30위엔에서 비싼 것은 100위엔이 넘는다.

그런데 번호를 보니 재미있는 게 눈에 띄었다.

4자가 들어가거나 많이 들어있는 번호는 쌌고, 8자가 들어가거나 여러 번 중복된 번호는 비쌌다.

4 즉 '스(四)'는 '스(死)'와 발음이 같아 중국인들은 꺼리는 경향이 심하다. 반면 8은 중국인들이 가장 좋아하는 숫자이다. '바(八)'의 발음이 '돈을 벌다'는 중국말인 '파차이(發財)'의 '파(發)'와 유사하기 때문이다.

비슷한 원리로 '리우(六)'의 발음은 '순조롭게 진행되다'는 '리우(流)'와 비슷하고, '지우(九)'는 '오래 가다'는 '지우(久)'와 발음이 같아 선호된다.

거금에 낙찰된 '8'

중국인의 '8'자 선호는 가히 광적이라 할 수 있다.

2003년 8월 18일 쓰추안(四川)성 청두(成都)시 전신국이 실업자 지원 기금 마련을 위해 실시한 전화번호 경매에서의 일이다. 중국인들이 좋아하는 숫자인 8이 8번 연속 들어가는 '88888888'이 233만 위엔에 낙찰됐다. 경매 전부터 큰 관심을 끌었던 이 번호는 8만 8888위엔 경매가 시작돼 열띤 분위기 속에 쓰추안항공에게 돌아갔다. 쓰추안항공은 이 번호를 항공권 예매 등이 가능한 24시간 고객 서비스 전화로 운영할 계획이었다. 이날 경매에는 8과 역시 중국인들이 좋아하는 숫자인 6과 9로 조합된 전화번호 100개(88888888 포함)가 경매에 부쳐져 총 713만 위엔의 수익금을 올렸다.

자동차 번호판 끝자리 '4' 없애

광저우(廣州)와 선쩐(深圳)에 요즘 새로 출고되는 자동차 번호판에서 끝자리 수 '4'를 찾아볼 수 없게 됐다. 번호판의 끝자리 수에서 '4'자를 아예 없애버렸기 때문이다.

이 같은 조치는 조만간 광둥성(廣東省) 전역으로 확대 시행될 예정이라고 한다. 광둥성은 2003년 11월부터 차량번호를 유상으로 구입하던 방식에서 컴퓨터 추첨을 통한 무료 발급 방식으로 변경했다.

1000개의 번호를 한 조합으로 묶은 뒤 컴퓨터로 2개의 번호를 추출해 그 중 하나를 차량 소유주가 선택하도록 했던 것이다. 그러나 1000개의 번호 중 끝자리 수가 사람들이 싫어하는 '4'의 번호가 나오는 경우가 빈발하자, 좋은 번호를 골라주겠다고 유혹하는 브로커들마저 생겨났다.

이런 현상을 없애기 위해 신차의 번호에서 끝자리의 '4'를 아예 없애버리는 조치를 시행하게 됐다는 것이다.

사실 이 조치는 광저우와 선쩐이 최초가 아니다. 2003년 3월 베이징시 차량관리소는 중국에서는 처음으로 마지막 뒷자리에 '4'자를 사용하지 않는 조치를 취했다. 순열조합 중 10%를 차지하고 있는 마지막 자릿수를 '4'자를 모두 삭제한 것이다. 조치가 시행된 3월 25일 오후 행운의 운전기사 4명이 이미 '京FJ0001'부터 '京FJ0005'까지 4개의 번호를 부여받았다.

자동차 번호는 모두 컴퓨터 추첨을 통해 배정하는데, 사람들은 그동안 '4'자를 부여받으면 매우 실망을 했으며 일부 기사들은 거액의 돈을 지불해가면서까지 6, 7, 8, 9 등 길한 숫자를 확보하려 했다. 차량이 점차 증가하는 이 시점에서 굳이 모든 사람들이 싫어하는 '4'자를 둘 이유가 없다는 판단을 한 베이징시 차량관리소는 이 제도를 직할 분소에서 우선 실시한 후 점차 확대해 나가기로 했다.

이런 조치에 대해 민족성과 현실성을 고려했다며 환영하는 사람도 있기는 하지만 일각에서는 미신을 타파해야 할 정부가 나서서 미신을 수용한다는 비판이 제기되고 있다.

한국도 비슷?

한국 민화에서도 비슷한 상황을 볼 수 있다. 한국 민화에는 박쥐그림이 꽤 많다. 어떤 것은 박쥐 3마리가 꼬리에 연결 돼 붙어있는 것도 있고, 어떤 것은 박쥐가 5마리나 되기도 한다. 그러나 알고 보면 옛날 우리 조상들이 박쥐를 특별히 좋아한 것은 아니고, 박쥐의 한자 표기인 '복(蝠)'이 '복(福)' 발음이 같기에 좋아했던 것 같다. 따라서 박쥐 3마리면 '三福'이요, 다섯 마리면 '五福'이 된다고 믿었던 것 같다.

또 사슴도 많이 등장하는데 사슴 '록(鹿)'과 옛날 사람들이 바라는 '복록(福祿)'에서 '록(祿)'은 발음이 같다. 비슷하거나 같은 발음으로 복을 기원하는 것은 한국도 어느 정도는 비슷하다고 할 수 있을까?

거꾸로 붙인 '푸(福)'는 전통 관습이 아니야?

춘지에 때 중국인들은 한 해의 행운을 기원하는 의미에서 '시(喜)'자나 '푸(福)'자를 대문에 붙이는 관습이 있다. 필자가 중국에서 해마다 보니 보통 '시(喜)'는 바로 붙이거나 아니면 두 개를 연이어 쌍희(囍)자로 붙이지만, 필자가 보아온 바로는 '푸(福)'자는 10개 중 9개는 거꾸로 붙여져 있다.

'거꾸로'라는 뜻인 '따오(倒)'자가 '도착하다'라는 뜻의 '따오(到)'자와 발음이 같다는 데서 연유했다는 것이 일반적인 설명이다. 그러나 다른 주장도 있다.

중국의 마지막 왕조였던 칭(淸)대 꽁왕푸(恭王府)에서도 춘지에가 되면 예년과 마찬가지로 '푸(福)'자를 대문에 붙였다. 그런데 한 하인이 글을 몰라 그만 '푸(福)'자를 거꾸로 붙이고 말았다. (한자가 어려웠기에 고대 중국에서는 문맹률이 높았다.)

새해를 맞는 경사스러운 날에 복을 빌어도 부족한데 '푸(福)'자를 거꾸로 붙였으니 여간 불미스러운 일이 아니었다. 꽁친왕(恭親王)의 왕비가 대노한 나머지 그 하인을 죽이라고 명령했다.

이때 꽁왕푸의 한 집사가 하인을 두둔하며 말했다. "오늘 드디어 큰 복이 도래(倒=到)했으니 길한 징조임에 틀림없습니다."

전설에 따르면, '푸(福)'자를 거꾸로 붙인 것은 글을 몰랐기 때문이지 중국의 전통적인 관습이 그랬던 것은 아니라는 것이다. 그렇게 되면 '푸(福)'자를 바르게 붙이는 것이 올바른 관습이 된다.

중국을 휩쓰는 기네스북 열풍

보통 중국경제발전에 많은 관심을 가지지만, 중국인들은 여러 분야에서 큰 발전이 있으며 그 중 하나로 기네스북 기록의 증가를 꼽기도 한다.

어떤 이는 기네스북도 중국인들로 채워질 날이 얼마 남지 않았다고 말한다.

2003년 중국에서 무려 19개 항목의 기록이 세계 기네스북에 오르게 됐다.

그리고 베이징 중화스찌탄(中華世紀壇)에서는 '기네스북 세계기록(중국) 제2기 인증서 수여식'이 거행됐다.

이번에 인증을 받은 기네스북 기록은 왕쥔시아(王軍霞)의 여자 3000m 및 1만m의 중 · 장거리 부문 세계기록 외에 경제, 문화, 역사, 예술 등 다방면에 두루 걸쳐 있다. 중국 국가식수조림판공실의 최대 식수조림 프로젝트와 최대 식수조림 면적 항목, 상하이 자기부상열차개발 회사의 '가장 빠른 상업화 자기부상열차' 항목도 각각 기네스북 기록에 올랐다.

특히 6.8mm밖에 안되는 소형 차주전자와 3200명이 동원된 용춤은 각각 세계 최경량 주전자와 최다 인원 동원 군무의 신기록을 세웠다. 또 무려 2500여 년 동안 86대에 걸쳐 이어져 내려온 공자의 가계(家系)도 '세계에서 가장 오랜 기간 동안 계승된 혈통'으로 공인받았다.

또 한 택시 운전사는 3시간 59분 59초 동안이나 손가락으로 농구공을 돌려 역시 이 부분 세계 최고수로 인정받았으며, 리우라는 남성은 모터사이클 좌석에 올라서 핸들을 잡지 않은 채 5,320m나 달려 역시 '세계 신기록'을 수립했다.

'너무나 기묘해서' 기네스 위원회조차 인정하기 힘든 기이한 기록들도 제출됐다. 홍콩에 거주하는 한 남성은 210cm²에 이르는 밤껍질로 중국 지도를 만들어와 '세계에서 가장 넓은 과일 껍질'이라고 주장했으나 '전대미문의 기록'이라는 이유로 받아들여지지 않았다.

기네스북 중국 대행업체인 리아오닝(遼寧) 출판그룹의 위시아오췬(兪曉群) 부총재는 2003년 중국에서 200여 개 항목의 기네스북 기록신청을 낸 결과 최종적으로 19개 항목이 기네스북 본부로부터 인증을 받았다고 밝혔다

이런 기네스 열풍은 한 편의 웃지 못할 희극을 낳기도 했다.

기네스북에 오르려 생명 걸었는데 가짜라니
상하이 기네스북은 '지니스(吉尼斯)' 아닌 '지니스(基尼斯)'

2003년 베이징 시민 장디가 기소한 상하이(上海) 다스지에(大世界) 기네스북(基尼斯)본부의 사기사건이 마침내 상하이시 황푸취인민법원에서 심리를 받았다. 지난 몇 년 간 중국 국내에서 수만 개의 기네스북 자격을 부여한 상하이 다스지에 기네스는 '세계 기네스(吉尼斯)'를 사칭하며 불법을 저질러 왔는데, 그들의 비즈니스는 중국의 기록돌파와 등록 활동이었을 뿐 기네스북과는 아무런 관계도 없었다.

장디 씨는 2002년 8월 '생사문서'에 서명한 후 80m 고공에서 뛰어내려 점프부문에서 최고 기록을 세운 후, 상하이 다스지에 기네스북 본부를 찾아가 기록을 공인해 줄 것을 요청한 바 있다.

그러나 그가 한창 들떠있을 때 '지니스(基尼斯: 상하이 기네스북)는 지니스(吉尼斯: 세계 기네스북)가 아니다'라는 매체의 보도를 접하며 동시에 2002년 신지앙(新疆)위구르자치구의 아디리(阿迪力)가 고공생존기록을 세우는데 성공했다는 것을 알게 되었다. 또한 그가 받은 기네스북 증서는 그가 알고 있던 기네스북이 아님도 알게 되었다. 80m 고공에서 뛰어내려 점프부문에서 상하이 다스지에로부터 기록을 공인받았으나, 세계적 권위와는 거리가 먼 단체의 쓸모없는 증서였을 뿐이었다. 그는 "세계 기록을 세우려고 생명을

걸었건만 어찌 이럴 수가 있는가 "하고 격분해 곧장 상하이 다스지에를 법원에 재소하게 되었다.

결국 상하이 다스지에측은 침묵을 깨고 "우리가 지금까지 부여한 수만 개의 자격은 세계 제1이 아니라 중국 제1이었다"고 자인했다.

중국 빈부격차 해소 고민

2004년 베이징(北京)에서 열렸던 '리앙후이(兩會=전국인민대표대회와 전국인민정치협상회의)'에서 화두는 아무래도 '빈부격차'라고 해야 할 것 같다.

중국 경제개발의 총설계사로 불리는 덩시아오핑(鄧小平)은 개혁개방에 착수하면서 국민의 일부가 먼저 부유해진 후에 다 함께 잘 사는 사회로 나아가는 단계적 공동번영론을 제시했다.

그러나 다 함께 잘 사는 단계가 언제쯤일지는 모르지만, 분명한 사실은 가장 부유한 계층과 가장 빈곤한 계층의 격차는 자꾸만 벌어져 왔다는 것이다.

이 같은 소득불균형 현상에 대해 "경제의 지속 발전을 위한 자본축적을 촉진하는 긍정적 측면도 있다"고 주장하는 경제학자들이 예전에 있었다. 그들은 다음과 같은 예를 들어 그런 주장의 타당성을 설명하였다.

200달러를 두 사람에게 균등하게 분배하면 한 푼도 남는 것이 없다. 그러나 각 사람의 생활비를 90달러라고 할 때, 한 사람에게는 150달러를 주고 다른 한 사람에게는 50달러를 주는 식으로 불균등 분배를 한다고 가정하면 사회자본으로 60달러가 남게 된다.

물론 50달러를 받은 사람은 생활이 어려울 것이다. 그 사람은 부족한 생활비의 충당을 위해 온갖 노력을 기울이게 된다. 잉여 사회자본은 사회생산에 재투자돼 봉급인상이나 고용증대 등으로 나타날 것이라는 논리다.

그렇지만 이런 식의 논리는 오늘날 중국에 엄청난 빈부차를 가져오게 했다. 그래서 벤츠와 도요타가 거리를 덮지만 옆 길가에는 말이 마차를 끄는 모습을 수도 베이징에서 볼 수 있는 것이다.

중국사회과학원에 다니는 리 씨는 상해와 북경의 화려한 모습만 보지 말고 지방과 빈곤층의 모습을 봐야 중국을 제대로 이해할 수 있다고 말한다. 빈부격차와 도농격차는 통계에서 말하는 것 그 이상이라는 것이다. 물론 현 지도부가 이런 문제를 해결할 수 있으리라는 낙관적 견해와 현지도부에 대한 신뢰도 덧붙였다.

중국 정부는 성장 제일주의 노선에서 탈피, 국가경제의 균형적 발전을 추구하는 새 국가전략을 채택했다.

이런 변화는 20여 년 간의 고도성장 과정에서 파생된 빈부격차, 도시와 농촌 격차 등의 부작용을 통제하지 못한다면 현 공산당 지배와 성장 기조를 유지할 수 없다는 인식에서 나온 것이다.

후진타오(胡錦濤) 국가주석·원지아바오(溫家寶) 총리 체제 출범 후 1년 만에 나온 이 기조는 덩시아오핑(鄧小平)의 개혁개방이론, 지앙쩌오민(江澤民) 전 주석의 3개 대표론을 잇는 제4세대 지도부의 이론으로 자리잡게 될 것으로 보인다. 원지아바오 국무원 총리는 이날 베이징 인민대회당에서 개막된 제10기전국인민대표대회(全人大: 한국의 의회에 해당) 제2차 회의에서 '정부사업보고'를 통해 이 같은 성장전략을 발표했다. 원 총리는 보고에서 앞으로도 성장을 우선시하겠으나 도농 간, 계층 간, 지역 간 균형 발전을 골자로 하는 '과학적 발전관'과 인민의 복지와 권리를 중시하는 인본주의(以人爲本)를 정책 기조로 삼겠다고 밝혔다. 그는 이어 △경제개혁 및 대외개방 확대 △취업과 사회보장사업 강화 △제도화와 법제화 등을 중점 추진하겠으며, 경제조절 및 시장감독 기능과 동시에 사회관리 기능과 공공봉사 기능을 강화하고, 과학적이고 민주적인 결정을 하며, 법치와 인민의 감독을 받는 방향으로 개편해 나가겠다고 밝혔다.

또 원 총리는 2004년에 7%의 경제성장을 이룩하겠다고 밝힌 뒤 (낙후된) 농촌과 사회사업, 서부개발, 동북지구 진흥에 과감히 투자하겠다고 보고했다.

이런 정책변화를 국민 대다수는 환영하고 있으며 정부에서 이런 빈부격차와 도농격차를 해소하기 위해 노력하는 만큼 상황은 조금씩 호전될 것이라는 견해를 내놓고 있다.

중국 빈부격차 확대 부패와 독점이 원인

이처럼 빈부격차가 점차 커지고 있는 것은 주로 부패와 독점에 그 원인이 있다고 중국의 저명한 경제전문가들이 주장했다.

중국 국무원 발전연구중심의 우징리엔(吳敬璉) 연구위원은 2006년 6월 25일 베이징에서 열린 중국 경제전문가 50인 포럼 '창안(長安)논단'에 참석, 기회 불평등이 빈부격차를 더욱 악화시키고 있으며, 기회 불평등의 원인은 부패와 독점에 있다고 강조했다.

그는 부패의 응징을 통한 기회균등의 실현이 효율성 제고와 관련이 있고 독점부분의 고소득이 사람의 능력차이에서 오는 것이 아니라며, 소득격차를 좁히려면 부패 척결과 독점기업의 시장화 이행이 필수적이라고 밝혔다.

중국경제체제개혁연구회 판깡(樊綱) 부회장은 1.제도・체제문제, 2.사회발전 과정의 문제, 3.공공정책의 결함 등 3가지 문제 때문에 중국에서 소비격차가 더욱 커지고 있다고 설명했다.

판 부회장은 현재 날로 확대되고 있는 소득격차는 체제개혁에 의해 조성된 것이 아니라, (과거 존재하던 부분이) 개혁 과정에서 드러난 것이라고 덧붙였다.

동시에 국가독점·정부통제 시스템에 따라 자원・공공업종 등에서 초래되는 소득격차는 제도・체제개혁이 제대로 이뤄지지 않은 탓이라며, 유일한 해결책은 경제체제를 개혁하는 일이라고 판 부회장은 강조했다.

판 부회장은 빈부격차 문제를 해결하는 수단과 방법으로 개혁심화・지속적인 경제발전・취업기회의 창출・단기적인 공공정책 조정 등을 활용해야 한다고 제시했다.

사유재산권 개헌의 의의

2003년 9월 어느 날 밤, 대여섯 명의 남자들이 갑자기 왕(王) 선생의 집에 들이닥치더니 자고 있던 왕 선생을 다짜고짜 밖으로 끌고 나갔다. 잠시 후 왕선생의 12칸짜리 집은 불도저의 소음 속에서 허물어졌다. 경찰이 사건 조사에 나선 뒤에야 왕 선생은 철거보상금 때문에 철거를 거부한 것이 이런 '뜻밖의 재난'을 맞게 된 원인임을 알게 됐다.

이는 한창 개발중인 중국 곳곳에서 도시건설을 가속화하고 주민들의 주거조건을 개선하기 위한 '대중을 위한 사업' 등으로 흔히 볼 수 있는, 재산권을 침해당한 단 적인 예이다.

중국 제10기 전인대(전국인민대표대회: 국회격)는 14일 헌법 수정안을 통과시킨 뒤 폐막했다. 어떻게 보면 전인대의 여러 중요 안건 중 하이라이트는 사유재산권 개헌이라 할 수 있다. 중국 국민들이 가장 크게 관심을 가진 사안이었기 때문이다.

개정 헌법은 신 중국 출범 이후 처음으로 헌법 제13조의 '국가는 공민의 합법적인 수입, 저축, 주택, 기타 합법적인 재산소유권을 보호한다'는 기존 조항을 '공민의 합법적 사유재산은 침범받지 않는다'며 보다 포괄적으로 규정했다.

이는 시장경제의 기초인 사유재산 불가침 원칙을 인정하여 사영기업과 기업인들의 불안을 씻어주며 시장경제의 안정적 발전을 위한 기초를 닦았다는 점에서 주목된다.

또한 헌법 제10조의 "국가는 공공이익의 필요에 따라 법률규정에 근거해 토지를 수용할 수 있다"는 규정을 "국가는 공공이익의 필요에 따라 법률규정에 근거해 토지를 징발 또는 수용할 수 있으며 보상을 한다"로 개정하여 개발구 설립 등을 위한 지방정부의 토지 침탈에 제동을 걸었다. 특히 해마다 3백만 명의 농민이 자기 땅을 빼앗기고 쥐꼬리만한 보상금을 받는 폐해를 없애기 위해 헌법의 규정으로 일정한 보상을 반드시 해주도록 했다. 농민들의 이익을 보호하려는 지도부의 배려로 풀이된다.

사실 중국에서 사유재산은 오래 동안 모든 악의 근원으로 간주돼 왔다. 그러나 2002년 초 중국경제경기감측센터와 CCTV 중국재경보도 제작팀이 공동으로 실시한 조사결과 도시주민의 93%가 헌법개정을 통한 공민의 사유재산권 보호를 희망하고 있는 것으로 나타났다.

이번 전인대 전부터 이미 중국공산당 중앙위원회에서 국민의 사유재산권을 헌법으로 보장하라는 일부 헌법개정 건의가 제기된 적이 있다.

따라서 헌법개정과 입법을 통해 국민의 사유재산권을 보호하는 일은 민심에 순응하는 것이라고 할 수 있다.

이에 대해 중국사법부 사법연구소 연구원인 리우우쥔(劉武俊)은 다음과 같이 설명한다.

> 사유재산권은 정부권력의 확대를 억제하는 견고한 장벽 역할을 한다. 재산권은 공민의 개인적인 자치영역을 개척하면서 정부 공권력의 범위는 한정시키고 있는 것이다. 입헌정치의 본래 뜻은 정부의 권한을 제한하고 공민의 권리를 보호하자는 데 있다. 따라서 정부의 존재 이유는 재산권을 포함한 공민의 모든 권리를 보호하는 것이며, 정부의 책임은 공민의 사유재산을 법적으로 충분히 보장하는 것이다. 그런 의미에서 정부는 공민의 사유재산에 대해 존중 내지는 경외하는 태도를 지녀야 한다.

18세기 영국의 수상이었던 윌리엄 피트는 한 연설에서 "아무리 가난한 자라도 그의 집에서는 감히 국왕의 권위에도 도전한다"는 말로 사유재산의 신성불가침을 설명한 바 있다. 한 마디로, 이번 개헌은 사회주의 국가인 중국이 사유재산의 신성불가침을 받아들인 결과이다.

중국 사유재산 비율 57%

중국국민이 소유한 사유재산은 지난 2000년말 중국 전체 사회재산의 57%를 차지하고 있는 것으로 밝혀졌다고 『중구오징지스빠오(中國經濟時報)』가 2004년초 보도했다. 신문은 후더핑(胡德平) 중국공산당 중앙통일전선부 부부장 겸 전국공상(工商)연합회 제1부주석이 한 포럼에서 행한 발언을 인용해 이같이 전했다.

후 부부장은 2000년말 중국국민이 소유한 금융 · 기업 · 부동산 등의 자산총액은 사회 전체 재산의 57%에 해당하는 38조 위엔(元)으로 집계됐다고 밝혔다.

그는 '2004년 중국의 새 시각'이라는 주제의 소우후(搜狐) 연차 정상포럼의 폐회사를 통해, 자연인이 경제활동을 하면서 출자자 · 동업자 · 주주가 된 뒤 자본과 생산자원을 장악, '부'를 창출하고 재산을 보유하는 것이 필요하다고 강조했다. 후 부부장은 과거 사람들은 '부'를 생산재와 소비재 및 자연재의 총화로 이해했다며 '부'가 사람들이 가장 많은 관심을 갖는 사회문제라고 지적했다. 아울러 전통적인 사회주의 경제에서 공유재산만을 인정한 것과는 달리 지금의 사회주의 시장경제체제 아래서는 공유제에 의해 창출된 '부'와 재산을 인정할 뿐만 아니라 자연인의 경제활동 권리도 인정하고 있다고 설명했다.

그러나 사회주의 시장경제체제인 중국에도 빈부문제가 존재하기 때문에 '부'의 문제를 중시할 필요성이 있다고 밝혔다. 후 부부장은 인류지혜의 결정이라고 할 수 있는 지적 재산권이 무형재산으로 변한 오늘날에는 '부'의 관념에 사람의 요소도 포함돼야 한다고 강조했다.

올 들어 최악의 황사 베이징 덮쳐

매년 베이징에선 봄이 되면 특이한 장면을 볼 수 있다. 자전거를 타거나 거리를 걷는 여인들 상당수는 우리나라의 양파자루 비슷한 스커프를 얼굴에 두르고 다닌다. 이는 황사의 먼지로부터 피부를 보호하기 위한 자구책이다.

이런 자구책도 2004년 3월 29일에는 큰 힘을 발휘하지 못했다.

3월 29일 아침 필자는 버스를 타고 우다코우(五道口)에 있는 린이예다쉬에(林業大學) 주변에 가게 되었다. 버스를 탈 때는 바람이 많이 분다는 느낌이었지만, 차에서 내리는 순간 직감적으로 다르다는 느낌을 받았다. 온 세상이 황토색으로 보였다. 마치 황토색안경으로 세상을 보는 것처럼… 또 먼지와 흙이 온 세상에 충만하다는 생각이 들었다. 차 안에서는 차창문의 코팅때문에 제대로 보지 못했는데, 차에서 내리는 순간 그때서야 알게 되었다.

"아, 황사구나!"

그 날 2004년 들어 최악의 황사가 중국 베이징(北京)을 덮쳤다. 내몽골 중부와 산시 북부의 사막에 불어 온 폭풍의 영향으로 26일 발생한 황사는 초속 20m의 강풍을 타고 28~9일 베이징, 티엔진(天津)과 허베이성(河北省) 북부, 리아오닝성(遼寧省)·지린성(吉林省)·헤이롱지앙성(黑龍江省) 등 동북 3성, 네이멍구(內蒙古) 자치구, 신지앙(新疆) 위구르 자치구, 간쑤성(甘肅省), 산시성(山西省) 등 11개 성 주민 7천만 명에게 피해를 끼쳤다.

29일 베이징에 불어온 황사는 8~9급의 바람을 타고 온 도시를 뒤덮어 평균 가시거리는 2㎞에 지나지 않았다. 한국인이 많이 사는 우다오코우에서는 실제 가시거리는 4~500m에 불과했다.

당시 우다오코우를 거닐던 하모 씨는 "날려오는 흙먼지와 바람으로 눈을 제대로 뜰 수도 없었고, 입을 다물었지만 입 속에선 모래가 씹히고 있었다"고 말했다. 런민(人民)대학 주변에서 우다오코우로 차를 몰고 왔다는 김모 씨는 앞이 뿌옇게 흐려 운전하기 힘들었다고 했다.

이번 황사의 영향으로 베이징 쇼우두(首都) 공항에선 130여 편의 비행기가 1시간 이상씩 연쇄 지연됐으며, 27편은 쇼우두 공항에 내리지 못하고 티엔진 · 정저우(鄭州) · 다리엔(大連) · 타이위엔(太原) 등 인근 비행장에 내려 승객들이 큰 불편을 겪었다.

베이징 기상대 궈후 대장은 2004년 봄철 강우량이 적은데다 기온이 높아 지면의 부유 먼지가 매우 많은 상태여서 차가운 공기를 만나면 황사현상이 쉽게 발생할 수 있다며, 황사가 비교적 적었던 2003년보다 잦게 발생할 것으로 보인다고 말했다.

그런가 하면 2006년 4월 17일 새벽 베이징에 올해 들어 가장 극심한 황사가 불어 닥쳤다. 마치 2004년의 3월 29일의 '황사불청객'을 보는 듯했다. 단지 다른 점은 이 날의 황사는 16일 저녁과 17일 새벽에 걸쳐 뒤덮어, 베이징 전 지역을 황토색과 흙먼지로 코팅을 한 것 같았다. 그나마 17일 모래바람이 생각보다 적게 불어 다행이었다. 그래도 하늘과 거리는 가시거리가 1km에서 수백 미터에 불과할 정도로 뿌옇게 흐려 있었다.

중국 언론은 올 봄 들어 일주일 이상 황사가 내습한 베이징시에는 4월 16일밤과 17일 새벽 사이 33만 6,000톤에 달하는 엄청난 황사가 내려앉은 것으로 보도했다. 그리고 공기 중에 떠다니던 황사가 눈처럼 내려 쌓인 지역이 베이징 · 티엔진 · 산동(山東)을 포함해 30만 4,000km^{2}에 달했다고 기상당국은 밝혔다. 월요일 아침 출근과 등교 길에 나서던 베이징 시민들은 큰 불편을 겪었고, 길가에는 황색의 흙먼지가 양탄자처럼 깔렸으며 차가 지나갈 때마다 사람들이 움직일 때마다 흙먼지가 일었다.

그리고 적지 않은 학교의 야외 체육 활동과 체육수업은 취소되었다.

그렇다면 이런 황사는 왜 생기는 것일까?

중국에서 황사(모래폭풍)가 발생하는 주된 원인은 대기환류의 변화 때문인 것으로 밝혀졌다.

중국과학원 한냉건조지구환경공정연구소의 치엔정안(錢正安) 교수에 따르면, 지난 1950~1990년대 중국 북부지방에서 강(强)·특강(特强)급 황사 발생 회수는 10년단위로 48·68·89·47·36차례씩 나타났다.

지난 50년 동안 중국의 토지 사막화 면적이 줄곧 상승곡선을 그었던 점을 감안하면 1950~1970년대 사이 황사 발생 횟수가 상승한 것은 당연한 것으로 해석됐다. 그러나 1980년대 이래 황사 활동이 다소 줄어든 사실은 토지 사막화와 관련지어 해석이 되지 않았다.

치엔 교수와 타이완(臺灣)대학의 리우중밍(柳中明) 교수 등은 이 문제를 연구하는 과정에서 대기 환류의 변화규칙을 발견했다. 황사가 바로 대기 환류의 변화로 인해 발생한다는 것이다.

연구 결과 1950~1970년대 사이 몽골공화국 지역에서 봄철이면 저기압의 활동이 활발해져 찬 공기가 서북풍 또는 북풍을 타고 중국 서북지방으로 침입해 강풍을 일으키기 때문에 황사가 많아진다는 사실이 밝혀졌다.

거기에 1980년대 이래 세계적으로 기온이 상승하면서 몽골지역에서 봄철에 고기압 활동이 상대적으로 활발해졌다. 따라서 서북풍 및 북풍의 찬기류가 약해지면서 강풍이 줄어들었기 때문에 황사도 적어졌다는 것이다.

지난 2000년 이래 4년 동안 중국에서 대규모 황사 발생 회수는 각각 8·10·5·3차례씩이었다.

중국 영향 황사 대부분 몽골서 발원

중국에 영향을 미치는 황사의 대부분이 몽골 남부 사막지방에서 발원하는 것으로 밝혀졌다고 중국언론이 2006년 5월 14일 보도했다.

중국 기상청과 네이멍구(內蒙古)자치구 기상국의 전문가, 일본 기상학자들은 지난 10년 간 황사의 경로를 추적한 결과 주로 시베리아 한랭전선이 남하하면서 고비사막을 포함한 몽골의 사막지대에서 모래바람을 일으킨다고 결론지었다. 때때로 몽골에서 형성된 회오리바람까지 가세해 황사를 중국으로 몰고 온다고 연구팀은 밝혔다.

기상학자들이 파악한 중국의 황사 경로는 크게 세 갈래로 △몽골 동중부에서 남하해 중국 동북지방을 강타하는 동쪽 경로 △몽골 중부에서 베이징(北京)과 티엔진(天津) 등을 찾아오는 중앙 경로 △몽골 서부와 카자흐스탄 동북부에서 신지앙(新疆) 위구르자치구를 강타하는 서쪽 경로가 있는 것으로 밝혀졌다.

네이멍구자치구 기상대 캉링(康玲) 부주임은 "일부 황사는 중국 대륙에서 발생하거나 몽골, 카자흐스탄이 아닌 제3국에서 발생할 때도 있다. 그렇지만 올해 베이징 일대에 영향을 미친 황사는 모두 국외에서 온 것이라고 말했다."고 설명했다.

학자들은 중국의 황사 피해를 막기 위해서는 바람을 막는 방풍림을 더 많이 만들고, 황사 발원지인 몽골과 네이멍구자치구의 사막화를 막는 데 총력을 기울여야 한다고 건의했다.

가난이 원수다

2004년 안후이성(安徽省) 푸양(阜陽)시에서 악덕 상인들이 거의 아무 영양도 없는 가짜 분유들을 대량 제조해 영양실조로 최소한 수십 명의 어린이들이 사망했으며 약 200명의 아기들은 머리가 비정상적으로 커진 질병에 걸린 사건이 발생했다.

이 사건에 대해 천모 씨는 가짜 분유 때문에 변해버린 그 어린 얼굴들을 보면서, 경영자의 양심과 책임이 무엇이냐고 질책하고 싶지도, 정부 감독관리부문의 직무유기를 질책하고 싶지도 않다고 한다.

'그저 머리 속에 떠오르는 것은 오직 죽어간 아이들이 농촌의 아이들이고 가난한 집 아이들이라는 것뿐이다'라며 안타까운 듯 말한다. 중국언론에 따르면, 단맛이 약간 있을 뿐 영양은 전혀 없는 한 봉지 6, 7위엔(元)씩의 우유가 모두 농촌의 가난한 사람들에게 팔렸다고 한다.

소수의 부유한 사람들을 제외한 나머지 다수의 평범한, 아니면 그보다도 못해 가난하기 짝이 없는 사람에게 한 봉지에 수십 위엔 심지어 100위엔씩 하는 우유에 비해 한 봉지에 6, 7위엔 하는 우유가 무엇을 의미하는지 일반 라오바이싱(老百姓: 국민들)은 잘 알고 있다.

사건이 일어난 가난한 집 부모들이 좀스럽거나 자식을 귀하게 생각지 않아서가 아니다. 그들은 가능성의 문제를 생각지 않을 수 없다. 한 봉지에 6, 7위엔 하는 저질 우유를 사서 아이를 굶기지 않을 것인지, 아니면 질 좋고 값이 비싼 고급 우유를 사서 다음 끼니를 굶길 것인지의 문제다.

가짜 분유 때문에 13명의 어린 아기들이 저 세상으로 갔다. 그들은 자기가 왜 죽어야 하는지, 세상이 왜 이렇게 험악한지 알기도 전에 가버리고 말았다.

한국에서는 가짜우유와 악덕상인에 초점이 맞춰져 보도됐지만, 중국의 일반 백성들은 다른 각도에서 보고 있다. 일반 백성들이 느끼는 것은 사실 수십 명의 어린 생명을 앗아간 것은 직무유기한 정부도, 이익만 추구한 상인도 아니라는 것이다.

'그것은 현실이란 토양에 깊숙이 뿌리 박고 있는 빈부격차와 불평등이다!'라는 것이다. 농민들이 아는 것은 얼마 없어도 '자식은 고생시키지 말아야 한다'는 생각만큼은 있다.

이는 도리의 문제가 아니라 후손을 키우는 본능인 것이다. 그런데 가난으로 경제적 지원 없이는 후손을 보육할 본능마저 실현하기 어렵게 된 것이다. 그래서 아기가 하루하루 붓고 허약해지고 죽어 가는 것을 보고 있는 수밖에 없었다.

거리의 한 시민은 "도시의 부자들과 정부 관료들에게 하고 싶은 말이 있다면, 농촌에는 아직도 하루 종일 힘들게 일해 얻는 소득이 도시 아이들이 먹기 싫어하는 아이스크림 한 개 값어치밖에 안 되는 사람이 많으며, 1년을 부지런히 일해서 얻는 소득이 관료들이 음식점에서 배불리 먹고 트림을 하면서 주문하는 차 한 잔의 값어치도 안 된다는 사실이다."라고 말했다.

원지아바오 총리의 인기 비상

한편 이번 사건의 최대 피해자는 농민들의 아이들이지만, 최대 수혜자는 원지아바오(溫家寶) 총리라 해도 틀리진 않을 거 같다. 2003년 농민노동자들의 체불 임금을 받아주는 캠페인에서처럼, 원 총리는 최근의 '살인 분유' 사건에서도 철저한 조사와 책임자들의 엄단을 지시함으로써 일반 백성들에게 서민 총리로 다시 한번 강한 인상을 심어주었다.

2003년 가을 원 총리는 충칭(重慶)시의 농민 시옹더밍(熊德明)을 돕는 일에 개인적으로 개입, 건설현장에서 일한 남편의 밀린 노임 2,240위엔을 받아주었다. 원 총리는 그 뒤 수백 만 농민노동자들의 체불 임금을 받아 주는 캠페인을 효과적으로 추진했다. 이번에는 총리의 지시에 따라 국무원 조사팀이 안후이성(安徽省) 푸양(阜陽)시로 파견됐다.

각 부처 관계자들로 구성된 조사팀은 가짜 분유로 인한 시장의 피해를 조사하고 책임자들을 처벌하는 책임을 맡았다. 조사팀의 활동은 성공적이다.

4월 25일까지 수십 명의 아기를 죽게 만든 저질 우유를 생산 판매한 혐의로 22명을 체포했다. 조사팀은 또 아기들의 죽음을 가져온 40여 종의 가짜 분유 가운데 23종의 제품을 적발했다고 발표했다. 동시에 가짜 분유를 적발하기 위한 캠페인이 전국적으로 전개되고 있다.

국무원당국의 지시와 중앙정부의 결의로 이번 캠페인은 가시적인 결과를 기대할 수 있게 됐다.

그러나 일각에서는 이 같은 성과의 이면에는 전국적인 언론들이 기사로 다루기 시작하고 국무원 지도자들이 행동을 다짐한 뒤에서야 현지 행정당국이 비로서 범죄집단에 대한 강력한 조치를 취하기 시작한다고 우려를 나타내고 있다.

사실 이번 사건이 처음은 아니다. 푸양시에서 팔린, 영양가가 전혀 없는 분유로 인해 지난 2003년 5월 이래 171건의 유아영양실조 사례들이 빚어졌다.

현지 언론이 그 문제를 몇 차례 다뤘고 현지 공상부문에서도 그런 사실을 알고 있었지만, 4월초까지도 일부 금지된 분유제품들이 현지 상점들에서 여전히 팔리고 있었다. 그런데 이번 사건을 계기로 총리의 지시에 따라 국무원 조사팀이 안후이성 푸양시로 파견됐다.

각 부처 관계자들로 구성된 조사팀은 가짜 분유로 인한 시장의 피해를 조사하고 책임자들을 처벌하는 책임을 맡았다. 조사팀의 활동은 아무 성공적이었다.

저질 우유를 생산 판매한 혐의로 22명을 체포했다. 조사팀은 또 아기들의

다른관리들과 같지 않다는 평판을 얻고 인기 상승중인 원 총리

죽음을 가져온 40여종의 가짜 분유 가운데 23종의 제품을 적발했다고 발표했다. 동시에 가짜 분유를 적발하기 위한 캠페인이 전국적으로 전개되고 있다. 원 총리의 치적에 대한 광고와 더불어…

중국은 가짜다

2006년 7월 중국 칭다오(青島)의 한 한국식당에서 한국 TV 프로그램을 보던 오모 씨는, 중국의 어떤 마을에서 고양이가 개를 닮은 고양이(?)를 낳은 것을 한국의 한 방송사에서 취재한 것을 보면서 '개를 닮은 고양이를 믿을 수 있냐?'고 필자에게 반문했다.

더구나 중국에서 발견되었다면 가짜일 가능성이 매우 높은데, 아무리 오락프로그램이라지만 한국의 방송사가 사실 여부도 확인하지 않고 방영한 것은 조금 문제가 있지 않느냐는 데 필자와 의견이 일치했다.

넘쳐 나는 가짜 경찰

가짜가 많기로 소문난 중국에서는 경찰도 가짜가 있으니 조심해야 된다. 2003년 가을 하얼빈(哈爾浜) 시는 일부 쇼핑센터에서 경찰제복을 입고 경찰 행세를 하는 보안인원을 정리 정돈함과 동시에 도시환경(市容), 공공시설(市政), 도시관리(城管) 등 여러 단위에서 766명의 가짜 경찰명단을 조사해 내어 경찰의 이미지를 바로 잡았다.

그런가 하면 2004년 초 중국 당국이 길거리에 넘쳐 나고 있는 가짜 경찰복과의 전쟁에 나섰다. 국무원은 최근 경찰제복의 범람을 막기 위해 통일복장(경찰복장)의 심의 권한을 국무원으로 한정하는 '통일 복장의 정돈에 관한 통지'를 시달했다. 이에 따라 지방의 각급 인민정부와 국무원의 개별 부문은 임의로 통일 복장에 대한 심의를 하지 못하도록 했다.

중국에서는 도시 관리, 문화재 조사, 전기와 수돗물 관리, 물가관리 등 일반 행정 공무원뿐 아니라 아파트나 호텔 경비, 자전거 주차장의 관리원까지 '99식 경찰복(남색의 경찰복)'과 유사한 복장을 입고 있어 진짜 경찰과 혼동하는 경우가 비일비재하다.

지난 2000년 '99식 경찰복'을 설계했던 가오산(高珊) 여사는 "진짜 경찰복과 가짜 경찰복을 구분하기가 어려울 때가 많다"고 털어놓기도 했다.

이로 인한 부작용도 적지 않다. 우선 국가권력이 남용되고 있으며, 유사 경찰복장을 입고 술집이나 도박장을 버젓이 출입하는 사람도 있어 경찰의 권위도 크게 훼손되고 있다.

중국이 국가 권력의 위엄성을 유지하기 위해 가짜 경찰복과의 전쟁에 나선 것은 이번이 처음이 아니다. 지난 86년에도 통일복장의 심의권을 국무원으로 국한했으며 92년에는 국무원의 비준을 거쳐 일반 행정부분과 업종별 통일복장에 대한 규정을 제정하기도 했다.

그러나 환경보호, 도시관리, 물가 단속 등 일반 행정부분의 종사자와 아파트와 건물의 경비들까지 유사 경찰복을 입고 근무하는 것을 선호해 효과를 거두지 못하고 있다. 이들이 경찰복장을 선호하는 것은 행정 집행이 용이하기 때문이다. 경찰복을 입지 않고 단속에 나섰을 경우 욕을 얻어먹는 것은 물론 무시를 당하는 경우도 적지 않다.

그렇기에 경찰이 아니면서도 유사 경찰복을 입고 경찰 같은 권위를 내세우는 경우를 어렵지 않게 볼 수 있으며, 경찰이 아니면서도 (돈을 벌기 위해) 벌금을 부과하기에 주의가 필요하다.

섹시한 모조지폐

베이징(北京)에 사는 김모 씨는 물건을 사고 잔돈을 받을 때 20위엔(元)의 위조지폐를 받았다며 씁쓸해했다. 중국에서는 돈을 주고 받을 때 이 돈이 위조지폐가 아닌지 항상 확인해본다. 그러나 한국사람들은 그런 확인을 하지 않아 위조지폐에 당하는 경우가 간혹 있다.

그런가 하면 위조지폐로 유명한 중국에서 2003년말 포르노성 모조지폐가 등장, 금융 당국자들의 쓴웃음을 자아낸 적도 있었다.

섹시하고 아름다운 여성의 상반신을 지도자들의 초상과 바꿔치기 한 포르노 모조지폐가 유통되는 곳은 저지앙(浙江)성 원저우(溫州). 최고액권인 100위엔권과 50위엔권이 경찰의 단속에도 불구, 은밀하게 유통되고 있다. 더구나 이들 모조지폐는 한 장당 1위엔이나 2위엔 씩에 밀거래되는 등 인기를 끌어 근절이 쉽지 않을 것으로 관측되고 있다.

원저우 경찰 당국은 당시 이 모조지폐가 원저우 이외 지역에서는 유통되지 않는 것으로 판단, 확산 방지에 노력하며, 범인 색출을 위한 탐문 수사도 병행하였다.

중국에 소액권 동전도 가짜 등장

가짜 돈이 횡행하는 중국에서 가짜 소액권과 동전까지 등장했다. 일반적으로 가짜돈은 100위엔이 가장 많고 그 다음으로 50위엔이나 20위엔이 많다. 그러나 5위엔이나 동전 등은 가짜 돈이 별로 없었다.

그러나 2005년 봄 중국 공안당국은 저지앙성(浙江省)의 한 가짜 돈 제조 공장을 급습, 5위엔짜리와 10위엔짜리 가짜 돈 700만 위엔어치를 발견했다. 또 후난성(湖南省)에서는 가짜 동전 26만 위엔어치를 압수했다.

이처럼 소액권과 동전까지 가짜가 나오는 것은 공안당국이 집중적으로 100위엔이나 50위엔짜리 지폐에 대한 단속을 벌여 가짜 고액권을 만들기 어려워졌기 때문인 것으로 풀이된다.

'장수마을' 사기 들통

중국의 대표적인 '장수 마을'로 유명한 후베이성(湖北省)의 리앙쯔다오(梁子島)가 관광산업 활성화를 노린 지방 정부의 사기극이었던 것으로 밝혀졌다고 중국 국영 CCTV가 2004년 4월 폭로했다. 리앙쯔다오는 중국 10대 호수인 리앙쯔후(梁子湖 · 면적 2,085km^2)에 있는 섬(면적 2.2km^2)으로 2004년 당시 주민 2,500여 명이 살고 있다.

현지 지방 정부는 2001년 이곳을 생태 관광 개발구로 지정하면서 이곳의 생태 환경이 좋아 나이 100세를 넘은 노인 10명을 비롯, 80세 이상의 노인이 43명이라고 대대적으로 선전했다. 이 같은 선전 효과에 힘입어 한국과 일본 등 외국 관광객들을 비롯, 연간 10만 명이 찾았었다.

CCTV 취재 결과 2004년 당시 '105세'라고 주장하는 황차오구이(黃朝桂) 노인은 "계축년(癸丑年)에 태어났다"고 말했으나 이는 생년이 1853년(151세) 이거나 1913년(91세)임을 의미한다. 또 '103세'라는 궁스윈 할머니는 청나라 광서(光緖)황제 원년에 태어났다고 말했다. 광서 원년은 1875년이어서 129세로 계산된다.

이에 대해 현지 정부의 한 관계자는 "관광객들의 눈을 속이기 위한 것"이라고 말했다. 경찰 출신의 한 주민은 "80세 이상 할아버지는 2명에 불과하며 80세 이상 할머니도 2, 3명 정도"라고 말했다. CCTV는 현지 지방 정부 지도자들이 지명도를 높여 섬 관광을 활성화하기 위해 의도적으로 꾸민 사기극이라고 결론지었다.

티엔안먼(天安門)에 봄은 언제 오는가?

베이징에게 매년 6월은 긴장과 조심의 달이다.

2005년에도 어김없이 공안 당국은 6월초, 행여 지난 1989년 6월 4일의 '티엔안먼(天安門) 민주화 요구 시위' 재평가를 요구하는 시위나 과격 행동이 터져 나올 것을 우려, 반체제 인사들을 연금·연행하거나 감시하는 등 특별 단속에 들어갔다. 그리고 티엔안먼 광장과 베이징대학 등 시위가 일어났던 곳에는 비상경계령이 내려져 있다. 당시 자녀를 잃은 가족들이나 일부 요주의 인사들은 집에 머물러 달라는 당국의 요청을 받았다.

그러나 티엔안먼 사태가 일어난 지 10여 년이 지나면서 티엔안먼 사태는 사람들의 기억 속에서 점점 사라져가고 있다. 2006년 6월 4일은 천안문 사태가 발생한 지 17주년이 되는 날이었다. 천안문 사태 현장인 베이징 티엔안먼 광장은 여느 때와 다름없는 평온한 분위기 속에서, 오히려 휴일을 맞아 나들이 나온 관광객들로 붐볐다. 솔직히 그런 정치적 이슈보다는 작년에 이어 올해도 취업이 험난한 상황에서 어떻게 취직할지, 다가오는 기말고사를 어떻게 잘 칠지에 관심이 가는 게 베이징시 대학생들과 대학원생들의 현주소다. 일반인들도 생업에 바빠 정치나 민주화, 인권문제에 관심을 두기 어렵다는 것이다. 사태에 참가했던 한 인사는 지금 나에겐 영어가 더 중요하고, 당장 보수가 좋은 외자기업 등에 일자리를 구하는 것이 시급하다고 털어놓은 바 있다.

베이징의 한 학교에 다니는 리우 씨는 티엔안문 사태가 발생했다는 것은 안다. 그렇지만 그 사태가 나에게 어떠한 의미를 지니는 건 아니라고 말했다.

한편 베이징에서 회사를 다니고 있는 멍 씨는 초기 학생들의 의도는 순수했지만 후반에 외부의 불순한 세력, 반동세력들이 가세해 변질되었다고 한다. 여기 외부의 불순한 세력, 반동세력들의 90% 이상은 미국을 가리킨다고 말했다.

실제로 당시 티엔안먼 사태를 주도했던 학생들 중 상당수가 미국에 망명했고, 미국은 또한 그들에게 호의적이었다. 그들이 주중 미국대사관에 들어가거나 미국에 망명했던 것은 미국의 요구 등도 있겠지만 중국정부에서 일부러 방치한 면도 있는 것으로 추정된다.

즉 주동자들이 미국에 망명하는 모습을 중국인민들에게 자연스럽게 보여줌으로써 그들이 민주화를 외친 것이 아니라 사실은 미국의 사주를 받아 티엔안먼에서 폭동을 일으킨 민족반역자라는 인상을 심어주었다. 중국정부가 민주화 운동 주역들의 몰락을 유인했다면 지나친 말일까?

당시 정부의 언론통제로 베이징 시민들조차 이 사태의 경과에 대해 잘 알지 못하고 있다. 시위와 무관한 일반인들의 기억속에는 주동자들이 정부의 공식입장인 '폭란'을 일으켰다는 인식에서 크게 바뀌어 있지 않다. 물론 배후조종은 미국으로 보고 있다.

미미한 정부의 시각 변화

일단 2002년 출범한 제4세대 지도부는 티엔안먼 사태 유혈진압과 직접적인 관계가 없다. 후진타오 당 총서기 겸 국가주석을 정점으로 한 새 지도부는 종전 권력층에 비해 압박감이 덜한 것은 사실이지만, 유혈진압에 관여한 리펑(李鵬) 전 총리 등이 살아있기에 중국 국내에서 티엔안먼 사태를 공식 거론하는 것은 아직 금기시되어 있고 재평가의 움직임이 일고 있기는 하지만 기대하기는 시기상조이다.

리우지엔차오(劉建超) 중국 외교부 대변인은 2004년 6월 1일 정례 브리핑에서 "당시 중국 정부는 결단을 내려 안정을 회복했다."고 평가하고 "이 덕분에 중국은 경제건설, 인민생활, 법치 사회 건설, 인권, 외교 등 다방면에서 발전을 지속할 수 있었다."고 강조했다.

리우 대변인은 이어 시간이 지날수록 당시 중국 정부의 조치를 인정하는 국가가 늘고 있고, 이들은 경제 건설을 앞세운 중국의 독립·자주·평화 외교 정책을 지지하고 있다고 역설했다.

한편 리우 대변인은 '반혁명 폭란(暴亂)'으로 규정되던 티엔안먼 사태를 '봄에서 여름으로 넘어가는 시기에 발생한 정치 풍파(春夏之交的一場政治風波)'라고 불러 티엔안먼 사태를 보는 중국 정부의 시각이 변화 조짐을 보이고 있음을 시사했다.

그러나 중국정부가 반체제 인사들을 연금, 연행하거나 감시하는 등 예전의 행보를 답보하고 있다. 티엔안먼에 봄은 언제 오는가?

티엔안먼(천안문) 사태란?

▶ 티엔안먼 사태는 1989년 4월 15일 청렴한 생활, 개혁파인사로 추앙을 받던 후야오방(胡耀邦) 전 공산당 총서기가 세상을 뜨면서 촉발된 사건. 베이징의 대학생들이 주축을 이룬 급진파 대학생 수십만 명은 4월 22일 열린 후야오방 총서기의 추도식에 참석한 뒤 민주화 시위를 시작했다. 이들은 곧 티엔안먼 광장에 자리잡고 중국의 민주화를 부르짖으며 연좌농성에 들어갔다. 시위대는 수백만 명으로 늘어났고 세계의 주목을 받았다.

▶ 중국 지도부는 19일 베이징에 군을 투입했고, 20일 베이징 일대에 계엄령을 선포했다. 지도자였던 덩시아오핑은 시민·학생들의 시위가 이어지자 6월 3일 인민해방군 제27군을 투입했다. 그러나 1백만 시민의 육탄 저지가 계속되자 같은날 오후 10시부터 탱크와 장갑차를 앞세워 시위 군중에 무차별 사격을 가했다. 6월 4일 새벽 5시 계엄군이 티엔안먼 광장을 장악, 사태는 막을 내렸다.

재개발사업 중국서도 복마전?

철거민 이주 둘러싸고 끝이지 않는 원성

티엔안먼 광장에서 안후이성(安徽省) 출신의 조우정리앙(周正亮)은 자신의 주택이 강제 철거된 것에 항의해 분신자살했다. 그리고 베이징에 사는 예구오치앙(葉國强)이 형편없는 철거 보상금 때문에 투신자살했다.

상하이(上海)에 사는 74세의 허(何) 부부가 조상으로부터 물려받아 수십년간 살아왔던 집이 '시정(市政)철거' 명단에 들어가는 바람에 하는 수 없이 철거됐다. 시가로 적어도 100만 위엔(元)은 되지만 '공공철거' 명단에 지정됐기 때문에 허 부부는 철가 보상금으로 겨우 10만 위엔 가량만 받았을 뿐이다. 그런데 '철거대상'으로 지정됐던 그 집이 인테리어를 거치더니 술집으로 변해버렸다.

현재 중국의 많은 지역에서는 도시개조와 발전・기초시설 건설을 부동산 경영과 상호 결합시키는 방식을 채택하고 있다. 정부가 일부 기초시설 건설 의무를 개발업자에게 맡기되 다른 방면에서 개발업자에게 보상을 해주는 것이다. 따라서 개발업자는 정부를 대신해 지불한 기초시설 건설비용을 충당하기 위해 주택판매 가격을 높이는 반면 철거보상금 기준은 최대한 낮추려 하게 된다.

난징(南京)시 중심가에 위치한 창지앙루(長江路) 덩푸시앙(鄧府巷)은 난징에서 땅 값이 가장 비싼 지역이다. 이곳의 상품주택 가격은 1m^{2}당 7,000위엔 이상이며 낡은 집도 1m^{2}당 5,000위엔은 호가하고 있다. 그러나 이곳에서 살다가 철거당한 일부 철거민들은 그들이 철거보상금으로 받은 돈은 원래 주택면적의 3분의 2에 불과한 액수라고 호소한다. 또 많은 철거민들은 철거 이주를 통해 시내나 근무지와 더욱 멀어지면서 병원 이용이나 자녀의 취학이 불편해졌다고 불평한다.

2004년 8월말 중국의 철거 관련 민원은 1만여 건으로 전체 민원의 4.4%에 이르며, 2002년 동기대비 약 50% 증가했다. 도시건설을 가속화하고 주민들의 주거조건을 개선하기 위한 '대중을 위한 사업'이 일부 지방에서는 대중에게 피해를 주는 국민 괴롭히기 사업으로 변질되고 있다.

철거과정 작업에서 제공되는 보상금 책정이 불합리한데다가 정부의 관련 정책도 제대로 시행되지 않으면서 철거민들의 이익이 침해되는 현상이 자주 발생하고 있으며, 심지어 일부 철거민은 생존의 기반마저 빼앗기고 있다.

서민주택 강제철거 자제 지시

이런 상황에서 아직 전문적인 철거 관련 법규가 없는 상태다. 2001년 11월 1일부터 시행된 '도시가옥 철거관리 조례'가 철거관리에 적용되는 주요 법규이다. 이 조례의 제16조는 "개발업자가 철거민·임대인과 보상금 합의를 이루지 못했을 경우 당사자는 주택철거관리부문에 중재를 신청할 수 있다"고 규정했다.

또 당사자가 중재에 불복할 경우 중재서류를 받은 날부터 3개월 내에 인민법원에 기소할 수 있으며 개발업자가 본 조례 규정에 따라 철거민에게 화폐보상금 또는 기타철거이주용 주택을 제공했을 경우 소송기간에 철거 행위는 중단하지 않는다고 규정했다. 즉 철거민이 철거보상금에 불만을 느끼고 행정소송을 선택한다고 해도 강제로 철거될 운명을 면할 수 없는 것이다.

결국 국무원 건설부는 국무원 판공청 통지문에서 일부 지방정부가 권력을 남용, 주택지를 불법 강제 철거하는 바람에 피해자들이 상급 정부에 항의 시위하는 등 원성이 자자하고 사회안정을 해치고 있다고 지적하고 강제철거를 가급적 자제하고 기업과의 유착을 끊고 보상금을 제대로 지급하라고 지시했다.

통지문은 또 강제철거 때 단수, 단전 등 주민의 생활을 위협하는 극단적 조치를 취하지 말고 강제철거가 불가피한 경우 주민 설득에 최선을 다하라고 권고했다.

그 동안 일부 지방 정부는 도시개발을 위해 맹목적인 철거 계획 아래 보상 계획을 제대로 수립하지 않고 권력을 남용, 불법 강제철거하는 경우가 많아 사회 문제화돼왔다.

상업과 공공의 구분

철거민의 이익을 보장하고 철거작업이 '국민 괴롭히기 사업'이 되지 않게 하기 위해서는 우선 철거에 관한 각종 정책법규를 보완하고 동시에 '중화인민공화국 공민의 주택을 침범해서는 안 된다' '국가는 공민의 합법적인 소득·예금·주택과 기타 합법적인 재산의 소유권을 보호한다'는 헌법규정을 구현해야 할 것이라는 전문가들의 의견이 있어 왔다. 이에 대해 왕청칭(王誠慶) 중국사회과학원 재정무역연구소 주임은 공공이익을 위한 부동산 개발은 반드시 수용절차를 엄격히 지켜야 하며, 영리적 개발은 개발업자와 철거민이 평등한 민사법률 관계 하에서 철거보상금과 시기 등 관련 사항을 협의하고 정부부문은 이에 지나치게 개입해서는 안 될 것이라고 지적했다.

중국 도·농 소득 격차 세계최고

2002년 열린 제5차 중국성장기업 CEO회의에서 치우시아오후아(邱曉華) 국가통계국 부국장은 중국의 도시 및 농촌주민간의 소득격차가 단순 통계상의 3:1보다 훨씬 높은 5:1 내지 6:1에까지 이른다고 밝혔다.

이를 입증하듯 2004년 중국사회과학원 경제연구소 소득분배 과제연구팀은 1988년, 1995년, 2002년 총 3차례에 걸친 중국의 사회 이슈에 대한 연구결과를 발표했다.

중국의 도시와 농촌의 1인당 소득격차 비례는 1995년의 2.8에서 2002년 3.1로 확대됐으며 그 추세가 계속해서 이어지고 있다는 것이다.

리스(李實) 사회과학원 경제연구소 연구원은 "조사결과에 반영된 1인당 소득비율은 국가통계국의 개인소득 개념에 따라 도시 주민들의 1인당 가처분 소득과 농촌 주민들의 1인당 순소득을 기준으로 산출한 것"이라고 밝히고 "실제 소득격차는 더 크다"고 지적했다.

즉, 이 소득비율에는 도시 주민들에게 제공되는 의료보험, 실업보험, 양로비 등 각종 실물 보조에 의한 도시주민의 비(非)화폐 소득이 빠져 있는데 이를 포함하면 도시와 농촌의 소득격차는 4~6배에 달한다는 것이다.

따라서 중국의 도시와 농촌 소득격차는 세계 최고 수준에 이르게 된다. 명목소득만 놓고 보면 아프리카 짐바브웨의 소득격차가 중국보다 크지만, 사회보장과 교육지원 등 간접소득 효과를 더하면 중국이 세계에서 가장 크다는 것이다.

연구팀이 이번 조사결과 중국의 소득격차가 확대되고 있는 것이 사실로 드러났다.

그러나 연구팀은 이를 저소득자의 소득상황이 악화돼서가 아니라 고소득자의 소득 증가세가 너무 빠르기 때문으로 분석하고 있다.

소득수준이 가장 낮은 최하위 5%의 인구집단과 하위 10%의 인구집단은 사회 전체 소득에서 매우 낮은 비중을 차지했지만 소득수준이 감소하지는 않았다. 보고서에 따르면 중국에서 고소득자 비율이 상승한 지역은 주로 도시이며 농촌은 아니다.

지하경제와 독점이 소득격차를 확대시켜

리스 연구원은 고소득자들의 소득증가가 빠른 원인으로 노동소득의 시장화를 들었다. 지식인과 일반 노동자 사이에 소득격차가 나타나고 고급인력의 소득증가 속도가 빠르며 기술노동자가 단순노동자에 비해 소득이 높은데, 이 같은 현상은 개인의 능력이 인정을 받는 사회환경이 조성되고 있음을 설명한다는 것이다.

그는 또 지하경제와 독점업종이 고소득자의 소득을 빠르게 증가시키는데 일조하면서 소득격차를 확대시키는 요인의 하나라고 지적했다.

흔히 말하는 소득격차는 도시 내부의 소득격차·농촌 내부의 소득격차·도시와 농촌 간의 소득격차 등으로 나뉜다.

조사에 따르면 2002년 중국의 소득격차는 5분의 2가 도시와 농촌 간의 소득격차에서 나타났으며 도시와 농촌 간의 소득격차가 중국의 소득격차 확대에 끼친 영향은 농촌내부의 소득격차보다 훨씬 큰 것으로 분석된다.

도·농 간 소득격차 해소 어려워

이 같은 도·농 간 소득격차는 당분간 해소되기 힘들 것으로 보인다. 농촌이 워낙 많은 문제를 안고 있기 때문이다. 농촌지역에는 현재 전체 인구의 60%가 넘는 8억 명이 거주하고 있다. 이들이 생산하는 농업생산량은 국내총생산(GDP)의 15%에 불과하다. 중국공산당학교 기관지인 '학습시보'는 중국 농민 중 노약자와 어린이를 제외한 인구는 5억~6억 명으로, 이들 중 3억~4억 명이 잉여노동력이라고 전했다. 농촌에는 너무 많은 인구가 거주함으로써 가난을 대물림 할 수밖에 없다는 것이다.

중국은 이를 해소하기 위해 감세정책을 펴고 있지만 도농 간 빈부격차를 근본적으로 해결하는 데에는 한계를 드러내고 있다.

이런 소득격차는 사회안정을 심각하게 해칠 수 있을 뿐만 아니라 폭동까지도 유발할 수 있다. 지난 안후이(安徽)성 푸양(阜陽)시에서 가짜 분유를 먹고 수십 명의 유아가 사망한 사건은 이 사건을 가짜 분유 사건이라기보다는 극심한 도농 간 소득격차, 빈부차로 받아들이는 일반인들의 인식을 잘 보여주고 있다.

실제로 현재 중국 농촌 곳곳에서는 농민들과 지방정부 간에 잦은 마찰이 일어나고 있고, 2003년 발행된 격월간 잡지 『전략과 관리』에는 중국 농촌에서 조직적인 저항이 일어나고 있다는 조사서가 발표되기도 했다.

도·농 간 소득격차, 중국이 넘어야 할 또 다른 산의 이름이다.

중국의 직업거지들

베이징에서 공부하고 있는 최모 씨는 지하철 역 입구에서 허름한 옷을 입은 소년과 그 소년이 써 놓은 대자보를 보았다. 너무 어려운 가정형편, 포기할 수밖에 없는 학업… 사람들 앞에 무릎 꿇고 있는 소년을 보자니 걸음이 떨어지지 않았다.

그 소년에게 돈을 주려 하자 옆의 중국 친구가 말렸다. 그렇지만 최 씨는 불쌍하다 느낀 나머지 결국 10위엔(元)을 주었는데, 그 중국 친구는 계속 속임수일거라고 말하는 거였다.

그러면서 유명했던 사건 하나를 들려주었다.

부유한 가짜 거지

베이징 거리를 누비는 많은 거지들 가운데 리우짜오시아라고 불리는 중년의 여자거지가 있었다.

그녀는 남루한 옷차림에 늘 바짝 마른 시아오팅과 시아오후안을 이끌고 다녔다. 그들은 땅에 꿇어앉아서 구걸을 하거나 아니면 행인들의 다리를 붙잡고 억지로 떼를 썼다. 그러다가 돈을 주지 않으면 침을 뱉으며 욕을 퍼부었다. 시아오팅은 돈을 안 준다고 그 행인의 다리를 깨문 적도 있었다.

2001년 동즈먼(東直門) 파출소장은 부근에서 두 명의 여성이 몇 명의 어린이들에게 행인들의 발목을 잡고 돈을 구걸하라고 마구 내모는 장면을 목격하고 그들을 파출소로 연행했다.

그녀들은 조사과정에서 자신의 이름과 집 주소를 제대로 밝히지 않았으며 바보인 것처럼 하기도 하고 또 분명히 남방말투임에도 엉뚱하게 베이징 옆의 허베이(河北)에서 왔다고 억지를 부리기도 했다.

경찰들의 조사 결과 그 중 한 중년 여성이 리우짜오시아인 것으로 밝혀졌다. 이에 따라 공안국 및 치안팀은 리우의 가정 상태와 어린 아이들의 관계, 그리고 구걸을 하게 된 정확한 원인을 밝혀내기 위해 리우의 고향인 지앙쑤(江蘇)성의 농촌 마을로 조사나갔다. 그러나 리우의 집에 도착했을 때 경찰들은 눈앞에 나타난 정경에 놀라움을 금치 못했다.

새로 지어진 리우의 집에는 방이 모두 8개나 됐고 총 거주면적은 1백 20m^2도 더 되었으며 뜰 안 왼쪽에는 꽃들이 심어진 화단이 있었다. 실내에는 일상 기본생활용품이 없는 것 없이 다 있었고 '거지'의 신분과는 어울리지 않게 텔레비전, 오디오, 냉장고, 세탁기 등 가전제품도 모두 갖춰져 있었다. 이웃들 집이 토담이고 어떤 농가는 비를 막느라고 플라스틱을 지붕 삼은 모습들과 너무 달랐던 것이다.

리우의 남편인 장쯔민은 밭일은 전혀 하지 않고 있었으나 리우의 집에는 식량이 포대로 쌓여 있었고 콘크리트로 된 뜰 안에는 수확한 밀을 말리느라 가득 널려 있었다.

리우는 1남 1녀를 두고 있는데 그들은 태어나서부터 구걸이라고는 해본 적이 없었으며 딸은 인근에서 음식점을 차려 놓고 근심 없이 지내고 있었다. 아들은 유명 고등학교를 다니고 있었고, 이웃들에 따르면 리우 부부는 아들의 교육에 대해 각별히 관심을 기울이고 있으며 학비가 아무리 비싸도 아까워하지 않고 어떻게 해서든 대학에 보낼 꿈을 안고 있다고 했다.

그렇다면 데리고 다니던 시아오팅과 시아오후안은 누구인가? 그 둘은 돈을 벌기 위해 입양한 아이들이었던 것이다. 시아오팅은 어려서 아버지가 사망했고 엄마는 그를 버리고 꾸이저우(貴州)에 있는 고향으로 돌아가 버렸다. 그래서 시아오팅은 할아버지 할머니와 함께 생활해 왔는데 리우짜오시아가 수 차에 걸쳐 수양딸로 삼겠다고 청하는 바람에 이들은 하는 수 없이 그렇게 하라고 대답했다. 그때부터 시아오팅은 류씨네 '돈나무'가 되어 리우짜오시아와 함께 거리구걸에 나섰던 것이다.

경찰들이 시아오후안의 집을 찾았을 때 집에는 아무도 없었다. 오랫동안 보수를 하지 않아 무너질 것만 같았다. 이웃들을 찾아 조사한 결과 시아오후안은 원래 이 집 식구가 아니라 입양아였다. 그런데 호적이 없다 보니 입양부모는 벌금 2만 위엔을 내는 것이 두려워 애를 그대로 내버려 둬 결국 시아오후안도 리우짜오시아와 함께 유랑의 길을 나서지 않으면 안되었던 것이다.

리우짜오시아의 남편에 따르면 리우짜오시아는 보통 3개월 내지 4개월에 한 번씩 집에 오는데 올 때마다 최저 1천~2천 위엔을 가져오며 최고 4천~5천 위엔을 가져올 때도 있다고 한다. 리우짜오시아도 재수가 좋을 때는 5일만에 2천 위엔을 구걸한 적도 있다고 자백했다. 시아오팅이나 시아오후안과 같은 아이들도 하루에 적어도 20~30위엔을 구걸해온다고 한다.

그러나 시아오팅의 할아버지 할머니는 리우씨네가 그의 집에 주는 돈은 80위엔이나 1백 위엔 정도이고 그것도 일 년에 고작 한두 번이라는 것이었다.

그렇다면 왜 이렇게 구걸을 하는 것일까?

최대 수만여 명에 이르는 베이징 거지 대부분의 기본수입이 시 극빈자의 최저 생활표준인 800위엔보다 훨씬 많은 것으로 나타나고 있기 때문이다. 걸인이 웬만한 저소득 생활보호 대상자보다 수입이 많다면 정상이라 할 수 없다. 그러나 이는 적어도 중국의 수도 베이징에서는 부인하기 어려운 사실이다. 더구나 이로 인해 상당수 지방거지들이 베이징에서 구걸하며, 적지 않은 극빈자들이 직업 거지로 스스로 전락하는 경우도 발생, 시 당국을 당황스럽게 만들고 있다.

현재 베이징 걸인은 인근 허베이(河北)성에서 올라온 농촌 출신이 주류를 이루고 있다. 그러나 걸인 수입이 괜찮다는 얘기가 파다하게 퍼지자 얼마전부터는 다른 지역 출신, 심지어 대륙 남부의 광둥(廣東)성 출신까지 진출하는 기현상이 나타나고 있다. 또 전체 거지의 2.5%에 이르는 거지들은 집에 TV, 컴퓨터까지 보유한 채 호화(?)생활을 즐긴다는 소문도 돌고 있다.

이처럼 베이징걸인들의 수입이 만만치 않은 것은 끈질긴 구걸행위와 무관하지 않다. 예컨대 외국인을 비롯한 행인들에게 끝까지 매달리면서 읍소하는 데는 주머니를 열지 않을 수 없는 것이다. 더구나 이중 일부는 아이를 대동하는 등 인정에 호소하는 방법을 동원, 짭짤한 수입을 올리고 있다고 한다. 지금 중국은 가짜 거지들로 거리가 채워지고 있다.

땅은 꺼지고 물은 오염되고

중국의 무분별한 '지하수 개발'

중국 사람들은 옛날부터 차를 마셔왔다. 주된 이유로 중국음식이 기름지다는 이유를 들지만, 그보다 더 큰 이유는 물에 석회질이 많아 바로 마실 수가 없다는 점이다. 즉 물을 반드시 끓여 마셔야 하는데, 여기서 차는 석회질과 불순물을 거르는 일종의 정수기 역할을 한다.

그런데 경제가 발전함에 따라 마음 놓고 마실 수 있는 지하수 개발이 우후죽순처럼 일어나고 있다.

지하수를 사용하고 있는 중국 전역의 400여 개 도시에서 지하수는 도시용수의 30% 가량을 차지하고 있다. 특히 북부지역의 도시들이 주로 지하수를 사용하는데, 화베이(華北)와 시베이(西北) 지역 도시들의 지하수 이용률은 각각 72%와 66%에 이르고 있다.

베이징(北京), 티엔진(天津), 선양(瀋陽), 지난(濟南), 타이위엔(太原), 정저우(鄭州) 등은 지하수 개발이 이미 적정 수준을 크게 넘어선 상황이다. 과도한 지하수 개발로 인해 일련의 생태환경 문제마저 유발되고 있을 정도다.

지표면 함몰지역 확대

2005년 중국수리부가 작성한 수자원 종합계획 1차 연구보고서에 따르면, 중국 24개 성·시·자치구(省市自治區)에서 지하수 과잉 채취 문제가 존재하고 있다. 또 그 지역은 주로 황허(黃河)·후아이허(淮河)·하이허(海河) 유역에 분포되어 있으며, 이 지역들의 지하수 과잉 채취 면적이 중국 전체의

70% 이상을 차지하고 있다. 그 중에서도 허베이성(河北省)은 지하수 과잉 채취 면적이 성 평야지역의 91%에 달할 정도이다.

장기간에 걸쳐 지하수를 과도하게 사용한 결과는 지하수의 수위 저하와 이로 인한 지표면 함몰을 가져왔다. 현재 허베이성(河北省), 베이징, 티엔진, 산동성(山東省) 등지에 걸쳐 지하수위 저하로 인한 지표면 함몰이 나타났으며, 약 7만km^2에 이르는 지하수의 수위가 해수면보다 낮아졌다. 특히 허베이셩은 20여 곳에서 지표면이 함몰돼 그 면적이 4만km^2에 달하는 실정이다.

중국 전역의 지표면 함몰지역은 100여 곳, 면적은 15만km^2에 이르는 것으로 집계됐다. 지하수를 무분별하게 개발한 약 50개 도시에서는 지반 침하 현상이 나타나고 있다. 그 중 상하이(上海), 티엔진, 타이위엔 등은 지반 침하 정도가 누계 2m 높이에 이른다.

수자원 종합계획 1차 연구 보고서에 따르면 지앙쑤성(江蘇省)·쑤저우(蘇州)·우시(無錫)·창저우(常州) 지역은 지반 침하로 인한 직접적인 경제 손실이 200억 위엔(元) 이상으로 추산된다고 보고서는 밝혔다.

지면이 갈라지는 지표면 균열 현상도 있다. 시안(西安)에서는 7곳의 지표면이 함몰되고 11곳에서 제법 큰 지표면 균열 현상이 발견됐다. 또 다리엔(大連), 친황다오(秦皇島), 칭다오(青島) 등 해안지역에서는 지하수위 저하로 지하수에 바닷물이 스며들어 지하수가 오염되고 있다.

심각한 지하수 오염

지하수는 지하에서 자연적인 여과작용을 거치기 때문에 바로 마실 수 있어야 하는 것이 정상이다. 그러나 공업용수, 생활용수 및 화학비료 등의 영향으로 수질이 오염되면서 마시기에 부적합한 지하수가 늘어나는 추세다.

다퉁(大同)은 중국에서 물이 가장 부족한 지역 중의 하나다. 그러나 과도한 석탄 채굴로 인해 지하수 안의 일부 유해물질 함유량이 기준치의 26배에 이르는 등 지하수의 오염이 심각한 상황이다.

농촌의 경우 약 1억 5,000만 명이 미생물 함유량이 기준치를 초과한 물을 식수로 사용하고 있고, 불소와 비소 함유량이 음용수 기준치를 넘은 물을 식수로 사용하는 사람들은 약 6,500만 명, 쓰거나 짜서 먹기 힘든 물을 식수로 사용하는 사람도 3,700만 명이나 된다.

더 큰 문제는 오염된 지하수로 인해 주민들의 건강이 크게 위협받고 있다는 점이다. 닝시아후이주쯔즈저우(寧夏回族自治州)처럼 물이 부족한 중국 북부지역에서 사람들이 불소와 비소 함유량이 음용수 기준치를 넘은 물을 장기간 식수로 사용함으로써 불소 중독·캐신백병·피부병 등을 앓는 경우가 많다는 것이다.

무분별한 지하수 개발, 중국이 안고 있는 또 다른 문제점이다.

중국서 '다단계 판매'기승

졸업은 했지만 아직 취업을 못하는 왕모 씨는 가슴을 쓸어내리며 말한다. 왕 씨는 "다단계 판매(俥鎖)하라는 연락이 오긴 했는데 의심이 들어 미루어 왔던 게 다행이었다. 이 사건을 조금만 늦게 접했으면 나도 다단계 마수에 빠져들었을 것이다"고 말한다.

2004년 충칭(重慶)에서 적발된 '어우리만(歐麗曼)' 다단계 판매 사건에는 중국 13개 대학의 학생 약 200여 명이 관련됐다. 이들 대학생은 어떻게 불법적인 다단계판매망에 빠져들게 됐을까.

허난성(河南省) 농민 출신인 친용쥔(秦永軍)은 2003년초 형을 따라 충칭에 온 뒤 3,350위엔(元)을 내고 '프랑스 어우리만'화장품 회사의 '회원'으로 가입했다. 그는 한 사람을 회원으로 가입시킬 때마다 실적 장려금으로 510위엔을 받았으며, 얼마 후 최고급 회원으로 승격했다.

일확천금을 꿈꾸며

2003년 8월, 친 씨는 다른 2명의 동료와 함께 충칭 리앙루(兩路)지역에서 신입 회원을 확충했다. 이들은 주로 '일자리 소개' '컴퓨터 전시회 참가' 등의 명목으로 외지출신 대학생을 모집해 집단 합숙을 시키면서 회원으로 포섭했다.

사실 '어루리만'은 정식으로 등록되지 않은 회사로서 그 제품도 생산일자·생산공장·연락처가 하나도 없어 시장에서 거래할 수 없는 물건이었다. 친 씨 자신도 자기가 파는 제품이 어디에서 생산되는지 전혀 모르고 있었다.

친 씨 등은 대학생으로 가장해 학생들의 신뢰를 얻은 뒤 강의·교육 등의 방식으로 학생들에게 일확천금의 꿈을 심었다. 이 과정에서 학생들은 자신이 '직접판매' 방식의 새로운 사업에 참가한 것으로 믿어 의심치 않았다.

젊은이여 야망을 품어라

다단계 판매망에 참가한 사람들이 사기를 치는 대상자는 주로 학교친구, 친척, 고향사람, 동료 등이다. 구체적으로 좋은 일자리가 있으니 오라거나 같이 사업을 하자는 식이었다. 그리고 사람들이 찾아오면 적당한 시기를 골라 '직접판매' 사업의 전망이 매우 밝다며 세뇌작업을 했다. '가난한 사람에게 가장 필요한 것은 돈보다 야망'이라는 등으로 사람들의 귀가 솔깃하게 만들었다.

학생들은 단숨에 부자가 되는 꿈에 부풀었다. 남이 버린 음식을 주워 먹으며 하루에 불과 1위엔으로 생활했지만 의지력을 기르는 하나의 시험으로 여기고 꿋꿋이 견뎠다. 처음에는 믿지 않고 조심하는 학생들도 있었지만 '가입비'를 내고 난 뒤엔 돌아설 수가 없게 된다. 어쩔 수 없이 스스로를 기만하면서 다단계 판매의 늪으로 점점 더 깊숙이 빠져들게 되는 것이다.

아무리 잡혀도 계속한다

2004년 3~5월 사이 충칭 일대에서 적발된 몇 건의 다단계 판매 사건은 모두 이 '어우리만'과 관련돼 있었다. 경찰에 잡힌 회원들은 훈방조치 되기가 무섭게 다른 곳에 가서 다시 다단계판매 활동에 종사하는 짓이 거듭됐고, 그때마다 4~60여 명의 대학생이 같이 적발됐다.

한 농민은 광저우(廣州)에 대학을 다니던 아들이 취업을 위해 훈련을 받는다며 학원비 조로 6,000위엔을 송금 받은 뒤 소식이 끊겼다고 밝혔다. 이 농민은 아들이 다단계판매조직에 들어갔을 것이라는 소식을 접한 뒤 아들을 찾아 나섰지만 결국 찾지 못했다. 이 농민은 후에 자기와 같은 처지에 있는 부모들이 수도 없이 많다는 사실을 알았다.

충칭시 공안국의 한 관계자는 대학생들이 △사회 경험 부족 눈앞의 이익 추구·생활에 대한 높은 기대치 등으로 다단계 판매망의 함정에 쉽게 빠져 든다고 지적했다.

쩡시아오비엔(鄭曉邊) 화중(華中) 사범대학 심리학과 교수는 이들 대학생들이 집단 암시와 군중효과의 영향 아래서 속아도 다같이 속는다는 일체감까지 품고 있다고 지적했다.

요새 취직이 안 된다고 울상인 중국대학생들에게 다단계 판매는 벗어나기 어려운 유혹이다.

다단계 판매(傳鎖)의 전형적 사례

2004년 중국 공상행정관리총국에서는 그 해 상반기 다단계 판매와 변형적 다단계 판매 전형사례를 발표했다. 정부는 2004년 1/4분기 베이징, 상하이 등 10개 성(省)·시(市)에서만 다단계 판매 지점 2천 6백여 개를 철폐하고 판매원 2만 7천여 명을 적발한 바 있다.

· 높은 보수를 미끼로 대학생유혹

2003년 10월 이래 한 다단계판매 조직은 충칭(重慶)시에서 '어우리만(歐麗曼)' 화장품을 다단계 판매했는데, 이들은 높은 보수를 미끼로 대학생을 유혹하여 이들로 하여금 학우 간, 친구 간, 친척 간에 인적 네트워크를 발전시켜 다층 다단계 판매망을 형성하게 했다.

· 세뇌와 폭력의 이중 통제 실시

2004년 6월 산동성(山東省) 공상국에서는 타이안(泰安)의 일본 '아이보메이나(愛博美娜)'화장품을 다단계 판매하는 불법조직을 적발해냈다. 이 조직은 주로 청소년들을 속여 끌어들인 후 이들에게 세뇌와 폭력의 이중적 통제를 통해 인적 네트워크를 발전시키도록 했다.

· 망한 회사 이름 빌기

다단계 판매업자들은 1998년의 단속을 통해 이미 문을 닫은 한 다단계회사인 '우한신티엔보건식품유한회사'의 이름을 빌어 불법 다단계 판매 활동을 벌였다.

· 네트워크 체인 방식

헤이룽지앙의 왕모 씨는 2001년부터 선쩐에서 회사 3개를 등록하고 불법적인 수단을 동원, 등록자본금을 전부 인출한 후 유령회사를 이용하여 소위 '네트워크 체인경영'을 펼쳤다. 이들은 직업을 소개한다는 등의 미끼로 사기폭력 등을 행사했다.

· 원거리 교육

양 모 등은 꾸이양(貴陽)시에서 온라인을 이용하여 세계 원거리 교육망 다단계 판매 활동에 종사했다. 양 모는 2003년 자칭 미국에 본부가 있는 세계 원거리 교육망이라 하는 웹사이트에 가입했는데, 가입자는 자신이 추천하여 가입한 회원과 회원이 추천한 인원수에 따라 보수를 받는다.

· 등록비 부담의 회원제 웹사이트

2003년말 지앙쑤성의 후(胡)모 씨는 베이징의 한 회사에서 개설한 '어우야위예(歐亞偉業)' 상무웹사이트'에 가입하여, 불법 다단계판매 활동에 종사하기 시작했다. 이 웹사이트는 1,300위엔을 납부하면 등록할 수 있고, 또 무료로 웹사이트에서 제공하는 플랫폼을 5년 간 사용할 수 있다고 홍보했다. 또 웹사이트에 가입한 후에는 네트워크를 발전시킬 자격이 있으며, 네트워크 증가에 따라 회사에서 매주 보너스를 지불한다고 했다.

다단계 판매 불법화

중국정부가 '다단계 판매 금지조례(초안)'와 '직접판매(방문판매) 관리조례(초안)'을 반포, 각각 2005년 11월 1일과 12월 1일부터 시행되고 있다.

'다단계 판매 금지조례'가 정식 시행됨에 따라 그 동안 논란이 많았던 다단계 판매방식이 불법으로 확정됐으며, 법규에 따르면 '사람을 끌어 들이고', '단체로 수금하며', '입회비용을 갈취하는' 등 3종류의 형식을 띠고 있는 경우 다단계 판매로 간주된다. 조례는 다단계 판매 활동에 종사하는 사람 중 직급에 따라 그에 상응한 법률적 책임을 설정하고 있다.

즉, 판매 조직자 및 조직 내 핵심인력에게는 최고 200만 위엔을 부과하고 있으며, 범죄요건을 갖춘 자에게는 법에 따라 형사책임까지 추궁한다. 또한 다단계 판매에 종사하는 사람에게 영업장, 교육장, 보관 창고 등 조건을 제공한 사람에게도 공상부문에서 중지 명령 및 불법소득을 몰수하고 벌금을 부과할 권리가 부여되어 있다. 관련 판매 활동을 위해 인터넷 정보서비스를 제공하는 사람도 마찬가지다.

공상행정 관리부문, 공안기관에서는 신고를 받게 되면 즉각 실태조사를 통해 사법처리할 예정이며, 신고인의 신원에 대해 비밀을 보장하는 한편 조사를 거쳐 사실여부가 확인되면 국가 관련규정에 따라 신고인에게 일정한 표상을 한다고 밝혔다.

보수체계 바뀌어야

그리고 직접판매 업체들이 '핵심경쟁력'으로 간주하던 회원 수 기준 보수계산(團隊計酬) 방식도 금지되었다.

외국의 직접판매 회사가 중국 시장에 진출한 것은 1990년대 초반이었다. 당시 중국은 이에 대한 정책이나 법규가 없었기 때문에 직접판매는 점차 각종 형태의 다단계판매로 변형됐다.

1998년 시장질서가 혼란해지면서 다단계 판매가 성행하자 중국정부는 직접판매업체에 대한 전면적인 정돈작업에 착수했으며, 암웨이 · AVON 등을 포함한 10여 개 외자 직접판매회사들에 대해 무점포 경영형태를 '점포+판매원' 형태의 '단일차원' 방식으로 바꿀 것을 요구했다.

그러나 AVON 등 소수의 회사들만 '단일차원' 방식을 시범적으로 도입했을 뿐이다. 1998년 이후 직접판매에 대한 정부의 단속이 강화됐음에도 불구하고 회원 수 기준 보수계산 방식이 기업에 가져다 주는 이익이 크기 때문

직접판매로 바뀐 암웨이(Amway)

에 많은 직접판매 회사들이 이 방식을 고집했다.

어느 한 유명업체는 회원 수 기준 보수계산 방식을 도입한 후 그 해 매출이 170억 위엔으로 당시 '단일차원'방식을 도입했던 AVON을 초과하기도 했다.

한편 암웨이는 중국정부의 규정에 따라 '단일차원'의 직접판매 방식으로 전환할 것임을 공식 발표하고 이미 전환작업에 착수했다.

이에 따라 향후 암웨이 소속 판매원과 대리판매업체는 가입한 회원 수가 아니라 제품을 판매한 소득을 기준으로 보수를 받게 되며, 대신 판매 수수료 비율은 현재 제품 순매출의 6~21%에서 9~30%로 상향 조정된다.

묻지마 중국유학 과연 좋은가

등산을 하던 중 본의 아니게 다른 분들의 대화를 듣게 되었다.

'정말 중국상황을 잘 안다면 절대 애들만 중국으로 보낼 수는 없을 거야', '맞아, 그런데 그런 상황을 숨긴 채 돈벌이만 하는 중국학교와 유학원 등이 문제야', '중국으로 유학가라는 내용의 책을 쓴 사람, 책 쓰기 위해 중국에 잠깐 왔을 뿐이지 실제로는 중국 상황을 잘 모르는 사람이래'…

2004년 3월 초 중국 교육부 산하 국가유학기금관리위원회에 따르면, 2003년말까지 중국에서 공부중인 한국 유학생은 3만 5천 353명으로 전체 외국 유학생(7만 7천 715명)의 45.5%에 달했다. 과정별로 보면 한국은 학부생이 1만 2천 898명으로 전체(2만 4천 616명)의 절반이 넘는 52.1%를 차지했고, 어학코스 등 비학위과정은 전체(5만 3천 99명)의 47.7%인 2만 5천 169명이었다.

현재 중국에 있는 외국 유학생 중 절반 이상은 한국 유학생이며 그 숫자는 지속적으로 늘고 있다. 그리고 한국 유학생이 전체 유학생의 70%를 넘는 학교도 적지 않다. 문제는 이렇게 많은 유학생들이 다 중국전문가가 되느냐이다. 이에 대한 답은 아니올시다이다. 한국유학생들에게는 80/20의 법칙이 통용된다. 즉 약 80%의 학생들은 공부를 등한히 하며 그냥 시간을 보내고 약 20%의 학생들만이 생활을 충실히 해나가고 있다.

한국인이 많은 우다오코우(五道口)나 왕징(望京)에서 술과 담배에 찌들은 한국학생들을 자주 볼 수 있다. 그리고 그 중에 적지 않은 수는 바로 너무 많아 통계를 제대로 낼 수 없는 조기유학 온 중고등학생들이다. 또한 이들

한국사람들이 많이 사는 왕징(望京) 신청(新城)

의 유학성공률은 10명 중 1명이 될까 말까 한다.

그래서 교민들은 '조기유학이란 자녀들을 중국에 방목하는 것이다'라는 표현을 쓴다. 심지어 애들만 홀로 중국에 보내는 것은 자녀의 인생을 포기하거나 인생에 자살골을 넣는 것이라는 극단적인 표현을 쓰는 사람도 있다.

늘어나는 기러기 할머니

왕징에서 부모는 한국에 있고 손자와 같이 오는 60~70대 연령의 기러기 할머니가 점점 늘어나고 있다.

75살의 모 할머니는 고령에다 중국어를 전혀 못하지만 고 3인 손자의 교육을 위해 손자와 단 둘이 중국에 왔다. 그 분은 왕징 3취(區)에 사시는데, 길 하나 건너 있는 4취(區)도 건너가기 무서워하며 주로 집에서 홀로 적적하게 지내고 있다.

중국에 막 왔을 때는 손자 자랑을 입에 달고 다녔지만 6개월 정도 지나자 손자가 공부는 안하고 친구들이랑 어울린다며 푸념만 늘어 놓는다. 60대 후반의 같은 처지의 기러기 할머니가 한국으로 돌아가자 한국가고 싶다는 말만 내뱉는 모습을 바라보며, 이런 유학 광풍(狂風)이 옳은 것이지 묻고 싶다.

중국의 송편, 위에빙(月餅)

중국에 온 지 얼마 안 되는 이모 씨는 9월 28일 추석이 되자 투덜거린다. '한국 같으면 고향에 내려가고 온 친척, 친지들을 다 볼 수 있는데 여기는 추석날에도 일을 한단 말이야…'

사실 중국에서는 추석이 전통명절이기는 하지만 쉬지 않는다. 그러니 중국에서 추석을 맞이하는 한국사람들은 추석날에도 직장 나가고 학교 가기에 명절 기분을 전혀 느낄 수 없다.

중국에서는 추석을 중치우지에(仲秋節)라 부르는데 비록 쉬지는 않지만, 그래도 명절인지라 중추절이 오기 1달쯤 전부터 상점마다 위에빙(月餅)을 판다. 흔히 중국에서는 위에빙을 빼놓고 중추절을 논할 수 없다고 말하여진다. 한국사람들에게 추석음식을 떠올리라 하면 으레 송편이 생각나는 것처럼 중국인들도 이날 위에빙을 먹는 풍습이 있다.

위에빙은 모양이 둥근데 이는 '모임'을 상징하며 둥근 달처럼 가족들이 모두 모였으면 하는 염원을 나타낸다. 송편과 다른 점이 있다면 찌지 않고 빵과 과자처럼 구워서 만든다는 것이다. 지금은 중국의 명과로서 시판되고 있다. 주로 중추절 직전에 만들며 중추절이 지난 뒤에는 그다지 만들지 않는다.

위에빙(月餅) 세트

중추절에 중국인들은 서로 위에빙을 주고 받는 데, 선물용이나 집에서 먹는 것 외에, 달에 기도할 때 사용하는 공양용 위에빙이 따로 있다. 일반적으로 선물용은 사람 손바닥만한 크기인데 비해 공양용은 30cm 정도의 크기도 있다. 중국 사람들은 위에빙을 밤·수박·배·감 등 둥근 과실과 함께 달에게 바쳤다.

가정의 화목을 기원하고, 서로간의 정을 확인하며 행복을 염원하는 뜻으로 지인이나 친지에게 선물하는 위에빙이 명절음식으로 발전한 것은 14세기경 위엔(元)나라 때부터라고 한다.

허난성 허창시의 초대형 위에빙(직경 80cm, 높이 15cm, 밀가루 30kg, 2005년 8월 17일 『신화통신』)

그 당시 대륙의 주인은 몽고인이었기 때문에 한족(漢族)들은 몽고인들의 눈을 피해 서로 간에 반란날짜와 장소를 적은 비밀문서를 전달하는 방법으로 위에빙을 이용했다고 한다.

부패의 도구로 전락한 위에빙

이처럼 역사도 오래됐고 의미도 뜻 깊은 위에빙이 부패의 도구로 사용되어지게 되었다.

중추절이 다가오면서 위에빙 시장이 대목을 맞았다. 올해 위에빙 시장의 특징은 특히 고가의 제품이 많이 눈에 띈다는 것이다. 비단·홍목(紅木)·수정으로 만든 포장케이스, 전복·상어지느러미를 넣은 위에빙, 양주·금목걸이·다이아몬드를 곁들인 장식 등…

한 세트에 수백 위엔(元)에서 수만 위엔에 이르는 위에빙은 이미 단순한 선물의 의미를 넘어서고 있다. 위에빙은 이름에 불과하고 실제로는 거기에 곁들여진 황금·술·보석이 얼마짜리냐 하는 것이 더 관심을 끌게 된 것이다.

난징(南京)의 한 백화점에서 내놓은 '룽청카이위엔성스(榮城開元盛世)' 위에빙 세트의 판매가는 1,080위엔이다. 황동제 케이스 안에 위에빙은 4개밖에 없고 대신 800위엔이 넘는 고급 코냑 마르텔이 들어 있다. 위에빙을 파는 것이 아니라 술을 파는 것이다.

그런데 이런 고가의 위에빙들이 잘 팔리고 있다. 난징에서 나온 2,815위엔짜리 위에빙 세트는 단숨에 7개나 예약됐고, 라싸(拉薩: 티베트 자치구의 수도)에서 나온 18만 위엔짜리 위에빙 세트도 나온 지 얼마 안 되어 예약이 됐다고 한다.

그럼 누가 이런 비싼 위에빙을 주고받는 것일까? 당연히, 상사에게 '선물'은 하고 싶은데 다른 사람의 눈이 무서운 사람들과 '선물'을 받고는 싶은데 '뇌물'로 인식될까 걱정하는 사람들이다.

아예 위에빙세트 안에 '빳빳한 지폐' 다발까지 넣어 당당하게 주고 받는 사람도 있다. 작은 위에빙이 각종 부당한 관계를 확실하게 이어주는 새로운 부패 수단으로 떠오르고 있는 것이다.

호화 위에빙은 대부분 기업체·등에서 공금으로 사들이고 있다. 공금이기 때문에 위에빙의 가격을 따지지도 않는다. 더욱더 감탄하게 만드는 점은 '부패'를 놓치지 않고 돈을 버는 판매업자들의 '지혜'다.

과연 판매업자들의 '지혜'가 부패를 조장한 것인지, 부패현상이 판매업자들의 '영감'을 자극한 것인지 알 수 없다. 분명한 점은 원래 아무 것도 아니던 위에빙이 엉뚱한 짓을 하는 사람들 때문에 이미 '부패'의 멍에를 둘러썼다는 것이다.

이에 따라 일부 지방정부는 '중추절 부패'를 방지하기 위해 지도자급 간부들에 대한 감독을 강화했다고 한다.

중국 최대 매관매직 사건 전모

현재 중국 정부는 부패척결을 무엇보다 우선시하지만 아직도 중국 곳곳에는 부패가 만연되어 있다는 게 일반 국민들의 인식이다.

중국 언론에 따르면, 2004년 동북3성 공무원들을 떨게 했던 그리고 중국 건국이래 가장 큰 매관매직 사건이라고도 불리는 헤이룽지앙성(黑龍江省) 쑤이후아시(綏化市) 서기 '마더(馬德) 매관매직' 조사가 베이징(北京) 둥청취(東城區)검찰원에서 완료됐다.

마더는 쑤이후아시에서 6년 동안 2385만 위엔(元) 상당의 뇌물을 수수한 혐의로 베이징시검찰원에 의해 기소됐었다. 이 사건에는 티엔펑산(田鳳山) 전 중국국토자원부 부장과 한구이즈(韓桂芝) 전 헤이룽지앙성 정협(政協) 주석 등 고위관료들이 연루됐다. 사건 관련자 205명 속에는 쑤이화후아시 각 부문의 1인자 50여명을 비롯해 쑤이후아시 산하 10개 직할 현(縣)・시(市)의 고위 간부들도 대거 포함돼 있다.

입원 이용해 뇌물수수

2000년 11월, 마더는 병으로 입원했다. 하이룬(海倫)시 부서기였던 왕쉬에우(王學武)가 병실에 찾아와 마더에게 50만 위엔을 상납했으나, 마더는 본체만체하며 침대의 아랫부분만 툭툭 찼다.

마더는 한 번도 돈을 직접 세어 본 적이 없다고 한다. 부인이 처리한 후 마더에게 결과를 말해준다는 것이다. 다음해 왕쉬에우는 칭펑(青風)현 부서기 겸 현장(縣長)으로 승진했다.

마더에게 돈을 상납한 한 현서기는 마더의 비서로부터 마서기가 입원했으니 병문안 오라는 연락을 받았다고 밝혔다. 다른 현서기도 "누가 가지 않을 수 있겠습니까! 게다가 빈손으로는 더더욱 갈 수 없지요"라고 말했다.

쑤이후아시에서 하급관료가 상급관료에게 돈·선물을 바치고 관직을 매매하는 것은 하나의 뿌리깊은 사회 풍토다.

매관매직은 '내부 관례'

쑤이후아시 직할 자오동(肇東)시의 한 젊은 간부는 마더가 자신의 인사에 대해 "다시 고려해 봐야겠다."고 말하는 것을 듣고, 마더에게 바로 25만 위엔을 상납했다. 자리를 지키기 위해 돈을 쓰는 '바오구안(保官)' 행위를 하지 않으면 그 자리가 다른 사람에게 팔리기 때문이었다.

매년 춘지에(春節=설)엔 쑤이후아시 직할의 일부 현·시 간부들이 마더에게 돈을 바치며 새해인사를 했다. 그러지 않으면 새해를 보내기가 불안하다는 것이다. 심지어는 마더가 회의참석 차 베이징에 갔을 때, 한 현서기가 베이징까지 따라가 상납한 적도 있다.

마더 자신은 매관매직 풍조가 자신 때문이라는 질책을 부인했다. 그도 상사였던 전 쑤이후아시 서기 겸 성(省)인사위원장 자오홍이엔(趙洪彦)에게 뇌물을 바친 적이 있다는 것이다.

현지의 한 원로인사는 "이런 매관매직으로 쑤이후아시의 발전이 지체됐다."고 지적했다. 매관매직의 풍조 탓에 간부들이 일을 하기보다는 돈으로 자신의 자리를 지키는 데만 전력을 다하게 됐다는 것이다.

경제가 발달한 도시에서 부패가 만연되어 있다는 인식과 달리 이들 지역은 외지고 낙후한 곳이다.

헤이룽지앙성 산하 66개 현 중 경제력 기준으로 하위 10개 현에 쑤이후아시 관할 현은 4개나 포함돼 있다.

50만 위엔을 상납한 왕쉬에우가 몸 담고 있는 칭펑현은 1990년과 2001년 각각 국가 절대빈곤 현과 헤이룽지앙성 주요보조 빈곤 현으로 분류됐으며, 농업인구의 약 40%는 생활수준이 전국 빈곤 현의 표준에도 못 미치고 있는 곳이다.

이런 곳에서 마더는 1995년부터 2002년까지 매관매직으로 2385만 위엔이라는 엄청난 액수의 뇌물을 수수했다. 쑤이후아시에 있던 기간 중 매일 평균 1만 위엔 이상을 뇌물로 받은 셈이다.

중국교육계 부패 만연

학교시설이나 수업의 질이 상대적으로 좋은 학교를 선택하려는 부모가 늘어나면서 중국의 교육부패를 만연시키고 있다. 현재 중학교와 고등학교를 동시에 운영하고 있는 좋은 학교들은 고등학교로 명성을 얻고 중학교로 부를 축적한다는 것은 중국 교육계가 다 아는 일이다.

고등학교는 보통 산하 관할의 중학교로부터 전체 모집정원의 50~60%를 모집하고 나머지는 기타 학교의 우수학생들을 뽑는다. 아주 공정한 것처럼 보이는 방법이다. 그런데 문제는 고등학교보다는 중학교에서 학생을 더 많이 모집한다는 점이다. 명문고에 진학하기 위해서, 입학의 가능성을 조금이라도 더 높이기 위해서, 명문고 부속 중학교에 아이들을 입학시키기 위해 중국부모들은 부단히 노력한다.

그 심리를 이용해 명문고 부속 중학교는 학생들을 필요 이상으로, 고등학교보다 더 많이 모집하는 것이다. 그리고 명문 고등학교에 자녀를 입학시키려는 부모가 꾸준히 늘어나면서 학교선택비는 상승세를 타고 있다.

교육계 부패의 근원? 학교 선택비

중국에 한국 교민들이 자녀들을 학교에 넣을 때 이해하기 힘든 것이 바로 기부금 또는 학교 선택비를 중국학교에 내야 한다는 점이다. 그것도 적지 않은 액수를 말이다. 물론 중국학교에서는 외국인외에도 외지인도 자기 학교에 올 때 기부금이나 학교 선택비를 내야 한다며, 외국인에게만 돈을 받는 건 아니라고 변명을 하지만 말이다.

잘 살기로 소문난 광저우(廣州)시의 경우 '기부금'이나 '학교 선택비'는 성 1급 초등학교가 보통 3만 위엔(元), 중학교는 약 5만 위엔이나 된다.

여기서 또 일부 기업들이 교육을 지원한다는 명의로 거액의 자금을 학교에 지원하는데 나중에 보면 기업의 고급관리직 자녀들이 그 학교 학생이 돼 있다. '공비'부패의 단적인 사례라고 할 수 있다.

현재 충칭(重慶)시의 일부 고등학교에서는 학교 선택비 징수액이 학교의 명성에 따라 차등화되는 등 이미 시장화 단계에 접어든 상황이다. 시내 유명고등학교의 경우 학교 선택비로 신입생 1인당 4만 위엔씩을 받는다. 또 커트라인에서 10점 낮아질 때마다 5,000위엔씩 추가로 징수하고 있다. 교외 빈곤지역의 중점 고등학교의 경우에도 신입생 1인당 1~2만 위엔을 받고 있다.

그리고 유명학교와 일반학교 간의 교육환경이 빈익빈 부익부 양상을 보이면서 학교측과 학부모측이 모두 기부금입학제를 희망할 정도다.

베이징(北京)시 한 중·고등학교를 예로 보자. 중학교부는 매년 400명의 학생을 모집하는데, 그 중 300명은 '의무교육'의 범주에 속하므로 '기부금'을 받아서는 안 되고 상급관리나 인맥관계로 받는 학생을 포함해 약 100명 정도는 기부금을 받는다. 1인당 4만 위엔이라고 계산해도 400만 위엔이라는 계산이 나온다.

'좋은 학교'들에서 모아지는 이 부분의 자금은 정부의 감독관리 밖에서 순환되므로 구체적인 수치상황은 밝혀지지 않고 있다. 물론 외국 유학생 중 한국학생들이 가장 많으니, 통계에 잡히지 않으며 구체적인 수치를 파악하기 어려운 엄청난 한국돈이 중국학교에 흘러가고 있는 셈이다.

부패방지 위해 학교 선택비부터 근절해야

중국 교육계의 부패를 방지하기 위해서는 입학 때 기부금조로 내는 '학교 선택비'부터 근절해야 한다고 『베이징천빠오(北京晨報)』가 2004년 보도한 바 있다. 언론은 일부 대도시의 유명 고등학교에서 신입생들로부터 1인당 4

만 위엔 이상을 받는 등 '찬조금'과 학교 선택비 명목의 기부금이 교육계의 부패를 부추기는 촉매제 역할을 하고 있다고 전했다.

문제는 일선 교육당국이 이런 상황을 개선하기 위해 노력하기보다는 자체 이익을 위해 학교선택비 징수를 더욱 조장, 교육계 부패를 촉진하고 있다는 것이다. 학교측에서는 학교 선택비를 교직원 상여금이나 복리후생 또는 학교설비 개선 등으로 사용하는가하면, 로비자금이나 공무여행 경비로 사용하는 등 학교의 재정부담을 학생들에게 전가하고 있다. 또 일부 유력학부모들은 학교측에 압력을 행사해 신입생쿼터를 얻어내는 사례까지 생기는 등 학교 선택비가 일종의 '뇌물'로까지 변질됐다.

중국 대학들도 비리의 온상

중국 대학들의 경제 활동이 최근 활발해지면서 '청렴 지대'로 간주되던 대학들도 '비즈니스 뇌물'의 온상이 되고 있다고 『중구오칭니엔빠오(中國青年報)』가 2006년 4월 초 보도했다. 신문은 지난 2003년 1월부터 2005년 10월까지 우한(武漢)시 검찰 당국이 적발한 대학 관리직원들의 비리 사건은 41건, 연루된 직원은 46명에 달한다고 밝혔다.

비리에 연루된 46명을 비리 내용별로 보면,

△건축 공개 입찰 및 시설구매=6명, △네트워크 구축 공개입찰=6명, △재무관리=6명, △학생모집=7명, △약품구매=3명 등이다. 청진화(成金華) 전 우한대학 자원부장은 대학의 설비구매 및 공사발주 과정에서 12개 업체로부터 총 40여 만 위엔의 뇌물을 받은 혐의로 우창구(武昌區) 인민법원에서 6년 형을 선고받았다. 마전지에(馬振傑) 전 중난(中南) 재경정법대학 자산관리처장은 2002년부터 2003년 12월까지 총 22만 위엔의 뇌물을 받은 혐의로 우창구 인민법원에서 8년 형을 선고받았다.

조우지아루(周甲祿) 박사는 교육분야의 비즈니스 비리가 성행하게 된 것은 대학의 규모가 확대되고 경제활동이 과거보다 크게 활발해졌지만 이에 대한 감독관리나 재무관리가 제대로 따라가지 못하기 때문이라고 지적했다.

대학의 교재 구매를 예로 들면, 대학은 보통 출판사로부터 정가의 40~60%를 수수료로 받지만 장부에는 전혀 반영되지 않는 것으로 알려졌다. 지난 몇년 간 대학들이 거대한 경제주역으로 떠오르면서 일부 단과대학의 경우 연간 유동규모가 20억 위엔에 달하고 있다. 따라서 대학도 정부의 비즈니스 비리단속 대상이 되어야 한다는 것이 전문가들의 지적이다.

중국서 문자메시지 사기 극성

요즘 중국에서 유행하는 말 중에 하나는 문자 메시지를 조심하라는 말이다.

베이징에서 일하는 왕(王)모 씨는 자기 핸드폰에 하루에 4~5건의 경품을 받게 됐다는, 복권에 당첨됐다는 등의 정체불명의 문자 메시지를 받는다고 한다. 물론 그는 아래의 사건들을 익히 들었기에 모두 무시하고 있다.

2003년 9월 산동성(山東省) 지닝(濟寧)의 공무원 양(楊)모 씨는 발신지를 모르는 문자메시지를 받았다. 그의 휴대폰번호가 추첨에서 대상으로 뽑혔다는 내용이었다.

그는 아무 의심 없이 메시지에 남겨진 연락처로 전화를 했다. 상대방은 그에게 은행계좌번호를 알려주며 세금과 물건 운송비를 먼저 지불하라고 요구했다. 얼마 후 또 다른 메시지가 왔다. 그것은 그가 더 큰 상을 받게 됐다며 더 많은 세금과 운송비를 요구하는 내용이었다.

양모씨는 그 말대로 따랐고, 그렇게 몇 번의 메시지가 오가다 양모 씨가 모두 8만 2,840위엔(元)을 송금했을 무렵 상대방과의 연락이 두절됐다고 한다.

더욱 이해할 수 없는 사건도 있다. 광저우(廣州)시의 모 공상국은 당첨 확률이 높은 복권을 노리다 약 200만 위엔의 공금을 사기 당했다. 또 광시성(廣西省)의 모 대학 교수는 18세의 여성에게 "자동차를 싸게 판매한다"는 말에 속아 22만 위엔을 사기 당했다.

광동성(廣東省)의 농부 천(陳)모 씨 역시 자신이 추첨에 당첨됐다는 말을 믿고 22차례에 걸쳐 101만 위엔을 사기 당했다. 시아먼(廈門)시 공안국에 신고된 자료에 따르면, 2003년 1월부터 3월까지 이런 유형의 사건이 무려 213

건이나 되며, 사기당한 금액은 약 140만 위엔에 달했다. 상하이(上海)에서 2004년 들어 5개월 동안 인터넷상에 신고된 유사사건만 해도 수천 건이 넘는다.

2004년 6월 시아먼시 공안국은 3차례 인터넷 메시지 사기범들을 적발했는데, 그들은 2003년 8월부터 휴대폰, 인터넷 등을 통해 약 7,000만 개의 메시지를 발송, 당첨 확률이 높은 복권을 제공하겠다는 거짓말로 500만 위엔이 넘는 금액을 사기했다고 한다.

가족식으로 범죄집단 구성

조사에 따르면, 이들 3건의 집단사기범들은 모두 푸지엔성(福建省) 안시시엔(安溪縣) 농민들로, 모자가 연합하기도 하고 형제나 남매가 나누어서 하는 등 동향(同鄕)인들을 모아 조직을 구성했다. 40명이 8곳의 주거지로 나누어 동거하면서 일을 분담해 각자의 임무를 충실히 수행했다는 것이다.

이런 사기범들은 인터넷에서 컴퓨터, 컴퓨터 하드웨어, 휴대폰, 카메라 등 상품의 모델, 가격 등의 정보를 다운받아 이들 상품의 원가에서 약 50% 정도를 낮춰 홈페이지나 사이트에 올린 후 다른 상업 사이트에 연결해 중국 전역 각지의 개인이 메일을 통해 발송하는 방법을 썼다. 시아먼시 공안국이 체포한 54명의 용의자들이 발송한 가짜 메시지는 약 1억 건에 달한다.

그러면 이렇게 적은 인력으로 어떻게 짧은 시간에 그토록 많은 메시지를 보낼 수 있었을까?

안시 공안국이 압수한 휴대폰 단체메시지발송기(群發器), 속칭 투파오(土砲)라는 기계는 케이스도 없는 손바닥만한 회로판으로, 생산지나 생산일자도 없다. 그러나 '투파오'는 다른 휴대폰과 연결해 작동시키면 기계가 프로그램에 따라 자동으로 현재 접속된 휴대폰의 번호를 인식하고, 이 번호의 마지막 4자리수를 0000부터 9999까지 순서대로 연결해, 사전에 만들어놓은 메시지를 1만 명의 휴대폰으로 전송할 수 있다.

이 신기한 기계의 재료값은 불과 몇십 위엔도 안 된다고 한다. 어떤 사기범들은 '단체메시지발송시스템' 기능을 갖춘 소프트웨어를 이용해 휴대폰과 컴퓨터를 연결한 후 인터넷에서 상대방의 번호를 설정해 메시지를 전송한다.

이런 방법으로 평균 2초에서 5초 안에 메시지 1건을 전송할 수 있으며, 컴퓨터 1대당 8개의 핸드폰을 연결할 수가 있어 하루에 몇십만 건의 메시지를 보낼 수 있다.

피해자 대부분 입 다물어

이렇게 많은 사람을 대상으로 한 사기행위는 1,000분의 1, 10,000분의 1의 사람들만 걸려들어도 사기범들이 많은 이익을 챙길 수 있다. 사기범 장신지앙(張新疆) 한 사람이 사취한 건수만해도 총 598건, 금액으로 약 170만 위엔에 달했다.

많은 사기혐의자들은 경찰에 체포된 후에도 압수된 그들의 휴대폰이 끝없이 울려댔다. 조사 중인 은행통장엔 그 때까지도 많은 사람들이 끝없이 입금을 계속하고 있었다.

공안에 이를 신고하는 사람들은 피해자들 중에서 아주 극소수이다. 공안국이 2004년 들어 밝혀낸 사기범들의 통화기록만 해도 2,800명인데 신고된 사건은 겨우 15건에 불과했다.

3고 여성 결혼하기 어려워

'쓸쓸한 데 오늘 뭐할까?' 11월 11일 중국의 '단션지에(單身節: 독신자의 날)'을 맞아 한 중국 친구가 필자에게 던진 말이다. 이 날은 미혼 남녀가 '화려한 싱글'을 자축하는 날이다.

이 날 친구끼리 삼삼오오 모여 파티를 열거나 도심의 바에 모여 맥주를 마시는가 하면 휴대폰 문자메시지를 보내 축하를 하기도 한다. 1990년대 초반 난징(南京)의 대학생들이 '1자'가 네 개인 날을 잡아 처음 시작한 것이 지금은 중국 전역으로 번졌다.

정확한 이유는 알려져 있지 않지만, 필자의 친구들은 1과 같은 홀수를 중국어로 단슈(單數)라 하는데, 독신을 나타내는 단션(單身)과 발음이 겹치고 1은 싱글을 나타내기에 11월 11일을 단신절로 삼은 게 아니냐는 해석을 내놓았다.

중국에서 싱글은 더 이상 터부가 아니다. 또한 학력이 높아가고 결혼 준비조건이 까다로와지다보니 남녀를 불문하고 결혼연령은 점점 늦추어지고 있다.

그래서일까? 남자가 여자보다 더 많은 성비 불균형 문제가 심각해지는데도, 한편으로는 노처녀들을 위한 모임도 있다. 일명 베이따황(北大荒).

원래는 중국 동북지방(만주 일대) 특히 헤이룽지앙(黑龍江)성의 황량한 벌판을 뜻하는 말이었다. 끝없이 펼쳐진 베이따황에서는 농사짓기가 힘들 뿐만 아니라 풀 한 포기 찾기 어려운 삭막한 곳이 많다. 이는 또 헤이룽지앙성의 유명한 술(白酒: 배갈) 이름이기도 하다.

하지만 최근 이 베이따황이 다른 이름으로 통한다. 베이징의 한 독신 여성클럽이 2001년 모임 이름을 베이따황으로 지으면서부터. 하지만 이 클럽이 언론 보도로 유명세를 타면서 비슷한 독신 여성 클럽들이 우후죽순처럼 생겨났다. 그 후 독신 여성의 증가세를 두고 '베이따황 현상'이라는 사회학적 용어도 만들어 졌다.

베이따황은 '베이징(北京)에 사는 30대 전후의 노처녀(大齡)로서 남편이나 남자친구가 없어서 쓸쓸한(荒凉) 사람'이라는 뜻의 앞 글자를 딴 것이다.

회원들은 주로 방송국, 영화계, 패션계 등에 종사하는 여성들이다.

이들의 공통점은 베이징의 명문대학을 졸업했거나 해외 유학파라는 것. 그런 만큼 나름대로 사회적 능력을 발휘하고 있고, 직장 내 직책은 중급 간부 이상이다. 연봉수준은 5만~50만 위엔(元)의 고소득층. 베이징 시민들의 평균 연봉이 2만~4만 위엔이라는 점을 감안하면 이들의 경제적 능력은 상당하다.

이른바 학력과 수입, 사회적 지위가 높은 3고(高)여성인 셈이다.

당초 이들이 베이따황 클럽을 만든 계기는 패션쇼나 방송, 영화 등 작업현장에서 일을 통해 알게 된 노처녀들이 서로의 일상사나 남자에 대한 감정, 결혼에 대한 가치관 등을 털어놓으면서 자연스럽게 정기적으로 모임을 갖게 되면서부터였다. 그러나 베이따황 회원들은 독신이긴 하지만 독신주의자는 아니라는 게 이 모임 회원들의 말이다. 오히려 '환상적인 연인(夢中情人)'을 만나기를 고대한다. 회원들끼리 만나면 일 얘기보다는 남자 얘기에 더욱 열을 올린다.

회원들 간에는 모든 화제가 허용되지만 딱 하나 금기 사항이 있다. '남자가 없다고 해서 고독을 얘기해서는 안 된다'는 것. "외로움을 털어놓는다고 해서 해결해줄 수 있는 사람이 있는 것도 아니고, 서로가 즐겁자고 만나는 것"이라는 게 회원들의 설명이다.

다만 3고(高)여성인 이들은 스스로의 사회적 성취에 힘쓰고 있는데다가,

자신들에게 어울릴 만한 '멋있고, 능력 있으며, 자상한' 이상형을 만나지 못했기 때문에 독신을 고수하고 있을 뿐이다.

화려한 싱글을 꿈꾸며

통계에 따르면 1990년 베이징과 상하이(上海) 등 대도시의 30~50세 독신 남성 및 여성은 10만 명이 되지 않았으나 2002년에는 50만 명을 넘어섰고 그 중 60%가 여성들이다.

총칭(重慶)에서 발행되는 『신뉘빠오(新女報)』의 후쉰보(胡勳薄) 편집국 부국장은 "독립적 경향이 강한 여성들이 감정이 통하는 남성을 만나지 못한다면 택할 수 있는 길은 하나밖에 없다"고 베이따황 현상을 이해했다.

중화여자학원의 자오펑란(趙風蘭) 교수는 "독신 여성들에 대한 사회적 편견이 줄어들고 여성들의 경제적 지위가 높아지면서 앞으로 능력 있는 여성들을 중심으로 베이따황 현상이 더욱 확대될 것"이라고 분석했다.

그런가하면 결혼하고 싶어도 여자 부족으로 결혼을 못 하는 총각들이 득실대는 '총각국가'로 변해가고 있으며, 2020년까지는 결혼 적령기를 넘긴 총각 수가 무려 4천만 명에 달할 것으로 중국 정부가 추산했다.

신비의 비경 지우짜이꼬우

'정말 신비하다!' 지우짜이꼬우(九寨溝: 구채구)에 도착한 사람들은 신비함에 어쩔 줄을 모른다. 청두(成都: 쓰추안성 四川省 소재)에서 버스로 14시간을 달렸던 피로가 다 풀리는 듯하다. 그 14시간의 과정은 '촉으로 가는 길은 푸른 하늘을 오르기보다도 힘들구나(蜀道難難於上青天)'는 이백의 시구가 절로 생각나는 험난한 여로였다.

신비의 비경, 지우짜이꼬우는 해발 1,980~3,100m에 이르는 험준한 산악의 'Y'자형의 계곡이다. 길이는 50km. 거기에 무려 108개의 호수와 연못이 계단처럼 계곡을 뒤덮고 있다. 그 사이에는 폭포도 17개나 있다. 여기 비경은 청초한 초록빛의 물빛. 환상적인 빛깔의 호수와 연못으로 중국인들은 이곳을 '동화세계'라고 부른다. 신선이나 선녀가 산다기보다는 요정과 스머프가 살 법한 곳.

중국의 많은 비경 가운데서도 지우짜이꼬우는 특별하다. 1970년대 중반 벌목공에 의해 발견되기 전까지 전혀 알려지지 않았던 비경이다. 그래서 1990년 중국 정부가 중국관광명승지(총 40개)를 지정할 때 '제1호'로 등록됐다. 1992년에는 유네스코의 세계유산으로, 97년에는 세계생물권보호구로 지정됐다. 주변의 원시림은 중국

지우짜이꼬우의 가을 풍경

코발트 빛이 아름다운 모습

의 명물 판다의 고향이다.

108개 호수 중 백미라 할 수 있는 것은 우후아하이(五花海)의 비색. 마치 지면에 보석을 박은 듯한 파란색 또는 코발트 물빛과 그러면서도 바닥이 그대로 보이는 투명함이 절묘한 조화를 이룬 진풍경은 다른 어느 곳에서도 볼 수 없을 것이다. 놀라운 것은 썩지도 않고 원래 모습 그대로 물속에 잠긴 나무다. 물에 함유된 탄산가스에 의해 코팅되어 그렇다는 설명이다.

기이한 지형의 전주탄(珍珠潭)폭포, 온통 갈대로 뒤덮인 갈대호수, 판다가 잘 먹는 대나무 서식지의 시옹마오하이(雄猫海), 금빛의 가는 대나무 자생지 진주하이(金竹海), 비색의 호수 19개가 낙차 50여m의 계곡에 계단처럼 형성된 수정췬하이(樹正群海)…. 아름다운 연못에 비친 가을 하늘은 어디가 하늘이고 어디가 연못인지 구별이 안 될 정도이다.

그런데 지우짜이꼬우를 나오자 바로 옆에서 중국을 상징하는 누런 황토물이 흐르고 있었다. 그 순간 마법이 풀리고 현실로 돌아온 듯한 느낌이었다.

바가지 조심해야

중국 어디서나 마찬가지지만, 여행을 할 때 조심해야 할 점이 있다. 필자는 목걸이들을 8~15위엔(元)을 주고 샀다. 나름대로 깎아서 샀다고 생각했는데 다음 날 이동 중에 우연히 들른 재래시장에서는 그 목걸이들이 2~3위엔 하는 거였다.

이번 여름 휴가 때 비행기로 지우짜이꼬우를 갔다 왔다는 김 모씨는 진주상점의 상인이 진주목걸이 하나에 처음에 60만 원을 불렀다고 회상했다. 가이드는 40만원까지 깎을 수 있다고 말했지만, 그녀는 자기가 직접 중국어로

협상해서 단숨에 20만 원까지 가격을 깎았다. 사진 않았지만 당시 상황으로 보아 10만 원 이면 충분히 살 수 있었다고 한다.

또한 보이차로도 불리는 푸얼차(茶)도 굉장히 비싸게 부르는데 자기와 같이 온 일행 중에 경상도에서 오셨다는 분이 120만 원짜리 푸얼차를 사시는 광경을 목격했다. 그 주인에게 지금까지 팔아온 차 중 가장 비싼차는 누구에게 팔았냐고 물으니, 한국인에게 7백만 원짜리 푸얼차를 팔았다는 답을 들었다. 미국인이나 일본인도 안 사는 차를 바가지를 쓰면서 왜 그렇게 비싸게, 누가 샀는지 궁금하다.

중국 전문가 양성 망치는 HSK열기

2004년 12월 5일 중국에서 유일한 중국어 공인자격시험인 HSK(중국한어수평고시)가 치러졌다. 이번 시험에 참가한 김모 씨는 HSK를 준비하기 위해 몇 달 전부터 사설학원에 다녔는데, 다닐 때 자기 반에 대부분이 한국인이었는데, 막상 시험장에 가보니 역시 상당수가 한국인이어서 마치 한국에서 시험보는 거 같았다는 소감을 밝혔다.

중국에서 대학원을 졸업하고 한국의 한 회사에 다니는 조모 씨는 다음과 같은 이야기를 꺼냈다. 자기가 다니는 회사에서 자기만 중국에서 학교를 다녔고 중국 상황을 알기에 다음 중국 분야 신입사원을 뽑을 때 자기도 회사에 입사한 지 몇 년 안 되지만 면접관으로 참가하게 됐다고 한다.

몇몇 지원자들이 제출한 서류를 보니 그 중 한 명은 HSK 10급을 맞았다. HSK는 중급은 1급에서 8급까지 고급은 9급에서 11급까지 있는데 급수가 높을수록 좋다.

21일 정복 HSK 구술시험

10급은 중국어 실력이 상당한 것이다. 그런데 막상 중국어로 면접을 하니 당사자의 실제 중국어 실력은 영 아니었다. 그리고 중국에 1년 있었다고 하는데 중국에 대해 아는 바도 거의 없었다.

중국어 실력이나 중국 상황을 모르는 것은 둘째 치더라도 어떻게 이 실력으로 10급을 맞았는지 궁금해졌다. 그래서 물어보니 당사자는 1년 간 사설학원에 다니면서 오로지 HSK만 준비했다는 것이다. 당사자가 취직에 실패했음은 당연하다.

시험이란 실력을 검증하기 위한 것인데, 이제 HSK는 시험을 위한 시험이 되어 버렸다.

필자가 97년 어학연수를 할 때는 HSK가 한국인에게 이렇게까지 널리 알려진 시험이 아니었고, 7급 정도만 받아도 중국어가 괜찮다고 인정 받는 분위기였다. 당시는 HSK에 대한 큰 잡음은 없었고, HSK를 주관하는 어언학원(현 위이엔원후아다쉐에 言語文化大學)에서 어학연수를 하면 어언학원 내에서만 치루어지는 HSK를 한 번 더 볼 수 있었고 이 어언학원 자체 HSK에서 다른 정규 HSK보다 1, 2등급 올릴 수 있다는 소문이 퍼져서, 일부러 어언학원에서 어학연수를 하는 학생들이 있었을 뿐이었다. 그리고 기출문제가 반복해서 출제된다는 정도. 물론 한국에는 알려지지 않았지만, 어언학원 HSK나 기출문제의 반복은 HSK에 관심 있는 사람들은 누구나 아는 사실이었다.

HSK를 향한 광적인 집착

2000년 다시 중국에 왔을 때는 HSK를 모르는 한국인이 없고 한국의 토익 열풍이 HSK로 옮겨지는 듯한 인상을 받았다. 그러면서 점차 최소 8급은 맞아야 한국에서 대접받는 분위기가 되어 갔다.

HSK 열풍이 지나치다는 느낌이 들었을 때, 베이징의 대규모 전자제품상가인 중관촌 등에서 돈을 주고 위조 성적표를 만들 수 있게 되었다. 원래부터 중관촌에 가짜 학위증이나 불법증서를 만들어주는 중국인들이 있었으나 이는 중국인들을 대상으로 한 것이었다. HSK 성적에 광적으로 집착하는 한국인들을 보고 중국인들이 위조 성적표 장사에 나선 것이다.

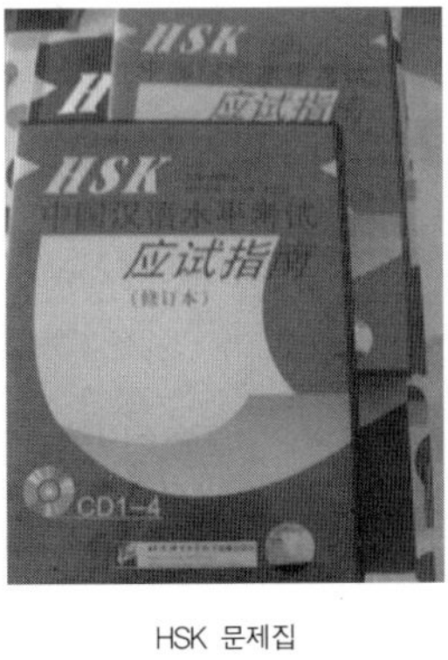

HSK 문제집

사실 HSK는 문제집을 몇 권 풀면 스타일을 알기에 실제 중국어 실력에 대한 변별력이 높지 않다. 게다가 이전에 출제됐던 문제의 일부가 다음 시험에도 반복해서 출제되기에 더욱 그러하다. 2003년 9월 한국에서 치러진 시험문제는 특정 문제집에서 그대로 발췌됐는가 하면 같은 해 11월 시행된 시험문제는 중국에서 4개월 전 실시된 시험 문제와 거의 같게 나와 파문이 일기도 했다.

특히 중국에서 출제된 문제가 다음 번 한국 시험에 출제된다는 것은 일반화된 비밀. 이에 일부 눈치 빠른 학생들은 한국과 중국을 오가면서 시험을 보기도 했다.

HSK가 전세계에 퍼져나가며 지원자가 늘어가는 건 사실이지만, 그 어떤 나라도 이렇게까지 HSK에 매달리지 않는다. 중국에 거주하는 다른 외국인들은 HSK에 목을 매는 한국인들을 보면서 놀라움을 금치 못하고 있다.

점입가경(漸入佳境)이란 고사성어가 있는데, 이 말은 고대의 화가 고개지에서 비롯되었다. 그는 사탕수수를 먹을 때 단맛이 적은 줄기부분부터 씹었다. 사람들이 그 이유를 묻자 "갈수록 더 맛이 좋아질 테니까"라고 대답했다. 그 말이 바로 점입가경이다. HSK를 향한 한국인들의 광적인 풍경은 그야말로 점입가경이다.

중국 학교에 관해

2003년 8월 하순 아는 분으로부터 한국에서 정치분야에서 일을 하시고 중국사회과학원에 연수를 받으러 오신 분을 소개받았다. 그 분은 소개로 사회과학원에 와서 중국 분위기를 익히고 나중에 박사를 하실 생각이셨다. 그 분이 한국에서의 지명도를 고려해 청화대에서 정치박사를 하려 하신다길래 청화대 정치학과는 그리 강하지 않고 중국에서 일반적으로 정치학을 공부하면 사회과학원, 정법대, 북경대, 인민대에서 공부한다는 조언을 드렸다.

그랬더니 그 분이 한국에서 사회과학원과 정법대 등은 인지도가 너무 낮고 지금 중국에서 청화대가 최고이고 북경대는 가라앉는 학교가 아니냐는 거였다. 명문대 중문과를 졸업하셨지만 중국 대학들은 분야별로 특성화가 되어있다는 것을 잘 이해하지는 못 한 듯했다. 그리고 청화대가 뜬다고 해서 북경대를 가라앉는 학교라고 말씀하신 데는 문제가 있다. 단지 북경대가 고위 정치인을 배출 못했다고 해서 약한 학교가 아니며, 위의 말들은 중국 상황을 이해하지 못 한 데서 나오는 말이기 때문이다.

그리고 며칠 뒤 그 분이 소개받은 연구소 소장에게 자기가 청화대에서 어학연수를 받고 싶고 청화대 기숙사를 알아봐 줄 수 있냐고 요청했다고 한다. 자기가 보니 연구소소장이 상당히 불쾌한 표정을 지었다고 한다. 한국에서 온 손

청화대학 동문(東門)

님이라고 잘 대접해주었는데 명색이 소장인 자기가 손님에게 다른 학교 일정과 기숙사를 알아봐줘야 한다니…. 사회과학원에는 수십 개의 연구소가 있는데 그 연구소 소장이면 한국과 체계가 달라 비교하기는 어렵지만 일반적으로 중국 내에서는 훌륭한 대우를 받는다. 이런 소장에게 그런 예의없는 부탁을 했으니 주위에선 이로 인해 그 연구소가 한국과 한국 유학생에 대해 안 좋은 감정을 가질까 걱정이다.

중국에서는 북경대와 청화대가 한국의 서울대처럼 거의 모든 분야에서 1등을 차지하지 않는다. 중국에서는 한국과 달리 대학별 순위보다는 일반적으로 전공별, 학과별 순위가 더 강하게 작용한다.

일반적으로 문과와 이과 일부는 베이징다쉬에(北京大學), 이과 일부와 공대는 칭화다쉬에(清華大學), 사회과학분야는 런민다쉬에(人民大學), 사범계는 베이징스판다쉬에(北京師範大學)을 최고로 치며 이들 네 학교를 (베이징의) 사대명문교(四大名校)라고 칭한다. 최근 북경사범대, 특히 인민대는 예전에 비해 명성이 좀 퇴색했지만 그래도 명문대급에 속한다.

필자가 97년 청화대에서 어학연수를 할 때 청화대 생물학과에 다니는 학생과 친해졌다. 그런데 그 친구 이야기가 청화대 생물학과가 중국에서 4위라는 것이었다. 깜짝 놀란 내가 청화대가 중국에서 이공계에선 최고 아니냐고 물었더니 공대는 맞지만 물리나 화학 등 이과계통은 대체로 북경대 등이 더 좋다는 것이었다.

2002년에 청화대에 다니는 아는 형이 "야 중국사람들이 그러는데, 청화대 법학과가 별로 안 좋다며… 중국사람들은 법대하면 정법대, 인민대, 북경대, 청화대순으로 꼽더라!"라며 놀란 어투로 말한 적이 있다. 사실 정법대, 인민대, 북경대가 청화대 법대보다 수준이 높다. 중국에서는 일반적으로 정법대나 인민대 법대를 졸업하고, 사회과학원 법학연구소에서 석·박사를 밟는 것이 법조계 엘리트코스이다.

중화서국 사전부 주임이자 청화대 중문과 객원교수인 정모 교수는 청화대 중문과를 비롯한 신방과 등은 지방대 수준이라고 언급해서 필자가 다시 확인을 해야 했다. 필자는 청화대 중문과나 신방과, 법학과 등을 북경 하위권학교 수준으로 생각했는데 정모 교수는 필자보다 훨씬 냉정하게 평가를 내렸기 때문이다. 사실 위의 과들은 역사가 짧아 지방에는 청화대에 이런 과가 있는지조차 모르는 사람도 있다.

청화대 내부의 리탕(礼堂)과 해시계

물론 북경대와 청화대가 종합대학으로 발돋움하려 하여 여러 과를 개설, 육성하고 있고 이런 신설 과들은 결국 학교 명성을 바탕으로 훗날에 좋아지지만 아직은 시간이 필요하다. 괜히 학교 명성만 보지 말고 진정한 중국 전문가가 되려면 한국 관점이 아니라 중국 관점에서 생각하고 행동해야 하며, 유명학교가 아니라 유명한 학과를 보고 학교를 선택해야 한다. 중국 최고의 엘리트 기관인 중국과학원(中國科學院)에서 공부하는 한국 사람이 몇이나 되는지 궁금하다.

* 그리고 한 가지 알아둬야 할 점은 같은 북경대와 청화대학생이라도 학생들끼리의 실력 편차가 존재한다는 점이다. 대학입학시 소수민족의 경우 약간의 혜택이, 북경 후코우(戶口: 호적)를 가진 북경 거주 학생들에게는 대단한 혜택이 주어진다. 그래서 지방에서 올라온 학생들이 북경에 사는 학생들보다 훨씬 똑똑하다. 지방에서 올라온 학생들이 이른 바 각 성(省) 및 대도시에서 몇십 등 안에 든, 자기 학교에서 1, 2등 한 학생들이다.

중국으로 몰리는 세계의 유학생들

급속한 경제발전과 독특한 문화에 힘입어 중국이 전 세계 학생들의 주요 유학 목적지로 떠오르고 있다. 사실 한국인이 가장 많지만, 다른 나라 학생

북경대학 서문(西門)

들도 중국으로 몰리고 있다. 2005년 전 세계 약 160개 국으로부터 중국에 온 유학생 수는 약 14만 1000명으로 전년대비 27.28%나 증가, 지난 1949년 신 중국 건국이래 최고치를 기록했다고 신화(新華)통신이 2006년 6월 11일 보도했다.

그 중 한국과 일본이 각각 5만 4079명과 1만 8874명으로 가장 유학생을 많이 보냈다고 통신은 밝혔다. 중국유학기금관리위원회의 장시우친(張秀琴) 비서장은 "중국 유학 외국인 학생이 이처럼 크게 증가하는 이유는 중국이 정치적으로 안정되고 경제적으로 발전하는 데다 국제적으로 영향력이 확대됐기 때문"이라고 분석했다.

장 비서장은 중국의 고등교육기관들이 외국 유학생에게 제공하는 생활환경, 교육 및 의료수준이 세계적 수준인데 비해 학비가 다른 국가에 비해 매우 저렴한 점도 주요 원인으로 작용하고 있다고 밝혔다.

그러나 필자는 이 말에 동의하기 어렵다. 생활환경, 교육 및 의료수준이 예전보다 많이 향상되었지만 세계적 수준에는 아직도 거리가 있다.(물론 발전속도는 대단히 빠르다.) 그리고 학비도 만만치 않다. 유치원이나 초등, 중고등학교 학비가 한국대학교 학비와 비슷하다는 우스갯소리도 여기 저기서 들린다. 물론 중국 학교가 이 정도이고, 국제학교는 훨씬 비싸다. 국제학교 중·고등학생 학비는 1년에 2만 달러 안팎인 것으로 알려져 있다. 중국에서 학교와 학과마다 차이가 있지만, 석사는 한 2만 7천 위엔에서 3만 위엔 정도 하고, 박사는 3만 위엔에서 4~5만 위엔 하는 것으로 알려져 있다. 그러니 학비면에서 한국하고 큰 차이가 없는 셈이다. 게다가 장학금제도는 아주

미비한 실정이다.

한편 장 비서장은 "중국 정부는 외국 유학생들이 아르바이트를 할 수 있도록 허용하고 있지만, 아르바이트 업종과 하루 근무 가능 시간 등에 대한 규정이 구체적으로 마련되지 않는 등 아직까지 외국 유학생과 관련해 해결하지 못한 문제점들이 있다"고 시인했다.

실제로 중국에 유학 중인 외국학생 중 61%에 달하는 8만 6679명은 어학연수를 받는 학생으로 밝혀졌다. 유학생들을 가장 많이 파견한 한국과 일본을 포함해 아시아 국가들이 전체의 75.73%를 차지하고 있으며, 그 밖에 △유럽=11.67% △아메리카=9.37% △아프리카=1.95% △오세아니아=1.28% 등의 순이다.

한편, 지난 1950년부터 2005년 말까지 중국에 유학한 외국인은 모두 88만 4315 명에 달한 것으로 집계됐다. 외국 유학생들은 중국에서 주로 중국어, 의학, 경제, 공학, 경영, 법학, 교육, 역사, 농업, 철학 등 분야를 공부하고 있는 것으로 밝혀졌다.

홍콩으로 몰리는 중국 학생들

중국에서 입시계절을 맞아 홍콩의 대학들이 중국수험생, 학부모들로부터 크게 인기를 끌고 있다. 홍콩 학생들도 중국의 베이징·칭화대학 등 본토 유명 대학에 오기도 하지만 중국 학생들이 홍콩으로 가는 수가 더 많을 듯싶다.

올해 중국 학생들을 모집하는 홍콩 대학은 홍콩(香港), 홍콩중원(香港中文) 등 모두 8곳이다. 그 중 중원, 청스대학이 가장 먼저 입학전형을 시작하는 유명대학으로 중국교육부의 허가를 받았고, 나머지 6개 대학은 자체적으로 학생들을 선발하게 된다. 이들 8개 홍콩 대학이 중국에서 뽑는 학생모집정원은 약 1,000명에 달한다. 그러나 지난 5월말 현재 지원자 수는 총 3만 명 가량에 달했고, 일부 대학의 경쟁률은 무려 50대 1을 기록했다.

최근 실시된 한 조사 결과, 조사에 응한 3,000여 명의 중국 수험생, 학부모의 절반 가량이 홍콩 대학을 선호하는 것으로 나타났다. 이는 중국 최고 학부로 평가되는 베이징·칭화 대학의 인기를 크게 능가하는 것이다.

중국에서 홍콩 대학들의 인기가 날로 높아지고 있는 이유는 무엇일까?

한 교육계 관계자는 홍콩 대학들의 우수한 교육여건이 중국 학생들을 끄는 가장 큰 요인이라고 분석했다. 홍콩 대학들은 △세계 각지에서 교수진을 초빙 △모든 강의를 영어로 진행 △앞서가는 교육 이념·방법·형식·관리 제도와 평가·인재양성 시스템 구비 등 교육여건이 훌륭하다는 것이다.

홍콩 대학을 선호하는 이유로 학부모들은 홍콩 대학들의 학사관리가 엄격하기 때문에 안심하고 자녀들을 맡길 수 있다는 점을 들었다. 학생들은 장래의 발전·취학·유학 등에서 홍콩 대학이 중국 대학보다 유리하다고 밝혔다.

그 밖에 홍콩 대학들의 장학금 제도도 커다란 매력으로 꼽혔다. 일부 대학들은 우수 학생에게 최고 50만 홍콩달러의 장학금을 지급한다. 중원대학이 1,700여 종의 각종 장학금을 제공하는 등 홍콩 대학들은 중국 대학에 비해 거액의 장학금을 다양하게 제공하고 있는 것이다.

물론 어려움도 있는 것으로 지적됐다. 홍콩 대학에 진학하는 중국 학생들은 중국 대학과는 다른 언어·문화장벽을 먼저 극복해야 한다. 홍콩에서는 표준어인 보통화보다 광동어가 아직도 더 많이 쓰인다. 필자도 홍콩에 갔을 때 보통화가 안 통해 고생한 적이 있었다. 보통화(만다린)와 광동어(캔토닉스)의 차이는 한자의 한국발음과 일본발음 정도의 아니면 그 이상의 차이가 나는 거 같다.

중원대학에 재학 중인 한 중국 학생은 특히 문화적인 차이를 지적한다. 실험기구의 명칭을 홍콩 학생들은 영어로, 중국 학생들은 중국어로 부르는 등 서로 원활한 소통이 이뤄지지 않고 있다는 것이다.

중국 대학들의 충격

시아먼(廈門) 대 교육연구원의 린지후이(林金輝) 교수는 홍콩 대학들의 중국 학생 모집은 중국 대학들에 하나의 충격이 되고 있다고 분석하고, 장기적으로 바람직한 일이 될 것으로 전망했다. 최근 수년 간 홍콩, 홍콩중원(香港中文), 홍콩크어지(科技)대학 등의 입학 커트라인은 칭화·베이징 대학의 수준을 뛰어넘고 있다.

올해 7월 14일 신화(新華)통신과 『신징빠오(新京報)』 등 중국 언론에 따르면, 올해 칭화대 수석합격자와 대학입학시험에서 각 성의 '장원(狀元)'을 차지한 광동(廣東), 지앙시(江西), 산동(山東)성 및 광시주앙족(廣西壯族) 자치구의 고교졸업생이 모두 홍콩의 대학으로 진학했다. 지난해엔 베이징대 및 광동대, 하이난(海南)대 수석합격자가 홍콩의 대학으로 발길을 돌렸다. 우수한 학생들이 무조건 베이징대 또는 칭화대를 선택하던 예전의 모습과는 사뭇 다르다.

이와 함께 일부 지역의 대입 최고 득점자들이 홍콩 대학들에 지원했다가 불합격하는 기이한 현상도 나타나고 있다. 이는 입시·면접성적을 동등하게 중시하는 홍콩 대학들이 수험생들의 영어능력·종합소질 등을 주로 고려하기 때문이다.

이에 따라 전문가들은 중국 대학들이 학생선발·평가시스템을 서둘러 개혁해야 한다고 주장한다. 점수보다 종합적인 소질을 중시하는 홍콩 대학들의 영재선발 시스템은 최고 득점자만 중시하는 중국 대학에 하나의 경종을 울리고 있다는 지적이다.

세계 500대 대학 중 중국은 8개

강의실 밖에서 중국 친구들이 갑자기 놀래며 "야, 이거 재밌는데…"라며 떠들고 있었다. 뭔가 해서 물어봤더니 베이징대학 부속학교 고 2학년인 두산(杜珊)이 본교 고2, 3학생 110여 명을 대상으로 '자신이 생각하는 10대 우수대학' 설문을 통해 조사한 결과가 언론에 보도된 것이었다.

중국 고등학생이 평가한 중국 대학랭킹에 따르면, 중국의 최고 대학은 베이징(北京) 대학으로 나타났다.

랭킹 10위까지의 명단은 1.베이징 2.칭화(清華) 3.저지앙(浙江) 4.푸단(復旦) 5.남카이(南開) 6.난징(南京) 7.상하이지아오통(上海交通) 8.통지(同濟) 9.중구오런민(中國人民) 10.베이징항쿵(航空) 대학 등이다.

물론 고등학생들이 재미로 학교 랭킹을 설문해서 발표한 것일 수도 있지만, 별다른 의미 없는 사건이 언론에 보고되고 학생들 사이에서 화제가 되는 것은 중국에서 짧은 역사를 가진 대학평가가 이제 어느 정도 정착이 됐음을 알리는 일종의 상징적 신호이기 때문이다.

요새 중국에서는 대학 순위를 매기는 게 일종의 유행이 되어버렸다.

청화대학 경제관리학원(경상대학에 해당)

2003년 가을 중국과학평가연구센터와 과기부 과학기술정보연구소 공동으로 조사한 중국대학경쟁력 순위를 발표했다. 이번 대학순위 평가기준은 과학연구력에 중점을 둔 외에 대학의 교육 수준과 사회적 영향력도 포함됐다고 밝혔다.

1.칭화 2.베이징 3.푸단 4.저지앙 5.난징 6.상하이지아오통 7.우한(武漢) 8.중구오크어지(中國科技) 9.중구오런민(中國人民) 10.중산(中山) 11.남카이(南開) 12.지린(吉林) 13.베이징스판(北京師範)

베이징(北京)대학, 칭화(清華)대학 세계 200~300위권

한국에 가장 잘 알려진 대학평가는 상하이지아오통대학 대학교육연구소가 해마다 세계 500대 대학의 순위를 매긴 결과이다.

2004년 가을 전세계 1,000여 개 대학을 대상으로 매긴 대학 순위의 1위는 하버드 대학이 차지했다. 스탠포드, 케임브리지, 캘리포니아 버클리와 MIT대학이 수위를 차지했다.

베이징대학은 223위(263위)에 랭크됐다. 그 밖에 칭화대학은 235위(216위), 푸단대학은 314위(310위), 난징대학은 329위(317위), 중구오크어지대학은 388위(342위), 저지앙대학은 403위(400위), 지린대학은 422위(459위), 상하이지아오통대학은 451위(421위)로 중국 대륙의 대학 중 총 8개 대학이 500위 안에 포함되었다. ( )안은 2003년도의 대학순위이며, 당시 산동(山東)대학이 471위를 차지했었다.

이번 선정기준은 △자연과학 연구논문 성과=20% △21개 분야별 고급연구원 확보율=20% △과학논문 인용색인(SCI) 성과=20% △대학의 규모 대비 학문성과=10% △졸업생 수상경력 △교수 수상경력 등 6가지로 돼 있다.

미국 대학들은 20위권에 17개 대학이 뽑혔고, 100위권에 51개 대학이 포함돼 명실상부한 교육강국의 이미지를 굳혔다.

옥스퍼드대와 케임브리지대가 10위권 안에 든 것을 포함해 영국 대학 11개가 100위권에 포함됐다.

일본은 도쿄(東京)대가 14위에 선정됐고, 100위권에 5개 대학이 포함됐다.

한국의 경우 서울대가 153~201위권 대학에 들어갔고, 연세대가 300위권

금융에서 최고인 인민은행 연구생원

에, KAIST · 성균관대는 400위권에, 한양대 · 고려대 · 경북대는 500위권에 각각 선정됐다. 상하이지아오퉁대학 교육연구소의 리우니엔차이(劉念才) 교수는 '세계대학 학술 순위' 조사의 목적은 학술연구 방면에서 중국 대학과 세계 일류 대학 사이의 차이를 인식하고 고무하기 위한 학술적인 목적에 있다며, 대학의 가치는 단순히 수치로 나타나는 지표로 평가될 수는 없고 단지 중국 대학들이 노벨상을 수상하고 세계 일류 대학으로 발돋움할 수 있는 밑거름이 되기 위해 순위를 매긴 것이라고 밝혔다.

이런 대학평가 순위에는 최고의 학술수준을 지닌 당교(黨校)와 중국과학원, 중국사회과학원, 각 분야별 전문학원(재정학원, 외교학원, 인민은행 연구생원) 등이 빠져 있고 일반적으로 런민, 베이징스판대를 난징, 푸단대와 동급으로 치는 등 실제 현실 및 인식과 차이가 있다.

중국관리과학연구원 2006년 대학순위 발표

2006년초 중국관리과학연구원 '중국대학평가' 과제팀이 2006년 대학순위를 발표했다. 중국의 대학순위는 관리과학연구원뿐 아니라 중구오시아오요우후이(中國校友會) 등 여러 기관들이 발표하고 있다.

이번에 발표된 중국관리과학연구원의 대학순위는 다른 조사기관들의 판본과 상당한 차이를 보여주고 있는 것도 사실이다. 예를 들어 관리과학연구원이 발표한 대학 순위 38위인 쑤저우(蘇州)대학은 중구오시아오요우후이의 평가에서는 63위를 차지하고 있다.

1.칭화 2.베이징 3.저지앙 4.상하이지아오퉁 5.푸단 6.난징 7.후아중크어지(華中科技) 8.우한 9.지린 10.중산대학 11.쓰추안(四川) 12.시안지아오퉁(西安交通) 13.중구오크어지 14.하얼빈(哈爾浜)공대 15.산동(山東) 16.티엔진(天津)

17.난카이(南開) 18.중난(中南) 19.베이징스판 20.중구오시에흐어(中國協和)의대

철학
1.베이징 2.중구오런민 3.난징 4.푸단 5.우한
법학
1.베이징 2.런민 3.우한 4.정파(政法) 5.칭화
공학
1.칭화 2.상하이지아오통 3.저지앙 4.하얼빈 공대 5.티엔진
이학
1.베이징 2.난징 3.중구오크어지 4.푸단 5.우한
역사학
1.베이징스판 2.난징 3.베이징 4.푸단 5.난카이
문학
1.베이징 2.난징 3.푸단 4.베이징스판 5.난징스판
의학
1.베이징 2.중구오시에흐어 3.푸단 4.중산 5.상하이지아오통
관리학(경영학)
1.시안지아오통 2.칭화 3.저지앙 4.상하이지아오통 5.베이징
교육학
1.베이징스판 2.화동(華東) 3.화난(華南) 4.저지앙 5.난징스판
경제학
1.런민 2.베이징 3.푸단 4.시아먼(廈門) 5.난카이
자연과학
1.칭화 2.저지앙 3.베이징 4.상하이지아오통 5.후아중크어지
사회과학
1.베이징 2.런민 3.푸단 4.난징 5.저지앙

물론 평가기관마다 평가기준마다 학교 순위와 학과 순위가 다르다는 점을 명심해야 한다. 문학에서도 문자학 등은 베이징스판대학이 베이징대학보다 좋다는 평가가 있다. 무역은 뚜이와이찡마오(對外經濟貿易)대학이 가장

좋은 것으로 알려져 있다. 뚜이와이찡마오(對外經濟貿易)대학은 금융과 상법, 경제법 등에도 강세를 보이는 학교이다.

중국 교육부, 대학랭킹 평가 반대

중국 내 각 기관들이 중구난방으로 발표하는 대학랭킹 평가에 사람들이 너무 혼란을 느껴서일까?

중국 교육부는 2006년 5월 15일 중국 내 각 기관들이 발표하는 대학랭킹 평가에 반대한다는 입장을 밝혔다. 교육부 관계자는 이날 『베이징칭니엔빠오(北京青年報)』에 "교육부는 각종 기관들이 대학들의 종합적인 랭킹을 발표하는 것을 반대한다"며 "그 이유는 공정성을 보장하기가 매우 어렵기 때문"이라고 밝혔다.

최근 중국과학평가연구센터가 발표한 '중국 중점대학(重点大學: 명문대학) 종합경쟁력 평가보고'에 따르면, 1.베이징 2.칭화 3.저지앙 4.푸단 5.상하이지아오통 6.난징 7.우한 8.지린 9.후아중크어지 10.중산대학 등으로 랭크되었다.

중국과학평가연구센터는 이번 대학 랭킹평가에서 부분적으로 전공학과별 랭킹도 발표했다. 베이징대는 철학·문학·역사학·이학·의학 등 학과에서 높은 점수를 받았고, 칭화대는 공학, 런민대는 경제학과 법학, 시안지아오통대는 관리학(경영학) 등 학과에서 각각 랭킹 1위에 올랐다.

과학평가연구센터가 발표한 이번 대학별 순위는 △교수진 △학생수준 △교육수준 △과학연구실적 등 4대 지표와 18개 하부 항목을 평가기준으로 하고, 정부 통계자료와 관련 데이터를 참조해 종합적으로 분석한 결과라고 신문은 소개했다.

대외경제무역 대학

그러나 교육부 관계자는 "대학에 대한 평가는 신중에 신중을 기해야 할 문제"라며, "무엇보다 공정성과 권위성을 충분히 고려해야 하는데, 대학에 대한 종합적인 평가에서 공정성을 보장하기는 매우 어려운 일"이라고 강조했다.

지난 몇 년 간 중국의 대학 순위가 각 기관들에 의해 해마다 발표되면서 그 공정성을 둘러싸고 많은 논란과 함께 많은 문제점도 지적돼 왔다.

지난 2002년 우슈리엔(武書連)의 '중국대학평가' 과제그룹이 중국 대학 '중국 100대 대학' '공학 100대' '법학 100대' 등 각종 랭킹 평가가 잇따라 발표하면서 칭화대와 베이징대를 포함한 전국 각 대학들로부터 질의와 불만을 불러일으켰다.

2005년 중국 사회정세 전망

중국의 대표적인 학술기관인 중국사회과학원은 최근 2004~2005년 중국 사회정세를 분석, 예상하는 보고서를 발표했다. 보고서에 따르면, 중국은 2004년 1인당 GDP(국내총생산) 1,000~3,000달러라는 새로운 단계로 접어들었다. 이 같은 전환기를 맞아 중국에는 다른 국가 및 지역과 다른 특수한 상황이 나타나고 있으며, 앞으로 정책결정에서 이 같은 점을 중시할 필요가 있다고 보고서는 밝히고 있다. 보고서가 지적한 중국 특유의 7가지 상황 및 그 대책은 다음과 같다.

(1) 중국은 1인당 GDP 1,000달러에 도달했지만, 농촌인구와 농업종사자의 비율이 여전히 높아, 중국 사회구조 전환을 어렵게 만들고 있다. 이 때문에 도시화와 농업종사자 비율 감소를 특히 중시하며, 향후 15년에 걸쳐 농업 분야의 1억 여 잉여노동력을 다른 분야로 전업시킬 필요가 있다.

(2) 서로 다른 소득계층 · 지역 · 업계 간의 소득격차는 축소되지 않고 계속 확대되고 있다. 그 중 다른 지역 간의 경제 · 사회발전 수준 및 재정수입의 현재의 소득격차를 초래하는 주요 원인이 되고 있다. 이 때문에 정부는 자금투입 · 세제조치 · 복지 등을 통해 소득 재분배를 합리적으로 조정할 필요가 있다.

(3) 여전히 노동력 과잉이 장기간 계속되고 있어 고용문제를 단기간에 근

본적으로 완화 시키기가 어렵다. 구직자는 연 2,400만 명에 달하나 신규 일자리는 900만 개 증가에 그치고 있다. 특히 대학생 취업난이 심각해 2004년 74만 명 정도가 직장을 구하지 못했다.

이 때문에 고용문제를 해결하고 교육에 힘을 쏟음으로써 인구대국에서 인력자원대국으로의 전환을 꾀하는 것이 경제의 급성장을 유지하는 원동력이 된다.

(4) 다른 나라에서는 부유화 이후 고령화가 찾아오는 패턴이 일반적인데, 중국은 평균수명의 상승과 엄격한 인구억제책에 따라 선진화를 앞두고 지나치게 빠르게 고령화가 진행되고 있다. 이 때문에 사회보장 부담의 증가와 주기적인 불경기에 대비해 광범위한 절약형 사회보장체제를 정비할 필요가 있다.

(5) 중국에서는 1인당 GDP가 1,000달러에 달하는 한편으로, 국제적인 빈곤기준(1인 하루 소득 또는 소비 1달러 이하)에 의한 빈곤인구도 1억 명을 넘는다. 이 때문에 21세기형 빈곤축소사업을 실시, 11차 5개년계획(2006~2010년) 기간 농촌 투입 자원을 정비, 농촌 사회보장의 기초적인 틀을 구축해야 한다.

민주주의 의식 성장 주목해야

(6) 글로벌화의 새로운 정세 속에서 민주주의 의식의 성장을 예의 주목하는 동시에, △부패현상의 단호한 억제 △사회각종 관리 수준의 향상 등을 통해 장기적인 정치안정을 확보할 필요가 있다.

(7) 중국은 대국이다. 대국의 대두와 교체는 국제경제와 국제정치의 구조를 변화시키고, 국제적인 세력다툼으로 발전할 우려가 있다. 현재 중국은 세

계에서 경제·사회적 지위가 급속히 향상하고 있기 때문에 명확한 정치적 신념을 가지고 국제관계, 특히 대국 간의 관계에 확고히 대처, 중국의 장기적이며 안정적인 발전을 위한 양호한 국제환경을 정비해나가야 한다.

이런 유의 보고서를 읽으면서 주의할 점은 단지 문제점들을 지적, 나열에 그친 것이 아니라 나름대로 대안과 대책을 제시한 데 주목해야 한다는 점이다. 학자들 개개인의 의견일 수도 있지만 중국정부의 싱크탱크라는 역할을 고려할 때 중국정부가 이런 보고서들을 참조하며 그 속에 담겨진 대책들을 실제 정책에 많이 반영한다는 점을 염두해 둘 필요가 있다.

명절 선물은 뇌물이 아니다

인사치레를 빙자한 '명절 부패' 현상 심각

중국 최대 명절인 춘지에(春節: 설)가 되면 친지들, 지인들끼리 서로 인사를 나누고 선물을 주고받는 것은 당연지사이다. 원래 이런 명절 선물은 수량이나 가격이 중요한 것이 아니라 서로의 정을 나누고 새해인사를 한다는 점에 그 의미가 있다. 그러나 단순한 선물로 볼 수 없는 경우도 있다. 그리고 자제력이 약한 일부 당 간부들은 이런 선물을 마다하지 않고 받다가 결국 명절 병에 걸리고 마는 것이다.

중국 언론에 보도된 '명절 부패'는 다음과 같다.

산둥성(山東省) 지난(濟南)시 스중취(市中區) 검찰원에 따르면 2002년 적발된 20여 건의 간부급 뇌물 수수 사건 중 16건은 '명절선물'을 받은 것이 계기가 돼 결국 뇌물수수의 길에 빠지게 된 것으로 밝혀졌다. 순수한 선물이지 뇌물이 아니라는 인식이다.

난징(南京)시 농림국 부국장 정충신(鄭崇新)이 리우허시엔(六合縣) 현장 재임 당시 17차례의 불법 뇌물수수를 통해 현금 26만 3,000위엔과 고급시계 한 쌍, 금박물린 그림 한 폭 등을 받았는데, 그 중 10차례가 춘지에 때 받은 것이라고 밝혔다.

왕후아이중(王懷忠) 안후이성(安徽省) 전 부성장은 뇌물수수죄로 적발된 뒤 "매년 춘지에가 되면 많은 사람들이 성의로 선물을 주는데 이건 단지 예의상 주고받은 것"이라며 뇌물이 아니라고 변명했다.

리아오닝성(遼寧省)에서 적발된 무수이신(慕綏新)도 반성문에서 "선양(瀋

陽)에서 재직한 4년 동안 춘지에만 되면 180명의 사람들이 돈이나 선물을 들고 인사를 왔는데 그렇게 들어온 돈과 선물이 600여 만 위엔(元)이었다. 그러나 개인적으로 선물을 주고받는 것은 인사치레라고만 생각했다"고 적고 있다.

'홍빠오(紅包: 축의금) 서기'로 유명했던 양닝(仰寧)은 특히 춘지에 기간에 돈 받기를 좋아했다. 그는 이 기간에 받는 돈은 세뱃돈이지 뇌물이 아니며 따라서 법을 위반한 것은 아니라고 생각했다는 것이다.

그 밖에도 2004년 춘지에 기간중 지앙쑤성(江蘇省) 당 상무위 쉬구오지엔(徐國健) 조직부장과 교통청장 쟝쥔지위엔(章後元)이 200여 만 위엔에 달하는 거액의 뇌물을 받은 사실이 드러났다. 지앙쑤성 국유자산경영회 이사장이자 당위서기 리슈앙청(李雙成)은 2004년 춘지에 기간 1만 위엔 상당의 상품권을 받은 사실이 밝혀졌다.

다양한 접대방식 유행

일부 기업체 사장들 사이에는 한 해의 마지막 날 저녁에 당과 정부 간부들을 고급음식점에 초대해 저녁 식사를 함께 하는 것이 유행처럼 돼 있다. 이를 통해 간부들과 친해지고 관계를 돈독히 하는 계기로 삼는 것이다.

어떤 사장들은 아예 한 해의 마지막 날 저녁식사 주문서를 사업상 관계가 있는 간부와 실권자에게 직접 건네기도 하는데 춘지에 뿐만 아니라 크리스마스 시기도 활용하고 있다.

지난 2000년 크리스마스에는 어느 시에 있는 한 고급음식점에서 최저 400~500위엔, 보통 800~1,000위엔, 최고 2000위엔짜리의 입장권을 발행한 적이 있다. 그런데 입장권을 구입한 사람은 오지 않고 또 입장권을 이용한 사람치고 직접 현금으로 산 사람은 없었다는 것이다.

일부 관리들은 시찰 명목으로 단체관광을 즐기면서 공금으로 교통비와 숙박비를 지불하는가 하면 심지어 관광경비를 산하기업이나 관련기업에 요구하기도 한다. 그리고 어떤 경우엔 가족동반 여행에도 공금을 전용하고 있다.

이런 유형의 상사나 실권자를 만나면 눈치 빠른 사람들은 아예 알아서 상사나 실권자와 가족까지 관광안내를 해주는 등 서비스를 제공하거나 비행기 티켓에 '용돈'까지 집어주면서 부패를 유도하는 것이다.

해마다 설이 되면 많은 직장에서 명절소비 명목으로 임직원들에게 상여금과 기념품을 남발하고 있다.

중국 정부는 각종 상품권의 발행을 금지하고 있지만 아직까지 근절되지 않고 있다. 일부 백화점은 상품권만 1,000만 위엔 가량 발행하고 있으며 모 대도시에서는 2000년도에 4~5억 위엔 가량의 상품권이 발행됐는데 액면가 3만 위엔짜리도 있었다는 것이다.

이 같은 '명절 부패'는 그 범위가 정치계와 경제계는 물론 일반인들 사이에도 광범하게 만연돼 있다. 무작위 추출해 실시한 조사결과에서 중국 전역에서 발생한 49건의 대형 뇌물수수 사건 중 40건에 이르는 사건의 당사자가 춘지에 기간 중에 뇌물을 받았던 것으로 드러났다.

중국 중앙 정부와 각 성(省) 당 위원회는 해마다 명절 때면 관리들의 범죄가 늘어난다고 판단하여, 기관간부들 특히 지도급 간부들이 자율적으로 규정을 준수해 '뇌물수수 최적의 기회가 된 춘지에'를 '양심의 가책이 없는 춘지에'로 보내도록 촉구하고 있다.

중국 상업뇌물

2006년 전국인민대표대회에서 지적된 '상업부패' 현상을 신화사(新華社)가 3월초 소개했다.

▶ 토지평가

중국에서 토지는 국가에 속하며 정부의 토지평가요원은 부동산 평가를 통해 개발업자에게 합리적인 가격을 제시하게 된다. 그러나 이 과정에서 존재하는 뒷돈 거래로 토지평가는 결국 행정부패의 온상으로 변했다.

▶ 자산거래

국유기업 개혁 과정에서 국유기업의 자산이 상상을 초월하는 낮은 가격에서 거래되는 경우가 많다. 국유재산에 대한 정부의 감독관리가 취약하기 때문에 빚어지는 현상으로 국유자산 유실의 빌미를 제공하고 있다.

▶ 의약품 구매

환자에게 약 처방을 해주는 대가로 제약회사로부터 뒷돈을 받고 수술을 하면 환자로부터 뒷돈을 받는 행태가 중국에 만연되어 있다. 이렇게 부풀려진 약값은 환자가 고스란히 부담하게 된다.

▶ 정부조달

공급업자는 최대의 이익을 추구하기 위해 정부조달을 담당한 관리에게 적극적으로 접근한다. 이는 상당 정도 정부조달 권한을 가진 관리의 부패를 유발하게 된다.

▶ 자원개발

자원이 부족한 중국에서는 자원개발과 판매에 폭리가 뒤따르게 마련이어서 정부관리와 상인 사이에 결탁이 존재한다. 광산채굴을 예로 들면, 불법으로 광산을 경영하거나 규정을 초과해 채굴하는 등의 불법현상은 정부관리가 막아 줄 수 있기 때문이다.

도둑질 할 게 없어 맨홀뚜껑도 도둑질을!

지금도 베이징(北京)시는 저녁이 어두운 편이지만, 예전에는 가로등이 별로 없어 밤에는 앞이 별로 보이지 않았다. 예전에 전설 같은 이야기가 유학생 사이에서 회자된 적이 있다. 몇 년 전 한 유학생이 저녁에 길을 걷고 있었다. 평소 아는 길이라 안심하고 걷고 있었다. 그리고는 맨홀이 있는 곳을 지나게 되었다. 맨홀 뚜껑이 있던 자리라 평소처럼 밟고 지나갔다. 그런데 그 유학생이 밟았던 맨홀 뚜껑 자리에는 그날 누군가가 훔쳐가서 맨홀뚜껑이 없었던 것이다. 그 유학생은 균형을 잃고 넘어져서 앞니가 뿌러지는 사고가 발생했다. 그 경황에서도 뿌러진 앞니를 주워서 한국에 가서 다시 붙였다고 한다.

베이징 시에서는 다음 날 아침 맨홀 뚜껑이 안 보이는 경우가 간혹 발생한다. 맨홀 뚜껑을 몰래 훔쳐다가 돈으로 바꾸는 범법행위로 비상이 걸린 중국 베이징 시당국이 맨홀 뚜껑 도난 방지 차원으로 전혀 새로운 재질의 맨홀 뚜껑을 선보일 예정이다.

현재 베이징 곳곳에 산재 돼 있는 맨홀 뚜껑의 수는 60만 개 이상이 있는데 이 맨홀은 18개의 회사들이 나눠서 관리하고 있다. 중국 정부는 2004년 한 해 베이징에서만 매년 40%가 넘는 약 24만 개에 이르는 맨홀 뚜껑을 도난당한 것으로 추정했다. 일반적으로 약 30kg 정도 되는 맨홀 뚜껑은 불법 고철거래소에서 20위엔정도에 거래되고 있다. 그렇기 때문에 "소득이 적은 노동자들이 맨홀 뚜껑을 뜯어 개당 2달러 정도에 팔아 넘긴다"는 것이 공공시설물 관리자의 설명이다.

베이징서 열차 암표상 기승

2005년 겨울 사스나 기타 질병에 대한 기미가 없어서일까, 중국 최대의 명절 춘지에(春節: 구정)를 고향에서 보내려는 사람들의 40일 간에 걸친 귀성 행렬이 1월 중순부터 본격적으로 시작됐다. 보통 춘지에를 기준으로 2주 전부터 2주 후까지 1달 정도가 사실상 연휴이며, '춘지에를 고향에서 가족과 함께'가 중국 사람들의 전통적인 생각이다.

그래도 춘지에의 혼잡을 피하기 위해 일찍 갈 수 있는 사람들은 벌써부터 전국 각지에서 버스, 기차, 항공기 및 선박편으로 귀성길에 오르기 시작했다. 정부가 해마다 춘운(春運: 춘지에 귀성객 운반작전)을 하기는 하지만, 귀성전쟁에 시달려 본 사람들은 일찍 가는 게 최고라는 생각을 가지고 있다.

베이징(北京)의 철도역이나 시외버스 정류장에는 중순부터 고향을 찾아 떠나는 귀성객들로 붐비고 있으며, 항공사와 여행사는 귀성 기차표와 항공권을 예약하려는 사람들로 만원을 이루고 있다.

플랫폼 입장권은 5배까지 팔리기도

베이징에서 학교 다니는 리앙(梁) 씨는 최근 안도의 숨을 내쉬었다. "이제 집에 갈 수 있게 되었다"고 웃으면서 말을 하는 그녀. 춘지에가 다가오면 기차표 판매대에 새벽 부터 나와 기다리지 않으면 1, 2시간 기다리는 것은 기본이라고 한다. 그것도 표가 없으면 웃돈을 들이며 암표를 살 수밖에 없는 상황. 그래도 올해는 춘지에가 작년보다 늦기에 조금은 시간적 여유가 있었다는 말을 덧붙였다.

2월 초순인 춘지에가 아직 많이 남았는데도 열차표가 잘 팔리자 암표장사들이 다시 기승을 부리고 있다.

경찰의 단속 강화로 열차표 판매대 주변에서 여행객들에게 표를 팔던 암표장사들은 이제는 멀리 떨어진 골목으로 들어가 표를 팔고 있다. 요새는 열차표만 잘 팔리는 것이 아니라 역입장권까지 값이 오르고 있다.

중국에서는 역에 표가 없어도 일단 입장권으로 기차 안에 들어간 다음 기차안에서 표를 구할 수 있다. 이런 상황을 악용해 창구에서 멀지 않은 곳에서 서성거리며 표가 없어 실망스러운 표정을 짓고 돌아가는 사람들을 붙잡으며 입장권을 판매하는 암표상들도 적지 않다.

얼마 전부터 베이징서역(北京西站) 광장에는 베이징을 떠나 고향으로 가는 외지인들이 입구에 길게 줄지어 늘어서 있었다. 입장권의 판매창구 앞에 있던 한 청년은 우한(武漢)으로 돌아가는 열댓 명의 일행 중 열차표를 7~8장밖에 못 구해 남은 사람은 입장권만 사서 우선 기차를 탄 다음 기차 안에서 표를 다시 사기로 했다고 말했다. 그런 그를 어떻게 알았는지 따라붙는 암표상들.

그들은 원래 1장에 1위엔(元)밖에 하지 않는 입장권을 5위엔씩 팔면서 많이 사면 깎아주겠다고 했다. 깎아달라고 하자 3위엔 이하로는 안 된다며 "지금 안 사면 나중에는 사고 싶어도 절대 못 산다."고 말했다.

표를 구하기 위해 허겁지겁 역으로 뛰어가던 리 씨가 역 광장에 채 들어서지도 않았는데 옆에 있던 두 여자는 표가 필요하냐고 물어왔다.

리 씨가 위에양(岳陽)행 표가 있느냐고 묻자 다른 곳에 있는 사람에게 손짓을 하더니 저쪽에서 두 여자가 다가왔다. "위에양 표는 있지만 원래 값에 30위엔을 더 받는다."고 말했다. 판매창구에서 위에양표를 사면 1백 75위엔이나 그들의 손을 거치면 2백여 위엔으로 바뀐 셈이다. 이런 암표를 구입할 수밖에 없는 이유는 정부가 춘윈(春運: 구정 특송열차)을 하더라도 귀성객이 너무 많기 때문이며, 특히 올해 귀성객은 역대 최고 규모일 것으로 예측하는 사람도 있다.

중국 정부당국은 2004년 전국의 철도, 고속도로 및 항공을 이용한 춘지에 귀성객들의 이동규모를 2003년의 18억 3000만 명보다 6000만 명 정도 늘어난 18억 9000만 명으로 추산했었다. 올해 귀성객이 얼마가 될지는 정확히 예측하기 어려우나 19억 명 안팎은 되지 않겠냐는 게 중국 친구들의 설명이다.

춘지에(春節) 앞두고 베이징선 '가정부' 없어 난리

'모처럼 집안 일 하려니 힘드네…' 버스를 타니 한 아주머니께서 한숨을 내쉰다. 중국에 와서 가정부를 써서 비교적 편하게 지냈는데 가정부가 고향으로 돌아가니 갑작스럽게 구하기도 어렵고 해서 직접 집안일을 하시는데 지치신 모양이다.

해마다 1, 2월이면 베이징(北京)시에서 적당한 가정부를 찾기란 쉽지 않은 일이다. 베이징 가정부서비스협회 리다징(李大經) 부회장은 베이징의 가정부 시장이 상하이(上海)나 광저우(廣州)에 비해 열악한 수준인데다 공급이 수요를 따르지 못하고 있다고 지적했다. 물론 여기에는 중국 최대의 명절 춘지에(春節: 설)가 있어서 이기도 하다. 중국에서는 춘지에만큼은 집에서 보내야 한다는 전통 관념과 맞물려 춘지에를 전후로 고향에서 한 달 정도를 쉬는 분위기이다. 특히 농촌 출신들이 많은 가정부들은 특히나 그러하다.

이런 상황에 힘입어 베이징(北京)에서 몇 년 전에는 500~600위엔(元)이면 충분하던 가정부(保姆)의 월급 수준이 800위엔을 가뿐히 넘어섰다. 그런가 하면 가사 서비스 종사자를 구하는 가정들은 인력중개업체에 신청을 해도 구직 희망자가 없어 애를 먹고 있는 실정이다.

베이징 가사 서비스시장은 현재 부단히 늘어나는 수요에 비해 가사서비스 희망자들이 크게 부족한 나머지 유례 없는 '가정부 구인난'을 겪고 있다.

한 중개업체 관계자는 경력이 없는 허베이(河北)·쓰추안(四川) 출신 가사 서비스 종사자의 월급이 이미 800위엔대로 오르고, 일부 경력자의 경우 1,000위엔대까지 올랐다고 밝혔다. 이 관계자는 머지않아 외지 출신 고급 가사 서비스 종사자의 월급이 2,000위엔선을 돌파하게 될 것으로 예상했다.

임금 수준의 상승에도 불구하고 베이징의 가정부 구인난은 해소되지 않고 있다. 베이징 가사서비스협회 소속 65개 중개업체들이 2004년 하반기 새로 유치한 가사 서비스 종사자의 수는 2003년의 3분의 2 수준에 불과한 것으로 집계됐다. 그리고 2005년과 2006년 상황은 더욱 악화됐다.

베이징의 가사 서비스 임금수준이 상하이(上海)・선쩐(深圳) 등에 비해 낮아 외지출신들이 베이징에 와서 일하는 것을 기피하고 있기 때문이다.

과거 원저우(溫州)의 한 공장에서 일했다는 한 여성은 베이징의 가사 서비스 임금수준이 낮아 곧 돌아갈 생각이라고 밝혔다.

춘지에 때 쓰추안(四川) 가정부들 "북경 가기 싫다"

춘지에를 눈앞에 두고 '추안메이즈(川妹子: 四川省 아가씨)'들이 베이징에서 가정부로 일하기를 꺼리고 있다. 비슷한 상황이 발생한 2004년 춘지에 기간에 3000여 명의 쓰추안 출신 가정부들을 영입해 베이징시의 가정부 인력난을 타개하려던 베이징시 가정부 협회의 계획은 차질을 빚기도 했다.

춘지에가 다가오면서 베이징에서 일하던 외지 출신 가정부들이 하나둘씩 귀향함에 따라 베이징시 가정부시장은 많은 공백이 생겼다. 2004년초에는 청두(成都) 안웨이(安位)가정부회사에서 직업교육을 받고 베이징으로 진출한 '추안메이즈' 브랜드의 쓰추안 출신 가정부는 겨우 60여명에 불과해 당초 1차로 500명을 모집하려던 계획과 크게 어긋난 적도 있다.

베이징시 가정부 시장의 일자리는 약 30여만 개로, 베이징 가사서비스협회의 소식통은 2005년 부족한 가정부 수가 2004년의 2배에 해당하는 6만여 명에 달할 것이라고 예측하였다. 2006년에도 춘지에를 전후로 가정부가 많이 부족해질 전망이다. 안웨이가정부회사의 쏭루이(宋瑞) 총경리는 "춘지에 기간 '추안메이즈' 브랜드를 홍보하기 위해서라도 가정부를 베이징에 진출시켜야겠지만 과연 얼마나 모집할 수 있을는지 모르겠다."고 말했다.

중국은 지금 도박과 전쟁 중

도박자금 연간 200억 달러 해외 유출

최근 돈을 물 쓰듯이 뿌리는 손 큰 중국 도박꾼들이 세계 도박업계를 놀라게 하고 있다. 특히, 다리엔(大連)에서 폐금속 처리사업을 하는 한 여성은 10개월 만에 2,000만 달러를 도박으로 날림으로써, 세계 도박업계가 다 아는 '유명인사'로 떠오르기도 했다. 중국인이 세계 도박업계에 얼마나 '기여' 했는지는 하나의 수수께끼이다.

베이징(北京)대학 중국공익복권사업연구소 왕쩡시엔(王增先) 연구원은 마카오에서 끝난 '복권과 공익 사업에 대한 국제 세미나'에서 중국인이 대거 해외나 홍콩, 마카오로 가서 복권 구입과 경마, 도박 등을 즐기는 데 드는 비용이 연간 6천억 위엔에 달하는 것으로 추산했다. 중국에는 정식 허가된 복권과 도박장이 거의 없기 때문에 주민들이 도박을 즐기러 해외로 나가고 있으며, 심지어 광동(廣東)성, 하이난(海南)성, 윈난(雲南)성에서는 무허가 불법 도박장과 복권 등이 성행하고 있다고 왕 연구원은 폭로했다.

이에 대해 왕 연구원은 정부는 국부의 해외 유출을 막고 경제에 미치는 악영향을 줄이기 위해 무허가 도박장과 복권 사업을 철저히 단속하는 한편 복권 사업을 공익 사업으로 발전시켜야 한다고 주장했다.

중국인 도박고객 인기

타이완(臺灣)의 한 전문 도박사는 전 세계 4,000여 개 도박업소 중 중국인이 소유하고 있는 곳은 1%도 안되지만, 세계 도박시장 점유율은 5%에 달한다고 밝혔다. 그는 중국인이 도박업소에 뿌리는 돈이 연간 200억 달러에 이르며, 그 중 60억 달러가 중국인 수중에 떨어지고 나머지 140억 달러는 외국인 수중에 들어가는 것으로 추정했다.

러시아 도박업계에서 '중국 도박왕'으로 통하는 보즈(博智)는 중국인들이 도박을 즐기는 것을 아는 도박회사들이 중국인들을 환영하고 있다고 꼬집었다. 그는 최근 중국이 도박업소를 단속하고 있지만, 중국 도박꾼들의 주무대가 미국·호주·러시아·모나코 등 외국이기 때문에 실질적인 단속 효과는 없을 것으로 내다봤다.

실제로 지린성(吉林省) 이엔비엔(延邊)에서 북한으로 들어가는 관광객은 연간 연인원 5만 명에 달하는데, 이들이 도박에 거는 돈은 총 2억 5000만 위엔에 달하는 것으로 추정된다. 또 중성(仲盛)그룹의 예리페이(葉立培)는 1999~2000년 1년 간 호주의 한 도박업소에서 도박에 건 돈이 연 1억 2,000만 호주달러나 됐던 것으로 알려졌다.

현재 빠르게 늘어나는 중국 도박꾼들은 각 도박업소들의 '먹잇감'으로 부상하고 있다. 러시아의 한 도박업소는 중국인에게 도박 테이블을 임대했는데, 한 베이징 사람이 이 도박 테이블 한 대를 임대해 80만 달러의 수입을 올리는 기록도 세웠다.

미국과 호주 도박업소들은 중국인 고객을 유치하기 위해 아예 중국인 고객만 전문적으로 상대하는 직원까지 배치하고 있다.

중국 덕택에 호황 누리는 아시아 도박산업

도박업소와 거액 도박고객을 연결하는 업무 책임자와 에이전트는 도박업소 간 경쟁에 있어서 중요한 채널이다. 2003년 미국의 도박업소 직원 1명이 창출한 평균 도박수입은 20만 8,200달러인데 반해, 아시아 담당 업무 책임자가 창출하는 도박수입은 이보다 훨씬 많은 것으로 알려진다.

한 업계 관계자는 "중국인 거액 도박고객들은 자금·신분 비밀보장 및

VIP대우 · 비자대행 여부 등을 중시한다며, 중요한 고객에 대해서는 동행하면서 통역 및 '시중'서비스까지 제공하고 있다."고 밝혔다. 또 도박업소는 개도국 고객에 대해 비행기표 · 숙식 · 도박 칩 등을 무료 제공하거나 업소 고위층과의 골프모임을 주선하기도 한다.

홍콩 언론은 "중국의 도박꾼들이 해외 원정에 나서면서 아시아 도박 시장의 규모는 1,100억 위엔에서 2010년께 2,000억 위엔으로 커질 것"이라고 보도한 바 있다.

특히 마카오는 도박 붐을 만끽하고 있다. 마카오의 '도박왕' 스탠리 호가 대주주인 카지노업체 신하오(新濠) 등이 유명하다.

중국관료들 도박 바람, 공금 유용 · 횡령 급증

중국의 관료들이 도박에 빠져 공금을 유용 · 횡령하거나 부패의 늪에 빠져드는 사례가 급증하고 있다. 대륙에선 도박이 금지돼 있으나 이들은 비밀 도박장과 마카오 카지노 영업장을 애용하고 있다.

중국에서 경제 발전이 가장 빠른 저지앙(浙江)성 사정당국은 "2002년부터 2004년 6월까지 공산당원 · 간부 4,800여 명이 도박 때문에 징계를 당했다"고 밝혔다. 그 중 과장급 이상이 200여 명에 이른다고 한다.

저장성의 통계를 중국 전체의 31개 성(省) · 시 · 자치구로 확대하면 최소한 10만여 명의 공직자가 근래 2년 6개월 간 도박 때문에 문제를 일으켰다는 계산이 나온다.

홍콩 언론들은 "요즘엔 고위 간부까지 도박 때문에 패가망신하고 중형을 선고받고 있다"고 보도했다. 실제로 마카오의 대형 카지노 영업장에선 100만 홍콩달러어치가 넘는 칩을 쌓아놓고 도박에 열중하는 중국인이 수두룩하다.

통 큰 중국 관료들

홍콩에 인접한 광둥(廣東)성 후이저우(惠州)시 우화리(吳華立) 전 공안국장은 뇌물을 받고 중국 출신 매춘부들에게 '홍콩 방문 허가증'을 마구 끊어주다가 2005년 쇠고랑을 찼다.

그는 마카오를 70여 차례나 드나들면서 1,000만 위엔의 도박 빚을 지게 돼 불법밀입국 조직의 유혹에 넘어갔다.

산시(陝西)성 난정(南鄭)현 양춘(陽春)진의 당위 서기를 맡았던 류구이정(劉貴正)은 중국 언론으로부터 '도박 서기(書記)'라는 별명을 얻었다. 그는 3년 전에 빈한한 농촌 마을의 책임자가 됐으나 마작을 좋아하는 상급 간부의 비위를 맞추려다 스스로 도박에 중독됐다. 결국 고속도로 건설에 따른 농지 수용 보상금 98만 위엔을 횡령하고 거액의 사채까지 끌어썼다가 12년 6개월의 징역형을 선고받았다.

이런 사건들은 도박을 매개로 한 뇌물 수수 풍토가 독버섯처럼 퍼지면서 끊이지 않고 있다. 관료와 기업인, 상·하급자 간에 일부러 돈을 잃어주거나 남몰래 도박 밑천을 대주는 신종 수법이 나돌고 있는 것이다.

중국공안부는 2005년 1월 1일부터 관계 부문과 합동으로 공무원의 도박 행위를 특별 단속하고 있다. 신화통신 등에 따르면 2005년초부터 6월까지를 도박 집중단속 기간으로 설정하는 등 중국 정부가 대대적으로 도박에 대한 단속에 나서자 중국인을 상대로 영업을 해 온 북한, 베트남, 미얀마 내의 83개 도박장이 파산했거나 영업을 정지했다. 그 중 북한 내 도박장이 가장 커다란 타격을 받고 있는데, 라진 선봉 지역의 해변에 위치한 엠페러호텔 내 영황(英皇) 카지노는 제일 먼저 문을 닫았다.

중국 공안에 따르면 2004년 이 카지노를 찾은 중국 관광객은 5만여 명으로, 하루 평균 100여 명, 매달 4,000여 명 이상이 이곳에 들러 수십억 위엔을 탕진했다. 중국 『신경보』는 2004년 이엔비엔(延邊) 조선족자치주 교통운수관리처장 차이하오원(蔡豪文)이 이곳을 27차례나 찾아 공금 351만 위엔을 탕진하고 달아났다고 보도했다.

중국인들은 이곳 외에도 평양의 B호텔 등 3곳, 압록강 선상카지노 등을 2

박 3일 관광코스로 방문해 도박을 즐겨왔다. 물론 이들 카지노도 대부분이 영업을 중지한 상태라고 언론들은 전했다. 관광안내원 등에 따르면 북한의 카지노 주변에는 전당포 등 사채시장도 형성돼 있는 것으로 밝혀졌다. 2005년 승용차 등을 담보로 돈을 빌려 20여만 위엔을 잃은 20대 중국 젊은이가 호텔에서 투신 자살 하는 등의 사건·사고도 빈발하고 있는 것으로 알려졌다.

중국정부, 도박과의 전쟁 선포

중국공산당 중앙정치국의 저우융캉(周永康) 위원은 2005년 1월 11일 전국의 사정기관 전체가 참가하는 화상(畵像)회의를 소집하고 "도박 풍조가 만연하는 걸 막기 위해 '인민 차원의 전쟁'을 벌이겠다."고 선포했다.

중국 지도부는 이에 앞서 2004년말 당 중앙의 문건으로 세 가지 방침을 시달했다.

"모든 당원·간부들의 도박을 금지한다", "어떤 형식이든 도박한 사실이 드러나면 면직시킨다", "국외에 나가 도박할 경우엔 가중처벌한다"는 것이다.

후진타오(胡錦濤) 국가주석도 "부패 척결과 투명한 정부를 만드는 게 시급한 과제"라며 도박과의 전쟁에 힘을 보탰다.

홍콩 『경제일보』는 2005년 1월 12일 "베이징(北京) 지도부가 '관원 도박(官賭)'의 심각한 실상을 깨닫고 부패 척결 차원에서 이를 엄벌할 태세를 갖췄다"고 보도했다.

당·정 간부와 국유기업 경영진이 저지르는 부패행위 중 상당수가 도박 때문이라는 판단에서다.

단속에 많은 어려움

중국 정부는 또 주변 국가들이 도박을 미끼로 중국 관광객 유치 경쟁에 나서고 있다며 못마땅한 심사다. 남북한과 러시아·몽골·베트남·태국·필리핀 등이 중국인 도박꾼을 겨냥해 앞다퉈 도박산업을 확대하고 있다는 것이다.

그러나 중국 지도부의 철퇴에 가장 긴장하는 곳은 중국의 행정특구인 마카오다. 마카오에 카지노 영업장을 가진 기업체의 주가는 2005년 벽두에 10% 넘게 추락했다. 2004년 하반기부터 '묻지마 투자 열풍'을 타고 주가가 3~4배씩 올랐던 폭등세가 꺾인 것이다. 마카오에선 각종 복권과 도박 등으로 2004년 600억 홍콩달러의 수입을 올렸다.

물론 앞의 예처럼 일부 주변국 도박업소들이 문을 닫는 경우도 생겨나기도 하지만, 돈 세탁을 포함한 불법 도박행위에 대처하는 각국 정부의 태도가 일치되지 않고 있어서, 도박문제 처리가 쉽지 않은 상황이다.

특히, 여러 경로로 빠져나가는 도박 자금의 유출을 막기란 매우 어렵다고 업계 관계자는 지적했다. 현재 도박자금 유출경로는 크게 5가지로 구분된다.

△홍콩의 업무기관이 홍콩 내 외국은행을 통해 도박회사 계좌에 송금

△국외에서 개인적으로 단기 외화대출을 받은 뒤, 귀국 후 런민삐(人民幣)로 상환

△수출입 대금을 조작해 외화 차액을 취득

△유령회사를 설립해 장부상으로 거래

△국외 자금 모집책이나 불법환전업자를 통한 환치기 등이다.

점점 늘어나는 외국인 근로자들

저임금 노동시장서 중국인들과 경쟁

과거 중국에서 일하던 외국인들은 모두가 화이트칼라 중의 화이트칼라로, 대학교수나 외국회사 임원들이었다. 이들은 쾌적한 환경에서 높은 소득을 받으며 일했다. 그리고 중국인들은 외국에 나가 서비스업 등에 종사하고는 했다.

그러나 중국경제가 발전하면서 이런 상황에 변화의 조짐이 일고 있다. 최근 외국인 취업자들이 중국 서비스업종에까지 진출하고 있다. 미용실·술집·음식점 등 곳곳에서 외국인 종업원의 모습을 볼 수 있다. 일부 중국인들에게는 외국인종업원의 서비스를 받는 것은 생활의 일부가 됐다.

서비스직에 주로 진출

베이징(北京) 시내 싼리툰(三里屯: 대사관들이 밀집된 거리)의 한 술집 주인은 자기 가게에서 일하는 외국인이 제법 많다고 밝혔다. 이 가게에서 연주자로 일하는 외국인들은 낮에는 자신의 일을 하고 밤에는 가게에 와서 일하면서 중국인 연주자와 비슷한 수준의 대우를 받고 있었다.

싼리툰에는 이런 외국인 연주자들이 제법 많이 활동하고 있다. 이들의 신분은 각각 다르지만, 소득은 대체로 비슷한 편이다. 이 지역의 술집에 자주 드나드는 손님들에게 이런 현상은 별로 놀랄 만한 것이 아니다. 쭈오(卓) 양은 "중국인이 외국 음식점에서 일할 수 있는 것처럼, 외국인이 중국 음식점에서 일하는 것도 정상적"이라고 밝혔다.

비단 베이징에서만 외국인 연주자를 볼 수 있는것은 아니다. 필자가 올해 6월 광동성(廣東省) 포산(佛山)시에 갔을 때 한 술집에서 노래 부르고 연주하는 외국인밴드를 본 적 있다. 아마 동남아나 인도에서 온 듯했다.

싼리툰의 한 브라질음식점 주인은 자기 가게에서 일하는 한 브라질 종업원이 일을 깔끔하게 잘하고 책임감도 강하다며, 중국인 종업원들보다 직업의식이 더 강하다고 말했다. 외국인종업원 자신도 자기가 요리한 음식을 즐기는 손님을 볼 때마다 뿌듯한 자부심을 느낀다며, 중국에서 장기적으로 일할 계획이라고 했다.

미용업종에서는 외국인 취업이 일반적이다. 미용실 거리로 유명한 베이징 시내 동쓰(東四)에는 외국인 미용사들이 많이 취업해 있으며, 청년층을 중심으로 중국인 고객들도 많이 찾고 있다. 현재 시단(西單)·지아리(嘉里)센터 등에도 이런 외국인 미용사가 많이 활동하고 있는데, 가격면에서 중국인 미용사들보다 다소 비쌀 뿐이다. 한국교민들이 많이 사는 우다오코우(五道口)와 왕징(望京)에는 한국 미용실들이 많다. 한국 미용실에서 일하는 상당수의 미용사들은 한국사람들이다. 한국식으로 잘 깎지만 가격은 꽤 비싸다.

가사서비스 업종도 외국인들의 모습이 나타나고 있다. 일부 기업가, 연예계 스타, 외국회사 고위직들이 경험 많고 2개 국어 능력을 갖춘 필리핀 출신 가정부들을 선호하고 있기 때문이다.

취업문턱 점차 완화

음식점·술집·미용실·유흥업소·헬스클럽 등 서비스업종은 그리 높은 기술이 요구되지 않지만, 중국은 아직 부족한 점이 많다. 따라서 외국자본과 외국인들이 선호하고 있고 베이징에서 외국인취업자가 가장 많이 늘어난 업종으로 떠오르고 있다.

중국노동사회보장부 통계에 따르면, 2003년말 중국 내 외국인 취업자 수는 이미 9만 명을 넘어섰다. 이런 현상은 중국의 외국인 취업 문턱이 낮아진 점과 관계가 있다. 1996년 시행된 '외국인의 중국 내 취업 관리규정'은 "만 18세에 신체 건강하고 범죄기록이 없으며, 종사업무에 필요한 전문기능과 일정한 경력(2년 이상)을 갖추고 유효한 여권이나 여권에 상응한 기타 국제 여행증을 지닌 외국인은 모두 중국에 와서 일할 수 있다"라고 규정하고 있다.

동시에, 외국인의 출입국허가경로가 다양하고 법규가 느슨한 점도 외국인 취업이 늘어나는 한 요인이 되고 있다.

최근 외국인 취업자들의 증가로, 과거 선진국내에서 중국인 취업자들을 바라보던 시각과 비슷한 시각이 중국내에서 생겨나기 시작하고 있다. 외국인 취업자가 늘어나면서 외국인이 자신의 일자리를 빼앗아가지 않을까 걱정하는 중국인들이 생겨났다. 가뜩이나 취업난이 심각해지는 데 외국인들이 중국인들의 밥그릇을 빼앗아간다는 주장이다.

그러나 외국인이 중국 내 서비스직에 몰리는 것은 대도시의 국제화에 따른 필연적인 현상으로, 중국경제가 발전할수록 이런 현상은 더욱 늘어날 전망이다. 국제인력시장 전문가는 외국인 취업자가 늘어나는 현상은 중국의 인력제도가 다원화되고 있음을 설명한다며, 이들 외국인 취업자가 지닌 투철한 직업의식을 중국인들이 배울 필요가 있다고 밝혔다.

물론 외국인 취업과 관련해 문제점도 있다. 취업절차가 불투명하고 보수기준이 복잡하며, 보험 · 납세제도도 미비한 상태다. 중국정부는 점차적으로 외국인 취업 관련 법규를 개선, 외국인 취업자에게 보다 나은 서비스와 더 많은 취업기회를 제공할 방침이다.

전세계에 공자학원 100개 개설

지구촌에 부는 중국어(漢語) 열풍

중국 춘추(春秋)시대 천하 각국을 돌면서 학문을 가르치던 콩즈(孔子)가 2,500여 년이 지난 오늘날 '콩즈'라는 학교이름으로 세계 각국에서 되살아나고 있다. 중국 수천 년의 문명을 담은 중국어(漢語)도 전 세계적으로 널리 보급되고 있다.

최근 한어를 배우기 위해 중국을 찾는 세계 각국 유학생들이 끊이지 않고 있다. 중국교육부 자료에 따르면, 2004년초 중국 전체 대학의 약 3분의 1에 해당하는 400여 개 대학이 외국 유학생을 모집했고, 2005년까지 중국에서 공부한 외국 유학생 누계는 150여 개 국가에서 40만 명에 달한다. 2005년 외국인 유학생은 베이징(北京)에만 3만 명이 넘고, 단기 연수과정에 참가하는 외국인은 2만 명이 넘었다.

전문가들은 외국 유학생수와 한어 교육시장 규모가 3~5년 내에 2배로 늘어날 것으로 예상하고 있다. 그러나 세계적인 한어 학습열풍에 비춰볼 때, 중국의 한어 교육기관은 여전히 부족한 실정이다. 중국국가대외한어(對外漢語) 교학지도팀의 통계자료에 따르면, 전 세계 100여 개 국의 2,300여 개 학교에서 3,000만 명 이상의 학생이 한어를 배우고 있다.

세계 각국에 孔子 방문 러시

중국정부는 세계적인 한어교육 수요에 맞춰, 세계 각국에 한어 학교인 '콩즈학원'을 설립하고 있다. 2004년 11월 21일 세계 최초의 콩즈학원이 서울에 설립된 이후, 미국 · 스웨덴 · 프랑스 · 우즈베키스탄 등에 10여 개 콩즈학원이 설립됐다. 중국정부는 향후 한어교육 · 문화교류 목적의 콩즈학원을 전 세계적으로 100여 개 설립할 계획이다. 대외한어 교학지도팀 책임자인 이엔메이화(嚴美華) 주임은 중국국무원이 이미 '한어를 세계로, 세계적인 한어 학습 수요를 충족'시키기 위한 지도팀의 '차이니즈 브리지 프로젝트(漢語橋工程)' 5개년 계획을 승인했다고 밝혔다.

중국국가 대외한어 교육지도소조판공실의 장구오칭(張國慶) 부주임은 콩즈학원은 유교사상을 가르치는 '전문학교'가 아니라, 비영리적인 중국어교육기관이라고 설명했다. 중국어를 배우려는 외국인이 현지에서 직접 정규과정의 실용적인 중국어교육을 받도록 하는 것이 주된 목적이라는 것이다.

장 부주임은 "콩즈가 중국문화의 대표자로서, 세계적으로 높은 인지도를 갖고 있다"며, 학교 이름을 콩즈학원으로 명명한 것도 바로 이런 콩즈의 '황금 간판'을 활용하기 위함이라고 밝혔다.

유명인사의 이름을 어학기관에 붙인 예로 독일의 '괴테 인스티튜트(독일문화원)', 러시아의 '푸쉬킨 인스티튜트', 스페인의 '세르반테스 인스티튜트', 프랑스의 '빅토르 위고 인스티튜트' 등이 있다.

비학력 교육기관인 콩즈학원의 수업방식은 멀티미디어 온라인교육과 중국어학습반 등 2가지 형식으로 진행될 예정이다. 특히, 일반적인 중국어학습반 외에, 비즈니스 · 관광 · 의학 등 전문적인 중국어반이 개설되며, 현지의 한어수평고시(HSK) · 교사자격인증 업무도 맡게 된다.

현지 대학 · 정부와 제휴하는 형식으로 설립되는 콩즈학원의 시설은 제휴상대방이 책임지고, 학교측은 교사진과 교재를 책임진다. 교사진은 현지에서 초빙하거나 중국 유명 대학에서 지원자를 모집한다. 교재는 외국인용 중국어교재인 '창청한위(長城漢語)'를 사용하는데, 영어 · 프랑스어 · 일본어 · 한국어판 등이 출판될 예정이다.

중국어 교육의 산업화

특히, 장 부주임은 향후 세계적으로 100개의 콩즈학원을 설립할 계획이라며, 1차로는 난카이(南開)·푸단(復旦)·베이징(北京)대학 등 10개 대학이 해외에 16개 콩즈학원을 설립하게 된다고 밝혔다.

현재 중국어를 배우는 인구는 전 세계적으로 3,000만~4,000만 명에 달하는 것으로 집계된다. 따라서 교재·음반영상자료·수강료 수입만해도 엄청난 규모가 된다. 장 부주임은 외국인을 대상으로 하는 대외한어교육이 이미 산업화 경향을 보이고 있다고 지적했다. 한 업계 관계자도 중국 국내의 비학력중국어교육 시장규모만 최소한 연간 약 20억 위엔에 달한다며, 향후 매년 2배씩 성장할 것으로 전망했다.

세계적으로도 중국어교육시장은 '중국어 열기'를 타고 급성장하고 있다. 중국어 열기가 가장 뜨거운 한국의 경우, 지난 2000년 4,765명에 그쳤던 서울지역의 HSK 응시자가 2004년에는 2만 1804명으로 급증했다. 대학의 중국어교육기관 외에 사설 중국어학원이 50여 개나 되는 점을 감안하면, 한국에서 중국어를 배우는 사람은 30만 명에 달하는 셈이다.

중국어 열기가 점점 뜨거워지는데 반해 교사진은 부족하기 그지없다. 중국에서 외국인에게 중국인을 가르칠 수 있는 자격을 갖춘 교사는 불과 6 000여 명으로, 중국에 유학 중인 외국인 7만여 명과 전 세계에서 중국어를 배우는 학생 3000만 명을 감안하면 크게 부족한 실정이다. 중국어교사는 말레이시아·인도네시아에서만 각각 9만 명과 10만 명이 부족한 것으로 집계되고 있다.

중화(中華)문화의 보급 창구

베이징스판(北京師範)대학 언어학연구소의 천윈치앙(岑運强) 소장은 콩즈로 대변되는 유교사상은 중화문화의 정수라며, 이 '콩즈 간판'이 외국에서 인정을 받는 것은 중화문화의 영향력을 반영하는 것이라고 지적했다.

천 소장은 "콩즈학원은 세계 곳곳에서 자기나라 언어교육을 기초로 자신의 문화를 드높이는 영국문화원 · 프랑스문화원 · 독일문화원 등과 유사하다"며, "각종 중국어강좌를 통해 콩즈학원이 중화문화를 외국에 보급하는 창구 역할을 할 것"으로 전망했다.

후진타오(胡錦濤) 당총서기 겸 국가 주석을 핵심으로 하는 중국 제4세대 지도부는 경제성장과 국력 신장에 걸맞은 국제 지위 상승을 위해 평화공존 속의 '허핑쥐에치(和平崛起: 평화적으로 우뚝 선다)' 외교의 기치를 높이 내 걸었고, 현재 '콩즈학원'에게도 막중한 역할이 맡겨져 있다.

'콩즈학원'은 현지인에게 중국어를 가르치고 자국 문화, 정치이념, 정책을 소개하는 과정을 통해 중국에 대한 이해를 높이고 친중파(親中派)를 배양한다는 의도를 구태여 숨기지 않는다.

중국은 경제 · 정치 · 군사적으로 강국으로 부상하면서 문화 외교에도 적극 나서는 등 강대국의 면모를 갖춰 나가고 있다.

중국, 3농 문제 해결 나서

2005년 열렸던 '리앙후이(兩會: 전국인민대표대회와 전국인민정치협상회의)'에서 화두는 아무래도 농촌·농민·농업 등 이른바 '3농' 문제라고 해야 할 것 같다. 리앙후이 폐막 뒤 열린 원지아바오 총리 내외신 기자회견에서 나온 중국 경제와 관련한 질문들은 △3농 문제와 △거시경제 조정에 집중됐다. 이는 지금까지의 급속한 성장 드라이브 정책으로 생겨난 불균형 문제를 해소하면서, 안정적이고 지속적인 경제발전을 지속적으로 이루느냐에 새 지도부의 명운이 걸려있기 때문이다. 3농 문제가 스포트라이트를 받은 것은 2005년 만의 일은 아니다. 3농 문제가 중국 사회의 핵심 문제로 대두되면서 이미 2004년 2월 8일 중국공산당중앙위원회와 중국 국무원에서도 18년 만에 처음으로 농민의 수입 증대와 3농 문제를 내용으로 하는 '제1호 문건'을 발표했는가 하면, 후진타오 국가주석은 일본 공명당 대표들을 접견하는 자리에서 "취임 이래 가장 관심을 갖고 있는 문제가 무엇이냐"는 질문에 바로 "3농 문제 해결"이라고 답변하기도 했다. 그 3농 문제 해결의 핵심은 바로 농민의 수입 증대이며 곧 도·농 소득격차의 해소를 뜻한다.

원 총리는 이번 회견에서 3농 문제 해결방안에 대해 답하면서 1979년 노벨 경제 수상자인 미국 경제학자 시어도어 슐츠의 말을 인용했다. "…세계 대다수의 가난한 사람들은 농업으로 생계를 이어간다. 만약 농업을 안다면 당신은 가난한 사람의 경제학을 아는 것이다."

그러나 현 지도부가 농촌 살리기와 경제성장이라는 두 마리 토끼를 잡아낼 지에는 회의적인 시각도 적지 않다. 가장 직접적인 문제는 이른바 '민공황'이라 불리는 공장 일손부족 현상이다. 2004년 정부가 농업세를 줄이고 보조금 지출을 늘리자 농촌 출신 산업예비군이 귀농하는 현상이 나타나기 시작했다. 노동집약적인 제조업을 중심으로 성장해온 중국 연해지구의 산업 도시들은 이 때문에 중국 제조업의 경쟁력이 낮아질 것을 우려한다.

하지만 2004년 중국사회과학원에서는 도시와 농촌 간의 소득격차는 실제로는 세계 최대 수준인 6배까지 차이가 나고 있다는 조사발표를 했다. 이는 사회안정을 심각하게 해칠 수 있을 수 있기에 어떻게 해서든 도·농 소득격차를 해소해야만 한다.

도·농 소득격차 6대 1, 위험수위 돌파

징티엔쿠이(景天魁) 중국사회과학원 사회학연구소 소장은 3월 10일 전국인민정치협상회의(政協) 분임 토의에서 "도시와 농촌 간의 소득격차가 1985년 이후 계속 심해져 2004년 6대 1 수준으로 벌어졌다"고 밝혔다.

이 자리에서 쒀 리셩 정협 위원도 "가구소득 상위 10%와 하위 10%의 소득 격차도 2004년 8배 이상으로 벌어졌다"며 "소득불균형도를 나타내는 지니계수가 0.47로 국제적 경고 수위인 0.4를 훨씬 넘어섰다"고 밝혔다.

징 소장은 "1인당 GDP가 1,200달러를 넘어선 지금이 소득분배 시스템을 개혁하기에 최적기"라면서 "그 동안 충분히 논의되고 시행이 용이한 몇 가지 방안을 정부가 채택해야 한다"고 주장했다.

그는 구체적 방안으로 "공무원의 봉급체계를 점진적으로 통일하고, 외국의 사례를 벤치마킹해 소득격차를 줄이고 사회불안을 경감할 수 있는 세제개혁, 공공서비스 분야의 방만한 임금 인상 억제, 기업들의 합리적인 임금조정, 사회보장시스템 개선 등을 추진해야 한다"고 제시했다.

이 같은 중국지도부의 도·농 소득격차 통계 공개와 대책 마련 촉구는 중국의 도·농 격차가 중국사회의 최대 잠복위기라는 인식에 기초한 것이며, 향후 중국정부의 도·농 격차 해소 결과가 주목된다.

중국 茶 과연 마실 만한가?

중국 茶 품질 안전문제 심각, 대부분 농약 · 납 · 대장균 과다 함유

중국은 차(茶)의 나라라 불릴 만하다. 어디서든 차를 구할 수 있고 우롱차(烏龍茶), 롱징차(龍井茶)로 대표되는 녹차(綠茶), 모리후아차(茉莉花茶: 자스민차), 푸얼차(普洱茶: 운남성 보이산(普洱山)에서 생산되는 차), 국화차 등등 종류도 많기 때문이다. 이렇게 차가 많고 종류가 발달한 것은 중국물에 석회질이 많아 바로 마실 수가 없고 음식에 기름이 많기 때문이다.

그래서 사람들의 손에는 차를 우려낸 차병이 들려 있고, 일반 음료로 또 습관적으로 차를 마시며, 차에 자신의 건강을 맡기고 있다.

그런데 중국산 차가 인체에 해로운 농약 · 중금속 · 미생물 등을 과다하게 함유하고 있어 품질 안전문제가 심각한 것으로 나타났다.

중국농업과학원 차연구소 예양(葉陽) 연구원은 차의 품질을 높이는 문제가 시급한 당면과제로 떠오르고 있다고 강조했다.

차의 품질 안전문제는 주로 차에 잔류된 농약 · 중금속 · 미생물 · 이물질 등에 있다. 중국은 최근 차의 농약 잔류 문제를 중시하고 △무공해식품 행동계획 △차 생산에 유독성 농약 사용금지 등의 조치를 실시하고 있지만 국제적인 기준에는 아직 미치지 못하는 실정이다.

다양한 중국차

특히 유해 농약의 사용을 엄격하게 금지하는 유럽연합에 대한 중국 차의 수출량과 수출액은 지난 2002년 대비 2003년에는 대폭 감소한 것으로 알려져 있다. 유해 중금속 잔류 문제는 주로 납 함유량의 기준 초과를 의미한다.

8가지 재료가 들어간 빠바오차(八宝茶)

중국농업과학원 차 연구소가 중국 20여 개 성·시(省市)의 차 566종을 표본 조사한 결과, 우롱차와 녹차는 납 함유량이 상대적으로 낮고 홍차 및 덩어리차(緊壓茶: 찻잎을 증기로 쪄서 덩어리 모양으로 압축한 차)는 높은 편으로 나타났다.

유해 미생물 함유 문제도 심각하다. 중국에서 판매되는 차에서는 주로 대장균과 살모넬라균 등의 내장 감염세균 함유량이 기준을 초과했고, 수출되는 차에서는 대장균·아플러톡신이 검출됐다.

그 밖에 표면적으로 드러나는 주요한 품질 문제인 이물질 함유 문제와 관련, 중국은 현재 덩어리차와 푸주안차(茯砖茶: 전차. 찻잎을 쪄서 벽돌 모양으로 단단하게 굳힌 차로 몽골인이 상용)에 대해서만 이물질 함유량 허용기준을 1% 미만으로 규정하고 있는 실정이다.

필자가 중국에 와서 차를 처음 마실 때 놀란 것은, 첫잔은 찻잔을 데우고 난 뒤 항상 버리고 두 번째 잔부터 마시는 것이었다. 꽤 비싼 차일지라도 버리는 데 주저함이 없었다. 왜 그러냐고 물어보니, 차를 만드는 과정에서 먼지 등의 불순물이 차에 섞여 있기에 차를 씻어 주기 위해서 그런다고 한다.

어쩌면 잔류농약과 이물질 등의 문제는 이전부터 알려졌던 사실일 수도 있다. 아니면 중국에 먼지가 많아서 자연스럽게 생긴 절차일수도 있다.

일부 식당에선 찻잎에 향수 섞어 제공하기도

중국 식당에 가보면 어떤 식당은 공짜로 차를 내놓고, 어떤 식당은 돈을 내고 차를 사서 먹어야 한다. 그런데 '싼 게 비지떡'이란 말은 여기서도 통하는가 보다.

중국의 대다수 식당에서는 손님들에게 차를 무상으로 제공하는데, 이들의 대부분은 향수, 차 줄기 등으로 가공한 것이어서 신체 건강에 해로운 것으로 밝혀졌다.

이는 2005년 안후이성(安徽省) 허페이(合肥) 도심 멍청루(夢城路)에서 제공한 자스민차가 순수한 자스민차가 아니라 진한 향수가 섞인 차인 것으로 밝혀지면서 세간에 알려졌다.

이 도심의 다른 레스토랑에서도 모두 마찬가지였다. 6~7위엔에 1kg씩 하는 싸구려 찻잎으로 200~300잔의 차를 우려내 제공하는 현상은 이미 중국 각지의 많은 식당들에서는 보편적인 현상이 되었다.

허페이의 한 레스토랑 경리는 손님들이 차의 품질은 따지지 않으며, 차 향기가 나기만 나면 전혀 이상하게 생각하지 않는다고 말했다.

허페이시 차오후루(巢湖路) 찻잎도매 시장에서는 1kg당 7위엔의 찻잎이 잘 팔리며 이 차는 더운 물에 4~5회 담구어도 차 맛과 향이 우러나오는 것으로 알려져 있다. 심지어 1kg에 4위엔 하는 자스민 찻잎 부스러기에 향수를 조금 뿌리면 고급스런 향기를 풍기는 자스민차로 둔갑하며(일반인들이 느끼기에는), 시중에서 판매되는 것과 별 차이 없는 차가 된다.

전문가들은 찻잎 부스러기는 차를 가공하고 남은 부분이어서 찻잎에 탄 냄새가 난으며, 이러한 냄새는 건강에 해롭다고 말했다. 특히 찻잎 부스러기에서 향수냄새가 난다면 그것은 실제 향수를 사용한 것이니 조심할 것을 당부했다.

쓰레기 찻잎으로 만드는 음식점 무료 찻물 마셔도 되나?

한편 2006년 중국품질만리행(質量萬里行)촉진회가 실시한 조사 결과, 중국의 음식점들이 고객에게 무료로 제공하는 찻물이 상당부분 '쓰레기 찻잎'

이나 다름없는 저질 찻잎을 우려내는 것으로 드러났다.

베이징시를 예로 들면, 비교적 규모가 큰 음식점들은 찻물을 주문하는 고객에게 돈을 받는다. 그러나 대부분의 중·소형 음식점들에게 찻물을 무료로 제공하는 것은 고객들을 위한 필수 서비스의 하나이다.

매일 고객에게 무료로 제공하는 찻물의 분량이 상당하기 때문에 음식점들은 원가절약을 위해 가격이 낮은 찻잎을 사들인다. 이런 수요 때문에 찻잎 시장에서 저질 찻잎은 아무렇지 않게 유통되고 있다.

베이징의 차 거리로 유명한 마리엔따오(馬連道)도 예외가 아니다. 음식점들이 무료 찻물에 쓰는 찻잎은 500g에 10위엔 정도 하는 것으로 알려져 있다. 무료 찻물에 쓰이는 찻잎으로는 좀 비싸지만, 좋은 찻잎에서 걸러 나온 것이어서 (다른 싸구려차에 비해) 그나마 맛이 괜찮다고 할 수 있다. 500g에 8위엔 짜리는 찻잎 가공공장에서 바닥에 흘린 것을 빗자루로 쓸어 담은 거라는 것이다.

'쓰레기 찻잎'도 종류별로 가격이 다르다. 최저 500g에 2위엔씩 하는 것도 있는데, 이런 찻잎은 줄기에 향료를 뿌려 냄새만 나게 만든 것이다. 그리고 대부분 저질 찻잎은 찻잎 가공공장에서 묵은 찻잎을 정리하며 걸러냈거나 저질 찻잎에 나무 잎 등을 섞어서 만든다.

더욱 큰 문제는 찻잎 점포 주인들이 이런 저질 찻잎을 파는 행위를 대수롭지 않게 생각한다는 사실이다. 중국에서 고객의 건강과 안전은 그리 중요하지 않은 것 같다.

다구 세트들

숙취해소에 茶 효과 없다

그런가 하면 차의 안전 문제 외에도 효능에 대해서도 의문이 제기되고 있다.

중국에서 차가 숙취해소에 도움이 된다고 전해져 온 탓에 많은 중국인들이 술을 깨기 위해 진한 차를 마시거나 술을 마실 때 차를 같이 마시거나 한다.

그러나 이런 방법으로는 술이 깨기는커녕 도리어 신장에 해로울 뿐이라는 지적이 제기됐다.

리원하이(李文海) 후난(湖南)중의대학 교수는 밍(明)대 리스진(李時珍)의 번차오강무(本草綱目)의 기록을 근거로 음주 후 차를 마시는 것은 신장을 해치고 허리·다리를 붓게 만드는 등 몸에 도리어 해롭다고 지적했다.

현대의학에서도 음주 후 특히 진한 차를 마시는 것은 신장에 좋지 않다는 연구결과가 있다.

음주로 몸에 흡수된 알코올은 먼저 간에서 아세트알데히드 상태를 거쳐 이산화탄소와 물로 분해된 뒤, 신장과 폐를 통해 체외로 배출되는 과정을 거친다. 그런데 차를 마시면 차에 포함된 카페인 성분의 이뇨작용으로 아직 분해가 안된 아세트알데히드를 바로 신장으로 보내기 때문에 비뇨기 계통을 크게 해치게 된다는 것이다.

리 교수는 숙취 해소 방법으로 과일주스, 설탕물, 지앙쓰둔위탕(姜絲炖魚湯)을 마시거나 식초(50g), 흑설탕(20g), 생강(3쪽)을 넣고 달인 물을 마실 것을 권한다.

차가 당뇨나 비만에 어느 정도 효과가 있는 건 사실이지만, 만병통치약이나 기적의 약물은 아니라는 차전문가의 지적을 음미해 볼 필요가 있다.

2006년 리앙후이(兩會)에 관해

2006년 베이징(北京)에서 열렸던 '리앙후이(兩會: 전국인민대표대회와 전국인민정치협상회의)'에서 화두는 아무래도 '조화로운 사회론'이라고 해야 할 것 같다. 원지아바오(溫家寶) 총리는 올해 전인대기간 중 경제의 안정적이고 빠른 발전을 지속하면서 조화로운 사회 건설에 매진하겠다고 밝혔다.

후진타오(胡錦濤) 국가주석과, 원 총리 체제 출범 후 기존의 성장 제일주의 노선에서 탈피, 국가경제의 균형적 발전을 추구하는 새 국가전략을 채택한 이후 줄곧 같은 기조이다.

조화로운 사회론은 작년 9월 중공당 제6기 4중전회에서 처음 등장한 제4세대 지도부의 새로운 이념적 지표로, 중국 특색의 사회주의가 안고 있는 분배 불균형 등의 문제점으로 인해 파생되는 갈등을 해소하는 것에 초점을 맞추고 있다.

이 이론은 이번 리앙후이를 통해 덩시아오핑(鄧小平)이론, 지앙쩌민(江澤民) 전총서기의 3개 대표론에 이은 후 주석의 통치철학으로 자리잡았다는 평가를 받고 있다.

또한 이번 전인대를 통해 후진타오 중국공산당 총서기 겸 국가주석은 지앙쩌민(江澤民) 전중앙군사위원회주석으로부터 마지막 남은 공직을 승계 받았고 지앙 전 주석은 일선에서 완전히 물러나게 되어, 후 국가주석은 명실상부한 중국의 1인자로 오르게 되었다.

지앙쩌민(江澤民) 전주석은 사실 시장주의자라고 불려도 될 만 하지만, 후진타오 현주석은 사회주의자로써 공산주의 이념에 충실하며, 빈부차가 점점 커지는 현 상황에서 중국국민들도 사회주의적인 균형발전과 빈부차 해소를 원하고 있다.

전인대 주요 발표 분석

전국인민대표대회 제10기 제4차 회의에서 발표된 2006년 정부공작(사업) 보고에는 대체로 '신속한 경제발전 지속·안정적 성장 기조 유지'의 의지가 강력한 것으로 나타났다.

원 총리는 이날 제10기 전국인민대표대회 제4차 회의 개막식에서 발표한 '정부사업보고'를 통해 올해 4대 국정원칙을 거시경제 조정 지속, 개혁·개방의 지속 추진, 조화사회 건설, '11·5규획' 실현 초석 확보로 잡았다.

이를 토대로 사회주의 신농촌 건설을 추진하고 산업 구조조정을 통해 경쟁력과 집중력을 높이는 한편 자원 절약과 환경보전을 강도 높게 추진하겠다고 말했다. 대외적으로는 대만의 분열활동을 절대 용납하지 않고 자주적인 평화외교 정책을 통해 세계평화를 수호하겠다고 다짐했다.

원 총리는 '올해 정부사업을 △과학적 발전관의 전면적 관철 △계속적인 개혁, 개방 및 자주적 혁신 촉진 △경제구조조정과 경제 성장방식 전환 추진 △인민대중의 절실한 이익과 관련되는 문제의 우선 해결 △경제, 정치, 문화, 조화사회 건설의 전면강화라는 기본 구상에 따라 수행해 나가겠다고 밝혔다.

이는 최우선적인 중점사업분야인 '안정적이고 비교적 빠른 발전'을 위해서는 안정적인 재정정책 및 통화정책, 내수확대, 고정자산 투자 최적화 등이 제시됐다. 선별적인 투자 긴축과 내수확대를 병행해 질적 성장을 도모해 보겠다는 의미로 해석된다.

세 번째 중점사업분야는 산업구조 조정으로써 중국은 특히 산업구조조정과 최적화 수준 제고를 경제성장방식 전환과 경제성장의 질적 수준 향상을 위한 필수적 과정이자 절박한 과업으로 인식하고 있다.

과도한 투자, 수출확대정책 등에 의한 양적 확대에 주력한 나머지 그 동안 고비용·저효율, 지속성 결여, 일부 업종 과잉생산, 기업의 자주적 혁신능력 부족 등의 문제점들이 드러났었다.

과학기술 진보와 혁신에 의해 경제, 사회를 발전시킨다는 것도 중국의 중요 추진과제 가운데 하나로서 이를 위해 혁신형 국가 건설을 목표로 중장기 과학, 기술발전계획을 만들어 추진하기로 했다.

기존의 지나친 외국기술 도입전략이 대외의존도만 심화시키고 있다는 반성에서 출발, 경제의 질적 도약을 위한 독자적인 기술혁신 능력 강화를 위해 그 동안 GDP의 1%에 불과했던 R&D 비용을 오는 2020년까지 2.5%로 늘린다는 것이 중국의 목표다.

중국은 "개혁·개방이 중국의 운명을 결정한다"는 각오로 이를 더욱 확대한다는 방침이다. 국유 시중은행의 주식제 개혁, 자본시장확대, 농촌 금융개혁 등 금융 체제 개혁과 수입 증대를 통한 무역 불균형 개선, 서비스 분야 대외개방 확대 등이다. 국내외 기업 간 M&A 규모도 확대될 것으로 전망된다.

고속 경제성장으로 다양한 사회양극화 현상이 나타나고 그 그늘에서 소외계층의 불만이 분출함에 따라 이를 해소하기 위해 군중의 실제 이익과 관련된 문제의 해결에 신경을 쓰겠다고 했다.

지상최대과제인 3농 문제, 해결의지 보여

전국인민대표대회 제10기 제4차 회의에서 중국정부는 여전히 '농촌 발전'이 최대 과제임을 다시 한번 강조했다.

개막식 첫날, 원 총리는 '정부공작보고'를 통해 사회주의 신농촌 건설과 이를 통한 3농(농업, 농민, 농촌) 문제 해결을 여러 가지 전략적 과업의 최우선 순위에 올려 놓으며, 지난해 중국의 경제성장률은 9.9.%에 달했으나 농촌인구의 1인당 연간 소득은 연간 소득은 6.2%밖에 늘지 않았다는 점을 강조했다.

또한, 지난 해 중국 도시인구의 1인당 연간 소득은 10,493위엔으로 2001년 대비 58.3%나 늘었으나 농민소득은 3,255위엔으로 2001년에 비해 29.2% 증가하는 데 그쳤다며 아쉬워했다.

현재 급속한 공업발전을 거듭하고 있는 중국에서는 7억에서 9억 명으로 추산되는 거대한 농촌인구가 중국 경제발전의 열매를 맛보지 못한 채 소외계층으로, 빈민층으로, 사회불만 세력으로 자리잡고 있다는 것이 가장 커다란 위협요인으로 분석된다. 현재 이 같은 현실을 타파하기 위해 덩시아오핑이 주창한 성장우선주의인 '선부론(先富論)'에서 균형과 분배를 우선시하는 '공부론(共富論)'으로 발전전략을 바꿔나가고 있다.

이번 전인대를 통한 중국 정부의 3농 문제 해법은 농업부문에 대한 재정지출을 대폭 늘리고 농민부담을 경감해주는 동시에 사회주의 신농촌건설을 통해 경제발전의 가장 큰 부담을 풀어주자는 것이며, 올해 삼농문제 해결을 위한 재정지출을 작년보다 14% 늘린 3,397억 위엔으로 대폭 증액하는 결단을 취했다.

뿐만 아니라, 이를 통해 농업세 폐지와 함께 농민에 대한 각종 보조금 지원, 농촌 기반시설 건설을 늘리는 한편 향후 2년 안에 9년 의무교육 기간의 각종 교육잡비를 전액 면제해주는 방안을 강구키로 하는 초강수를 둬 농민들의 지지를 받고 있다.

천이아오방(陳耀邦) 전농업부장은 "도시·농촌의 2원화 구조가 공업·농업 발전의 불균형과 빈부격차를 가져왔다"며 "3농문제 해결과 선면 시아오캉 사회를 이루기 위해선 다함께 부유해지는 전략 조치를 취해야 한다"고 밝혔으며, 원 총리는 "사회주의 신농촌 건설은 농민들의 민생해결 뿐 아니라, 농업부문의 안정과 발전을 통해 새로운 성장동력으로 만들어 가겠다는 뉴딜정책에 초점이 맞춰져 있다."고 강조했다.

한편, 전문가들은 "기존의 중국 농업정책이 3농 문제 해결이라는 수세적 입장에 맞춰져 있었다면 앞으로는 사회주의 신농촌이라는 목표를 통해 농촌을 또 다른 생산기지로 육성, 이농 현상을 막고 소득증대를 통해 새로운 내수시장으로 발전시킨다는 공세적 정책으로 전환하고 있다."며, "중국이 사회주의 신농촌 건설에서 문화와 기술을 이해하며 경영능력이 있는 '새농민(新型農民)'을 육성하고 한국의 새마을운동 경험을 일부 반영하기로 한 것도 주목할만한 일이다."고 분석했다.

성장보다 환경 중시

중국이 십여 년 간 고수했던 고성장 정책을 약화시키는 대신, 사회복지와 환경을 이전보다 중요시 할 뜻을 비췄다. 중국 국가개발개혁위원회(NDRC)는 중국 정부가 최근 발표한 '5개년 계획'을 통해 경제성장률 목표치를 하향했다고 밝혔다.

국가개발개혁위원회의 마카이(馬凱) 위원장은 "이날 발표한 5개년 계획에 포함된 주요 경제 목표는 2010년까지 1인당 GDP를 두 배로 늘리고 생산단위당 에너지소비를 줄인다는 것 정도"이며, 전인대에 참석한 자리에서 "경제성장은 지속되겠지만 환경 파괴 역시 이와 비례해 늘어날 것"이라고 강조했다.

이번 계획에는 교육과 의료를 포함한 사회 지출에 대한 내용이 큰 비중을 차지했으며 특히 폐수 처리와 같은 환경 문제에 대한 관심이 높아진 것이 특징적이다. 마 위원장은 "정부의 역할은 이제 살기 좋은 환경을 만드는 것이나, 경제정책의 대부분을 지방정부가 자체적으로 진행하기 있기 때문에 중앙정부의 통제는 제한될 수 밖에 없는 등 이 같은 정부의 정책 추진에는 다소 시간이 걸릴 수 있을 것"이라며 여운을 남겼다.

한편 지난 2000년 중국 정부가 5개년 계획을 시작할 때는 연평균 경제성장률 목표치가 7%대 였지만 실제 성장률은 연간 9%대에 달해 정부 목표치를 2%나 넘어섰기에, 과연 이번 정책변환이 얼마나 효과를 나타낼지는 두고 봐야 할 것이다.

CHINAREPORT

경제

중국 진출 성공은 좋은 이름에서부터

'코카콜라' → '可口可樂' 최고 걸작

스웨덴계 가구 백화점 IKEA는 중국 명칭이 이지아(宜家)다. 뜻과 어감이 좋아 베이징(北京)에 진출한 지 얼마 안 되어 이젠 상하이(上海)에도 대형 점포를 열었다. 상큼한 어감과 깔끔한 이미지가 성공의 디딤돌이 됐다는 이야기가 들린다.

프랑스의 유명 유통업체 까르푸는 중국 명칭이 '찌아러푸(家樂福)'이다. 어음도 닮아 있지만 '집에 즐거움과 복을 가져온다'는 의미가 무심코 지나가던 행인의 발걸음을 끌어당긴다. 이들 기업의 눈부신 성공은 이름 덕을 톡톡히 보고 있는 셈이다.

알파벳, 한글과 달리 한문은 '표의문자'다. 그런 만큼 외국음을 표기할 때 정확한 원음을 나타내기가 상당히 어렵다. 음과 뜻을 고려해 좋은 이름을 만들기란 더 힘들다. 그래도 중국인이 느끼기에 좋은 이름으로 번역하기는 옷 입을 때 첫 단추를 제대로 끼우는 것만큼 아주 중요하다.

현재 중국에서 외국 상품이나 외국 점포 명칭을 중문으로 번역하는 방법은 대략 세 가지다.

첫째는 단순한 음역(音譯)이다. 이는 비교적 단순한 방법으로, 외국어 발음과 비슷한 한자를 찾아 대응하기 때문에 읽기가 쉽다. 원음을 살린다는 취지는 좋으나 그 글자가 상품이나 점포 명칭에 걸맞는 뜻을 지니기 어렵다는 단점이 있다. 미국 패스트푸드 맥도널드의 중문명은 '마이당라오(麥當勞)'다. 맥도날드와 마이당라오 사이에 큰 연관성은 없으나 맥도날드가 워낙 유

길거리의 펩시 간판

명해 지금 '마이당라오'는 이미 중국인들에게 익숙한 브랜드로, 미국식 패스트푸드의 대명사로 자리잡았다.

둘째, '의역(意譯)'이다. 대표적인 예로 커피 브랜드 '네슬레'를 '취에차오(雀巢: 참새 둥우리)'로 번역한 것이다. 외국상품의 원래 명칭의 뜻을 그대로 따온 유형이다. 대신 중문에서 외국어 발음의 흔적을 찾아 볼 수 없다는 점이 흠이라면 흠이다.

셋째, 음역과 의역을 결합한 번역이다. 일반적으로 음역과 의역을 결합한다 해도 완벽한 번역을 하기는 쉽지 않다. 보통 음역에 한자 뜻을 합치는 경우가 많다. 외국어 발음과 비슷한 한자 중에서 한자로 뜻을 전달할 수 있는 글자를 선택하는 방식이다. 중국인들이 상품과 점포 명칭을 지을 때 길조를 추구하는 전통과 부합되고, 외국 상품이 중국 소비자들에게 익숙하게 알려지는 데 도움이 된다. Amway의 중국이름은 '안리(安利)'인데, 음도 비슷하고 뜻도 좋은 의미를 지니게 되었다. 펩시콜라의 중문 이름도 '모든 일에 즐겁다'는 의미에 '바이스크어러(百事可樂)'이다. 이 또한 중국 작명에서 성공한 예로 꼽힌다.

초코파이 성공은 이름 덕분

그렇지만 가장 성공적인 예로 '크어코우크어러(可口可樂)'로 작명한 코카콜라를 꼽는다. 기본적으로 영어의 Coca Cola를 음역한 것이지만, 한자가 '맛있다(可口)'와 '즐겁다(可樂)'는 자체의 뜻을 가지고 있기 때문에 음료라는 상품 자체 특징을 잘 살려내고 있다는 점에서 매우 성공적이다.

우리나라 삼성이나 현대같이 이미 한자가 존재하는 경우는 아무래도 한

글 발음보다는 '산싱(三星)', '시엔다이(現代)'라는 중국발음으로 읽는 경우가 많다. 역시 일본의 마쓰시타를 '송시아(松下)'로 히타치를 '르리(日立)'로 발음한다.

스프라이트와 코카콜라

그러나 모든 회사나 제품이 원명과 원래 의미를 살려서 번역되거나 중국이름을 짓는 건 아니다. 오리온 초코파이는 이름을 아예 하오리요우·파이(好麗友·派)로 바꿔서 중국에 진출했다. 듣기도 좋고 뜻도 좋은데다 탄탄한 제품력으로 성공한 대표적인 예로 꼽아도 무방하다.

반면 이마트는 이마이더(易買得), 일본의 Jusco는 지아스커(佳世客)로 영어이름을 비슷한 음과 좋은 의미로 바꾸어 중국에 진출하였다.

이름만이 전부는 아니지만 코카콜라나 초코파이의 성공 뒤에 좋은 이름이 좋은 첫인상 역할을 해냈다는 점은 아무도 부인하지 않는다. 중국시장에서 정말로 성공하고 싶다면 좋은 이름을 짓거나 좋은 이름으로 번역해야 하는 것은 상식이 됐다.

칭다오(青島)의 JUSCO 간판

급부상하는 중국 브랜드

2002년 베스트 브랜드 made in china

일반적으로 중국은 OEM방식으로 수출해서 자체 브랜드가 약하다는 평가를 내리고 있지만 그런 인식은 중국제품의 부상과 함께 점점 사실에서 멀어지고 있다. 최근 상하이(上海)시 상업정보센터에서 발표한 2002년 상하이소비품시장 브랜드 조사결과를 보면 중국 국산품의 매력이 상당하다. 이것은 상하이시 100여 개 업종의 판매기업, 3,000여 개의 쇼핑몰사이트, 약 100가지 상품을 조사통계를 낸 것이다.

2002년 상하이 소비품시장은 500여 개의 베스트 브랜드가 있었는데 그 중 중국제품이 반을 차지하며 상하이의 브랜드가 중국제품의 주류를 이루고 있다. 조사에 따르면 500여 개 베스트 브랜드 중 중국산 브랜드가 54.4%를 차지하며 2001년보다 약간 높은 1.5%가 상승했다. 전문가들은 이것은 주로 외국 유명브랜드의 대거 진입으로 중국 내 시장 경쟁이 격화되면서 중국 소비품제조상과 판매상을 성장하게 했고, 장기간의 경쟁에서 쌓인 브랜드관리 경험이 풍부해졌기 때문이라고 선했다.

이와 동시에 상하이의 브랜드는 상하이에서 여전히 선두자리를 지키고 있다. 전체 브랜드 중 상하이의 브랜드가 1/4을 차지하며 중국산 브랜드의 반을 차지한다.

그리고 가전과 의류등에서 중국산 브랜드의 점유율은 2001년 이미 60% 이상에 달했다.

막강한 합자(合資) 브랜드

이번 조사에서 보면 수입브랜드 제품은 베스트 브랜드 중 합자브랜드가 차지하는 비율은 42%로 나타났으며 2002년과 기본적으로 균형을 유지하고 있다. 그 이유는 국제적인 유명 소비품 브랜드의 대다수가 중국 내에 진입했고, 노동력, 토지 등 저원가 생산요소의 우위를 이용하여 대량으로 중국에 생산기지를 건설했다. 이런 외국유명브랜드기업은 여러 해에 걸쳐 중국시장 본토화를 추진했고 소비자의 브랜드 충성도를 만들었다. 숫자 통계로 볼 때 합자브랜드는 의류, 일용품 방면에 있어서 강하고, 베스트 브랜드에서 차지하는 비율은 50%이다. 상품에서 볼 때 여성복, 화장품, 휴대폰 등 패션상품과 과학기술제품은 합자브랜드가 절대적인 강세를 보이고 있다. 베스트 브랜드의 판매실적이 좋기 때문에 경쟁이 이쪽으로 몰리고 있다. 2002년 상위 10대 브랜드의 평균시장 점유율은 71.4%에 달한다.

중국의 대표적인 경제 중심지 상하이가 단적인 예지만 요즘 들어 크게는 개인용컴퓨터에서 작게는 샴푸에 이르기까지 중국산 제품의 중국 시장 점유율이 꾸준히 상승세를 보이고 있다. 『리엔흐어자오빠오(聯合早報)』는 중국 개인용 컴퓨터 시장 점유율 면에서 중국 최대의 개인용 컴퓨터 제조업체인 리엔시앙(聯想)그룹의 2002년 중국시장 점유율은 27%로 델의 5%, IBM의 5%, 휴렛패커드의 3%를 훨씬 웃돌고 있다고 보도했다. 중국 정보산업부에 따르면 2003년 4월말 휴대폰 가입자수가 2억 2600만 명에 이르고 있는 가운데, 2003년 3월 중국산 휴대폰의 중국 시장 점유율은 이미 35%가 증

리엔시앙(聯想)의 간판

가, 2001년에 비해 2배로 늘어났다.

칭다오(青島)의 Hisense 건물

중국산 제품의 중국 시장 점유율이 상승하는 데에는 중국 제조업체들의 기술력이 향상된 것도 주된 원인을 이루고 있지만 중국산 제품이 중국 국민들에게 가까이 다가서는 작전을 펼치고 있다는 점도 큰 몫을 한다는 것이 업계 관계자들의 분석이다.

예를 들어 휴렛패커드는 데스크 탑 컴퓨터의 경우 중국시장에서 개인 고객을 대상으로 판매하지 않고 있으며 델은 인터넷을 통해서만 제품을 판매하고 있다. 그러나 리엔시앙은 전국에 분포돼 있는 대리점을 통해 고객을 직접 상대하고 있는 것이다. 게다가 똑같은 성능이라 해도 리엔시앙 제품은 IBM제품에 비해 10% 정도 싸다.

그 밖에 샴푸, 가루비누, 면도칼, 피부용품 등 생활 필수품도 마찬가지 현상을 보이고 있다. AC닐슨사의 조사보고서에 따르면 중국의 4대 도시에서 라팡(拉芳) 등 중국산 브랜드의 샴푸시장 점유율은 2000년의 25%에서 34%로 늘어났으며 일부 소도시에서는 63%에 이르는 것으로 밝혀졌다.

패스트푸드도 중국 브랜드 시대

중국식 패스트푸드가 맥도널드·KFC 등 서양 패스트푸드의 강력한 경쟁력에도 불구하고 현재 중국패스트푸드시장의 80% 점유율을 자랑하며 바야흐로 '중국 브랜드 시대'에 들어서고 있다고 2006년 3월 30일 『징지르빠오(經濟日報)』가 보도했다.

지난 1990년 대의 '룽후아지(榮華鷄)', '홍까오리앙(紅高粱)' 등을 시작으로 등장한 중국식 패스트푸드가 지금은 '마란라미엔(馬蘭拉面)' '따니앙슈이지아오(大娘水餃)', '라오지아로우빙(老家肉餅)', '용흐어도우지앙(永和豆漿)', '리후아쿠아이찬(麗華快餐)' 등 일련의 브랜드파워를 형성하고 있다.

2005년 중국 요식업 100대 기업 중 패스트푸드 업체가 20개에 달했으며, 이들 업체의 매출이 차지하는 비중은 35%에 달했다. 뿐만 아니라 지난 10여 년 간 중국의 패스트푸드 업종은 연평균 20% 이상의 성장률을 지속하고 있으며, 2004년 중국 요식업계 100대 기업 중 패스트푸드 업체의 매출 증가율은 23.5%로 요식업종 평균 증가율 21.6%보다 높았다.

중국식 패스트푸드가 이처럼 급속히 발전하게 된 것은 서양식 패스트푸드에 비해 저렴한 가격 우위가 주된 이유라는 것이 업계관계자들의 분석이다. 일반 서민들이 부담없이 즐길 수 있는 낮은 가격이 중국식 패스트푸드가 빠른 성장을 구가할 수 있었던 원동력이라는 것이다.

주민들의 소득수준이 높아지면서 외식소비가 과거보다 증가했고 또 빠른 생활리듬과 생활패턴이 능률 추구형으로 바뀌어지면서 패스트푸드 소비집단이 형성된 것도 또 다른 원인으로 지적된다.

그 밖에 링디엔(靈点)컨설팅이 베이징, 상하이 등 5대 도시 주민을 대상으로 조사한 결과, 중국식 패스트푸드를 주로 소비한다고 응답한 비율이 서양식을 선택한 비율보다 2배 많은 것으로 나타났다.

업계 관계자들은 중국경제의 고속성장과 함께 오는 2010년쯤이면 중국의 패스트푸드 업종이 전면적으로 발전하는 황금시기에 들어설 것으로 전망했다.

중국, 반도체산업 세계대국 부상

"중국 IT제조업의 규모는 이미 세계 3위에 올라섰다!"

이 자신감에 가득 찬 발언의 배경에는 세계적 불황에도 불구하고 중국 반도체시장이 최근 수년 동안 나홀로 연평균 30%대의 고속 성장을 거듭한 데 있다. 발언의 주인공은 중국 반도체업계 협회 위충위(兪忠鈺) 이사장. 그는 2003년 모토롤라 티엔진(天津)공장 개업식에 참석한 자리에서 "최근 몇 년 사이에 중국 정보기술(IT) 산업은 급속히 발전해 2002년 IT영업 매출액이 1조 4천억 위엔에 달했고, 2003년 상반기에는 7천억 위엔을 초과, 2002년 동기보다 28% 늘어났다."고 밝혔다.

이에 따라 중국 IT제조업의 규모는 이미 세계 3위로 발돋움했으며 중국 IT시장에 세계적인 다국적 기업들이 대거 투자하고 있다고 소개했다. 이어서 "거대한 중국시장과 비교적 잘 갖춰진 인프라, 상대적으로 저렴한 제품개발, 생산원자재 등이 중국 반도체 산업에 대한 외국기업의 투자열기를 불러일으켜 투자규모가 연평균 20억 달러를 넘어섰다."고 덧붙였다.

『중구오징지왕(中國經濟網)』에 따르면 중국(반도체 산업)은 최근 정부의 반도체 산업 육성정책에 힘입어 빠른 성장세를 보이고 있다. 그리고 중저가품 반도체 시장에서 어느 정도 경쟁력을 확보하고 있으며 이러한 추세는 더욱 가속화될 것으로 전망된다.

현재 세계에서 가장 빠른 속도로 성장하고 있는 중국 반도체 시장은 지난 2002년에 전년대비 40.8%의 성장률을 기록한 것으로 나타났다. 2003년 시장조사기관 i서플라이는 중국에서의 반도체 매출액이 2001년 143억 달러에서 2002년 201억 달러로 크게 증가했다고 밝혔다. 또 2007년까지는 매출액이 621억 달러로 늘어날 것으로 예측했다.

중국의 실리콘밸리 중구안촌(中關村)

그리고 품목별로 메모리칩 장비(fabs)에 대한 투자가 지속 확대될 것으로 예상했다. 이것은 주로 중국시장에서 호황을 누리고 있는 이동전화, PC 등 전자제품의 저급 메모리칩 수요의 성장에 기인한다고 할 수 있다. 중국의 반도체 소비량은 2002년 이미 125억 달러 수준에 이르러 GDP의 1% 정도에 해당하는 것으로 추정된다.

한편 중국정부는 메모리칩 증치세(부가가치세에 해당)를 기존의 17%에서 3%로 대폭 인하했으며, 이 밖에도 낮은 이자율 및 정책성 은행대출 등이 거액의 투자 자금이 소요되는 반도체 공장의 든든한 지원이 되고 있다.

세계적인 반도체 산업의 침체와 더불어, 설계 및 기술의 대 중국 이전이 빠른 속도로 추진되고 있다. 타이완 TSMC사는 상하이(上海) 부근의 송지앙(淞江)에 200mm의 MPW 생산기지를 구축할 계획이며, 중국 최대규모의 메모리칩 파운더리 기업인 중신(中芯: SMIC)사는 싱가폴 特許社와 합자로 생산라인을 구축할 예정이다. 特許社는 향후 중국은 저급품, 타이완은 고급품 반도체기술을 위주로 발전시킬 계획이다. 중국과 타이완의 합작은 주로 중국의 저렴한 생산원가와 타이완의 고급기술 간의 시너지 효과를 노린 것으로 중국 업계에서는 2008년에 이르러 세계 반도체설계 시장의 40%를 점유하게 될 것으로 낙관하고 있다. 현재 중국 반도체 산업은 외형적인 성장에도, 아직까지는 발전단계에 있지만 정부의 강력한 지원과 선진국의 기술이전 등을 통해 머지 않아 진정한 반도체 대국으로 성장할 것으로 예상된다.

2004년의 중국 경제·사회발전 10대 특징

사스(SARS)에도 불구, 2003년 중국 경제는 8.6%의 성장을 구가했다. 2004년은 과연 어떨까? 리페이린(李培林) 중국사회과학원 사회학연구소 부소장은 베이징(北京)에서 열린 제5회 '중국경제학자 포럼'에서 "2004년 중국경제는 새로운 고도성장기를 맞게 될 것"이라는 견해를 제시하며 2004년의 중국경제와 사회발전의 10대 특징을 다음과 같이 예측했다. 2004년의 발표지만, 지금도 유효한 내용들이고 한동안은 큰 변화가 없을 듯하다.

첫째, 정치·경제·사회·문화 전반에 걸쳐 영향을 미칠 균형감을 갖춘 새로운 발전관과 발전전략이 이미 실행되기 시작하였다. 경제발전은 시장 주도로 진행되고 있다.

둘째, 경제성장이 새로운 피크를 맞았고, 경제성장률은 최근 수년 간 유지해온 7~8% 수준을 웃돌 가능성이 있다. 소비시장은 수년 간의 침체, 디플레이션 상황에서 탈피할 기미가 있고, 일부에서는 경제과열을 보이는 부문도 있다. 경제적 불균형과 생산과잉 등의 문제를 방지하기 위해 중국정부가 새로운 경제과열 대책을 내놓을 것으로 보인다.

셋째, 창지앙(長江)삼각주·주지앙(珠江)삼각주에 대한 투자가 더욱 집중된다. 연안지역과 내륙지역의 경제격차가 진행되는 동시에 남북 지역격차도 확대된다.

넷째, 경제성장과 사회발전 간의 불균형이 한층 심각해질 수 있다. 경제성장, 주식시황, 취업상황과 저소득층 소득 등에서 서로가 조화를 이루지 못하기 때문에 개혁 및 경제성과배분이 어려워진다. 한편, 장기화되는 소비시장의 침체는 타개될 전망이다.

다섯째, 동베이(東北)의 구공업기지 재건대책이 각광을 받으면서 동난(東南)지역의 발전가속, 서부 대개발과 나란히 3대발전계획으로 떠오르고 있다.

여섯째, 대졸자의 취업문제가 심각해지면서 취업난과 함께 대학생의 초임이 감소할 전망이다. 대학은 커리큘럼의 재편성이 불가피하다.

일곱째, 급속한 공업화 · 도시화와 토지 사용권의 가격 상승을 노리고, 새로운 토지 매매가 일어나고 토지를 둘러싼 분쟁이 증가될 것이다.

여덟째, 물부족이 한층 심각해지고 만성적인 물부족이 도시의 발전을 제약하는 중대한 원인이 된다. 또 일부 농촌에서는 전염병과 음료수의 급수원이 되는 지표수의 오염이 공공 위생 · 안전의 잠재적인 위협이 된다.

아홉째, 대외개방의 확대와 현대화의 진행에 따라 우수인력 확보가 더욱 중요해진다. 인력관련 사업과 능력양성이 새로운 핵심 문제가 된다.

열번째, 최근 곡물 등 농산물 가격상승이 주목을 모으고 있지만, 전체에 영향을 미칠 중요한 문제로 대두될 가능성은 적다.

리 부소장이 말한 새로운 고도성장기, 즉 2004년 중국경제의 장밋빛 전망에 대해 다른 학자들의 전망도 대체로 비슷하다. 중국 국가정보센터 경제예측부의 주바오리앙(祝寶良) 연구원은 2004년 중국경제를 2003년과 비슷한 8.5%의 성장을 이어갈 것으로 전망하였다. 세계 정치 · 경제가 안정과 회복을 찾을 조짐이 농후하고, 특히 중국 경제의 성장 주기가 회복기에서 번영기로 옮겨간 것으로 풀이되기 때문이다.

물론 주 연구원 역시 중국 경제 10대 예측을 했는데, 그는 2004년 일자리가 다소 늘어날 것으로, 외환보유고는 계속 늘고 위엔화는 안정을 유지할 것으로 보는 등 리부소장보다 한층 더 장밋빛으로 본다. 마치 그의 견해에 따르면 중국 경제에 큰 문제는 없을 듯하다. 과연 욱일승천하는 중국경제에 아무 장애는 없는 것인가?

중국 컨벤션업 고속 성장

10여년 간 평균 20~30% 속도 지속

중국 컨벤션업계는 1990년대 이래 경제성장속도에 맞추어 10여년 간 연평균 20~30%의 고속성장을 거듭해 왔다. 향후 몇 년 역시 연평균 20% 이상의 성장률을 보일 것으로 예상되는 등 그 전망은 무척 밝다.

현재 컨벤션업(會展業)과 국제회의산업은 중국에서 떠오르는 경제분야이며 요식업, 숙박업, 관광업, 무역업, 수송업 등 관련산업의 중요한 수입원으로 인식되고 있다.

대체로 베이징, 상하이, 광저우 이 세 도시가 중국의 컨벤션업을 이끌고 있는데, 특히 지역적으로 정치, 문화, 과학의 중심지인 베이징(北京)이 컨벤션업의 샛별로 부각되고 있다.

과거 제9차 5개년 계획(1996~2000년) 기간 중에는 중국 전체 전시회의 절반인 1,251회가 베이징에서 열렸고 그 가운데 60%에 해당하는 812회가 중국국제전람중심에서 개최됐다. 또 베이징에서 열린 전시회의 61%가 국제전시회였다. 베이징시의 2010년 전시산업 수입규모는 2000년 10억 2천만 위엔(元)의 3배정도가 될 전망이다.

상하이(上海)의 경우 매년 개최하는 국제수준의 전람회 수가 이미 독일수준에 근접, 한 주간 평균 5.5개의 전람회를 개최하고 있고, 광저우(廣州)는 중국 내에서 컨벤션업 발전이 가장 빠르고 또 이로 인한 경제효과가 가장 큰 도시의 하나로 입지를 굳혀 주변지역의 경제활성화에도 크게 이바지하고 있다.

총 실내전시면적에서 세계최고 독일 앞질러

2001년 말 리앙원(梁文) 중국 전람중심집단 부회장은 『차이나데일리』와의 인터뷰에서 2005년 컨벤션업의 연간 규모는 65억 위엔 이상에 달하고 이어 2010년에는 그 규모가 2배로 성장할 것이라고 주장한 바 있다.

그리고 중국은 내수시장 성장이 빠르고 경제발전이 견실할 뿐 아니라 시장경제를 완성하려는 부단한 노력이 지속되고 있어서 외국기업이 사업 가능성을 타진할 기회가 분명히 늘어날 것이라고 강조했었다.

욱일승천하는 중국경제의 눈부신 성장세에 힘입어 그의 주장은 예상보다 빠르게 현실화되고 있다.

2003년말 베이징 시내 런민따후이탕(人民大會堂)에서 개최된 '2003년 중국 컨벤션경제 포럼'을 통해 밝혀진 바에 따르면, 2002년 중국컨벤션업계는 70억 위엔의 영업수입을 거뒀고 총 실내전시면적 320만m²에 달해 세계적으로 '전람 왕국'으로 불리는 독일의 250만m²를 앞질렀다.

중국상무부와 중국국제무역촉진위원회가 공동 주최한 2003년도 중국 컨벤션경제 포럼은 베이징, 상하이, 창춘(長春), 닝보(寧波), 다리엔(大連) 등 컨벤션센터를 갖춘 30여 개 도시의 대표단과 22개 협회 및 150여 개 업체 대표들이 참가했다.

이번 포럼에서는 '컨벤션과 도시'를 주제로 △중국의 컨벤션산업 발전과 도시경제 사이의 상호 촉진관계 △도시의 컨벤션경제 개발여건 조성 문제 △전시회의 규모화와 브랜드화 및 국제화 진전속도 가속화 문제 등이 논의됐다.

또 전문가의 강연과 주제토론 등의 방식을 통해 컨벤션업계의 발전추세에 대해서도 논의가 이뤄졌으며, 포럼 참가자들은 중국 경제의 지속적인 고속 성장과 무역규모의 부단한 확대로 컨벤션업계가 크게 발전하게 됐다는데 인식을 같이 했다.

현재 컨벤션업계의 발전이 주로 시장과 산업 두 가지에 크게 의존하는 상황에서 중국의 거대한 시장구매력과 풍부하고 저렴한 인력시장은 중국이 세계의 공장과 가공기지로 성장하는 데는 물론, 아시아 및 세계의 컨벤션센터로 부상하는 바탕이 되고 있다.

하지만 전문가들은 중국 컨벤션업의 급부상과 컨벤션업이 중국 도시 발전 및 경쟁력 제고의 큰 요인임을 인정하고 있으나, 다만 그 시행에 있어 다른 지역을 의식한 맹목적 개최나 계획대비 실천이 뒤떨어지는 문제를 개선해야 할 것이라고 지적하고 있다.

즉 현재의 경제발전 수준으로 보아 세계성과 전국성 및 지역성을 동시에 갖춘 '전시도시'가 중국 전역에 동시에 존재할 수는 없는 만큼 모든 도시는 반드시 구체적 여건을 감안해 경쟁력을 갖춘 분야를 정확히 찾아야 할 것이라고 했다.

전자신분증 시장

중국 3월부터 새 신분증발급

중국은 2004년 3월부터 개인 신분증을 '전자신분증(스마트카드 신분증)'으로 교체할 계획이라고 발표했다. 당시 중국국가진카(金卡)판공실의 소식통은 신형 스마트카드 신분증의 설계·개발·제작 등 준비작업이 마무리 단계에 접어들었다고 밝혔다.

그리고 오래지 않아 5월 중순부터 중국의 수도 베이징에서 주민들의 개인정보들이 담긴 칩을 내장한 전자신분증이 발급되기 시작했다. 2006년 현재 새 전자신분증은 어디서나 볼 수 있다.

신형 전자신분증은 현행 신분증이 눈으로만 식별하던 것과는 달리 기계로도 식별 가능한 것이 특징이다. 손톱 크기만한 내장형 소형웨이퍼에 개인정보를 저장한 뒤 전자기기를 통해 국가안전부문의 데이터베이스와 대조하는 방식의 비접촉식 IC카드 기술이 적용되는 것이다.

위조가 어려운 명함 크기의 이 신분증에는 이름과 성별, 나이, 민족, 생일과 출생지 등의 정보가 담겨 있다.

일반적으로 중국에서는 은행 일을 처리하거나 여행을 할 때 신분증 사용이 의무화돼 있다. 그런 만큼 위조가 어렵고 관리가 쉽다는 것은 정부가 전자신분증을 추진하는 주요 원인 중의 하나다.

물론 정부의 통제 강화로 인한 개인 사생활과 인권 침해를 우려하는 시각도 있기는 하지만 그런 부정적 측면보다 전자신분증 발급으로 효율적인 치안과 주민관리가 가능해진다는 긍정적 측면이 중국정부와 국민들에게 훨씬 설득력있게 다가오고 있다. 문명의 이기와 편리함을 따르는 게 시대의 흐름이라는 것이다.

중 전자신분증 사업에 외국기업 참여 허용

중국이 2004년 3월부터 일부 대도시에서 시범적으로 운영하고 있는 전자신분증 사업에 프랑스, 일본, 이스라엘 등 선진 외국 기업들이 적극 참여하고 있어 비상한 관심을 끌고 있다.

컴퓨터로 감식할 수 있는 중국의 새로운 전자신분증은 개인이 중요한 신상 정보를 담고 있는데, 보안에 매우 민감한 중국 정부가 이 사업에 외국업체들을 끌어 들인 것은 매우 이례적이다. 이를 반영이라도 하듯, 전자신분증 사업에 외국업체가 참여하고 있다는 사실은 중국 내에서도 잘 알려지지 않고 있다.

중국 정부는 민감한 개인 정보가 담긴 이 카드의 핵심 칩을 중국 내에서만 생산하도록 하고 있지만, 실제 독자적인 기술과 자본으로 이 같은 칩을 생산할 수 있는 중국 업체들을 찾기란 거의 불가능한 실정이다.

전자신분증용 칩 제조업체로 지정된 업체 중 하나인 상하이후와홍NEC일렉트로닉의 경우 일본 NEC가 지분 20%를 갖고 있으며 캘리포니아에 본사를 둔 재즈세미컨덕터도 11%의 지분을 갖고 있다. 한걸음 더 나아가 이 회사는 홍콩 주식 시장에 상장한다는 계획을 세워놓고 있어 향후 보다 많은 외국 자본이 참여하게 될 것으로 예상된다.

이스라엘 기술업체인 온트랙이노베이션도 이 프로젝트에 참여하고 있다. 이 회사 마케팅 총괄자인 오하드 바샨은 중국 정부가 왜 민감한 프로젝트에 외국 기업을 참여하도록 했는지에 관해선 언급하지 않은 채 "이번 전자신분증 시범 사업에 우리 회사의 비접촉 기술도 사용되고 있다."고 말했다.

프랑스 계열 기술 보안 회사인 탈레시큐리티시스템스도 중국의 전자신분증 프로젝트에 참여 중이다. 이 회사 피에르 매시조우스키 사장은 "신규 사업을 추진하는데 외부의 시각과 아이디어가 필요했을 것"이라며 "연말까지 전 지역에 새로운 카드를 생산할 수 있는 장비를 갖춰야 한다"며 "시범 지역은 7월부터 카드 양산에 들어갈 수 있을 것"이라고 내다봤다.

가트너의 도로시 라이 애널리스트는 "중국은 그 동안 무선랜, 반도체, 컴퓨터 소프트웨어 등 여러 기술 분야에서 외국업체들을 배제해 왔다"며 "이번 사업은 이 같은 관점에서 중국 정부가 그 동안 해오던 사업 관행과는 상당부분 차이가 있다."고 말했다.

한편 중국공안부에 따르면, 현재 전자신분증 발급 대상인 중국의 16세 이상 인구는 약 9억 명에 이른다. 2004년 1월 1일 시행된 '신분증법'에 따라 16세 이하의 중국인도 신분증 발급을 신청할 수 있기 때문에 중국 전체적으로 약 10억 명이 새 신분증을 발급받게 될 것으로 예상된다. 만약 카드 1장당 제작비를 20위엔으로 계산하면, 신분층 관련 시장규모가 200억 위엔 이상에 달하게 되는 것이다.

2004년 3월부터 베이징, 상하이, 선쩐(深圳), 창사(長沙) 등 일부 대도시를 중심으로 전자신분증을 시범적으로 도입·운영하고 있는 중국정부는 베이징 올림픽이 열리는 2008년말까지 13억 전 인구에게 전자신분증을 발급할 예정이어서 그 시장규모는 더욱 커질 전망이다. 거대한 시장과 외국업체의 참여가 활발한 가운데, 한국업체의 참여가 기대된다.

중국은 가짜 공화국

가짜, 가짜 그리고 가짜!

중국에 온 지 얼마 안 되는 김모 씨는 어느 날 지인들하고 술을 같이 마시고 나오는 데 어떤 중국사람이 쓰레기통을 뒤지면서 술병과 케이스만을 가져 가는 것을 보았다. 호기심에 옆에 있던 사람들에게 이유를 물었고, 한 중국친구는 술 병과 케이스를 가져가서 가짜 술을 만드는 것이라고 대답했다.

중국사람들이 일반적으로 많이 마시는 징지우(京酒)에 가짜가 가장 많다는 풍문도 재중 한국인들 사이에 회자되고 있다.

2004년 5월 중순 중국 남부 경제 중심도시 광저우(廣州)에서 포름알데히드와 물을 섞어 만든 가짜 술을 마시고 8명이 사망하고 18명의 중독자가 입원 치료 중인데 상당수가 위독하다고 중국 언론들이 일제히 보도했다. 포름알데히드는 소독제와 방부제로 사용되는 물질이다. 가짜 술로 인한 첫 사망자는 후난성(湖南省) 헝양 출신의 58세의 농촌 떠돌이 노동자 정모 씨로, 상표가 부착되지 않은 바이지우(白酒)를 마시고 중독 증세를 일으켜 병원으로 옮겼으나 즉각 숨졌다. 이어 사망자와 중독자가 속출했다. 중독자 18명은 광저우 제12인민병원 집중치료실(ICU)에서 치료를 받고 있으나 상당수가 위독해서 이 병원은 메틸 알코올 해독 전문가를 모아 전담 치료팀을 구성했다. 중독자들은 뇌에서 메틸 알코올 농도

시중에서 팔리고 있는 중국술

가 정상의 20배까지 검출됐고, 대부분 대뇌세포와 시신경 세포가 상당히 손상됐다.

특히 이번 사건은 중국에서 가짜 분유 파동 등 가짜 식품과 의약품 등으로 수십 명이 사망한 데 이어 발생한 것이다. 광저우시 경찰은 가짜 술 제조 관련자 12명을 체포했으며 술집과 가게 등에 공급된 가짜 술을 찾아 폐기하기 위해 대규모 수색 작업을 벌였다.

중국 최대 가짜 자전거 제조 적발

2001년 안후이(安徽)성 품질 감독 당국은 2백 70여 명의 공무원을 파견해 하오저우(亳州)시 워양(渦陽)현에서 중국 최대의 가짜 유명 브랜드 자전거 제조업자들을 일망타진했다.

공무원들은 현지에서 가짜 유명 브랜드 자전거를 전문적으로 제조하는 12곳을 적발했는데, 그 가운데는 창고 2곳, 조립공장 2곳 등이 포함돼 있었다. 또 공무원들은 4백여m^2규모의 부품창고에서 무려 1천만 위엔 상당의 가짜 부품을 조립하기에 충분한 양을 발견했다. 그 중 가짜 '용지우(永久)'와 '펑후앙(鳳凰)' 브랜드의 자전거 부품만 해도 1만 대를 조립하 수 있을 정도의 양이었다.

정규 출판사서 버젓이 해적판 내

한편 가짜 책이나 사전이 판치는 중국에서 사서업계의 '선구'로 불리는 상우인슈구안(商務印書館)은 가짜 또는 표절의 최대 피해자로 꼽힌다. '시엔따이한위츠디엔(現代漢語詞典)' '신화쯔디엔(新華字典)' '구한위창용쯔쯔디엔(古漢語常用字字典)' '신화청위츠디엔(新華成語詞典)' 등 상우인슈구안의 '주력상품'의 몇 가지 표절 판본이 시판되고 있고, 심지어 표절 판본만 수십 종에 달하는 것도 있다.

표절 판본은 독자들이 최신판을 선호하는 심리를 이용, 표지에 '최신판'

등을 표기하기도 한다. 한 출판사는 상우인슈구안의 구한위창용쯔쯔디엔을 2002년부터 2004년까지 연속 세 차례에 걸쳐 '최신수정판'을 내기도 했다.

현재 도서시장에서 유통되는 표절 판본의 사서는 상당 부분 네이멍구(內蒙古), 칭하이성(青海省), 지린성(吉林省), 신지앙(新疆), 산시성(陝西省) 등지에서 출판되고 있다. 상우인슈구안의 예빙(葉氷) 주임에 따르면, 현재 현(縣)급 이하 시장에서 상우인슈구안의 '사서'는 시장에 거의 없다. 표절 판본 가격이 정본보다 훨씬 낮아 빈곤지역일수록 표절판매량이 많고 시장점유율이 높다. 더욱 문제가 되는 것은 표절 판본이 정규출판사를 통해서도 나오기 때문에 중국의 대표적인 서점인 신화서점마저 이를 판매한다는 것이다.

중국 전역에 '가짜 책' 범람

중국에서 허위 정보가 수록된 가짜 책이 대거 범람하는 바람에 출판계와 독자들이 큰 피해를 입고 있다고 『베이징완빠오(北京晚報)』가 2005년 3월 중순 보도했다. 신문은 중국신문출판총서가 허위 정보 및 선전을 담은 도서에 대한 특별 단속에 나서자 각 출판사와 서점들이 문제의 도서들을 회수하고 반환하느라 법석을 떨고 있다고 전했다. 또한 신문은 중국 출판계의 '가짜 책' 범람 현상은 새삼스러운 일이 아니고, 최근 2년 간 외국작가, 서평, 발행부수까지 조작하는 등 점점 악화일로를 걷고 있다고 밝혔다.

창고에 꽂혀있는 중국 사전들

중국에서 대부분의 독자들은 '가짜라도 내용만 좋으면, 그리고 싸면 된다'는 인식을 갖고 있다. 따라서 윤리의식이 희박하며, 이윤만을 노리는 출판사들은 여기 저기서 '가짜 책'을 찍어내는 것이다.

이전에는 중국에서 시행하는

'저작권법'이 표절도서에 관한 명확한 해석이나 규범이 없었기 때문에 법적으로 대응하기도 곤란했었다. '사서' 시장질서를 바로잡기 위해 신문출판총서는 '도서출판 단위의 사서 출판업무 규범화에 관한 규정'을 제정, 2006년 5월 1일부터 시행했다. '규범'은 품질불합격 또는 표절 등 권리를 침해한 출판단위에 대해서는 사서 출판 업무 2년 중지 또는 사서 출판허가 취소 등으로 처벌을 강화하기로 했다.

한국제품 짝퉁도 극성

그런가 하면 베이징의 한 한국 유학생은 휴대폰을 사고 다음 날 자세히 살펴보고 깜짝 놀란 일이 있었다. 2,000위엔이나 주고 산 제품이 'Anycall'이 아니라 'Anicall'이었던 것이다. 그리고 제조회사도 'SAMSUNG'가 아니라 'SAMSUMG'으로 돼 있었다. 그 유학생은 매장을 찾아가 교환을 요구했으나 그곳에는 모두 '짝퉁' 제품만 있었고 반품도 해주지 않았다. 결국 신중하지 못해던 자기를 탓할 수밖에 없었다.

대우의 마티즈를 베낀 QQ자동차는 마티즈와 부품이 교환될 정도이고 2005년까지 외국에 약 8000대나 수출되기도 했다.

80년대 초 공급부족현상이 단초

이들 가짜 상품은 저질상품을 포함해 중국에서는 일반적으로 '지아마오웨이리에(假冒僞劣)' 상품으로 불리고 있다.

가짜 저질 상품의 생산·유통 영역은 광범위한 분야에 걸쳐 있다. 2000년 8월까지 1년 간 정부가 전개한 대대적인 추방운동에서 적발된 건은 모두 22만 5,000건이 넘었다. 이와 관련해 폐업된 업체는 8,202개였고, 단속된 상품도 1만 1,000종에 달했다.

품목별로 가짜는 이윤이 높은 담배와 술에 특히 많다.

북경에서 한국담배 디스를 구하는 것은 어렵지 않다. 물론 가짜이지만 케

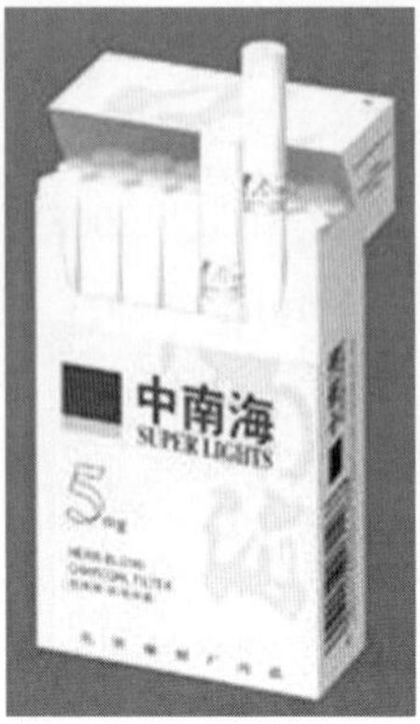

대중적인 중난하이(中南海) 담배

이스와 담배 모양은 한국정품과 완전 똑같다. 디스를 파는 중국인들은 진품이라고 강하게 주장하지만, 피워본 사람들은 겉모양은 완전 똑같지만 맛은 역시 다르다는 것이다.

그런가 하면 중국에서 시판되는 양주 가운데 절반 이상이 가짜일 정도로 가짜가 판을 치면서 가짜 양주 생산이 '산업고리'를 형성하고 있는 실정이라고 2006년 4월 『스창빠오(市場報)』가 보도한 바 있다.

중국 국가 공상총국이 베이징, 광저우, 청두(成都), 항저우(杭州) 등지에서 유통되는 양주 40종을 검사한 결과, 가짜가 23종으로 전체의 57.5%에 달했다고 신문은 전했다.

특히, 가짜 양주의 90%는 병마개와 상표는 물론 위조방지 표지까지 정교하게 위조돼 소비자들이 진위를 판별하기 어렵게 돼있다. 외국에서 수입한 양주는 원가를 고려해 빈 병을 회수하지 않는다. 그러면 소비자들이 바나 음식점에서 마신 고급양주의 빈 병은 어디로 가는가?

"바는 모두 고정된 양주 공급자가 있어요. 빈 병을 전문적으로 회수하는 사람들이 따로 있는데, 그들은 보통 양주 공급자입니다. 음식점의 빈 병은 병 세척공장에서 회수해 갔다가 사람들에게 넘어가지요." 바에서 일하는 장(張) 씨의 설명이다.

몇 년 동안 고물상을 해오고 있는 왕(王) 씨는 "양주 빈 병은 돈이 되지만 회수가 안 돼요."라고 말했다.

베이징에서 바를 경영하는 한 업주에 따르면, 가짜 양주제조는 상표 전문 공급자, 전문 포장, 운수 심지어 빈 병 회수와 병 세척에 이르기까지 분업이 명확한 일종의 '산업고리'를 형성하고 있다는 것이다.

이들은 양조장에서 사온 염가의 식용 알코올에 음료 등을 섞은 후 술집이나 바, 음식점 등에 정품 가격보다 훨씬 낮은 가격으로 공급하는 것으로 알려져 있다. 스카치 위스키의 경우 정품 한 병 값은 출하가격 160위엔에다 각종 세금을 합치면 적어도 200위엔 정도인데, 가짜 양주 공급업자가 제시하는 도매가격은 한 병당 100위엔에 불과하다.

국가공상총국의 조사에 따르면, 가짜 양주는 관리가 소홀한 전문시장이나 도매시장 또는 직접 배달을 받는 바나 음식점일수록 가짜가 많다고 한다.

중국은 면세점에서도 가짜 양주가 있을 수 있다는 의심을 받고 있다.

CD 불법복제도 문제다. 따오반(盜版: 해적판) CD는 1999년 10월 광둥성(廣東省) 주하이(珠海)에서 452만 장을 밀수출하던 선박이 적발된 데서 그 규모를 짐작해 볼 수 있다.

한국교민들 사이에서는 한국에서 개봉한 지 2, 3주가 지나면, 빠르면 1주일 안에 불법 영화판이 중국에 등장한다는 속설이 있다. 드라마나 음악 역시 마찬가지다.

의류와 화장품 분야의 외국 유명상표 도용도 일일이 단속하기 어려울 정도로 많다. 2001년 1분기 베이징 등 북방지역 9개 성과 26개 시를 대상으로 실시된 난방기기 품질조사 결과 합격률은 61.5%에 불과했다.

공업제품보다 식품은 인체에 직접 해를 준다는 점에서 더욱 중요한 문제다. 2001년 8~9월 전국적으로 실시된 불량식품 추방운동에서 적발된 가짜 간장은 11만 5,000톤에 달했다.

가짜 저질 상품의 범람현상은 1980년대 초반 연안지역 일부 기업들이 전반적인 상품 공급부족상황을 틈타 마구잡이 생산을 시작하면서 나타났다. 80년대 중반 이후로는 급팽창한 사영기업(개인기업)들이 폭리를 노리고 대거 가짜 저질 상품 생산에 가세했다. 가짜 저질 상품 생산량과 유명상표 도용이 많아지면서 소비자의 피해도 커

산동성(山東省) 르짜오(日照)시에 있는 전자상점

지기 시작했다.

상품 과잉공급 현상이 나타난 90년대 중반부터는 기업들이 원가절약을 위해 가짜 저질 상품제조에 열을 올렸다. 이 시기에 들어서면서 가짜 생산지역은 동부 연안뿐 아니라 중서부 지역으로 크게 확대됐다.

가짜 저질 상품이 범람하는 배경에는 소비자의 구매력 부족, 단속법규 미비와 단속역량 부족, 시장질서 혼란 등 다양한 요인이 있다. 중국 정부는 2000년 9월이래 産品質量法(상품품질법) 등 각종 관련법을 제정해 본격적으로 가짜 저질 상품 근절에 나서고 있으나 효과가 나타나기까지는 상당한 시일이 걸릴 것으로 보인다.

빌 클린턴의 가짜 자서전

빌 클린턴 전 미국 대통령의 자서전 『나의 인생(My life)』이 중국에서 판권계약 없이 음성적으로 번역, 출간된 뒤 이 번역본이 다시 영역돼 원본과 가짜 자서전이 나란히 시장에 등장하는 희한한 일이 벌어졌다고 뉴욕타임스가 2004년 10월 24일 보도했다. 뉴욕타임스는 이날 사설을 통해 중국의 지적재산권 침해 사례로 클린턴 자서전을 언급하면서 "더욱 큰 문제는 가짜 영역본이 원본 자서전의 내용 중 상당부분을 무단 삭제하거나 왜곡, 변질시켰다"고 비판했다. 일례로 클린턴의 자서전에는 중국의 인권침해 사례가 언급돼 있으나 영역된 책에는 이 부분이 완전 삭제돼 있다.

미국 출판업계는 중국의 해적행위로 인한 손해가 매년 4,000만 달러 이상에 달한다고 말하고 있다.

가짜로 인한 경제적 손실은 1,000억 위엔 이상일 것으로 추산

지적재산권 침해는 중국과 미국 간 무역분쟁의 오랜 단골 메뉴였다. 세계무역기구(WTO) 체제하에서도 이 문제는 계속 분쟁거리가 되고 있다. 사실 광범위한 지적재산권 침해와 범람하는 가짜 상품은 중국 내부적으로도 매우 큰 골칫거리다. 기술개발과 기업경쟁력 강화에 심각한 걸림돌일 뿐 아니라, 자원의 효율적인 사용과 분배까지 방해하기 때문이다.

1980년대 이래 정부의 지속적인 추방운동에도 불구하고 가짜 저질 상품은 생산·유통 규모가 그다지 줄지 않고 있다. 2000년대 들어 가짜 저질 상품 생산액은 매년 3,000억 위엔에 이르는 것으로 추산되며, 이로 인한 국가 세수 손실은 매년 250억 위엔에 달한다.

가짜 저질 상품이 대부분 불법적으로 생산, 유통돼 소득세를 비롯한 각종 세금을 내지 않기 때문이다. 세수 손실 및 정직한 기업인이 받는 손해를 합한 경제적 손실은 중국내총생산(GDP)의 10% 수준 1,000억 위엔 이상일 것으로 추산되고 있다.

지방정부의 지역업체 보호주의도 한 몫

가짜 저질 상품이 범람하게 된 데는 지방보호주의 정책도 일익을 담당한 것으로 보인다. 즉 지역업체의 불법행위에 대한 일부 지방정부의 방관과 묵인, 혹은 경우에 따라 보호자세로 대해온 것이 결과적으로는 이들 상품의 범람을 부추긴 것이다. 불법여부보다는 지역산업 발전과 취업기회 확대, 세수 확충 등 지역 이익을 우선한 결과다.

때에 따라서는 지역기업을 지원하기 위해 지방정부가 직접 판촉행위를 하거나, 심지어 중앙정부의 단속행위를 방해한 경우도 있었다. 가짜 저질 상품 생산·유통 기업들이 지방관리와 일부 관계를 가져온 것이다. 가짜 상품과 권력의 결합은 '악화(惡貨)가 양화(良貨)를 구축'하는 현상을 심화함으로써 시장경제의 정상적인 운행을 가로막는다. 주룽지 전 총리가 "가짜 저질 상품을 막지 못하면 중국은 희망이 없다."고 강조한 것은 이 때문이다.

중국 평균임금 최초로 하락

2003년 3만 5,333위엔… 2002년 대비 14.7%나 감소

중국의 총체적인 임금수준이 상승세를 멈추고 하락세를 보인 것으로 나타났다. 중화잉차이왕(中華英才網)이 2003년 하반기(7월 1일~12월 31일) 중국 도시들의 첨단기술·소비재·의약·부동산·유통·정부기관 등 다양한 업종 및 학력별 임금현황을 조사한 결과, 업종이나 기업성격 등 각종 요소를 막론하고 총체적인 평균 임금수준이 2003년 상반기 대비 하락한 것으로 밝혀졌다.

이에 따르면 중국의 평균임금수준은 3만 5,333위엔으로 2002년 대비 14.7%나 감소했다. 그 중 1인당 연간 소득이 1만 2,000위엔 이하인 경우는 전체의 10%에 달했으며 1만 6,800위엔 이하=25%, 2만 6,000위엔 이하=50%, 4만 4,000위엔 이하=75%, 7만 1,000위엔 이하=90%, 9만 6,000위엔 이하=95% 등으로 나타났다.

통신업종 종사자 최고

임금수준의 하락은 취업경쟁이 그만큼 치열하기 때문인 것으로 분석된다. 치열할 취업경쟁과 함께 고용주들이 인재 채용에 더욱 이성적으로 나섬에 따라 임금수준이 자연히 떨어질 수밖에 없다는 것이다.

전체 업종 중 통신업종 종사자들의 평균 연봉이 4만 9,002위엔으로 여전히 1위였고, 의료설비 업종이 4만 6,566위엔으로 2위, 금융업종은 4만 3,091위엔으로 3위였다.

반면 컴퓨터업종의 평균 연봉은 2002년 대비 약 7,000위엔이 감소한 3만 8,723위엔에 그쳐 2002년 4위에서 9위로 떨어졌고, 인터넷과 전자상거래 업종의 평균 연봉은 전년대비 약 5,000위엔이 감소해 13위로 내려갔다.

정부와 공공사업 단위의 평균 연봉은 2만 4,959위엔으로 2002년과 비슷한 수준을 유지, 상대적으로 안정세를 보였다. 이들 종사자는 또 경제발전과 물가수준 및 시(市)의 재정능력 등에 따라 근무수당이나 생활보조금이 인상되기도 한다.

외국어 능력자 우대

도시별로 보면 상하이(上海)의 평균 연봉이 4만 7,279위엔으로 2002년 대비 5,000위엔 이상 감소했지만 여전히 1위를 차지했고, 베이징(北京)은 2002년년대비 6,000위엔이 감소한 4만 3,728위엔으로 2위였다.

주지앙(珠江)삼각주의 경제 침체와 홍콩의 불경기 여파로 광저우(廣州)와 선쩐(深圳)의 임금수준에도 영향이 미쳤다. 선쩐의 평균 연봉은 2002년 대비 7,000위엔이나 감소한 4만 2,252위엔으로 3위, 광저우는 2002년 대비 3000위엔이 감소한 4만 위엔 이하로 4위에 그쳤다.

그 밖에 외국어 실력에 따라 임금수준에 커다란 격차가 나타났다. 외국어 실력이 '우수'한 인재의 평균 임금수준은 5만 1,270위엔으로 외국어 실력이 '중간'인 인재에 비해 1만 4,000위엔이 더 많았고 '보통'인 인재의 평균 임금수준은 2만 9,722위엔으로 크게 낮았다.

중국 도시의 국제화와 함께 외국어 실력이 소득에 미치는 영향은 더욱 커질 것으로 전망된다. 실제로 현재 외국어 실력에 따른 소득격차가 능력에 따른 소득격차보다 크다.

박사보다 석사가 高임금

고학력을 소지한 인재 중에서는 MBA가 평균 연봉 7만 1,074위엔으로 역시 1위였다. 또 석사학력자는 평균 연봉 6만 9,874위엔으로 처음 박사학력자의 임금수준을 추월했다.

전문가들은 학력보다 인재의 종합적인 능력에 따라 소득수준이 결정되기 때문에 박사에 비해 경험이 많고 근무연한도 긴 석사가 오히려 우위를 갖고 있다고 분석했다. 동일 업종에서 직무가 소득에 영향을 미치는 또 다른 요소인 것으로 나타났다. 이번 조사결과 '경영관리자'의 평균 연봉이 5만 7593위엔으로 가장 높았다. 경영관리자 소득이 가장 높은 것은 중국에서도 기업경영자의 업무를 존중하고 그 실력을 인정해주고 있음을 표명하는 것으로 분석됐다.

전문가들은 중국기업이 외국기업의 경영이념을 끊임없이 받아들이고 있기 때문에 향후 경영관리자의 임금수준이 계속 높아질 것으로 전망했다.

중국대졸 초임 40% 하락

중국의 총체적인 임금수준이 상승세를 멈추고 하락세를 보인 것으로 나타남과 동시에, 중국 인사관련 부문이 실시한 2004년 대학 졸업생들의 초임에 관한 조사 결과, 초임이 2003년보다 40%나 줄어든 것으로 나타났다고 『런민르빠오(人民日報)』 인터넷판이 보도했다.

이번 조사에 따르면, 2004년 대졸자의 평균 연봉 초임은 2만 5,000~3만위엔, 석사과정 수료자는 4만~4만 8,000위엔으로, 모두 2003년 평균의 약 60% 수준에 머물 정도로 크게 낮아졌다고 신문은 전했다.

예를 들어, 상하이에 있는 다국적기업의 대졸자 평균 연봉 초임은 4만 5,000위엔, 석사과정 수료자는 6만 6,000위엔으로, 다른 기업의 급여 수준을 크게 웃도는 등 기업 간의 급여 격차가 확대되고 있는 것으로 나타났다고 신문은 지적했다.

또 첨단기술 관련기업의 대졸자 평균 월급은 2,500위엔, 석사과정 수료자는 4,500위엔, 박사과정 수료자는 6,500위엔으로, 모두 평균치를 웃돌고 있다.

중국 대졸자 평균 초봉 1550 위엔

그렇다면 일반적으로 중국의 대학 졸업자들은 취업하면 얼마만큼의 봉급을 받을까? 2004년 베이징(北京)대학이 실시한 대졸자 임금상황 조사 결과 중국 대졸자의 평균초봉은 1,550위엔으로 나타났다고 『중구오칭니엔빠오(中國青年報)』가 보도했다.

이 조사에 따르면, 중국 대졸 취업자의 초봉은 1,000위엔 이하=40.9%, 1,001~2,000위엔=45.5%, 2,001~3,000위엔=9.5%, 3,000위엔 이상=4.1% 등으로 밝혀졌다고 신문은 전했다.

학력별로는 전문대=1,307위엔, 4년제 대학=1,501위엔, 석사=2,995위엔, 박사=2,983위엔으로 그 격차가 다소 큰 것으로 드러났다. 반면 남성과 여성은 각각 1,550위엔과 1,561위엔으로 거의 비슷한 수준이었다.

직장별로는 국가기관=1,516위엔, 국유기업=1,508위엔, 학교=1,455위엔, 도시집체기업=1,527위엔 등이었고, 3자기업과 과학연구기구가 각각 2,040위엔과 1,648위엔, 시앙쩐(鄉鎮: 향진)기업은 1,328위엔이었다.

그 밖에 치엔청우요우(前程無優: www.51job.com) 사이트가 실시한 조사에 따르면, 동일한 학력이라도 지역에 따라 대졸자의 초임은 다른 것으로 나타났다.

베이징=2,160위엔, 광동(廣東)=1,973위엔, 후난(湖南)=1,665위엔, 산시(陝西)=1,520위엔, 산동(山東)=1,267위엔, 광시(廣西)=1,238위엔, 윈난(雲南)=1,130위엔 등이다.

한편, 충칭(重慶) 소재 한 대학의 웹사이트에 최근 '임금연맹' 결성을 촉구하는 내용의 메시지가 게재돼 대학생들의 큰 관심을 모았다고 신문은 전했다.

"모교 졸업생들은 연합해 임금연맹을 결성, 월급 2,500위엔 이하의 직장에는 절대 취직하지 말자"는 것이 그 메시지의 골자다.

상하이시 대졸 임금 가이드라인 발표

요즘 중국에서 대표적인 '그레이칼라'로 꼽히는 통신 기술자의 월 소득은 최고 5,925위엔에 달하는 반면, 인사담당자는 3,974위엔, 행정직은 3,398위엔에 그치고 있다.

상하이(上海)시 노동사회보장 부문이 2005년 발표한 127개 직종의 대졸 임금 가이드라인에 따르면, 전문기술자를 가리키는 '그레이칼라'의 월 소득 수준이 화이트칼라를 앞지른 것으로 나타났다.

대졸 사회 초년생의 각 직종별 월 소득을 최저부터 최고까지 나열한 가운데 중간치를 취해 비교한 결과, 2004년 월 소득 중 중간치가 가장 높은 직종은 전문기술직종으로 2,185위엔에 달했다. 특히, 전문기술직종 중 제품설계 기술자는 2,900위엔, 기계설계기술자는 2,200위엔으로 각각 올라섰다. 전문기술직종 다음으로는 관리직종이 인사담당=1,800위엔, 행정직원=1,713위엔, 출납직원=1,496위엔 등으로 나타났다. 세 번째로는 생산기능직종이 1,700위엔을 기록했다. 생산직의 약 40%는 전문대졸 이상 학력자로 드러났다. 생산현장에서 일하는 대졸자의 월 소득 중간치는 제강공=2,300위엔, 기계조립공=2,200위엔 등으로 집계됐다.

한편, 직종별로는 물류·자동차·IT·보험증권·광고 등 신흥업종의 임금수준이 높았다.

이들 직종의 월 소득 중간치는 물류직원=2,700위엔, 자동차 몸체 설계자=3,700위엔, 통신기술자=2,880위엔, 증권분석직원=3,438위엔, 광고 디자이너=2,008위엔 등이었다.

반면, '문학·역사·철학' 전공자 중 비서·행정직·기자 등으로 근무하는 인력은 절반도 되지 않고, 대부분이 보험·물류·마케팅·인력관리·통계분석 등 자기 전공과 상관없는 직종에서 근무하는 것으로 밝혀졌다.

중국 인터넷게임의 세계

'인터넷게임'의 매력은 어디에?

2002년 난창(南昌)시에서 인터넷게임에 빠진 한 고등학생이 과도한 긴장과 흥분으로 PC방에서 숨진 사건이 있었다. 난창시에는 당시 400여 개의 PC방이 있었고 인터넷 게임은 PC방들이 손님을 끄는 최고 상품이었다. 당시 『런민르빠오(人民日報)』는 전문가들의 입을 빌려 이제 PC방을 정리해야 할 때가 왔다고 지적했다.

그러나 이런 사고도 인터넷게임의 열기를 식힐 수는 없었다.

시아오정(小鄭)은 요즘 즐겁기만 하다. 7일 간의 하와이 여행을 하고 1만 위엔의 상금까지 받게 됐으니 말이다.

이처럼 좋은 일이 생긴 것은 다름 아니라 5년째 인터넷게임을 해온 그녀가 텅쉰(騰訊) 인터넷게임회사가 내놓은 '카이쉬엔(凱旋) 게임'의 CF모델 '징링뉘션(精靈女神)'으로 뽑혔기 때문이다.

텅쉰인터넷게임 시장마케팅 담당 천위(陳宇) 씨가 밝힌 바에 따르면, 현재 카이쉬엔 인터넷게임을 하는 네티즌은 대학생과 직장인이 주류를 이루며, 연령분포를 보면 18~28세, 인터넷 접속방식은 PC방 또는 집에서 직접 하는 것으로 나타났다.

하루 평균 3~4시간씩 인터넷게임을 하는 왕시아오깡(王曉剛)은 "인터넷게임이라는 가상세계에서는 주식투자도 가능하고 기업도 설립할 수 있으며 부도가 나도 두렵지 않다. 또 울고 싶으면 울고 웃고 싶으면 웃으면서 많은 친구들을 사귈 수 있어 좋다."고 말한다.

온라인게임에 열중하고 있는 쉬지엔보(許建波)는 "온라인게임은 여러 사람들이 등장인물의 역할을 맡고 있어 상호교류성향이 강할 뿐 아니라 3D기술이 화면의 진실성을 높여 더욱 흥미를 자극한다."고 말한다.

이는 인터넷게임을 하는 네티즌들의 보편적인 심리다. 통계에 따르면, 인터넷게임 사이트 리엔중짜이시엔(聯衆在線)의 동시 접속자 수가 최고 51만 명에 달한 경우도 있었다. 지금도 매일 600만 개의 ID가 새로 등록하고 있다.

외자기업에 근무하는 시아오왕(小王)은 리엔중게임 8년 경력의 소유자다. 그는 "제 생활에서 게임은 물을 마시는 것처럼 없어서는 안 될 일부분입니다. 게임은 일종의 생활이죠."라고 말한다.

2003년은 중국 인터넷게임 元年

중국 인터넷업체들은 '게임의 해'로 간주한 2003년 이후 향후 수년 간 인터넷게임이 각 웹사이트에서 점점 중요해질 것으로 보고 있다.

또 2002년 중국의 인터넷게임 매출액은 9억 1,000만위엔이었지만 연관산업에 대한 직접적인 파급효과는 △통신업계-68억 3,000만 위엔 △IT업계-32억 8,000만 위엔 △출판언론계-18억 2,000만 위엔 등 100억 위엔이 넘는 것으로 분석됐다. 이에 따라 인터넷게임에 대한 사회 각계각층의 관심도 지속적으로 고조되어 왔다.

이런 분위기 속에 인터넷게임은 2003년 중국정부에 의해 새로운 소비 성장 동력으로 인정됐을 뿐만 아니라 이동통신, 부동산 등과 함께 '10대 폭리산업'으로 떠올랐다.

최근 중국과기부는 인터넷게임 기술과 관련한 2가지 연구과제를 국가 863 기술개발프로젝트에 포함시켰으며, 문화부도 12개 중국 인터넷게임 업체에 처음으로 '인터넷문화 경영 허가증'을 발급했다.

이처럼 인터넷시장이 활기를 띰에 따라 각 포털사이트들도 앞다퉈 인터넷게임 사업에 뛰어드는 추세다. 현재 인터넷게임은 중국에서 △무선데이터

사업 △인터넷 광고 △기업고객 네트워크 서비스 등의 뒤를 이어 포털사이트의 새로운 수입원으로 부상하고 있다.

www.sohu.com(搜狐) 건물

기업 방면에서는 2003년에 인터넷게임 운명을 통해 순이익만 4억 위엔을 올린 상하이 성다(盛大)사는 물론, 중국의 대표적인 포털사이트인 Sina(新浪), Netease(網易), Sohu(搜狐) 그리고 항공 및 인프라를 주력으로 삼는 중신타이푸(中信泰富)그룹, 자동차부품업체인 완상(萬向)그룹, WPS 오피스 소프트웨어 전문의 Kingsoft(金山)사 등도 인터넷게임 분야에 진출했다.

향후 3년 연간 115% 고성장 전망

2003년 중국 인터넷 게임의 시장규모는 25억 5000만 위엔에 달했다고 『베이징르빠오(北京日報)』가 2004년 2월 보도했다. 신문은 베이징(北京)에서 열린 중국 IT시장연례회의의 소식통을 인용해 이같이 전하고, 향후 3년간 중국의 인터넷게임산업은 연평균 115%의 고도성장을 이룩할 것이라고 덧붙였다.

통계에 따르면, 2003년말까지 중국에는 50여 개 인터넷게임업체가 160여 종의 인터넷게임들을 운영하고 있으며, 현재 약 8천만 명이 넘는 네티즌 가운데 인터넷 게이머는 전국적으로 2천만 명을 넘어선 것으로 추정되고 있다.

일부 '직업' 게이머들도 월소득 2만위엔

인터넷게임업체의 '사이버 재산'이 상품으로 현금 거래되면서 중국에서 이미 25억 위엔 이상 규모의 시장을 형성하고 있는 것으로 추정된다.

사이버재산을 거래하는 일부 '직업' 게이머들은 월소득 2~3만위엔을 올린다고 한다. 북경 일반 직장인 월급이 1천5백~3천위엔 안팎임을 고려하면 대단한 액수다.

사이버재산 거래 중개사이트의 한 관계자는 "게이머의 절반 정도가 장비를 거래하고 그 중 절반 가량은 현금 거래를 하는 것으로 보인다."고 추정하면서 "게임 속의 일반장비는 200위엔 이상, 아이디는 1,000위엔 이상에서 희망판매가격이 설정되지만 5만 위엔을 호가한 아이디가 등록된 적도 있다."고 밝혔다.

전문가들은 사이버재산 거래가 활발하게 이뤄지고 있는 인터넷게임 '추안치스지에(傳奇世界)'와 '뮤(奇蹟)'의 경우 전체 등록자가 1억 3천만 명, 그 중 중복 등록자와 등록이 취소된 경우를 뺀 실제 등록자를 1억 명으로 치고, 거래 성공률을 25%, 거래 1건당 거래액을 100위엔이라고 가정한다면 총 거래규모는 25억 위엔에 달한다고 추정하고 있다.

에너지 확보에 비상인 중국

2003년 중국에서는 21개 성(省) · 시(市)에서 제한 송전이 실시됐다. 그리고 2004년 전력부족 지역은 더욱 확대되었다. 이는 중국의 자원부족 현상이 심각하며, 에너지 · 교통 · 일부 원자재의 수급균형이 이미 무너졌음을 그대로 보여주는 사례다. 2005년과 2006년은 2004년 상황과 엇비슷하다.

경제성장률보다 더 높은 비율의 자원 소비

지난 몇 년 간 중국은 9~10%대의 경제 성장률을 기록했다. 그러나 이 같은 높은 성장률은 더욱 높은 비율의 자원소비의 대가로 이뤄졌다. 중국의 최종자원 지출은 GDP의 13%로, 이는 미국보다 2배나 높은 것이다. 1만 위엔의 GDP를 창출하는데 소요되는 자원은 일본의 9.7배, 세계 평균 수준의 3.4배에 달한다.

33종 주요 제품의 단위 자원 소모량은 세계 평균수준보다 46%나 높다. 대량의 자원 소모에도 불구하고 중국에서 실제 창출하는 GDP는 세계 전체의 4% 정도에 불과하다.

현재 중국의 시멘트 생산량은 전세계 생산량의 40%를 차지하고 있지만, 평균 규모는 고작 20만 톤 수준에 그치고 있다. 공정기술이 낙후돼 있고 에너지 과다 소모와 환경오염도 심각하다.

중국의 철강 1톤 생산에 소요되는 에너지 소모량은 선진국 수준보다 15~30% 높고, 물 소모량은 선진국 수준의 2.7배, 분진 배출량은 10배에 이르고 있다.

경제학자 까오시앙취엔(高尙全)은 중국의 경제성장 방식에서 아직까지 근본적인 변화가 나타나지 않고 있다고 지적했다. 신중국 성립(중공 성립) 후 50여 년 간 중국의 국내총생산(GDP)이 10여 배 증가한 데 반해 광산자원 소모량은 40여 배나 증가했다는 것이다. 자원 절약과 에너지 확보에 대한 대책으로 중국 정부가 심혈을 기울이는 것은 원자력 발전과 풍력발전 등이며, 전력난 해소를 위해 특히 핵에너지 개발에 박차를 가하고 있다.

중국, 원자력 발전 규모 650만KW 아직 전체 발전량의 1.6%에 불과

중국의 원자력발전 규모는 650만KW로 전체 발전 규모의 약 1.6% 수준에 그치고 있다고 『런민르빠오(人民日報)』가 2004년 중반에 보도한 바 있다.

신문은 현재 중국 경제·사회의 지속적인 발전을 저해하는 핵심적인 장애요소로 떠오른 에너지 부족문제와 환경보호를 동시에 해결하기 위해서는 원자력 발전을 최대한 개발해야 한다고 지적했다. 2004년 중국의 발전 규모는 약 4억 1,000만KW에 이른다. 그 중 화력발전이 74%를 차지하고 있으며, 매년 발전용으로 소비되는 석탄 양은 전체 생산량의 60%인 8억 톤을 넘고 있다.

중국경제의 지속적인 고속성장을 보장하기 위해 발전 규모를 매년 약 5.3%씩 증가시킨다고 할 때 전체 발전 규모가 약 9억KW에 달할 2020년엔 석탄이 크게 부족해질 전망이다. 이는 중국 화력발전의 한계를 의미한다.

수력발전도 기존의 발전규모 9,000만KW에 개발 가능한 발전 규모 3억 8,000만KW를 완전 가동해도 중국이 필요로 하는 전력 수요를 충족시킬 수 없는 상황이다.

이런 상황에서 대규모 발전이 가능하고 이산화유황과 이산화탄소가 배출되지 않는 원자력발전이 최선의 선택으로 떠오르고 있다고 신문은 밝혔다.

2005년 7월 중국은 1983년 6월 저지앙성(浙江省) 친산(秦山)에 건설한 중국 최초의 원자력발전소를 비롯해 광동성(廣東省) 따야완(大亞灣) 및 링아오(嶺澳) 등등 9개의 원자력발전소를 운영하고 있다. 또한 저지앙성에 추가로

2개의 핵발전소를 건설하고 있으며 저지앙성과 광동성에 4개의 원자력발전소를 건설하기로 결정했다.

중국, 2050년 세계 최대 원자력발전국 부상

세계 각국이 핵폐기물과 안전 문제로 원자력발전을 기피하고 있는 것과는 달리 전력 대란을 겪고 있는 중국은 오는 2050년께 세계 최대 원자력발전국이 될 것으로 보인다.

국제원자력기구(IAEA) 사무차장을 역임한 첸지후이는 중국이 전체 발전용량에서 원자력발전 부문의 비중을 2004년 1.6%에서 20%까지 올릴 수밖에 없다고 발표했다. 주요국들의 핵에너지 의존도가 평균 30%인 점을 감안하면 중국의 이런 목표치는 확대조정 될 가능성도 높다.

그리고 중국은 최근 오는 2020년까지 원자력 발전 용량을 현재보다 4배 이상 올린다는 방침을 정했으며, 이는 앞으로 15년 간 4,000억 위엔을 투자해 연해 6개 성(省)과 1개 직할시 등에 31개의 핵 발전소를 설립하겠다는 것이다.

캉르신(康日新) 중국 핵공업집단 충경리에 따르면 이들 6개 성 및 1개 직할시는 산동성(山東省), 지앙쑤성(江蘇省), 푸지엔성(福建省,) 광동성, 광시성 주앙주쯔즈취(廣西省壯族自治區), 상하이시 등으로 대부분 경제가 발달한 지역이다.

또한 오는 2020년까지 건설한 31개 핵발전소는 100만KW급 발전소로, 중국은 현재 30만KW・60만KW급 건설기술은 없어 더 노력을 기울여야 한다고 설명했다. 국무원과 관련부서가 마련한 핵발전소 건설계획에 따르면, 오는 2020년 중국이 핵발전 능력은 4,000만KW에 달해 중국 총 발전량의 6% 정도를 차지할 것이라고 캉 총경리는 밝혔다.

2005년부터 2020년까지 한 해 2기씩 발전소 추가건설 수주경쟁 치열

류창신 중국핵협회 상임부주임에 따르면 중국은 2005~2020년 사이에 대략 한 해에 2기씩의 원자력발전소를 건설할 계획이다.

중국의 전력 수요는 2003년 15.4% 급증해 전력 공급이 지속적인 경제성장의 관건으로 떠올랐다. 전문가들은 2004년 중국의 전력 수요는 11% 상승했으며, 앞으로 2025년까지 매년 평균 4.3%씩 증가할 것이라고 지적했다. 현재의 전력 공급 수준에서 9%대의 경제성장률을 유지하려면 31개 성시 가운데 22곳에서 절전운동을 실시해야 할 형편이다. 이에 따라 2003년부터 원자력에너지 개발문제는 국가 전력개발계획안에 처음 공식적으로 등장했고, 국가개발개혁위원회가 직접 감독하는 사업으로 승격됐다.

중국의 핵에너지 투자 확대에 따라 원자력발전소 건설 수주 경쟁도 치열해질 전망이다. 가동 중인 9기와 건설 중인 2기의 원자력발전소를 모두 프랑스·영국·캐나다 등 외국 기술로 건설한 중국은 현재 좀더 선진적인 미국의 기술과 중국 기술자들이 익숙해진 프랑스 기술 사이에서 저울질을 하고 있다. 기존의 원자력발전소는 모두 중국 연안지역에 위치했으나, 심각한 전력난을 겪고 있는 후난성(湖南省)·후베이성(湖北省)·쓰추안성(四川省) 등 내륙지방도 원자력발전소 건설을 희망하고 있는 것으로 알려졌다.

한편 중국은 핵에너지의 지속적 발전과 2020년 이후 핵에너지 발전에 대비하기 위해 열중성반응 원자로와 고속증식 원자로에 대한 연구를 추진하고 있다.

* 한국의 경우 중국과 지리적으로 가깝고 언어면에서 구미보다 유리해, 확대 일로에 있는 중국 원자력 발전소 시장에 적극적인 관심을 돌려야 할 필요가 있다.

광동성, 80억 달러짜리 새 원자력 발전소 건설

중국에서 경제가 가장 발달한 광동성의 양지앙(陽江) 시에 미화 80억 달러 규모의 새로운 원자력발전소 기반 시설 건설에 착수했다. 이 발전소는 중국의 급속한 경제발전에 따른 전력 부족을 해결하기 위해 원자력 발전을 확대해 나가려는 노력의 일환으로 건설된다.

이 발전소는 오는 2010년까지 완공되며, 원자로는 모두 6기로 각 기마다 100만KW의 발전 능력을 갖추게 된다.

미국, 일본, 러시아, 캐나다, 프랑스가 이 발전소 건설 계약을 따내기 위해 중국 기업들과 경쟁을 벌이고 있는 것으로 전해졌다.

광동성, 풍력발전 건설 본격 착수

광동성은 중국 최대 규모의 풍력(風力)발전소 건설에 본격적으로 착수할 계획이며, 광동성에서 중국 최초의 풍력발전 특허사업 중 하나인 후이라이(惠來) 스베이산(石碑山) 풍력발전소 건설에 필요한 발전설비의 도입 계약이 체결됐다. 위에디엔(粵電)그룹에 낙찰된 풍력발전소 건설이 정식으로 착수됨에 따라 광동성은 에너지 부족 문제를 해결하는 실마리를 찾게 됐다.

중국은 스베이산과 지앙쑤(江蘇) 루동(如東) 풍력발전소를 포함, 중국 전역에 10만KW급 이상 풍력발전소를 20개 더 건설할 계획이다. 스베이산에는 총 7억 위엔을 투자해 1대당 600KW급의 풍력발전기 167대를 설치, 총 100MW급의 중국 최대 풍력발전소를 건설하게 된다.

잠재력 큰 중국 물류시장

중국의 WTO 가입과 함께 서비스 무역 분야가 점차 개방되면서 국제무역이 지속적으로 활기를 띠고 있다. 특히 중국의 물류시장이 막대한 잠재력을 과시하면서 세계적인 대형 물류업체들의 중국시장에 대한 관심이 갈수록 높아지고 있다.

2004년 5월 10일 독일의 함부르크항과 상하이(上海)항은 우호항구의 관계를 맺고 항구계획·관리·건설 및 정보기술 등의 분야에서 협력을 강화하기로 했다. 같은 날 독일 우정국 산하의 DHL이 상하이 푸둥(浦東)의 와이까오치아오(外高橋)보세구에 건설한 해상·항공물류센터가 정식 운영에 들어갔다.

건축면적 1만 1500m²의 DHL 물류센터는 와이까오치아오 최대의 물류시설이다. 중국의 물류시장에 매력을 느끼는 것은 함부르크항이나 DHL뿐이 아니다.

2004년 봄 상하이에서 개최된 '2004년 중국 국제물류·교통운수 및 원격정보처리 박람회'에는 27개 국가 및 지역의 214개 물류기업들이 대거 참가했으며, 그 중 외국기업이 65%를 차지했다.

이번 박람회는 물류운송의 4대 분야인 △물류 △원격정보처리 △내부운수 작업 및 물품운반 △여객 및 화물수송 등을 망라했다. 박람회에는 △독일우정그룹 △독일 자기부상그룹 △함부르크항 △브레멘항 △아마존항공사 △버진항공사 △애틀랜타항공사 △영국항공사 △뮌헨 △파리 △벤쿠버 △마드리드 공항 등이 대거 참석해 성황을 이뤘다.

세계적 물류기업 중국 진출 가속

중국의 수출입 무역시장 성장이 연간 31%씩 증가함에 따라 물류서비스 시장도 급격한 성장세를 나타낼 것으로 예상되는 가운데 전세계적으로 내로라하는 물류기업들의 중국 시장 진출도 가속되고 있다.

현재 세계적 특송 물류기업들의 중국 진출 추세는 미국계 특송사인 UPS와 FedEx가 가장 활발한 상태이며, DHL 역시 중국 시장 진출에 다양한 노력을 기울이고 있다.

DHL의 중국 시장 공략의 핵심은 조인트벤처이다. DHL은 중국을 대표하는 Sinotrans와 DHL의 합작사를 DHL-Sinotrans로 이름 짓고, 향후 5년 간 총 2억 달러의 지속적인 투자를 통해 중국시장 확대를 계획하고 있다.

FedEx는 상하이를 중심으로 중국 내 100여개 도시에 자체 네트워크를 갖출 예정이며, 중국 대륙의 제조업 중심지역을 주 타깃으로 설정해 물류기반 시설 확충과 마케팅을 강화하고 있다.

한편 업계 전문가들에 따르면 '중국 시장의 무역성장률은 지난 3년 간 35%~45%로 전세계에서 가장 괄목할 만한 성장세를 보이고 있는 만큼 현 시장 선점에 따른 결과는 향후 몇 년 간 무시할 수 없을 만큼 클 것'이라고 말해 세계적인 물류기업들의 중국시장 투자는 더욱 확대될 것으로 보인다.

중국 물류업의 현황

현재 중국 물류산업은 여전히 원가가 높고, 수익이 낮은 발전단계지만 최근 몇 년 동안 물류 산업이 중시되면서 이익이 높아가고 있다. 특히 물류아웃소싱인 제3자 물류업(3PL: Third-Party Logistics, 第三方物流)은 약 25%의 고속 성장세를 보이고 있다.

중국 물류비는 이미 2천억 달러에 달하며 앞으로 연평균 20%의 높은 성장을 보일 것이라고 모건스탠리 아태지역 투자시장 연구팀이 발표했다.

연구팀은 중국의 현재 물류비용이 선진국보다 비교적 높으며 물류비 지출은 GDP의 16.7%를 차지한다며, 미국·일본·유럽의 선진국들이 물류비 지출로 평균 GDP의 7.3%~8.0% 정도를 차지하는 것과 비교하면 중국은 선진국의 약 2배라고 밝혔다.

현재 중국의 물류산업은 매우 비효율적인 것으로 나타났다. 중국에서 한 생산품이 소비자의 손에 이르기까지 적어도 10차례의 운송과정을 거쳐야 한다. 화물 적하역과 장단기 저장, 보관 등 과정에서 많은 시간이 소모되며 한 단계를 거칠 때마다 매년 수요되는 지출비용이 엄청나다.

그리고 중국의 생산제품 재고량은 엄청난 규모로, 알려진 바에 따르면 2000년 말까지 재고상품 가치는 그 해 GDP의 약 50%를 차지하는 비용이었다.

미국, 일본 등 선진국은 원자재 구입시 업체의 제3자 물류 이용비율이 30% 이상에 달하나 중국은 18% 정도에 머물러 있다.(한국의 경우는 26%이다.) 제3자 물류를 이용한 제품판매는 약 16%이다. 높은 자가물류나 2자 물류의존도가 물류 이동시간을 늘리고 비용을 높이는 직·간접적인 원인이 되고 있으며 결과적으로 수익을 떨어뜨리는 악역을 하고 있는 것이다.

2004년 중국 국내의 화물 유통량은 4억만 톤/km에 달하며 연 수출화물은 2500만 TEU에 달하고 있다. 이러한 물류 수요를 감안할 때 중국의 제3자물류업은 앞으로 몇 년 간 16~25%의 고속성장을 유지할 것으로 예상된다.

전문가들은 오는 2020년 세계 화물 해상운송 규모를 70억 톤으로 보고, 그 중 중국 항구들의 화물처리량을 40억 톤, 컨테이너 처리량을 1억1000만 개로 예상하고 있다.

중국 물류 및 구매연합회의 따이딩이(戴定一) 부회장은 중국 물류업이 "업체 수는 많지만 규모가 작고 분산된 데다 경쟁력이 취약"하다고 지적했다.

중국 물류산업 발전 5개 분야

중국 내에서 물류에 대한 관심과 인식이 점점 높아져가는 가운데, 중국 물류 및 구매연합회 딩쥔파(丁俊發) 상무 부회장은 앞으로 중국 물류 발전은 다섯 가지 방면에서 이루어질 것이라면서 이에 대해 적극 투자할 것을 제안했다.

첫째, 전통운수와 창고 보관기업은 자산을 재조정하여 전부 또는 일부를 제3자 물류로 전환시키며, 고객을 확대하며 외국물류회사와 합작하거나 경쟁해야 한다.

둘째, 일부 공업과 유통기업 특히 가전, 의류, 자동차, 일용화학용품, 체인업, 음료수, 의약, 담배 등 업종의 독자 외자기업이나 중외합자기업에 요구되는 물류의 장벽을 먼저 풀어야 한다.

셋째, 정보기술을 물류에 응용하는 것이 더욱 중요하게 될 것이다. 물류정보센터는 물류업의 주요 투자분야가 될 것이다.

넷째, 물류 인재교육과정이 한층 활성화 될 전망이다.

다섯째, 물류기초시설 건설은 앞으로도 국가의 주요투자 분야가 될 것이다.

민간자본과 외국자본이 물류업을 새로운 투자대상으로 삼게 될 것이며, 물류 장비와 물류 장비기술은 이미 물류업의 중요분야로 인식되고 있다.

빠르게 발전하는 중국 물류산업 발전 개요 연말 제정 전망

2004년은 중국 물류업이 빠른 성장기에 진입한 해이다. 중국정부는 WTO에 가입 시 약속한 조건에 근거하여, 도로화물운송, 창고, 해상운송, 선박대리 등 관련시장을 한층 개방할 예정이다. 이는 중국의 관련산업과 기업이 해외 물류기업과 전면 합작이 가능해짐을 의미하며, 이로써 중국의 현대물류산업은 새로운 시기에 진입할 전망이다.

머지 않아 올림픽 물류가 정식 시작될 것이며, 이는 중국 국내외 물류업이 특별히 주목하는 부분이다. 창지앙(長江)삼각주, 주지앙(珠江)삼각주, 후안보하이(環渤海)지역의 물류합작 발전 또한 실질적인 단계에 접어들 것이다.

전인대 상무위원회 지앙정후아(蔣正華) 부위원장은 "지금부터 2010년, 더 나아가 먼 장래는 중국의 경제 발전에서 중요한 시기이자 중국 물류업 발전의 중요한 단계이다. 중국 물류업은 대개혁의 새로운 단계에 진입할 것이다."라고 말했다.

지앙정후아 부위원장에 따르면 8차 5개년 계획 이래 중국의 물류산업은 빠르게 발전했으며, GDP에 대한 평균 기여율이 8.1%에 달했고, GDP를 약 0.8% 성장시켰다. 그러나 중국 물류체계의 전체적인 수준이 여전히 상당히 낮은 수준이다.

그는 "중국 국내 물류서비스의 낮은 수준은 중국 물류업무의 외주를 야기하고 있다. 낙후한 현지 물류시스템은 기업의 원가를 크게 증가시켜 중국 경제의 전반적인 효율에 심각한 영향을 미치고 있다."라고 말했다.

* 지금 중국물류업이 비록 낙후된 상태이기는 하지만, 국가에서 장기적으로 육성하려 하며 지리적 이점과 향후 발전가능성을 볼 때, 동북아중심국가 건설이란 타이틀로 물류를 육성하려는 한국과 직접적인 경쟁관계에 놓이게 될 것이며 양 국가 간의 발전을 결정짓는 중요한 요인이 되리라 전망된다.

중국 물류시장 38조 위엔 규모

2005년 중국의 물류산업 규모는 38조 4000억 위엔으로 2004년 대비 29.9% 성장, 최근 10년 중 가장 높은 성장률을 기록했다고 『징지르빠오(經濟日報)』가 2005년 4월 4일 보도했다.

신문은 중국 물류정보센터의 통계자료를 인용해 이같이 전하고 급속한 공업화에 따라 물류수요가 급증하면서 2004년 중국 물류시장은 지난 2001년에 비해 2배나 확대됐다고 밝혔다.

신문은 중국의 경제발전에서 물류 의존도가 뚜렷하게 커졌다며, 2004년 국내총생산(GDP)과 물류의 관계를 나타내는 물류수요계수가 2.8로 나타났다고 덧붙였다. 이 수치는 한 단위의 GDP를 창출하기 위해 2.8의 물류총액이 필요함을 의미하는데, 이는 '9차 5개년 계획기간(1996~2000년)'의 연평균 1.7에 비해 크게 높아진 것이다. 특히, 2004년 공산품 물류총액은 32조 5000억 위엔으로 전년 대비 30.2% 증가, 1996년 이래 가장 빠른 성장률을 기록했다.

이에 따라 물류비용도 계속 확대추세를 보여, 2004년 물류비용은 총 2조 9114억 위엔으로 전년 대비 16.6% 증가했다. 그 중 운송비용은 1조 6558억 위엔으로 전년 대비 18% 증가하면서 전체 물류비용의 57%를 차지했다. 반면, 물류비용이 GDP에서 차지하는 비중은 2004년 21.3%를 기록, 2003년과 1991년에 비해 각각 0.1%포인트와 2.7%포인트씩 낮아졌다.

물류수요 증가가 GDP 성장률보다 빠른 상황에서 물류비용이 GDP에서 차지하는 비중이 하락세를 보인 것은 물류산업의 운용상황이 개선되고 있음을 의미한다. 그러나 21.3%의 비율은 선진국에 비해 아직도 10%포인트 이상 높은 것이다.

물류정보센터에 따르면, 2004년 중국물류산업이 창출한 부가생산은 8459억 위엔으로 전년대비 8.4% 증가했다. 이 수치는 GDP의 6%와 서비스 산업 부가생산의 19.5%에 해당하는 것으로, 물류산업은 이미 중국의 3차산업에서 핵심산업으로 부상했다.

황금알을 낳는 중국 오수처리시장

현재 전세계에서 매년 배출되고 있는 오수는 4,000여 억 톤에 달한다. 이로 인해 5조여 톤의 물이 오염돼 전세계 60억 인구 중 약 20%의 사람들이 깨끗한 물을 공급받지 못하고, 매년 220만 명의 사람들이 오염이나 비위생적인 환경조건으로 인한 질병으로 사망한다.

2025년이 되면 전세계에서 안전한 식수를 공급 받지 못하는 사람이 23억 명으로 증가하고, 2050년말에는 전세계 90억 인구 중 약 70억이 물 부족에 직면할 것으로 예상된다.

중국의 심각한 물 부족 현황

중국의 1인당 평균 수자원은 세계평균의 4분의 1, 미국의 5분의 1로, 세계에서 1인당 평균 수자원 보유량이 가장 적은 13개 국가 중 하나다. 또 2030년에는 인구증가로 인해 중국의 1인당 평균 수자원 보유량은 현재의 2,200m^{3}에서 1,700~1,800m^{3}로 떨어지고, 필요한 수량이 개발 가능한 수량과 같아지기에, 수자원 부족 문제가 더욱 심각해 질 전망이다.

2004년 중국 도시의 연간 폐수 배출량은 300여 억 톤에 달하지만 처리율은 겨우 3분의 1 정도이며, 그 중 2급 처리율은 약 10%에 지나지 않는다.

중국의 오수 정책

지난 2000년 건설부, 국가환경보호총국 및 과학기술부 연합으로 '도시오물처리 및 오염방지기술정책'을 반포, 약 35%의 오수처리율을 2005년까지

인구 50만 명 이상 도시의 폐수처리 비율을 60% 이상, 2010년까지 중국 모든 도시의 폐수처리 비율을 60%, 직할시·성 중심도시 및 관광도시의 폐수처리 비율을 70%에 도달시킨다는 목표를 세웠다.

그리고 2002년 12월 27일 건설부에서 '시정부 공공분야 시장화 진행에 관한 의견(關于市政府公用行業市場化進程的意見)'을 발표, 2003년말 이전 모든 도시를 대상으로 오수 처리비용 징수를 요구했다.

한편 중국정부의 환경정화 노력으로 2010년까지 오수 처리능력은 하루 5,000만~6,000만m³ 정도로 증가할 것으로 예상된다. 또 새로운 도시 오수처리장을 적어도 1,000여 개 더 건설하며, 투자액은 총 4,000억~5,000억 위엔 정도가 소요될 것으로 보인다.

거기에 향후 10년간 중국정부가 추진하게 될 중요한 프로젝트들에 부수되는 오수처리 공장에만 1,460억 위엔이 필요하게 된다. 사실 그 동안 중국의 오수처리 공정은 공공시설 항목에 속했으므로 정부가 투자하고 관리했다. 이는 투자의 단일화와 경영의 독점화를 형성하게 됐고 관리의 능률을 저하시키는 결과를 가져왔다. 그 결과 원가와 비용을 증가시켜 오수처리 공장을 건설할수록 정부의 부담은 가중되기만 했다.

이 같은 상황을 개선하기 위해 중국 정부는 일부 도시의 오수처리, 쓰레기 시설의 투자 및 운영관리 시장을 잇따라 개방하고 외국자본과 민간자본의 도입을 적극 유도하고 있다. 최근 물공급과 오수처리 일체화 사업을 BOT방식 또는 위탁관리 운영방식 등으로 다양하게 추진하고 있다.

2004년 중국에는 오수처리 운영 서비스에 전문적으로 종사하는 업체가 이미 20여 개로 늘어나 오수처리 산업의 기본형태를 바야흐로 갖춰나가고 있다. 그 중 위탁관리 운영업체가 54%이며 투자 하청이 24%를 차지한다. 또 오수처리 운영비 지출에서 기업 부담이 33%, 재정 부담이 54%를 각각 차지한다.

썩은 하천 맑아지다

진추안허(金川河)는 난징(南京)시를 관통하는 두 번째로 큰 하천으로 반세기가 넘도록 썩은 물이 흐르고 있다. 길이 27km의 이 하천 연안엔 크고 작은 오물 배출구만 718개가 있다. 매일 이곳으로 배출되는 생활오물만 30여만 톤에 가깝다. 지방정부와 주민들을 불편하게 했던 이 썩은 하천이 현재 완전히 원상복귀 돼 하천주변은 나무와 화초가 무성하고 강물도 아주 맑아졌다.

"이 하천의 정비에는 난징공공용수관리(南京公用水務)회사의 공적을 빼놓을 수 없다."고 난징시 환경보호선전교육센터(環保宣教中心)의 아이리(艾莉) 주임은 말한다.

그가 말하는 난징공공용수관리회사는 그리 유명한 회사도 큰 회사도 아니지만 중국 최초로 시장화를 도입한 물관리회사다. 이 회사는 진추안허 환경종합정비공사, 난징시 청베이(城北)오물처리시스템공사, 청동(城東)오물처리장공사 등 각종 물관리 공사를 맡았으며, 그들의 가장 큰 공로는 바로 난징시의 오물처리 능력을 급속히 제고시켰다는 것이다.

오수에서 '금은' 캔다

시엔따이(現代)자산관리고문회사는 장기적으로 공공사업발전에 관심을 쏟는 연구기관이다. 이 회사의 자료에 의하면, 1년 동안 중국의 물 처리 설비의 연간 판매액은 10억 달러에 가깝고, 이 같은 추세는 2010년까지 계속될 것으로 전망된다.

지금 중국 전역에서 매년 물 및 오수 관리 방면에 소비하는 비용은 50여억 달러에 달하며, 연 15% 정도의 급속한 속도로 증가하고 있다. 중국은 전세계에서 증가속도가 가장 빠른 국가의 하나다.

하지만 중국 오수처리 시장이 실제 규모가 얼마나 되는지는 추측에 불과할 뿐 정확히 아는 사람은 아무도 없다고 한다.

세계로 뻗어나가는 중국 신발

중국산 신발 소각사건

2004년 9월 16일 저녁 스페인 동부의 엘체시에서 최악의 반(反)중국 폭동이 일어났다. 싼값에 수출되는 중국산 신발 때문에 현지인들이 운영하는 공장·가게가 잇따라 문을 닫고 있기 때문에 현지인 수백 명이 중국산 신발 상가로 몰려가 "중국 상인을 쫓아내라"는 구호를 외치며 폭동을 일으켰다. 이들은 돌과 화염병을 던져 신발을 실은 컨테이너 차량과 300여 평의 창고, 가게 등을 불태웠다. 또 12억 원어치의 신발을 보관한 16개의 컨테이너가 불탔다.

현지 경찰은 16명의 폭동 주동자를 붙잡았다고 발표했다. 그러나 스페인 상인들은 폭동 뒤에도 "매주 중국 신발상인 한 명씩을 처단할 것"이라고 위협하고 있다. 실제로 중국산 신발 소각사건이 발생, 16개 점포의 신발이 재로 변한 후에도 스페인신발업계 노동자들은 2차례나 가두시위를 벌이는 사태가 발생했다.

이번 신발소각사건은 정치·문화적 차이라기보다는 사회·경제적 요인이 무엇보다 크게 작용하고 있다.

1991~2001년 사이 유럽연합(EU) 전체의 제조업이 51%나 성장했지만, 방직공업의 부가생산은 5%(제화업과 피혁가공업도 포함) 성장에 그쳤다. 인구 20만의 엘체시는 유럽제화업 중심지의 하나로, 신발공장이 600~700개에 달한다. 그러나 유럽 제화업이 불경기에 처하면서, 노동원가의 열세로 중·저가 시장에서 경쟁력을 잃었다.

반면 1998년 엘체시에 진출한 중국 제화업체들은 저렴한 가격을 바탕으로 소비자들의 환영을 받으면서, 신발 공장이 많은 원저우(溫州)의 상인들을 포함해 현재 60여 개 업체가 성업 중이다. 현지 소규모 제화업계에 커다란 타격을 주고 있는 것이다.

그렇지만 중국업계 관계자들은 30%가 넘는 스페인 제화업계의 실업률을 중국업체 탓으로만 돌릴 수는 없다고 보고 있다. 중국산 신발의 스페인시장 점유율이 약 20%에 불과할 뿐만 아니라, 스페인업체들이 나서서 중국산 신발을 대량 수입하고 있기 때문이라는 것이다.

"지난해(2003년) 스페인의 중국산 신발 수입량은 전체 수입의 47%에 해당하는 총 6,190만 켤레, 2억 2,000만 유로에 달했다. 스페인에서 중국인들은 주로 간편한 바캉스용 신발 등 중·저가 제품을 판매하고 있어 고급시장에는 전혀 영향을 미치지 못하고 있으며, 스페인 업체들도 최근 2년 간 생산원가 절감을 위해 중국·인도 등으로 이전하고 있는 실정이다. 그러나 스페인 국민들, 특히 도산한 제화업체들은 사정을 잘 모른 채 모든 책임을 중국업체에만 돌림으로써 결국 '신발 소각사건'이 유발된 것이다."라며 중국업체들은 억울함을 호소하고 있다.

이에 대해 후잉화(胡穎華)는 『런민르빠오(人民日報)』 해외판에 신발·모자 등 노동집약적 제품이 해외시장을 개척할 때, 중국 업체들은 시장개척과 매출액 증대에만 만족해서는 안 된다는 결론의 글을 실었다.

그의 요지는 자체 역량을 강화하고 상대방과 협력하는 동시에, 시장규칙과 WTO규칙을 근거로 △새로운 전략 수립 △산업구조 조정 △기술 혁신 △제품고급화 등을 통해 자체 브랜드 확립과 더 많은 기회 창출에 노력해야 한다는 것이다.

사실 중국산 신발 때문에 2003년부터 이탈리아, 나이지리아, 러시아에서 반중 폭동이 잇따르고 있다. 2004년 2월엔 러시아 모스크바의 한 시장에서 360억 원 어치의 중국산 신발이 불태워지는 사태가 빚어졌다. 그래서 최근 중국에서는 신발산업이 자체 브랜드를 개발해 세계로 뻗어 나가야 한다는 목소리가 높다. 특히 이 스페인 엘체시의 중국산 신발 소각 사건은 중국 내에서 이런 주장과 견해를 크게 부각시켜 주고 있다. 후잉후아의 글 역시 이런 견해를 대변하는 것에 불과하다.

중국 신발산업 세계화 진군

2004년 중국은 70억 켤레의 신발을 생산, 세계 제1위에 오르면서 전세계 신발 생산량의 50% 이상을 차지하였다. 수출에서는 2003년 약 125억 달러의 외화를 벌어들여 중국 업종별 수출규모에서 선두권에 올라 있다.

'중국의 신발도시'로 불리는 저지앙성(浙江省) 원저우(溫州)시는 4,500여개 신발제조업체에서 연간 9억 켤레 이상의 신발을 생산, 중국 전체생산량의 25%를 점유하고 있다. 2003년 신발 생산액은 50억 달러, 그 중 수출이 8억 달러에 달했다.

푸지엔성(福建省) 진지앙시(晉江市)는 신발업체 3,000여 개와 종사자 35만 여명이 생산한 신발 60%를 세계 80여개국에 수출하고 있다. OEM(주문자 상표 부착방식) 위주의 타이완(臺灣)계 신발업체가 몰려있는 광동성(廣東省) 동구안시(東莞市)를 중심으로 한 주지앙(珠江)삼각주 지역도 연간 신발 생산량이 30억 켤레에 이른다. 원저우, 진지앙, 주지앙삼각주가 중국 신발업계를 3등분하고 있는 것이다.

세계 신발제조 중심지

세계적으로 신발제조 중심지는 이탈리아에서 1960~70년대 한국·일본, 1980년대 타이완을 거쳐 1990년대 중국 동구안·원저우로 이동됐다. 중국 신발업체들은 최근 20여 년 간 조단·골드라이온·플레이보이 등 세계적인 브랜드의 OEM 생산을 통해 자본·기술을 축적했다.

그러나 중국 자체내에서 세계시장의 규범화와 중국의 국내생산 확대로 중국 신발업계의 황금시기는 이미 지나갔다는 우려의 목소리도 있다. 과거 신발 한 켤레를 위탁 가공하면 10~15위엔을 벌어들였지만, 현재는 7~8위엔에 그치고 있고 평균이윤도 약 5~8%로 떨어졌다는 것이다. 물론 자체 브랜드를 가진 경우엔 이윤을 20%까지 올릴 수 있지만, 대신 위험부담이 크다.

그렇지만 이윤이 줄고 경쟁이 가열되면서 중국 신발업체들은 자체브랜드를 수립하는데 전력을 다하고 있다. 특히, 2000년 이후 광고·가격전쟁을 통한 '브랜드 수립운동'을 치열하게 벌인 결과, 현재 홍칭팅(紅蜻蜓)·아오캉(奧康)·안타(安踏) 등이 중국 국내에서 브랜드를 인정 받게 됐다.

브랜드 수립만이 활로

제조산업이 더욱 전문·분업화되면서 향후 수년 간 중국 신발업계는 조정기를 거치게 될 전망이다. 브랜드를 갖춘 기업만이 살아남는다는 이야기다.

중국발전연구원 등이 주최한 '2004 베이징(北京)·세계 신발산업포럼'에서는 중국 신발업계가 '등급 업그레이드, 브랜드 육성'을 이뤄야 한다는 주장이 제기됐다. 중국피혁공업협회도 최근 향후 10~15년 사이 중국 신발업계에서 세계적인 브랜드 3~5개를 육성한다는 목표를 설정했다.

2005년 1월 중국 신발제품의 수출쿼터제가 폐지되면서, 유럽연합은 현재 원산지가 중국인 신발제품에 대해 보호무역조치로 무역장벽을 높일 움직임을 보이고 있다. 러시아는 2004년 4월 20일자로 중국산 수입신발에 대한 종가제(從價制) 관세를 이미 30% 인상했고, 미국 등도 중국 신발에 대해 바짝 경계하고 있는 상황이다.

서부개척과 대외진출

중국 신발업체들은 현재 국제경쟁과 국내시장을 고려해 △생산공장 설치 △기술협력 △판매강화 등의 방식으로 대외진출과 중국 내의 서·북부지역 개척에 적극 나서고 있다.

캉나이(康奈)는 원저우의 2개 기업과 제휴해 우한(武漢)캉나이국제신발타운을 건설함과 동시에, 파리에 가죽신발 전문매장 1호점을 개설했다. 아오캉은 충칭(重慶)에 '서부 신발도시' 쇼핑센터를 건설하는 외에, GEOX와 중국 내·외 시장개척에 협력하기로 했다. 그 밖에 헝가리에는 '진지앙신발거리'가 있고, 원저우 하산(哈杉)은 이탈리아 유명 제화업체인 월슨사의 지분 90%를 장악하고 있다.

중국 신발업체들이 자체 브랜드 수립이라는 험난한 길에 발을 들여놓았지만, 중국이 신발생산 대국임에도 불구하고 가격·품질·판매·연구개발 능력에서 세계적인 브랜드와 상대도 안 되는 브랜드 소국이라는 자성의 목소리가 높다.

특히, WTO 가입 이후 중국이 대형시장으로 부상하는 상황에서, 중국 신발업계는 먼저 내수시장을 강화한 후 브랜드의 세계화에 나서야 할 것이라는 게 중국 내 전문가들의 충고이자 중국 업계의 전략이다.

올림픽 바라보는 베이징 요식업

『뉴욕타임즈』에 다음과 같은 재미난 기사가 실린 적이 있다.

"한국사람들은 새로운 곳에 가면 교회를 세우고 중국사람들은 식당을 세우며 일본사람들은 공장을 세운다." 사실 해외로 나가보면 중국사람이 없는 곳이 없고 중국사람이 있는 곳에는 어김없이 중국음식점이 있다는 말을 새삼 실감할 수 있다.

요리로 유명하다는 프랑스 요리와 어깨를 나란히 하는 중국은 음식대국이며, 경제가 발전하면서 요식업에 대한 관심도 늘어가고 있다. 사실 적지 않은 이들은 "2008년 올림픽은 베이징(北京) 요식업이 한몫 톡톡히 보게 될 천재일우의 좋은 기회이다."라고 말하고 있다.

베이징 올림픽으로 중국 요식업계는 도약의 기회를 맞았고 이를 계기로 세계에 중국 요리를 전파하려 하며 음식으로 세계를 제패하려는 음식제국주의를 바라보고 있다.

만약 한국이 베이징 올림픽 전에 중국에서 확고히 자리를 지키지 못하며 세계로 뻗어나가려는 중국 요식업을 바라만 보고 있다면, 한국 요식업은 국제경쟁무대에서 영원히 탈락할 수도 있다.

이쯤에서 올림픽을 바라보는 베이징 요식업계 관계자들의 견해는 어떤지 알아보는 것도 의미 있는 일이다. 지난 제2회 베이징시 요식업 발전 포럼에서 베이징 요식업 업체들과 관계자들이 관리, 경영, 자본 운영 등 문제를 가지고 열띤 토론을 벌였다.

숫자로 보는 올림픽 요식업

『베이징칭니엔빠오(北京青年報)』의 2004년 보도에 의하면 2002~2008년 사이 올림픽 유치로 인한 직접적 투자는 1,349억 위엔, 투자수요량은 1조 5,000억 위엔, 소비자 수요량은 1조 5,000억 위엔을 웃돌 것으로 전망되고 있으니 이러한 수치는 요식업 업주들의 마음을 설레게 하고도 남는다.

중국 상업경제학회 부회장이며 런민(人民)대학 상학원 교수인 황구오시웅(黃國雄)의 분석에 따르면 3,000억 위엔이라는 상업시장 가운데서 60%가 소비기금으로 전환되고 또 이 소비기금의 50%가 직접 베이징 시장의 현실 구매력으로 전환되는데 이 가운데서 적어도 20%는 요식업에 소비된다.

올림픽선수촌 운영처의 쉬정(徐征) 경리는 구체적인 수치를 예로 들면서 다음과 같이 전망했다. 2008년 올림픽에서 요식업은 각 나라와 지역의 올림픽위원회 대표단 11,900명, 사업자 24만 5,000명, 기술관원과 심판원 3,000명, 언론보도매체자 7,000명 그리고 수백만 명의 관람객을 접대하게 된다.

이 밖에 30개 경기장, 대학가, 관광명소와 59개 훈련장, 협찬기업 접대센터의 요식업 서비스도 만만치 않다.

올림픽 문턱은 얼마나 높은가?

물론 올림픽이 모든 요식업에게 노다지를 가져다 주는 것은 아니다. 쉬 경리에 따르면 올림픽 요식업 서비스 기준은 한마디로 입맛과 서비스의 '국제화'이다. 입맛의 국제화는 200여 개 나라와 지역 각지의 다양한 민족, 종교, 문화를 배경으로 한 구별되는 음식을 뜻하고 국제화된 서비스는 칼로리, 영양, 건강, 위생과 안전이 관련 기준에 도달하여야 함을 의미한다.

이 밖에도 일부 협찬기업이나 귀빈들은 자신의 건강기준에 따라 당뇨병 환자 전문음식같은 특별 음식 메뉴도 제기할 수 있다. 시드니올림픽에서 올림픽 조직위원회의 허가를 받은 특별음식 서비스기구는 겨우 10개밖에 안 되었다.

올림픽을 계기로 요식업의 종합 수준 업그레이드시켜야

2008년 올림픽이 일부 기업으로 말하면 이윤창출의 게임이 되지만 베이징 요식업과 이번 요식업 발전 포럼으로 말하면 기업 나아가서 요식업의 종합적 수준을 업그레이드시키는 좋은 계기가 된다.

베이징 요리협회의 양덩이엔(楊登彦)은 '베이징 요식업 시장은 성숙된 시장이고 요식업 시장경쟁은 단순한 시장가격 경쟁으로부터 제품 브랜드, 문화 브랜드, 기업 브랜드로 업그레이드 되어야 한다. 또 요식업 업주는 단순히 입맛이나 가격으로 소비자들을 끌 것이 아니라 문화환경, 인테리어, 분위기로 소비자들을 끌어 모아야 한다'고 말하였다.

주제발언-베이징 상무국 리순리 부국장

제2회 베이징시 요식업 발전 포럼에서 리순리(李順利) 부국장은 현재 베이징 요식업은 여러 차례에 걸친 대형 체육의 성숙된 경영경험이 바탕이 되어 2008년 올림픽 요식업을 성공적으로 경영할 조건과 능력을 구비하고 있다고 지적하였다.

날로 활성화되고 있는 상품시장에서 베이징시 요식업은 뚜렷한 성장세를 보이고 있어 2004년 1월부터 6월까지 베이징시 요식업 소매액은 87억 위엔을 돌파하여 2003년 동기 대비 60.6% 성장하였는데 여기서 사스로 인한 피해를 빼더라도 적어서 30% 성장한 셈이다.

리 부국장은 베이징의 얼굴인 베이징 요식업은 네 가지 특징이 있다고 지적하였다. 즉 역사가 유구하고 내용이 깊고 방대하며 요리가 다양하고 현대적이다.

리 부국장은 또 올림픽을 계기로 베이징 요식업이 브랜드화, 체인화, 다양화, 현대화, 국제화와 규범화의 방향으로 발전하도록 추진하여야 하며 전통 요식업 구조의 최적화와 산업화를 실현하여야 한다고 지적하였다.

너무나 전망좋은 중국 요식업

돈 지출에 관해서 한국, 중국, 일본 세 나라의 민족성은 어떻게 차이가 날까? 사람들의 견해에 따라 여러 가지 차이가 날 수 있지만, 아마도 적지 않은 사람들은 다음과 같이 말할 듯싶다.

"한국 사람은 옷 사입고 집 옮기느라 돈을 없애고 중국사람은 먹느라 없애고 일본사람은 저축하느라 없앤다."라는 것이다.

우리가 흔히 삶의 요소를 압축해서 말할 때 의식주(衣食住)라고 하는데 비해 중국사람들은 식의주(食衣住)라고 한다. 그만큼 중국사람들은 먹는데 관심이 크다.

한편, 일반적으로 경제가 발전하면서 사람들은 음식의 양보다는 질, 즉 맛에 관심이 쏠리며 다양한 요리를 찾기 마련이다. 이는 중국도 예외는 아니며, 풍부하고 다양한 요리를 자랑하는 중국에서는 더욱 그런 경향을 띠고 있다.

관계가 없는 듯 보이는 여러 사항들을 종합하자면 원래 먹는 데 관심이 많았고 요리도 다양하며 경제가 발전하는 중국에서 요식업의 전망은 아주 밝다고 할 수 있다. 그래서일까? 평가기관에 따라 다르기도 하지만 대체로 중국 유망 10대산업에 요식업 또는 외식업은 빠지지 않는다. 그렇게 전망좋은 중국 요식산업을 이해하는 일은 매우 중요한 일이다.

중국 요식산업 현황

이전에는 유명한 개인 식당으로만 만족했던 중국 요식업체들이 전문적

베이징의 대표요리 베이징카오야

체인점(프랜차이즈)을 꾀하며 그룹화 경영 즉 대형화를 추구하고 있다.

베이징카오야(北京烤鴨: 북경오리)로 유명한 취엔취더(全聚德), 만두로 유명한 티엔진(天津)의 고우부리바오즈(狗不理包子), 면으로 유명한 마란라미엔(馬兰拉面) 등이 프랜차이즈 체인 형태로 점포를 늘려 나가고 있다.

한편 원래 중국요리가 다양하기도 하지만, 한 가지 요리라기보다는 다양한 요리를 갖추는 음식백화점화하는 경향도 보이고 있다. 그러면서 사영기업과 여행의 증가로 단체급식이 늘어나며, 무점포 경영인 외판과 도시락 판매도 증가하고 있다.

중국 요식산업의 특징

남녀가 평등해 여자에게 주어지는 가사일의 부담이 적고, 주 5일제 근무를 하기에 요식업 특히 외식업이 발전할 수 있는 기반이 되어 있다. 그리고 매년 1인당 외식이 늘어나며 외식에 대한 소비비용이 지속적으로 증가하고 있다. 그러나 2004년 중국 주민들의 1인당 외식비는 약 400달러 안팎으로 미국의 1,500달러나 일본의 2,000달러에 비해 크게 낮은 수준으로 알려져 있다.

현재 대중 요식업 및 주말 휴일시장이 확대되고 있으며, 지방 요식업도 고속성장하고 있다.

한편 외국업체들 중에서 80년대 중반부터 맥도날드, KFC 등이 중국시장을 진출하였으나 합자사업 직영점에 머물러 프랜차이즈 체인의 형태를 갖추진 못했었다. 그러나 93년 KFC 가맹 1호점을 시작으로 KFC나 피자헛, 맥도날드, TGIF 등의 외국 브랜드의 진출도 활발하며, 2004년 350만 개 외식기업이 성장했으며 2003년 동기 대비 23.4% 성장했다. 2004년 맥도날드의 경우는 연쇄점이 600여 개, 영업액은 약 50억 위엔으로 알려져 있다.

중국 최대 요식업체는 바이셩(百勝)

중국상업연합회, 중화요리협회 및 중화전국상업정보센터가 공동 발표한 '2002년 중국 100대 요식업체'에 따르면 바이셩(百勝) 중국투자유한회사가 매출액 71억 4,500만 위엔으로 1위를 차지했다. 바이셩(百勝) 중국투자유한회사는 2004년 체인점이 이미 1천 개에 달했으며 영업액은 93억 위엔으로 알려져 있다.

2001년에는 중국 요식업체 중 1억 위엔 이상 업체가 78개, 그 중 10억 위엔 이상인 업체가 3개로 밝혀졌다. 또 외자 및 합작기업이 14개로 이들 기업이 전체 매출의 30%를 차지한 것으로 집계됐다.

2003년도 중국 100대 요식업체 중 영업액이 5억 위엔을 초과한 업체가 24개였다. 네이몽구시아오페이양(內蒙古小肥羊)의 발전도 눈부신데 2004년 말 체인점이 660개, 영업액 34억 위엔이다.

중국 요식기업의 문제점

점차 대형화가 되어가고 있지만, 아직까지는 소규모 식당의 경쟁이 지나치게 심해 순이익이 낮아지는 경우도 발생하며, 관리시스템의 부재, 요식업 전문 인력의 부족이 주요 문제점으로 꼽히고 있다. 그리고 요식업체 경영인의 경영 마인드도 부족하며 중국 내의 고질적인 문제인 위생문제도 사스로 인해 약간의 개선이 되기는 했지만 아직까지 크게 나아진 바는 없다.

한국기업의 중국요식업 진출 현황

중소형 한식당 약 500개 업소가 진출했으나 약 80% 정도가 영업이 부진한 것으로 알려져 있다. 진로소주가 투자한 진로주가, 보배소주가 투자한 보배원, 워커힐 호텔이 투자한 고려원, 그리고 롯데리아와 파파이스까지도 철수한 것으로 알려져 있다.

한편 CJ그룹, 놀부, 삼원 가든 등이 향후 중국 요식업 진출을 계획하고 있거나 막 진출했다. 현재 한국 요식업체 중 가장 성공한 업체는 서라벌, 미스터피자, 수복성 등이다.

중국 투자 실패의 주요 원인

우선 한국적인 사고를 고집하여 현지화(경영자, 직원, 재료조달, 관리방법)에 실패했다는 점을 우선적으로 꼽을 수 있다. 그리고 중국 법률의 이해 부족과 매뉴얼 중요성에 대한 인식 부족, 동종업계를 경쟁관계로 인식하여 협조관계의 부재 등도 실패 원인으로 꼽힌다.

'같은 동양권 국가이고 오랫동안 교류가 있으니 한국과 비슷하겠지'하며, 중국인의 관습, 생활습관, 체면 문화 등에 대한 이해가 부족했던 것이 실패

우다오코우(五道口)의 뚜레쥬르

를 낳았다는 평가도 있다.

차별화된 전략과 음식의 부재, 합작 파트너 선정 시 충분한 검토 미흡, 상권분석 및 입지선정 등 철저한 시장 조사 부족 등도 역시 실패원인으로 꼽힌다.

중국에서의 성공투자 전략

중국에서 성공하기 위해서는 철저한 현지화 전략이 요구된다. 무조건적인 고객만족(顧客是上帝: 고객은 신이다)과 최고의 서비스, 그리고 최고의 음식을 제공해야 성공할 수 있다. 맛의 차별화가 필요할 뿐만 아니라 필자가 느끼기에는 화장실에 대한 특별한 관심이 필요하다.

그리고 입지는 시가지 핵심 상권과 대단위 아파트 지역의 쇼핑센터, 쇼핑몰·영화관 등의 복합상가와 까르푸 등의 대형 마트 주변으로 해야 하며 점포노출이 좋고 도로변이나 유동인구가 많은 곳을 우선적으로 고려해야 한다. 종업원 관리는 품질유지를 위해 한국과 긴밀히 협조하며, 현지화된 교육시스템으로 충성도 높은 직원을 배양 및 신뢰가는 간부요원을 채용하며 원재료는 현지 조달이 좋다.

마지막으로 포지셔닝은 중국의 소득수준과 기대수준을 잘 파악하며 구매력있는 상위 10~30%를 고객으로 설정하는 게 좋다. 중국에서는 항상 변화와 변수가 있을 수 있음을 염두에 두며 고정관념보다는 유연한 생각과 자세를 지니고 과도한 투자는 지양하는 것이 좋다. 그리고 처음에는 한국 고객을 끌어들이고 점차 중국 고객을 유지하는 것이 중국에서 성공의 가능성을 높이는 길이다.

중국 정부의 부동산 과열 억제 정책

우려되는 부동산 거품

베이징에서 오피스텔 공급이 수요를 크게 초과할 것으로 예상된다. 중국 현지 신문 『징화스빠오(京華時報)』는 국제적인 부동산 자문회사인 데베햄 타이룽사 연구보고서를 인용하여 "2004년부터 베이징시 고급 오피스텔 공급이 대폭 늘어날 듯 보인다"고 보도했다.

데베햄 타이룽사 오피스텔담당 린이중(林義中) 부경총리는 일단 "갑작스런 부동산값 폭락은 없다."고 전제했다. "오피스텔 물량 증가에 한계가 있어요. 공급이 갑작스럽게 수요치를 넘지는 않을 겁니다. 당분간은 안정세를 유지하고 임대료와 가격에도 큰 변동이 없을 듯 해요."

베이징시 고급 오피스텔 총 면적은 291만m^2에 달한다. 주로 시내 CBD(비즈니스센터구역), 중구안춘(中關村) 지역과 금융가 구역에 집중돼 있다. 현재 추세로 보면 2005년까지는 오피스텔 공급이 완만하게 증가할 것이라는 주장이다.

그러나 2005년을 넘어서면 공급이 수요를 훨씬 넘어설 전망이다. 린이중 부경총리는 "이렇게 되면 임대료나 가격이 지금보다 훨씬 내려갈 수 있다."고 지적했다.

허위매매 계약서로 자금도 전용

베이징 오피스텔을 예로 들었지만 중국 주요 대도시 부동산 시장이 지나치게 달아올랐다. 정부는 도시마다 과열된 부동산 투자와 과다한 시공을 걱정하기 시작했다. 부동산 거품 현상이라는 우려다.

중구안춘의 하이룽다시아(海龍大厦)

중국인민은행은 "2002년 투입된 부동산 자금이 2001년에 비해 30% 증가한 950억 달러에 달한다"고 밝혔다. 국토자원부는 각급 정부 주도하에 시공중인 주택, 오피스텔, 하이테크단지 개발항목을 면밀히 조사하라는 긴급 통지를 발표했다.

현재 일부에서는 (평가기관에 따라 차이가 있는데) 약 26%의 오피스텔과 20%정도의 주택을 미분양된 상태로 보기도 한다. 그러나 문제는 부동산 거품이 공실률 증가와 부동산가격 하락 외에 더 심각한 결과를 초래할 수 있다는 사실이다. 바로 은행권 부실이다.

주식과 증권시장이 아직 초기 단계인 중국에서는 주요 자금원이 대개 은행이다. 부동산 거품이 일어나 후에 값이 폭락한다면 은행은 새로운 부실채권을 안게 된다. 시장경제 전환기에 처한 중국은 더욱 큰 시련을 겪을 수 있다는 얘기다.

현재 중국 부실채권 총액은 5,000억 달러에 달한다. 2002년 10월까지 상환하지 못한 은행 대출금 1조 6,000만 달러 중 10분의 1이 부동산관련 자금이다. 이 돈 가운데 600억 달러는 부동산 개발업자에게, 나머지 900억 달러 이상은 주택구입대출금으로 제공됐다. 대출금 가운데 10분의 1이 관련규정을 위반한 불법 대출로 나타났다.

예를 들어 일부 개발업자들은 완공되지도 않은 주택에 허위매매 계약서로 대출금을 받아 이 자금을 전용해 다른 개발사업에 투자한다. 일부 업자는 대출금으로 토지사용권을 산 뒤 이를 재담보로 활용해 이중 대출을 받아내는 등의 수법을 쓴다. 이들 채무는 은행권 부동산 채권 가운데 75%에 달한다.

전문가들은 "합리적인 주택 가격은 일반적으로 가구당 1년 소득의 3~6배가 표준인데 현재 10배 이상으로 형성된 이유가 여기 있다."고 꼬집었다. "97~98년, 동남아의 금융위기도 주원인이 과열된 부동산 투자에 있었다."며 "중국도 조심해야 한다."고 경고했다.

지난 2002년 연말, 국가 발전 개혁위원회 왕시아오광(王小廣)이 중국 부동산 시장 거품설을 제시한 후로 중국 부동산이 과열이냐 혹은 거품이 존재하느냐에 대한 논란이 많았다. 특히 부동산 시장이 중국 은행권 부실과 밀접한 관련을 맺기에 더욱 그러하다.

전문가들의 의견은 천차만별이며 변수가 많기에, 중국 부동산이 어떤지 속시원히 말해줄 전문가가 누구라고 단정짓기는 어렵다.

일반적으로 중국 부동산이 과열되어 거품이 존재한다는 주장이 대세를 이루어가며 일단 중국정부 역시 부동산이 과열되어 거품이 존재한다고 판단하여 최근 인민은행의 금리인상까지 다음과 같은 대책을 추진하고 있다.

중국 정부 경기 진정 부동산 과열 단속 나서

부동산 과열이 진정이 안 되자 중국이 경기 진정을 위해 부동산 과열 단속에 본격 나섰다. 추바오싱(仇保興) 건설부 부부장은 2004년 5월 기자회견을 통해 향후 2년 내 전국 부동산 예비 경보 시스템을 구축, 부동산 시장에 대한 거시적 감독을 강화해 나가겠다고 밝혔다. 추 부부장은 현재 주지앙(珠江) 삼각주와 창지앙(長江) 삼각주, 후아베이(華北) 일부 지역의 6개 도시에서 시험 운영 중인 부동산 예비 경보 시스템을 전국으로 확대, 토지 공급 총량과 부동산 건설 공간 배치, 부동산 개발 계획 시기 등을 통제함으로써 부동산 산업의 건강한 발전을 보장하겠다고 말했다.

건설부는 이를 위해 전국 부동산 시장의 각종 데이터를 제때 정확히 수집해 부동산 시장 운영에 대한 정확한 판단을 내리기로 했다.

건설부의 이 같은 발표는 부동산 거품 우려가 제기되고 있는 상하이(上海)와 베이징(北京) 등 대도시 일대의 부동산 투자 과열에 브레이크를 거는 신호탄으로 해석되었다.

추 부부장은 주택 가격과 관련, 우리의 이상적인 목표는 주택 가격 상승을 매년 3% 선으로 유지하는 것"이라며, "부동산 개발업체들의 토지 매점매석을 막아 주택 가격 상승을 저지하겠다."고 말했다. 추 부부장의 발언 당시 2004년 1분기 중국 35개 중대형 도시의 주택 가격은 7.7% 상승했다.

한편 각 지역의 무분별한 경제 개발구 건설과 관련, 지난 6개월 동안 전국 6,000여 개 개발구 중 절반인 3,000여 개가 취소됐으며 나머지도 2004년 말까지 조사를 진행할 것이라고 건설부는 밝혔다.

건설부는 또 2002년말 전국 660여 개 도시와 2만여개 진(鎭: 읍,면에 해당) 중 약 20%가 전시 행정에 따른 사업 과잉에 시달리고 있다며 앞으로 도시 건설에 대한 통제도 강화해 나가겠다고 말했다.

베이징시 부동산 투기와 전쟁

부동산 투기가 사라지지 않자 베이징시가 서민용 주택의 5년 이내 전매 금지 등 높은 부동산 투기 억제책을 내놓으면서 부동산 투기 잡기에 나섰다. 베이징시의 발전개혁위원회 국토부동산관리국 시건설위원회 등은 5월 가파르게 치솟고 있는 베이징의 아파트 가격을 잡기 위해 '경제적용주택(국민주택 개념의 소형주택) 매각에 대한 통지'를 발표했다. 통지문에 따르면 경제적용주택을 분양받은 사람은 5년 이상 거주해야 주택을 매각할 수 있도록 해 사실상 5년내 매매를 금지시켰다.

단지 5년 이내에 매각할 경우는 시장가격으로 팔지 못하며 구매가격보다 높지 않은 수준으로 경제적용주택 분양조건을 충족한 사람이나 기관에게만 매각할 수 있도록 했다. 또 5년 이상 거주자가 주택을 매각할 때 땅값의

10%를 세금으로 납부토록 했으며 추후 경제적용주택을 재분양 받지 못하도록 했다.

경제적용주택은 정부가 중·저소득층의 주택 문제 해결을 위해 일정조건의 자격요건을 충족한 사람을 대상으로 분양하는 소형아파트로 전용 면적은 70m^{2}로 제한된다. 정부가 땅값을 싸게 책정하기 때문에 분양가격이 낮아 중·저소득층 중국인들 사이에 인기가 높다.

또 공상(工商)은행 베이징의 각 지점들은 방 4개 이상의 대형 주택에 대해서는 주택자금 대출을 원칙적으로 전면 금지키로 해 고급 주택에 대한 은행 대출을 차단키로 했다. 또 방 3개 이하 주택이라도 개인 부동산대출에 대해서는 개인신용 면적 용도위치 등에 대한 심사를 엄격히 진행해 투기성 대출은 최대한 억제하기로 했다.

신화통신은 공상은행의 이같은 투기성 주택대출에 대한 엄격한 제한 조치는 중국은행, 농업은행, 건설은행 등으로 조만간 확대될 것이라고 보도했다.

中 부동산대출 통제 강화-대출한도 낮춰

중국 당국이 부동산 대출에 대한 통제를 강화하고 나섰다. 2004년 9월 현지업계에 따르면 중국 중국은행업감독관리위원회(은감회)는 주택대출 상환금에 대한 월수입과 지출비례를 규정하는 '상업은행 부동산대출금 위험관리지침'을 각 은행에 통지했다.

이번 지침은 은행의 부동산 대출 한도를 크게 줄이는 내용을 골자로 하고 있다.

우선 개인 부동산 대출은 한달 대출상환금 총액이 전체 가구 소득의 50%를 초과하지 않는 범위에서 결정된다. 또 이미 은행 대출금을 갚고 있는 세대의 경우 한달 총 대출 상환금이 월 수입의 55%를 넘을 수 없도록 했다.

이와 함께 은감회는 상업은행이 주택대출 신청 심사 때 개인의 수입증명만 갖고 판단해오던 기존의 관행을 고쳐 관련 은행의 자산증명과 재무보고서, 현장조사를 병행하도록 했다. 특히 경영상황이나 재무상황을 실질적으로 이해하고 그 상환능력을 면밀히 분석 해야 한다는 규정을 삽입했다.

지침은 또 그 동안 각 은행별로 다르게 사용해오던 주택대출 관련 서류를 통일해 실질적으로 부동산 대출을 통제하는 효과를 유도하고 있다.

업계 관계자는 "대출관련 서류의 통일은 전국의 개인 신용시스템 마련의 초석이 될 것"이라면서 "이번 지침의 시행으로 대출신청인의 실제 수입과 재무상황을 파악하는 것이 한결 용이해졌으며, 그만큼 부동산 대출이 통제되는 효과가 있다."고 말했다.

하지만 일각에서는 개인이 부동산 대출을 할 때 제출하는 소득증명 등이 자의적으로 작성될 가능성이 있는데다 은행간 전산시스템이 완비되지 않아 새로운 지침이 실질적인 효과를 거두기는 어려울 것이라는 견해도 제시하고 있다.

중국 부동산 과연 과열인가?

중국 부동산 거품인가?

중국 부동산은 은행권 부실과 밀접한 관련을 맺기에 중국 내외에서 주목의 대상이 되어왔다. 그러나 여러 전문가들의 의견도 각기 다양해 백인백색인 셈이다. 중국 부동산이 어떤지 정확히 짚어줄 용하다는 점쟁이가 아직 모습을 나타내지 못하고 있다.

일반적으로 중국 부동산이 과열되어 거품이 존재한다는 주장이 대세를 이루어가면서 일단 중국정부 역시 부동산이 과열되어 거품이 존재한다고 판단하여 여러 대책 -전국 부동산 예비 경보 시스템을 구축, 경제적용주택(국민주택 개념의 소형주택) 매각에 대한 통지, 부동산 대출에 대한 통제 강화, 인민은행의 금리인상- 을 추진하고 있는데, 아래의 전문가들은 부동산 시장이 과열되지 않았다고 주장하고 있다. 다양한 의견이 존재하기에 다음과 같은 전문가들의 의견을 듣고 중국 부동산 시장에 대해 이해의 폭을 넓히는 것도 좋을 듯 싶다.

2004년 1~3분기 중국 부동산가격 13.4% 폭등

지난 2002년 연말, 국가발전개혁위원회 왕시오광(王小廣)이 중국 부동산 시장 거품설을 제시한 후로, 모건스탠리 아시아 태평양 수석 경제학자 시에구오충(謝國忠)은 중국 부동산 거품 붕괴설을 제기했는데, 건설부 정책연구센터의 천후이(陳淮)는 중국 부동산의 거품설은 말도 안 되는 소리라고 쐐기를 박음에 따라 중국 부동산 시장은 날로 중국 내외 관심의 대상으로 부각되고 있다.

『베이징칭니엔빠오(北京青年報)』의 한 기자가 베이징 부동산 업계 내 인사와 개발업자 그리고 주택 구입자들로부터 알아본 바에 의하면, 이들은 베이징 및 전국 부동산 시장에 대하여 나름대로 견해 차이는 있지만, 사용을 목적으로 하는 구매자가 돈벌이를 목적으로 하는 투기업자들보다 훨씬 많아 베이징의 부동산 시장에는 거품이 존재하지 않다는 점에 견해를 일치하였다는 주장을 하기도 하였다.

신빙성 있는 수치 없어 거품설 논쟁은 공담

진디엔(今典)그룹 장바오취엔(張寶全) 이사장, 베이징(北京) 중위엔(中原) 부동산 리원지에(李文杰) 총경리를 대표로 하는 일부 개발업자와 시장연구가들은 중국은 기타 선진국처럼 제대로 된 통계수치 시스템이 이루어지지 않고 있어 건설부와 국가 발전개혁위원회를 포함한 모건스탠리의 경제학자, 기타 중국 내외 연구기구와 연구가들의 논증에 인용되는 수치는 신빙성이 없으며 그들의 결론도 당연히 비과학적이라고 꼬집었다.

짱바오취엔(張寶全) 이사장은 "거품 존재론과 거품 부재론은 모두 시장에 대한 억측(臆測)을 토대로 하고 있어 아무런 의미도 없는 공담(空談)일 뿐이다."라고 주장하였다. 2002년말에 중국 내외 경제학자, 전문가들이 중국 부동산 거품 경보를 제기하였음에도 불구하고 베이징, 상하이 등 대도시는 물론 수저우(蘇州), 우시(無錫) 등 작은 도시의 부동산 시장도 줄곧 성장세를 보였다는 사실은 이를 단적으로 보여주고 있다고 혹평하였다.

시에구오충의 견해는 자가당착

한편, 베이징 진디(金地)의 책임자 천창춘(陳長春)은 중국 부동산 거품 붕괴설 견해를 피력한 시에구오충이 발표한 <부동산이 중국경제 주기를 주도한다>, <거품이 공존하는 석유와 부동산> 등의 글들을 자세히 연구한 후

시에구오충의 견해는 자가당착이라고 일침을 가했다.

시에구오충은 <부동산이 중국경제 주기를 주도한다>라는 글에서 중국의 부동산 거품은 주로 베이징과 상하이에 집중되었는데 이 두 곳은 인구 비율이 3.6%밖에 안 되는 반면 부동산 판매액은 전국 판매액의 31%나 된다고 서술했으며, <거품이 공존하는 석유와 부동산>라는 글에서는 "현재 중국경제에서 석유 수요량은 GDP의 6%밖에 안 된다는 상황으로 볼 때 중국의 GDP가 2,000억 달러에 도달하면 석유 수요량은 282억 달러로 치솟을 것이다."라고 주장한 바 있다.

이에 천창춘은 "해외에서 공인하는 일반 법칙에 의하면 GDP가 1,500억 달러에 도달하면 도시화가 시작된다고 하는데, 중국은 이미 2년 전 GDP가 1500억 달러를 넘어섰으니 부동산이 국민경제에서 주도적 지위를 차지하는 것은 해외의 경제법칙에도 부합되는 것이다."라고 말하고 있다.

그렇다면 거품 붕괴설은 어떻게 해석해야 하는가?

이와 관련, 베이징 부동산 시장 연구가 리충(李忠)은 거품설의 논쟁초점을 공실률(空置率)이 15% 이상일 경우로 두고 있는데 15%의 공실률이 과열을 초래하는 여부는 국가의 도시화 진전을 보아야 할 뿐만 아니라 개발도상국과 선진국을 같은 저울에 놓고 비교할 수 없다고 지적하였다.

그는 현재 중국의 도시화는 급속한 팽창 단계에 처해 있으므로 미국처럼 도시화가 이미 기본적으로 끝난 선진국과는 상황이 다르다. 때문에 현재 중국의 15% –평가기관에 따라 차이가 있는데 리충은 15%를 제기하였다– 의 공실률은 아무런 문제도 아니고 거품설의 존재여부를 판단하는 근거가 될 수 없다고 지적하였다.

구매자가 투기자보다 많다

리충은 또 국외 경제학자들의 견해를 인용하여 거품의 진전한 의미에 대하여 역설하였다.

국외 경제학자들의 견해에 의하면 부동산 거래에서 아래의 네 가지 상황이 동시에 발생할 경우에야 거품현상이 존재한다고 한다.

첫째, 주택 구매자가 주택의 사용가치보다는 거래 이윤에 더 관심을 돌릴 경우.

둘째, 돈벌이를 목적으로 하는 투기자가 사용을 목적으로 하는 구매자보다 훨씬 더 많을 경우.

셋째, 가격이 실제 가치를 초과하여 급속도로 인상되면 거래는 감소하고 부동산 가격은 폭락한다.

넷째, 부동산 가격 폭락 후 금융기구의 자금이 대량 부동산 거래에 유입된다.

상기 네 가지 상황에 비추어 리충은 현재 중국의 부동산 시장은 상하이, 창지앙(長江)삼각주 등 일부 지역에 거품 기미가 보일 뿐 베이징을 비롯한 대부분 지역은 정상적이라고 판단하였다.

천창춘과 장바오취엔도 같은 견해를 내놓았다. 천창춘은 CBD 중앙 비즈니스 센터(商務區)의 진디(金地) 국제 화원 주택 구매자들을 예로 들면서 투자를 목적으로 하는 구매자는 40%도 안되며 대부분은 사용을 목적으로 하는 구매자들이라고 하였다. 장바오취엔은 시장 판매상황으로부터 보면 베이징의 부동산 시장에서 투자를 목적으로 하는 구매자는 10% 정도이고, 나머지 90%는 모두 사용을 목적으로 하는 구매자들이라고 밝혔다.

금융과 토지 정책이 과열을 진정시킨다

천창춘은 중국에서 1998년부터 복지형 분양주택(福利分房) 제도를 폐지한 후 주택 개발이 급속도로 발전했지만, 2002년부터 정부에서 토지개혁과 금융 긴축 정책을 펴면서 중국 부동산 시장의 건설과열 현상을 효과적으로 진정시켰다고 지적하였다.

장바오취엔은 중국의 낙후된 부동산 정책이 아이러니하게도 부동산 시장의 안정을 가져왔다고 지적하였다. 그는 홍콩의 경우 부동산 재산권은 등록

칭다오(靑島)의 유럽풍 건물

제도를 실시하여 선물 주택 양도가 매우 간단한데 이러한 상황은 오히려 투자+투기를 부추기게 된다. 하지만 중국 대륙은 재산권 제도가 매우 엄격하여 오히려 부동산 투기 매매를 억제시키고 부동산 시장을 보호하였다고 분석했다.

부동산 거품 경보 제시는 필요한 것

이처럼 중국 부동산 시장의 거품경보는 신빙성 없는 수치로 분석하였지만 현재 많은 언론과 일부 정부부문에서는 이러한 경보를 진짜로 간주하고 있다. 이와 관련, 리충 등은 언론과 정부부문은 서둘러 결론을 내릴 것이 아니라 이성적으로 분석하고 정책의 연속성, 안정성을 보장하여야 한다고 지적하였다.

베이징 중위엔 리원지에 총경리는 정부가 현재 고급 주택 시장에서 존재하는 과열현상과 공실현상에 각별히 유의하고 고급 주택 시장의 구조성 과열을 해소하는 효과적인 대안을 제시해 투자열을 억제시켜야 한다고 건의하였다.

현재 상하이의 부동산 가격이 하락하는 현상을 두고 리충은 시장이 스스로 조정할 능력이 있으므로 상하이처럼 한 때 투자성 주택 구매 과열이 일어난 도시에 대하여 정부는 굳이 시책을 강구하고 책임까지 질 필요가 없이 투기업자들을 엄하게 처벌하여 다른 투기업자들을 경계하는 것이 가장 바람직하다. 그렇지 않으면 중국의 투자자는 영원히 성숙하지 못할 것이라고 지적하였다.

중국 유통시장은 외국 유통업체 각축장

글로벌유통업체 중국 매장 확대경쟁

글로벌 유통업체인 월마트와 까르푸, 메트로 등이 공격적으로 중국 매장을 확대하고 있다. 이들 외국 유통업체들은 베이징(北京)과 상하이(上海)를 특히나 선호하고 있다.

또 세계 2대 유통업체인 프랑스의 까르푸는 2002년 상반기에만 창사(長沙), 쿤밍(昆明), 청두(成都) 등 3개 지역에 점포 개업 허가를 받는 지난 몇 년 간 활발한 진출을 보이고 있다. 또한 우한(武漢)에 글로벌 구매기지를 조성했다.

장-뤽 세로 까르푸 중국 대표는 "중국은 급성장하는 거대 시장이지만 유통업체들이 아직 자리를 잡지 못했다"면서 '미래를 자신하고 있다'고 말했다.

이와 함께 세계 4대 유통업체인 독일의 메트로도 본 독일에서의 판매 감소에 대응하기 위해 중국 내 점포 수를 늘린다는 계획이다. 한스-요아침 쾨베를 메트로 사장은 "중국 매장이 2004년말까지 23개로 늘어나며 앞으로 몇 년 간 중소도시에 추가로 40개 매장을 개설할 방침"이라고 설명했다.

메트로는 호텔이나 식당, 소매업체 등 기업체들을 대상으로 판매사업을 하는 도매업체로서 소비자들을 대상으로 하는 월마트나 까르푸와는 비즈니스 모델이 다르다.

전문가들은 "글로벌 유통업체들이 공격적으로 중국시장에 진출하고 있는 것은 중국의 경제성장에 대한 강한 신념을 반영하고 있는 것"이라고 평가했다.

지난 1992년 이후 2004년까지 외국계 소매유통업체들의 중국 시장 투자

중국의 E-MART

액은 30억 달러이며 중국 당국은 264개 외국계 유통업체의 투자를 승인하고 총 2천 200개 매장의 설치를 허용했다.

기타 외국 유통업체도 중국 진출 활발

대형 외국 유통업체들의 중국 진출이 활발해지면서 중국 소매업이 전례 없는 도전에 직면하고 있다. 글로벌 유통업체인 월마트와 까르푸, 메트로 등 외에도 적지 않은 외국 유통업체들이 중국에 진출하고 있다.

사스 여파가 채 가시기도 않았던 2003년 5월에도 외국계 유통업체들의 베이징(北京) 진출은 계속해서 활발한 움직임을 보여왔다. 2003년 5월 중순 이케아(IKEA)가 베이징의 타이더(泰德)임대유한회사와 '이케아' 왕징(望京)점 개설에 관한 협의 계약을 체결하였고, 2006년 오픈했다.

그 밖에 월마트 프랑스의 오샹이나 영국의 B&Q, 태국계 이추리엔화(易初蓮花)와 홍콩의 후아룬완지아(華潤萬家) 등도 중국 사업확장을 서두르고 있다.

그런가 하면 스웨덴계 가구 백화점 IKEA는 중국에서 베이징에 이어 2003년 4월에 상하이(上海)시의 차우시베이루(漕溪北路)에 대형 점포를 오픈했다.

새로 오픈한 상하이점은 건축 면적 3만 3000m^2, 녹지 면적 1만 6190m^{2}로 IKEA 점포 중 아시아 최대 규모를 자랑한다.

IKEA 관계자는 오는 2010년까지 중국에 10개의 점포를 개설하는 것을 목표로 하고 있다고 밝혔다.

"까르푸" 진출 가장 눈부셔

여러 유통업체가 중국 진출을 하고 있지만 그 중 가장 돋보이는 업체가 세계 2위의 대형소매체인인 프랑스의 까르푸이다. 죽의 장막 같은 중국법의 튼튼한 방어막을 뚫고 다른 업체보다 일찍 진출하고, 찌아러푸(家樂福)라는 좋은 이름으로 소비자와 가까워지며 초기 매장이 시내 번화가 주위에 있어 까르푸는 다른 경쟁사들의 부러움을 사면서 성공해왔다.

베르나르 CEO는 중국시장이 '독특한 성장 잠재력'을 가지고 있다며, 식품과 공산품을 모두 판매하는 하이퍼마켓(대형 슈퍼마켓)의 숫자를 거의 2배로 늘리겠다고 말했다. "중국 시장은 프랑스, 스페인, 벨기에, 포르투갈, 그리스의 시장을 모두 합친 것과 같은 크기"라고 그는 지적했다. 또한 Dia 할인점도 오는 2007년까지는 점포수를 10배로 늘릴 계획을 세웠다.

중국 국영 소매기업 생사기로에…

중국의 WTO(세계무역기구) 공약에 따라 2004년은 외자 소매기업들의 중국시장 대규모 진출 원년이 된 것으로 평가된다. 중국의 국영 소매업계로서는 '생사존망'의 기로에 직면하게 된 것이다. 2004년 10월 개최된 중국소매업종발전포럼에서 꾸구오지엔(顧國建) 상하이 체인경영연구소 소장은 다음과 같은 사례를 들었다. 프랑스 소매업계의 거인 까르푸가 상하이에 두 번째 분점을 개업한 뒤 주위 5km 이내에 있던 3개의 국영 유통업체들이 잇따라 파산했다.

칭다오(青島)의 까르푸

이와 비슷한 사례는 또 있다. 1998년 푸진엔성(福建省) 푸저우(福州)에서 월마트(3개)·메트로(1개)·타이완(臺灣)의 하오요우두오(好又多: 6개)가 연속 개업함에 따라 국유 기업 동바이(東百)의 이윤이 3년 내내 하락세로 돌아선

베이징의 따중 전자상점

것이다. 이는 외자 소매기업이 중국의 소매업계에 미친 충격이 얼마나 큰지를 단적으로 보여주는 사례다. 외자 소매기업들은 선진 쇼핑 이념, 다양한 상품과 뛰어난 마케팅 전략 등에서 중국의 국영 백화점들을 압도하고 있다.

그러나 국영 소매기업의 어려움은 여기에 그치지 않는다. 갈수록 세분화되고 있는 시장환경도 국영 소매기업을 곤경에 빠뜨리는 커다란 요인이다. 예를 들면, 가전제품만 전문적으로 취급하는 구오메이(國美: GOME)·따중(大中)·쑤닝(蘇寧: Suning) 등 가전제품 체인점과 이케아·둥팡지아위엔(東方家園) 등 전문 가구점의 개업으로 백화점에서 가전제품이나 가구를 구입하던 소비자가 줄어들면서 국영 소매기업의 매출실적은 지속적으로 축소되고 있는 것이다.

그 밖에 슈퍼마켓이나 종합매장, 편의점 등 다양한 형태의 소매업체가 등장함으로써 중국의 소매업종 시장경쟁은 갈수록 치열해지고 있다.

소매업종, 중국 3대 최고 수익산업에…

소매업(retailing), 정보통신기술(IT)과 투자(investment)산업이 현재 중국 3대 최고 수익산업이 되었으며 이는 글로벌 추세를 반영하고 있다고 루퍼트 후거월프(Rupert Hoogewerf) 리서치 기구가 중국 100대 부호 리스트를 통해 2004년 발표했다. 이 리스트에서 최고의 위치에 오른 황광위(黃光浴) 씨는 구오메이 가정용구회사의 창업자로, 중국 최대의 가전제품 소매업을 운영하고 있다. 30대 후반인 그는 13억 달러(105억 위엔)의 재산을 기록, 2003년 이 리스트 27위에서 2004년 일약 1위로 뛰어올랐다. 그리고 2005 '중국 대륙 100대 부호 리스트'에서도 황의 2005년 자산은 17억 달러(140억 위엔)로 불어나면서, 2년 연속 중국 최고 갑부에 선정됐다.

그의 놀라운 발전은 많은 전문가들의 견해, 즉 중국의 소매산업은 대외개방 이후 신속하게 수축되리라는 예측을 뒤엎었다. 세계무역기구 가입에 따라 중국이 소매산업을 대외에 개방하게 된 추세에서 많은 전문가들은 다국적 소매업 메이저들의 중국시장 진출과 치열한 경쟁을 예기하고 중국 국내 소매업 전망을 어둡게 판단한 바 있다. 세계 최고의 컨설팅 회사 매킨지조차 향후 5년 이내 외국소매회사들이 중국시장의 60%를 차지한다고 판단하기도 했다. 그러나 2004년 중국 100대 기업 중 9개가 국내 소매업체들이었으며 2004년 2월 중국 상무부 보고도 2003년 30대 소매기구동의 체인점비즈니스 규모가 29.9% 증가된 2,700억 위엔에 도달했다고 밝혔다. 아무도 예상치 못한 의외의 선전을 하고 있는 셈이다.

남방에서 돋보이는 쑤닝

이들 중국소매업체들은 증시상장에도 적극 참가하고 있는데, 그 중 구오메이, 수닝, 우마트(Wumart) 등 중국내 소매회사들이 2004년 증시에 상장했다.

중국 유통업계 인재부족과 임금현황

현재 중국에선 중국사람들의 유통업에 대한 낮은 인식, 낙후된 유통체계로 유통업 인재와 희망 종사자들은 부족한 반면, 풍부한 인구, 밝은 유통시장의 미래를 보고 외국유통업계는 계속해서 중국에 진출해서 타 업종들과는 달리 유통인재들의 수요는 많은데 공급이 부족한 기이한 현상이 벌어지고 있다.

글로벌 유통업체인 월마트와 까르푸, 메트로 등이 공격적으로 중국 매장을 확대하고 있다.

사실 까르푸를 비롯한 외국 유수 업체들의 경쟁이 치열하여 이윤을 내기 힘든 상황에 2003년 7월 중순 월마트까지 베이징에 제1호점을 개장한 이래로 바야흐로 중국 유통시장은 전세계 유통기업들의 각축장이 되어 가고 있다. 일본의 Jusco, 한국의 이마트와 메가마트 등이 진출해 있으며, 이런 진출에 대해 후아리엔, 징커룽(京客隆)등의 반격도 만만치 않다. 특히 GOME(國美), 따중(大中) 등의 성장도 주목할 만하다.

베이징에 많은 징커룽

그래서 외국 유통업체들의 베이징 진출과 함께 유통업 분야의 인재 쟁탈전도 뜨겁게 달아오르고 있다. 중국 교통운수 협회에 따르면 현재 중국 내 유통업 분야에서 부족한 인재는 600

만 명 선에 이르고 있다. 그러나 이보다 더 큰 우려를 자아내는 것은 현재 첨단기술의 유통판매응용 수준이 아직 초급단계에 머물러 있다는 점이다.

현재 중국의 유통 판매시스템 기술은 매우 낮은 수준으로 이 분야의 대졸 및 전문대 졸 이상의 인재가 전체 인력 구조에서 차지하는 비중은 겨우 3% 정도이다. 특히 소매업 분야의 경영관리 인재 부족 및 구조적 불합리성은 이미 중국 유통기업 발전을 저해하는 병목의 하나로 지적되고 있다. 이 같은 인재부족은 나아가 관리와 기술수준의 저하를 초래하고 있으며, 지금 많은 기업들에게서는 구매, 저장, 운수, 판매 등의 부분에서 상호 분업과 협력이 제대로 이뤄지지 않고 있다.

소매업체 사이의 인재 쟁탈전도 따지고 보면 이 분야의 인재가 크게 부족하기 때문이다. 그렇다면 소매업체들은 어떠한 인재를 필요로 하는가?

중후아잉차이왕(中華英才網)이 실시한 조사에 따르면 소매업에서 판매, 인테리어, 경영관리, 구매 등의 분야에 인재가 많이 부족한 것으로 나타났다. 특히 지점장과 상품구매 부서 경리직의 경우 공석이 많다. 그래서 이 분야의 인재가 부족한 만큼 이들 인재들의 몸값도 높다. 실력있는 우수한 인재를 영입하기 위해서 유통업체들은 돈을 아끼지 않는다.

그러나 업체에 따라 대우는 다르다. 베이징 후아리엔(華聯)슈퍼마켓의 경우, 3명의 최고급 관리자에게 지급되는 연봉은 총 35만 9,000위엔, 광저우요우이(廣州友誼)의 최고급 관리자 3명의 연봉은 세금까지 합쳐 55만 5,300위엔이다.

소매업체의 관리자 및 일반 종업원들의 월 임금수준을 구체적으로 살펴보자. 광저우바이후오(廣州百貨) 회사의 예다.

△총 경리=1만5천 위엔~2만 위엔 △지점장=4,500위엔 △부서부장=2,000위엔~4,000위엔 △일반 종업원=1,100위엔~1,200위엔 △수금원=800위엔 이다.

이에 비해 외자 유통업체에서 고급임원의 월 임금수준은 높은 편으로 각

재래시장

관련 부서 책임자의 월 임금수준은 10만 위엔 이상이며 지역본부부장의 연봉은 100만 위엔 선이다.

한편 업계 관계자들은 현재 중국의 일부 대학들이 유통업에 관한 전공학과를 개설하고 있지만 중국 국내의 인재 부족을 단기간 내에 완화하기는 어려울 것으로 보고 있다.

대형 외자 소매기업 60% 적자운영

2004년까지 세계 200대 소매기업 중 12.5%의 기업이 중국에 입주했으며, 그 외 12%의 기업은 아시아에 진출해 중국 입주를 준비 중이다. 사실 메이저 소매기업은 이미 중국에 진출해있고 다른 소규모 소매기업도 중국시장 개척에 적극 나서고 있다. 이외 세계 200대 기업 중 50개 기업이 본토 이외 시장 개척에 적극 나서고 있다. 비록 이들 메이저들은 아직 아시아에 진출하지 않았지만 중국 진출 가능성을 배제할 수 없다.

중국 상업연합회와 중화전국상업정보센터가 발표한 '2004년 중국 소매업 백서' 분석에 따르면 대형 매장을 운영하는 대형 외자 소매기업의 60% 이상이 적자 상태에서 운영되고 있는 것으로 나타났다. 그러나 이런 결손은 주로 새 매장 개설로 인한 것이다.

백서는 중국 경제가 새로운 성장기에 들어서면서 약 2년 간 침체기에 있던 소비시장이 다소 완화돼 성장 회복세를 보이기 시작하면서, 소폭 증가세를 보였다고 지적했다.

태국계 이추리엔화

이에 힘입어 2003년 중국 100대 소매기업의 판매액은 2002년 100대 소매기업 판매액보다 42.7% 성장했다. 이런 변화의 구체적 표현은 체인화, 그룹화 경영, 지역 확대, 확대방식 다양화 및 공업과 상업의 협력, 지역과 상업의 협력, 업계 발전의 다원화 등이라고 백서는 밝혔다.

외자 소매기업 특징

1. 외자 소매기업 매장의 발전 속도는 내자 소매기업보다 느렸다. 유통기업들의 1만여 개 매장(42개 외자기업의 1700여 개 매장도 포함)의 경영 통계를 분석한 결과 매장의 발전 속도 면에서 내자기업 발전이 외자기업 매장 발전보다 빨랐다. 2003년 내자기업 매장이 87.3%를 차지, 성장 속도가 32.35%에 달한 반면 외자기업 매장은 12.7%를 차지, 성장 속도가 21%였다.

2. 외자 소매기업 상품판매 성장 속도가 내자 소매기업보다 빨랐다. 유통업에 대한 통계에 따르면 내자기업 판매액이 동기 대비 29.6% 성장하고 42개 외자기업 판매액이 동기 대비 33% 성장했다. 판매액 비중을 보면 외자기업 판매액 합계가 판매액의 총 28.3%를 차지, 내자기업이 71.67%를 차지했다. 2002년에 비해 외자 소매기업이 차지하는 비중은 1.1% 늘어난 반면 내자기업 비중은 동기보다 1.1% 하락했다.

3. 60%의 대형 외자소매기업이 적자 상태에 있었다. 외자기업의 자산 부채율은 비교적 높았다. 아시아 기업의 2004년 자산 부채율은 평균 87.5%, 유럽 기업은 평균 89.1%, 미국기업은 평균 81.2%, 내자기업은 평균 76.1%이다. 수익능력에 있어서 현재 내자소매기업이 외자기업보다 나은 상황인데, 2003년 통계한 내자기업 이윤은 총 11억 2천만 위엔으로 동기보다 68.77% 성장하였고 외자기업 결손액은 총 4,479만 위엔으로 2002년보다 2억 위엔의 적자를 봤다. 외자의 손해는 2003년 신매장 개설로 인한 것으로 나타났다. 점포 경영을 시작할 때 고부채, 고손해의 상황이 나타나나, 일반적으로 2,

3 년 후면 수익 단계에 접어든다.

외자소매기업 지속적 발전 전망

백서는 2004년 12월 11일부터 중국소매시장이 대외 확대 개방으로 외자 소매기업 발전이 대폭 가속화될 것으로 보이고 외자 소매기업 확대전략도 내자소매기업 인수합병으로 전향하게 될 것이라고 전망했다. 이는 기업 규모를 급속히 확대하는 주요 수단 중의 하나이며 또한 앞으로 외자 소매기업이 시장규모를 확대하는 가장 파워 있는 경쟁조치이기도 하다.

내자 소매기업이 가장 두려워하는 것은 중국 정부가 지역, 규모와 수량 등 면에서 외자 소매기업에 대한 규제를 취소한 후 외자 소매기업이 내자 소매기업을 인수 합병하는 붐을 일으키는 것이다.

중국정부, 외국 유통업체에 대한 감시 강화

2004년 11월 14일 『중구오징지스바오(中國經濟時報)』는 중국 내 유통 및 서비스 분야 외국 기업 수익현황을 분석한 메릴린치 보고서를 인용, 대부분의 유통기업과 가전업체가 적자를 보는 것으로 나타났다고 보도했다. 중국 시장에 진출한 가전업체 가운데 유일하게 수익을 기록하고 있는 독일 지멘스도 유통기업의 적자에 관한 메릴린치 보고서에 전적으로 공감하고 있다고 이 신문은 전했다.

중국에서 욱일승천하는 까르푸

유통 분야의 경우 성장하는 중국 기업과 다국적기업의 치열한 경쟁 때문에 프랑스 카르푸를 제외한 다른 유통기업은 모두 적자를 기록하고 있다고 이 신문은 설명했다.

2003년 중국에 진출한 외국

기업의 51%가 적자를 기록했다는 국가세무총국의 발표에도 불구하고 중국 정부는 외국 기업들이 중국 법률의 허점을 이용하고 지역 간 경제발전 차이와 지방정부의 우대정책을 통해 합법적인 탈세를 하고 있다고 주장했다.

중국 정부는 적자를 기록하는 외국 기업의 3분의 2가 경영에 문제가 있다기보다는 장부상 적자로 매년 300억 위엔의 세금을 탈루하고 있다며 탈세 방지를 위해 외국 기업에 대한 감시를 강화하기로 했다.

외자, 중국 부동산 시장 쟁탈전

불합리한 구조, 비규칙적 운영, 현지화 함정 등 문제 직면

외자가 중국 부동산 시장으로 잰걸음을 하고 있다. 이에 대해 업계 인사들은 외자의 중국 부동산업 진출 시기가 성숙되었지만 본격적으로 진출하려면 중국시장의 불합리한 구조, 비규칙적 운영, 현지화 함정 등 해결해야 할 문제들이 많다고 지적했다.

해외 부동산 메이저, 중국 부동산 공략

현재 중국에서 부동산개발에 종사하는 외국인은 세 부류로 나뉜다. 한 부류는 홍콩 개발업자들. 그들은 내륙에서 독립적으로 주택과 오피스텔을 개발한다. 다른 한 부류는 싱가포르, 오스트레일리아, 네덜란드 등의 해외 개발업자들. 세번째는 순수 투자성 행위로서 오스트레일리아의 맥쿼리은행(Macquarie Bank), 미국의 리먼브라더스홀딩스 등이 이 부류에 속한다. 그 중 홍콩개발업자가 특히 활발하게 활동하고 있다.

신허(信和)와 중하이(中海)가 손잡고 청두(成都), 선쩐(深圳) 두 곳에 대형 부동산 프로젝트를 개발하며, 지아화(嘉華)그룹은 상하이에서의 투자액을 본 그룹 총 투자액의 30~40%로 증가할 것이라고 밝혔다. 이외 신훙지(新鴻基), 루이안(瑞安)부동산 등도 가속 발전을 꾀하고 있다.

구미 외자도 발빠른 행보를 보이고 있다. 최근 미국 록펠러그룹이 상하이 와이탄위엔(外灘源) 개조에 참여한다고 발표했다. 모건스탠리도 뒤지지 않고 4월에 벌써 티엔진 슌츠(順馳)와 손잡고 부동산개발에 투자했다. 5월 네덜란드 국제그룹이 아시아 부동산기금을 인수·합병한 후 추가로 재차 푸디(復地)그룹과 공동으로 상하이 부동산에 투자했으며 6월 모건스탠리를 비롯한 한 재단이 중국 건설은행의 28억 5천만 위엔 가치의 부동산 불량자산 경매입찰에 성공했다. 국제 부동산메이저들은 발달한 연해 도시뿐만 아니라 중국서부에도 눈길을 돌리고 있다. 허황(和黃)부동산은 시안(西安)에 100억 위엔 상당의 프로젝트 개발 협약을 맺었으며, 홍콩 즈띠(置地)는 충칭(重慶) 현지 개발업자와 2건의 부동산 프로젝트 협약을 체결했으며, 싱가포르 지바오(吉寶)는 청두에 건축면적 100만m^2의 프로젝트를 개발중이다.

통계에 따르면 1년이래 해외자본이 베이징부동산업에 투자한 프로젝트는 약 20개, 총 건축면적이 500만m^2 이상에 달하며 투자 총액은 약 30억 위엔, 투자국들로는 싱가포르, 미국, 일본, 캐나다, 영국, 네덜란드, 독일, 인도네시아 등이다. 특히 싱가포르의 여러 부동산 개발업자가 베이징에 진을 치는 등 투자강세를 보이고 있다.

외자가 중국 부동산 시장에 개입하는 경로는 주로 해외 상장, 외자개발업자가 독립적으로 부동산 개발에 종사, 외자산업기금이 투자 회사의 신분으로 부동산에 투자, 외국인이 건축 관리 사무소를 매각해 건축관리비용을 수취하는 등의 형식이 있다고 업계인사들이 밝혔다.

토지정책 개방도 외자유입의 '촉매제'

사실상 구미 자본이 중국 부동산업에 개입한 것은 최근 일이 아니다. 1997년말 미국 한스부동산이 중국에 진출했다. 그런데 지금처럼 대규모의 구미자본이 중국에 유입되는 것은 전례 없는 일이다. 이런 현상과 관련해 중국 부동산전문가들은 토지거래정책의 시장화가 외자의 중국 부동산시장 유입에 '촉매제'로 작용하고 있다고 지적했다. 토지공개 거래 실시가 투명한 정부 및 시장의 운영환경을 만들어 외자의 투자열정을 부추긴 것이다. 이것이 곧 외자부동산 거두들이 중국 부동산시장에 적극 진출하게 된 주원인이다.

이외에도 토지가 제한된 상황에서 일반적으로 부동산 가격 하락이 극히 적다. 상당수의 전문가들은 앞으로 10~20년 내 중국 부동산 산업은 쇠퇴되지 않을 것이므로 지금이 외자 진출의 적기라 보고 있다.

앞으로 5년 내 중국 내륙 부동산 개발투자는 3조 5800억 위엔에 달할 것이며 연 평균 7%의 성장률을 보일 것으로 예측된다. 특히 주택 프로젝트 수익률이 25%에 달해 구미 자본의 시선이 집중될 것으로 예상된다. WTO가입 규정에 따라 중국은 2004년에 외국인 독자 부동산 기업 설립을 허락했으며, 동시에 합자·합작 부동산 기업은 '내국민대우'를 받을 수 있다. 이는 외자개발업자가 1급 토지 개발에 참여하지 못하는 것을 제외하고는 프로젝트 개발에 있어서 본토 개발업자와 동등한 대우를 받게 됨을 의미한다.

부단히 규범화되는 시장환경은 현지 부동산 개발업자의 토지와 자금 획득에 갈수록 엄격한 요구를 제기하고 있다. 개방과 경쟁의 급증은 자본이 풍부한 구미 부동산개발업자에게 중국 진출의 절호의 기회를 제공한 것이 틀림없다.

많은 권익문제 해결해야

외자의 중국 부동산 진출 발걸음이 부단히 빨라지고 있지만 아직 해결해야 할 문제점도 많다. 정책적 규제, 시장구조의 불합리성, 비규칙적 운영, 현지화 함정 및 부동산 거품 등은 모두 외자 유입의 장애가 되고 있다.

또한 현재 중국 내 부동산업 정책의 불확실성 및 최소마진율이 기대치보다 낮은 점 등이 해외 투자자들의 중국 부동산 시장 투자의 걸림돌이 되고 있다. 따라서 시장을 규범화한 후 해외 기관 투자의 전성기를 맞게 될 것이라고 업계 인사들은 내다봤다.

네덜란드 ING 국제 부동산 중국지역 본부장은 ING는 중국에서 상가와 오피스텔 개발과 경영을 진행하지 않을 것이라면서 현재 중국 내 금융 조건하에서 이 두 프로젝트의 회수 프로그램이 완벽하지 않다며 이는 해외 자본이 중국에 투자하기 전에 우려하는 문제 중의 하나라고 밝혔다.

또한 시장정보가 투명하지 않고 시장 규칙이 불투명한 것도 외자의 유입을 제약하는 요소로 작용하고 있다. '모건스탠리(Morgan Stanley Group)'의 부동산 투자 전문가인 Howard Snyder은 중국 건축관리업종 투자가 급히 해결해야 할 세 가지 문제로 1.채권자를 보호하는 법률체계 수립 2.명확한 입찰규칙과 절차 제정 3.정부 승인절차의 고효율성화와 구매자의 충분한 자산관리 및 처리 자유제공 등을 제기했다.

핫머니 上海부동산 사재기

위엔화 평가절상을 기대한 국제 핫머니(투기성 단기자본)들이 중국 부동산 시장을 집중 공략하고 있다. 그 대표적인 예가 중국 최고의 경제도시인 상하이이다.

상하이(上海)에는 2004년말 1개월 동안 10억 달러로 추정되는 핫머니가 몰려 그렇지 않아도 비싼 아파트 값이 더 올랐다. m^2당 3만 위엔이 넘는 초호화 아파트가 없어서 못 파는 형편이 됐다.

상하이 최고급 주택가인 와이탄(外灘) 북부에 자리잡아 한눈에 황푸(黃浦)강이 내려다보이는 고급 분양 아파트의 경우 2004년 7월만 해도 m^2당 1만 8천 위엔이었으나 2004년 말에는 2만 7천 위엔으로 올랐다.

층수가 높은 경우는 3만 위엔을 넘어섰다. 200m^2(60평) 아파트의 경우 6백만 위엔을 넘는다. 구매자 대부분이 외국인이다. 이들은 직접 사는 것이 아니라 중국인 대리인을 통해 구입하고 있다.

아파트 분양사무소측에 따르면 하루에 7, 8채 나가던 것이 요즘은 20채 이상 분양을 하고 있다며 즐거운 비명을 올리고 있다. 중국 부동산 시장에서 찬밥 신세인 기존 주택도 불티나게 나가고 있다.

대부분 외국인들이 선호하는 전망 좋은 고급 아파트들이다. 이처럼 상하이 부동산 시장이 들썩이는 것은 11월 초순부터라고 업계 관계자들은 전하고 있다. 10월만 해도 부동산 시장은 금리 인상 여파로 한파가 몰아치는 듯했다.

중국인 구매자들이 부동산 매입을 주춤거리는 사이 외국인들이 치고 들어오기 시작했다는 설명이다. 외국인들은 달러를 들고 오는 만큼 중국 은행에서 대출받을 필요도 없고 따라서 위엔화 금리인상의 영향을 전혀 받지 않는다고 보고 있다. 탄야링(譚雅玲) 중국 국제경제관계학회 연구원은 "국제적인 핫머니가 위엔화 평가절상을 기대하면서 중국 시장을 선택해 집중 공략하고 있다."고 분석했다.

상하이에 한국인 부동산 투자 열기

상하이에 한국인 부동산 투자 열기가 날이 갈수록 높아지고 있다고 현지 신문인 『동방자오빠오(東方早報)』가 2004년 11월 24일 보도했다.

이 신문은 조사 대상 한국인 6만 명 중 61%가 중국을 최적의 부동산 투자 후보지로 꼽은 한 여론 결과를 소개하면서 중국 부동산업계가 2005년 초 한국에서 대규모 부동산 전시회 개최를 계획하고 있다고 밝혔다.

상하이 신개발지 홍치아오(虹橋)와 푸동(浦東) 지역에는 이미 한국인이 몰려와 부동산을 대거 구입했고, 구매 예정자들이 줄을 잇고 있다고 신문은 전했다.

한국인이 상하이 부동산에 몰리는 이유는 중국 경제의 호황 지속 전망 속에 위엔화 평가절상 기대로 부동산 가치 상승이 기대되는 데다 한국의 경기불황으로 부동산이 얼어 붙었기 때문이라고 신문은 분석했다. 또 한국의 대(對)중국 투자가 확대되면서 부동산 수요가 늘고 있는 것도 주요 원인으로 작용하고 있다는 것이다. 한국의 중국 투자총액은 2004년 10월 250억 달러(중국상무부 통계)이며, 약 2만 개 업체가 중국에 진출한 것으로 추정됐다.

그런데 한국인의 상하이 부동산 투자 열기와 달리 한국인이 가장 많이 사는 수도 베이징(北京)에는 부동산 구입 붐이 그다지 크게 일지 않고 있다.

한편 상하이 부동산 호황 국면을 타고 짭짤한 수익을 올렸다고 주장해온 일부 교민들은 최근 들어 한국 금융감독위원회가 외국환거래법을 위반한 기업과 개인을 무더기로 적발하고 제재조치를 취하자 불안해하고 있다는 말이 떠돌고 있다.

상하이 푸시(浦西)와 푸둥 지역을 합쳐서 한국인들이 구입해놓은 아파트가 대략 700채는 넘는 것으로 추정됐다.

상하이에만 부동산 거품

'모건스탠리' 총경리 겸 수석경제학자 스티븐은 현재 중국에는 상하이에만 부동산 거품이 존재한다고 밝혔다. 그에 따르면 중국에는 전면적인 부동산 거품은 아직 없다. 현재 짧은 시간 내에 연해 많은 도시의 부동산 가격이 상승하고 있지만 이는 수요공급의 변화에 따른 실질 가격 상승이지 거품이 아니라고 평가하였다.

그러나 그의 이런 견해에 대해서 또 다른 모건스탠리 아시아 태평양 수석경제학자인 시에구오충(謝國忠)은 중국의 부동산 거품이 이미 붕괴되고 있으며, 베이징 역시 그 하나라는 반대되는 견해를 제기하였다.

중국 토지시장 정리 정돈 심화

국토자원부는 토지시장의 정리와 정돈을 계속 진행하여 현재 토지관리 중 존재하는 문제들을 해결하기로 하였다.

국토자원부는 2004년 11월 1일에 개혁 심화와 철저한 토지 관리에 관한 국무원의 결정이라는 통지를 발표하였다. 그 주된 내용은, 개발구와 불법 토지 점유 처리사업에 관심을 갖고 토지이용 종합계획과 도시건설계획에 적합하지 않은 토지는 사용을 허가하지 않는다고 강조하는 것이다.

통지는 다음과 같다.

철저한 조사를 거친 토지보상사업을 진행하여 농민의 합법적인 권익과 사회안정을 수호하여야 한다. 각 성, 자치구, 직할시의 국토자원부는 해당부문과 협조하여 결정의 요구와 현지의 실정을 결부시켜 토지보상사업을 진행하여야 한다. 토지 불법 사건, 중요한 사건을 조사하여 상황에 따라 해당책임자에게 행정책임과 형사책임을 추궁해야 한다. 결정 발표 후 발생한 토지불법행위는 법에 따라 엄격히 처리해야 한다. 각 시는 토지불법 사건, 중요한 사건을 처리하는 과정에서 악성 사건에 대해서는 공개 조사하고 처리 결과를 공개하여 법적 조치를 취해야 한다.

문화산업, 중국경제 새 성장축으로 등장

국가나 사람도 흥망성쇠가 있듯이 업종에서도 뜨는 업종이 있고, 지는 업종이 있다. 산업도 마찬가지이다.

70년대가 하드웨어시대였다면 80년대는 소프트웨어시대, 90년대는 IT의 시대였다. 그리고 21세기를 선도할 산업으로 흔히 문화산업을 꼽는다. 경영학의 대부인 피터 드러커는 "21세기는 문화산업에서 각국의 승패가 결정될 것이고 최후 승부처가 바로 문화산업이 될 것이다."는 말로 차세대 성장동력인 문화산업이 국가발전의 성패를 좌우할 것임을 강조한 바 있다.

문화콘텐츠산업으로 폭넓게 불리우는 문화산업은 경제적·문화적 파급효과가 크고, 언어·인종·지리적 장벽을 쉽게 극복할 수 있으며, 고부가가치 산업으로서 '황금알을 낳는 거위'라 할 수 있다.

중국 아직 걸음마 단계

중국의 문화산업은 1994년 『중구오원후아빠오(中國文化報)』에 처음으로 '문화산업'이란 말이 생겨났을 정도로 그야말로 걸음마 단계에 불과하다.

그런 가운데 지난 1998년 문화부 산하에 문화산업처를 설립하면서 정부의 체계적인 지원하에 발전할 수 있는 토대를 마련하였다. 2000년대 접어들면서 문화산업에 대한 각종 법규와 제도가 마련되고 있는 실정이지만, 문화부, 신식(信息)산업부(정보통신부에 해당), 신문출판부, 방송영화총국(TV, 영화) 등의 부처들로 나눠진 업무 처리는 그 효율성이 떨어진다.

그러나 후진타오(胡錦濤) 국가 주석이 "더욱 뛰어난 중국의 문화산업을 발전시켜야 한다."고 역설한 바 있고, 중국 공산당도 16기 3중전회 보고에서 경쟁력이 있는 문화산업기업 육성과 문화산업분야의 경쟁력 제고를 위해 대규모의 투자를 천명한 바 있어서, 중국 문화산업은 국가 수준의 관심과 지원을 등에 업고 빠른 속도로 발전하고 있다.

중국경제의 새로운 성장점으로

중국 문화산업이 중국경제의 새로운 성장점으로서 비공유제 경제의 투자 초점으로 부상하였다.

국가 통계국에 따르면 2003년 중국 문화 및 관련 산업 종사자는 1274만 명에 달해 도시와 진(鎭: 도시보다 작은 행정단위) 직장인의 5%를 차지했으며 증가치는 3577억 위엔을 실현, GDP의 3.1%를 차지했다.

취업률을 보면 문화서비스업 취업자가 도소매업을 추월했다. 문화 산업의 경제규모는 부동산업과 거의 비슷하다. 1970년대말 개혁개방이 시작된 이래 중국의 문화산업은 1980년대의 '맹아기', 1990년대의 '출발·모색기'를 거쳐 2001년 이후의 '육성·발전기' 단계에 들어섰다.

비공식 통계에 따르면 2003년말까지 문화부문이 주관하는 문화오락업, 음악·영상작품 판매업, 공연 매니지먼트와 대리업, 예술품 판매 등 부문의 산업체는 총 34만 9천 개, 종사자는 약 166만 9,700명에 달하며 약 370억 위엔의 증가치를 기록했다.

현재 중국 문화산업 각 유형 중 비공유제 경제가 차지하는 비중이 고속 상승하는 한편 상하이(上海) 성다(盛大)네트워크발전유한회사, 저지앙성(浙江省) 송청(宋城)그룹, 베이징(北京) Melady 등 전국적으로 비교적 영향력 있는 민영 선두기업이 등장했다.

중국 비공유제 경제가 창조한 문화산업 증가치는 전반 문화산업 증가치의 절반 이상을 차지하며 취업자도 3분의 2를 차지한다. 비공유제 경제는 문화산업발전의 주력이 되었다.

중국 경제 구조조정과 생활수준의 제고가 문화산업 발전에 광범위한 발전공간을 창조해주었다. 관련부문의 추산에 따르면 중국 문화시장의 잠재된 소비력은 3,000억 위엔에 달하는데 실제 생활 중 문화 상품의 소비는 800여 억 위엔으로 잠재된 소비력의 3분의 1도 안 된다.

성공리에 마쳐진 중국 첫 문화산업 박람회

2004년 11월 18일부터 22일까지 닷새 동안 중국 광동성(廣東省) 선쩐(深圳)시에서 열린 제1회 '선전국제문화산업박람회'는 문화산업을 전략적으로 육성하겠다는 중국 당국의 의지를 읽을 수 있는 자리였다. 중국 문화부·광동성·선쩐시가 함께 개최하는 이 박람회는 앞으로 2년에 한 번씩 열 예정이다. 중국의 방송·영화·광고·출판·화랑·도예·게임·만화·통신·골동품 등 '문화산업'이라는 이름으로 묶을 수 있는 500여 기업이 참가한 이번 박람회에는 모두 40만 명의 관람객이 다녀갔다. 이번 박람회를 준비한 선쩐시 관계자는 "개혁·개방의 도시 선쩐을 문화산업과 결합시켜 제2의 도약을 이루려는 게 이 박람회의 목적"이라고 설명했다.

중국 문화부는 중국인의 소비구조가 이미 의식주의 해결을 주목적으로 하는 전통 구조에서 선진국처럼 문화소비의 비중이 점점 높아져가고 있다고 보고 문화산업을 전략적으로 육성할 방침이다.

무한한 잠재력, 현 문제점 그리고 향후 전망

중국은 유구한 역사에서 비롯하는 풍부한 문화원형과 56개 민족의 다양한 전통음악, 춤, 희곡, 건축, 조각, 회화, 서예 등의 폭넓은 문화 토양을 보유하고 있다. 경제가 발전하면서 문화를 향유할 수 있는 층도 점점 두터워지고 있다.

중국 문화부 통계를 보면, 2003년 중국인의 소비 가운데 문화·오락·교육 서비스 분야에 지출한 금액은 모두 5,800억 위엔으로 2002년의 5,300억 위엔보다 9.4% 늘어났다. 그러나 2003년 봄 사스(급성중증호흡기증후군)로 인해 관광업이 받은 손실 추산액이 2,768억 위엔인 점을 감안하면 문화산업의 성장 속도는 이보다 훨씬 빠를 것으로 추정된다. 문화부는 2003년 전염병 사스의 발생이 오히려 중국인의 문화 소비형태를 전통문화산업 중심에서 신흥문화산업 쪽으로 옮겨가도록 했다고 보고 있다.

중국 문화산업의 성장 잠재력은 무한하다. 서양의 경우 문화소비가 가구소비의 30%에 이르지만 중국의 경우는 교육비를 포함해 2003년 국내총생산의 2.71%에 지나지 않는 것으로 나타났다.

2004년 11월 19일 선쩐방송국에서 열린 문화산업발전논단에 연사로 나온 제이미 데이비스 미 스타텔레비전 그룹 중국본부 대표는 △경쟁제도 도입 △진정한 오락성의 강화 △문화산업 분야의 독점 철폐 등을 추진하면 "국가의 민감한 이익을 건드리지 않으면서도 중국 문화산업은 폭발적으로 발전할 잠재력을 지니고 있다"고 지적했다.

물론 중국 문화산업은 이제 막 발전단계로 진입하여 시장메커니즘이 미숙하고 발전 속도와 효율의 제고를 가져와야 하는 등의 문제점들이 존재한다. 또 중국문화는 현재 관련 분야의 제도와 법규가 마련되지 않은 상황에서 문화산업에 대한 인식부족, 난무하는 따오반(盜版: 불법복제 CD, DVD) 등이 문화산업의 발전을 저해하는 요소로 작용하고 있다.

그렇지만 또한 중국정부가 강한 의지를 가지고 문화산업에 대한 투자와 지원에 나서고 있어 향후 발전 전망은 아주 밝다고 할 것이다.

한류의 부메랑 효과 주의해야

지금까지 한국의 대중문화가 열악한 중국의 문화산업 기반 위에서 비교적 손쉽게 중국 시장을 공략하는 데 성공했다면, 중국의 문화사업이 경쟁력을 갖추어가는 현실에서 앞으로는 보다 치열한 경쟁 구조 하에서 살아남을 수 있는 방법을 찾아야 할 것으로 보인다.

문화는 물처럼 흐르는 것이기 때문에 수준 높은 문화콘텐츠를 개발하면 자연스럽게 중국시장을 공략할 수 있을 것이기는 하지만, 한류가 부메랑이 되어 한국에 되돌아올 것을 경계해야 될 필요가 있다.

중국 최대의 온라인게임 유통업체인 성다(盛大)가 한국 게임업체 액토즈소프트를 인수한 사실을 염두에 둘 필요가 있다. 2004년 액토즈소프트는 이종현 전 사장의 지분 29%가 중국 성다에 9,170만 달러에 매각됐다고 밝혔다. 액토즈는 중국에서 가장 인기가 있는 다중온라인 롤플레잉 게임 '미르의 전설2'와 '미르의 전설3' 등을 갖고 있는 중견 게임업체이다. 특히 '미르의 전설2'는 지난 2001년 9월 중국 서비스 개시 이후 최고 동시접속자 수 70만 명을 기록하는 등 중국 내 온라인 게임 1위를 지키면서 지난 6월까지 총 4,240만 달러의 실적을 냈다.

그러나 한국의 '미르의 전설2' 등을 도입하여 거대한 중국 온라인게임 시장에 유통시켜 급성장한 성다가 이제는 자체 개발에까지 손을 대면서 부족한 기술력 보완을 위해 국내업체에 눈독을 들인 끝에 역으로 액토즈를 인수하게 되었다.

문화 산업의 각 분야에서 제2의 액토즈소프트와 같은 사례가 발생하지 않으리라는 보장은 없다. 한류에 도취되어 현실에 안주하고 지속적으로 경쟁력을 키우는데 실패한다면 한류는 오히려 독이 될 수 있다. 즉 양날의 칼이라는 뜻이다.

한편 한국콘텐츠진흥원 중국사무소 한 관계자는 우리의 민족적인 전통과 중국의 풍부한 문화적 원형을 균형감 있게 조화시키는 전략으로 중국시장을 자연스럽게 녹여가야 한다고 주장했다.

소형상품의 메카 이우

저앙성(浙江省)은 2003년 11월 성내 100대 시장을 발표한 바 있다. 한국에도 잘 알려진 항저우(杭州)나 중국판 개성상인의 고장으로 알려진 원저우(溫州) 등을 제치고 이우(義烏) 중국소상품타운이 1위를 차지했다. 江南(長江 이남)의 조그마한 진(鎭)에 불과하던 이우(義烏)가 이제는 세계 최대의 생활용품시장으로 부상한 것이다.

크리스마스 시즌이 다가오면서 쩌지앙성 이우시는 크리스마스 선물용 상품 생산과 포장, 선적 등으로 한창 분주한 모습이다. 세계의 슈퍼마켓으로 불리는 이우시에서 만들어지는 크리스마스상품이 서양에서 시장점유율 90%를 기록하고 있는 덕분이다. 따라서 크리스마스 시즌에는 미국·독일·일본 등 세계 각지에서 몰려든 장난감 바이어들로 성황을 이루게 된다.

이우를 발견하면 부자가 된다

"이우를 먼저 발견하는 사람이 먼저 부자가 된다." 음식점에서 식사를 하고 있던 한 아랍인의 말이다. 올해 34살인 그는 5년 전 이곳에 와서 신발과 복장무역을 할 때만 해도 돈을 벌게 될 것이라고는 상상도 못했지만, 지금은 가족을 모두 데려온 상태다. 이곳에서 장기 거주할 생각까지 하고 있다.

그 아랍인은 이우시에 소형 상품 시장이 형성되기 전부터 적지 않은 중동 상인들이 이곳에서 장사를 시작했다고 전했다. 그들은 동베이(東北), 광동(廣東), 하이난(海南) 등 중국 각지를 분주하게 돌아다닌 탓에 힘도 들고 경영원가도 높게 나왔다고 한다. 그래서 "소형상품을 한 곳에 모은 도매 집산지의 필요성을 느꼈다"는 설명이다. 그는 이우시에 소형 상품시장이 형성될 때 중동 친구들과 함께 회사를 옮겨왔다.

"중국 소형상품은 값이 저렴하고 품질이 좋아 중동국가에서 환영을 받아요." 이우에 사무실을 둔 한 파키스탄인이 말했다. 그는 파키스탄과 중동지역에 매일 50~60개의 컨테이너로 소형상품을 발송하고 있다. 2005년 이우에 진출한 아랍계 상인만 4,000명을 넘는다. 이우시에서는 현재 34개업종의 1,502개 품목에 32만 개 상품이 취급된다. 중국 전역의 상품수가 50여 만 개인 점을 감안하면 대단한 수치이며 외국인의 교역활동에도 큰 도움이 되고 있다.

현재 이우시에 상주하는 5,000여 명의 외국 사업가들은 이우시에서 물건을 산 뒤 160여 개 국가에 판매하고 있다.

세계를 바라보는 이우시장

시장형태의 변화는 이우시장을 "영원히 막을 내리지 않는 박람회"로 전환시켰다.

이우시장은 세계 각지 10여 만 개 기업의 상품이 집중되었는데 그 중에는 34개 업종, 1500여 개 부류, 32만 개 제품이 포함되었으며 60%의 상품이 해외로 수출된다.

소형상품 도매를 위해 세계 137개 국가 및 지역에서 8,000여 명의 외국상인과 570개 기업대표들이 매일 이곳을 찾고 있다. 이우시장에서 세계 212개 국가 및 지역으로 향하는 국제표준 컨테이너가 하루 평균 2,000여 개에 달한다. 2005년 8월 이우시는 유엔으로부터 세계 최대규모의 일용품 도매시장으로 지정됐다. 이우시의 국제상업무역타운이나 황위엔(篁園)시장, 빈왕(賓王)시장에 가면 영어, 독일어, 한국어 등을 구사하는 외국상인들의 모습을 쉽게 볼 수 있다.

놀라운 것은 중국 내 항공 노선 중 외국인 이용율이 가장 높은 노선은 베이징이나 상하이 노선이 아니라 바로 이우 노선이며 외국인 탑승률이 최소 40%에 달한다. 이로부터 이우시장의 국제화 수준을 알 수 있다.

이우의 발전상

지난 20여 년 간 이우시의 시장면적은 260만m^2로 확대됐으며, 부스는 5만 개, 종사자 수는 20만 명으로 늘어났다.

이우국제상업무역타운은 하드시설에 50억 위엔을 투입해 각종차량이 직접 무역타운 4~5층까지 올라갈 수 있게 만들고, 엘리베이터, 조명, 숙박시설 등은 국제시장 수준으로 만들어 명실상부한 '중국 제일의 시장' 형태를 갖췄다.

뿐만 아니라 타운전체에 광대역을 도입해 60% 이상의 상인들이 전자상거래를 이용하고 있다. 세계 해운업종 20대 기업 가운데 8개가 이우에 진출했으며, 이곳에 설립된 4개의 전문 운수시장을 통해 전국 260개 중대형 도시에 직접 화물운송이 가능하다.

소상품 시장이 발달하면서 소상품을 생산하는 대기업들도 육성됐다. 생산된 제품은 중국뿐 아니라 세계 시장에 수출되고 있으며, 미국·러시아·일본 등 세계 20여 개 국가에 상표를 등록하고 해외지사를 설립했다.

신용은 이우의 생명

이우시 정부는 제품의 품질을 보장하고 브랜드를 선도하는 시장 발전 전략을 실시했으며 브랜드 제품, 대외무역 질서 등의 정비를 통해 이우시장의 지속번영 발전을 도모하였다.

시장 내에서 경영하는 성급 유명브랜드만 해도 4,000여 개에 달한다. 국제상업무역타운에 들어서면 로비 한 가운데 "품질을 중요시하고 신용을 지킨다(重質量 守信用)"라고 쓴 글귀가 각별히 사람들의 눈길을 끈다. 중국 전국에서 유일하게 이우시에만 수여한 시장명예칭호이다. 명예의 뒤에는 이우

사람들의 피나는 노력이 스며있다. 가짜, 위조제품 생산을 방지하고 지적 재산권을 보호하며 시장질서를 규범화하였다.

이우시는 장기적인 안목에서 출발하여 재산권을 대폭 발전시키고 제품 브랜드화, 유명 상표화를 추진하였다. 중국 유명상표를 획득한 기업에 대해 시 정부는 100만 위엔을, 성급 유명상표를 획득한 기업에게는 10만 위엔을 장려했다.

현재 이우의 등록상표는 8,700여 개이고 국제 선진적인 양말제조기계 등도 중국 국내 1위를 차지하며 중국에서 유명기업으로 부상하고 있다. '랑사(浪莎)' 브랜드는 중국 내 양말제조업에서 유일하게 중국 유명상표의 칭호를 수여 받았다.

염가제품 이미지

현재 이우의 소형 상품가격은 동구안(東莞)이나 tbs더(順德)에 비해 다소 높은 편이지만 장거리 출장을 안 가도 되는 편리함과 비용절감 요소를 감안하면 그래도 이익인 셈이다.

더욱 중요한 것은 이우의 소형 상품시장이 발달한면서 이우 자체가 세계 시장에서 하나의 라벨화 함에 따라 이우의 소형 상품을 찾는 바이어를 찾는 게 어렵지 않게 됐다는 점이다.

홍콩 싱룽(行隆)사의 고위 직원으로 근무하는 한 인도인 주재원은 자신이 미국에서 고등교육을 받아 유창한 영어를 구사하며 미국 다국적 기업의 판매부서에서 다년 간 근무한 경험도 있어 지금의 일자리를 찾는데 별 어려움이 없었다고 한다.

그러나 임금수준이 높은 만큼 스트레스도 크다. 그의 노트에는 *2~5일 항저우(杭州) 출장, 물품검사 *7~15일 허베이(河北), 바오딩(保定) 출장, 계약체결 *16~18일 상하이(上海) 출장, 이우에 시찰오는 이사장 마중 등의 스케줄이 빽빽하게 적혀 있다.

그는 이우가 오늘날 이렇게 발전할 수 있게 된 요인으로 이우 사람들의 착실함과 총명함 및 신용을 들었다. 그러나 그는 이우의 소형 상품시장에도 문제점이 존재함을 완곡하게 지적했다. 이우 상품은 디자인이 투박해서 유럽이나 북미 등 선진국에 수출하기 어렵다는 것이다.

선진국에서는 가격이 좀 비싸더라도 모양이 예쁘고 질 좋은 일본이나 한국 상품을 구입하는 경향이 있다. 케냐에 수출하는 열쇠고리를 예로 들면 이우에서 만든 건 모양이 예쁘지 않은 대신 1개당 가격이 10센트, 이윤은 3센트이다. 반면 일본에서 만든 똑같은 열쇠 고리는 원가가 다소 높지만 미국슈퍼마켓에서 한 개당 2달러에 팔리고 이윤도 1.5달러나 생긴다는 것이다.

낮은 학력수준

미국계 무역회사 사장은 이우에서 소형 상품을 구매해 개발도상국에 수출하는 것이 주요 일이다. 그는 이우의 무역회사들 중에서 중국인이 경영하는 무역회사가 적은 점에 의문을 제기했다. 실제로 현재 이우에 있는 무역회사들은 대부분 미국인, 유럽인, 한국인, 중동인들이 설립한 것이다.

그는 "중국의 베이징(北京)이나 상하이(上海)에서 우수한 비즈니스 인재를 많이 봤지만 이곳에 오려고 하지를 않아요. 이곳에 오면 그들이 배운 지식이 쓸모가 없어진다는 겁니다."라고 말하면서 "지금 이우에서 무역에 종사하는 중국인 중 최고 학력자는 통역"이라며 미국에서는 상상할 수도 없는 일이라고 지적했다.

이우소형상품 경제권, 쩌지앙성 중부 金華·衢州 등으로 확산

저지앙성 이우시의 소형상품 시장이 급성장하면서, 이에 의존한 소형상품 경제권이 저지앙성 중부지역에 형성되고 있다. 통계에 따르면, 현재 이우시에 개설된 외국인 은행계좌는 5,800여개에 달하고, 이우시에서 하루 수출되는 컨테이너 물량은 1,000여TEU에 이른다.

이우시의 소형상품 시장을 활용해 경제발전계획을 수립한 지역도 진화(金華)시·취저우(衢州)시 등 26개에 달한다. 진화시의 푸지앙(浦江)현은 수정 축제를 이우시로 옮겨 개최하고 있고, 우이(武義)현은 '산업은 용캉(永康)시와, 시장은 이우시와, 도시는 진화시와 연결' 전략을 세웠다. 푸지앙의 수정, 용캉의 철물, 동양(東陽)의 의류, 주지(諸暨)의 양말, 성저우(嵊州)의 넥타이, 리수이(麗水)의 목제 완구, 원저우(溫州)의 라이터 등은 이우 소형상품 시장의 주요 제품들로, 이우에 의존해 급속히 발전하고 있다. 이를 통해 형성된 소형상품 경제권은 다음 네 가지 방면에서 더욱 강화되고 있다.

첫째, 경제포럼을 결성해 이우 시장을 발전시킨다. 이우시는 매년 이우경제포럼을 개최해 각계각층의 인사들과 이우시장 발전방안을 공동 모색할 예정이다.

둘째, 산업이전 전략을 시행한다. 이우 시장 설계·개발·건설이 진행되는 진화시 진산지아오(金三角)경제개발구의 경우, 입주계약이 체결된 149개 기업 중 이우지역기업이 53%를 차지함으로써, 현지에서 이우 시장의 '뒷마당'으로 불리고 있다.

셋째, 대형 시장의 위탁가공생산을 한다. 현재 취저우시와 진화시 2곳에서는 각기 10만 여 명이 이우시의 위탁가공생산에 종사하고 있다. 취저우시의 경우 △위탁가공생산촌(村)=2,000여 개 △위탁가공생산매니저=2,000여 명 △위탁가공비용=약 1억 위엔 △위탁가공기업=112개 △유치기업=77개 등에 달한다.

넷째, 매년 열리는 이우박람회를 통해 주변지역의 제품을 이우시로 집결시키고, 주변지역 기업의 이우 사무소 설립을 지원하며, 주변지역 제품을 이우시에서 전시하도록 장려한다.

한국인 '깨끗한 도시 조성' 일익

세계 각국의 사람들이 몰려들기에 이우시가 국제화도시로 발돋움하고 있다. 그리고 이우시에서 활발하게 활동하는 한국인 사업가도 이미 1,000여 명에 이른 것으로 파악된다.

이우시에는 현재 한국인을 포함해 전세계 100여 개 국가에서 온 5,000여 명의 외국 사업가가 상주하고 있고 외국인 집단 거주지인 '외상촌(外商村)'도 10여 곳이나 된다.

거리에는 상점마다 영어 · 아랍어 · 러시아어 · 한국어 광고간판이 즐비하게 서 있고 국제비즈니스타운의 매장에서는 영어 · 독일어 · 러시아어 · 한국어를 구사하는 바이어들이 상품을 관찰하며 가격 흥정을 벌이고 있다.

그리고 외국인 상주기구가 매월 10여 개씩 증가해 현재 200여 개에 달하고 지난해 시를 찾은 12만 여 명의 외국인들도 대부분은 사업가인 것으로 집계된다. 이와 함께 한국 식당들을 포함해 외국인이 운영하는 식당과 일용품상점도 50여 개에 이르면서 이국적인 분위기를 돋우고 있다.

외국 사업가들은 이제 이우시에서 없어서는 안될 존재가 됐다. 경제적인 공헌 외에 양로원 방문 · 장학기금 설립 등의 사회봉사 활동들도 좋은 평가를 받고 있다.

특히 한국 사업가들이 연휴에 등산을 즐기면서 자신의 쓰레기는 물론 등산로 주변까지 빠짐없이 청소한다는 사실이 보도된 후 이우 시민들 사이에서 '외국인도 이우를 아끼는데 우리도 스스로를 아껴야 된다'는 자각을 불러일으켰고 사회적으로 '네가 버리면 내가 줍는다'는 깨끗한 도시 만들기 캠페인까지 촉발됐다. 현재 이우에 진출한 한국인들이 순번제로 이우 화시(花溪)삼림공원에서 매주 대청소를 실시하고 있는 것으로 알려져 있다.

중국인에게 좋은 인식을 심는 것, 현지화 성공의 첫 걸음이다.

중국 물류비용 만만치 않아

중국 물류비용 선진국의 2배 이상

2005년 개최된 제3회 중국 기업구매 국제포럼에서 중국 물류 및 구매연합회(China Federation of Logistics & Purchasing: 中國物流与采購聯合會)에서 발표한 자료에 따르면 현재 중국 물류 산업은 다음과 같은 4가지 특징을 가지고 있다.

사회 물류 수요는 빠르게 상승하고 있으며 같은 시기의 GDP 성장폭보다 뚜렷하게 높다. 1991~2002년 중국 물류총액은 3조 위엔에서 23조 3천억 위엔으로 6.7배 증가하였고 연평균 성장률은 20.4%로 같은 시기 GDP 연평균율 15.4% 보다 높은 편이며 2003년에는 약 29조 5천억 위엔, 2004년은 38조 4천억 위엔, 2005년도 48조 1천억 위엔을 달성하였다. 이는 물류 산업의 발전이 국가의 경제 총규모 및 국가 경제 발전 수준과 정비례한다는 것을 말해주고 있다.

또한 경제 발전의 물류 의존도가 갈수록 높아지고 있다는 것을 설명하고 있다. 물류비는 매년 낮아지는 경향을 보이지만 GDP에서 차지하는 비중은 여전히 높다. 물류비는 운송비, 보관비 및 관리비로 구성되어 있으며 GDP에서 차지하는 비중은 국가경제 발전수준을 나타내는 중요한 지표이다.

1991년부터 2005년까지 중국 물류비는 5,182억 위엔에서 3조 4천억 위엔으로 증가하였다. 그러나 물류비의 증가속도는 점차 감소세를 보이고 있다. 2005년 물류비 구성을 보면, 운송비 55%, 보관비 31.4%, 관리비 13.5%이다.

물류비가 GDP에서 차지하는 비중은 1991년 24%, 2002년 20.9%, 2005년

18.6%로 매년 조금씩 감소세를 보이고 있지만, 선진국이 10% 내외인 점을 감안하면 아직도 상당히 높은 편이다.

물류 산업의 부가가치 증가율은 GDP 성장률보다 높다. 중국 물류 산업의 집단화와 전문화 수준의 향상으로 인해 제3자 물류산업(3PL: Third-Party Logistics, 第三方物流)도 같이 발전하고 있다.

물류 산업의 고정자산투자가 빠른 성장을 보이고 있으나 투자 규모는 비교적 적은 편으로 물류에 대한 수요의 증가에 못 미치고 있다. 물류 산업의 고정자산투자 속도는 사회 고정자산투자 증가속도보다 낮아 물류수요를 만족시키지 못하고 있다.

물류 방식, 물류 설비의 낙후로 인해 중국 공업생산 과정에서 물류에 투입되는 시간이 전체 생산과정의 90%를 차지하고 있는 반면에 선진국은 약 40%를 차지하고 있다.

* 중국의 정책은 제조업 중심이었다. 싼 인건비와 싼 지가로 값싼 제품을 만들어 파는 전략. 물류는 항상 뒷전이었지만, 최근 몇 년 사이 분위기가 달라졌다. 아무리 값싼 물건을 만들어도 낮은 물류시설과 서비스로 물류비가 높게 나와 결국 제품의 가격은 높아질 수밖에 없다.
* 높은 물류비와 긴 배송시간이 산업발전의 발목을 잡는다는 인식이 확산되면서 중앙정부와 각 지방 정부들은 물류현황 파악에 나서고 있으며 항만, 도로 등의 기초시설과 물류센터 건설에 총력을 기울이고 있다. 물류가 비교적 발달해 있다는, 그리고 물류에 관심을 기울이는 창지앙(長江)삼각주와 주지앙(珠江)삼각주 외에도 다른 지방정부들도 물류에 관심을 기울이고 있다.

우루무치, 5년 내 아시아 · 유럽 국제물류센터 건설

앞으로 5년 내에 중국 우루무치(烏魯木齊)시에 국제물류센터가 들어선다. 이 물류센터는 우루무치시(市)가 속한 신지앙(新疆)뿐 아니라 동남연해 지역, 중앙아시아 5개국 및 유럽에까지 물류를 연결하는 역할을 맡게 된다.

이러한 아시아 · 유럽 국제물류센터는 우루무치 국제공항과 인접해 있는 우루무치시 서북부에 건설될 계획이며, 종합적이고 다기능적인 국제물류센터가 될 것이다. 이 국제물류센터는 화물집산, 허브, 배송, 유통가공, 항구항만하역 보세 창고, 물류정보 서비스, 국제 무역 및 금융서비스, 기타 연관서비스 등의 기능을 담당하게 될 것이다.

또한 해당 국제물류센터가 우루무치시에 들어서면 약 1,000개 기업을 유치하여 만여 개의 일자리를 창출할 것으로 보인다. 이번 국제물류센터 건설에 대해 중국의 물류 전문가들은 모두 긍정적인 반응을 보이며, 다양한 의견을 제시하고 있다.

중국 물류 및 구매연합회 부비서장 런하오시앙(任豪祥)은 "신지앙은 서부대개발 사업과 관련해 특수한 전략적 위치에 있으며, 중국 서부개발에서 가장 중요한 지역이다. 또한 서북지역의 경제 발전과정에서 우루무치시는 지역 '물류 센터' 역할을 하고 있고, 중앙아시아 국가와의 경제 협력 과정에서도 서부지역의 물류중심이 되고 있다."고 언급했다.

창지앙상학원(長江商學院)의 천홍(陳宏) 박사는, "우루무치 아시아・유럽 국제물류센터는 해당 지역의 현대화 국제무역도시 건설에 매우 중요한 역할을 하게 될 것이다. 물류센터는 정보 및 서비스 기능이 매우 중요하다."고 지적했다.

신지앙자치구 당 상임위원 겸 우루무치시 서기 양강(楊剛)은, "우루무치 국제물류센터의 건설은 지역의 현대화 국제무역도시 발전에 부합하며, 우루무치의 도시발전 방향과 일맥상통한다."고 밝혔다.

그는 "우루무치시가 현대화 국제무역도시 건설을 선포한 것은 신지앙자치구의 구상에 따른 것으로, 우루무치시의 지리적 우위와 3차 산업의 발전이 빠르다는 등 여러 가지 조건을 고려하여 결정한 것이다. 우루무치시에서 개방형, 서비스형 경제가 빠르게 성장하기 위해서는 반드시 현대적 물류산업의 발전이 뒷받침되어야 한다."고 덧붙였다.

그는 또한, "물류센터 건설 프로젝트는 우루무치시와 신지앙자치구 전체의 경제발전을 위해 매우 중요한 기회이다. 대기업들이 투자를 이끌 수 있도록 시위원회와 시정부가 적극적으로 지원하겠다."고 밝혔다.

산동성, 3,000개 물류 기업 250억 시장을 다툰다

산동성(山東省) 경제무역위원회 교통처(交通處)의 자료에 따르면, 2004년 산동성의 연간 화물운송량은 11억 톤으로, 약 250억 위엔에 달하는 잠재적 시장이 존재하는 것으로 나타났다.

산동성에는 약 3,000여 개의 물류기업이 있으나, 무질서한 경쟁 및 정책 등으로 전체 물류기업 중 약 50%가 적자상태에 있으며, 20%는 겨우 적자를 면하고 있다. 또한 물류기업의 실제 차량적재율도 60% 수준에 그치고 있다.

산동성 경제무역위원회 교통처의 한 인사는 "공업품의 경우 전체의 90%가 넘는 시간이 창고, 하역, 운반과정에 소요되고, 생산에 소요되는 시간은 10%에 불과하다. 이러한 현실은 산동성 물류업의 발전가능성이 아직도 거대함을 나타낸다."라고 언급했다.

일반 공업품의 경우, 상품 출하 후 소비자에게까지 전달되는 유통 비용이 상품가격의 50%를 차지하고 있고, 과일·채소·일부 화학공업제품은 유통 비용이 70% 이상을 차지하기도 한다.

거대한 시장이 바로 물류업의 발전을 가져온다. 현재 산동성에는 3,000여 개의 물류기업이 있으며, 덴마크의 머스크 시랜드(Maersk/Sealand), 한국의 한진, 싱가포르의 Singamas 등 해외 물류 기업들도 이미 진출해 있다.

물류기업의 급속한 증가는 정책낙후, 졸속관리, 무질서한 경쟁 등의 문제점들을 드러냈다. 현재 중국에는 아직 통일된 물류기업 표준 및 물류기업 분류기준이 마련되어 있지 않다.

또한 물류업의 진입 문턱이 매우 낮아 물류기업체와 규모가 제대로 파악되지도 통제되지도 않고 있다. 일부 지역에서는 서너 명의 직원이 두 세대의 차량을 보유하고도 전화 한 통으로 물류 기업을 설립할 수 있어, 기업간 가격 경쟁과 제 살 깎아먹기식 경쟁이 난무하고 있다.

이러한 불공평한 경쟁은 제3자 물류기업의 생존공간을 제한하고 있다. 알려진 바에 따르면 산동성의 3,000여 개 물류기업 중 제3자 물류기업의 수는 60%에 이르나, 시장점유율은 20% 정도밖에 되지 않는다. 결국 철도, 도로, 항공, 우정(우편행정) 등이 통합되지 않고, 약 80%의 시장이 기업자체물류 또는 일부 기업이 독점하고 있다는 이야기이다.

2005년부터 중국 물류업이 전면적으로 개방됨에 따라, 물류업계의 경쟁은 더욱 치열해지고 있다. 산동성 경제무역위원회 교통처의 장광차오(張廣超) 연구원은, "현재 산동성 물류업은 거의 초보단계이다. 따라서 산동성은 시장경쟁과 다양한 정책으로 자원을 통합하여 제3자 물류기업 발전에 유리한 환경을 조성해야 하며, 약 500개에서 600개에 이르는 대형물류기업을 배출해야 한다."라고 지적했다.

중국 물류 인프라 확대 박차

2005년 상하이(上海)에서 열린 '2005년 중국국제물류축제'에 참석한 펑정린(馮正霖) 중국교통부 부부장은 중국이 갈수록 세계경제와 긴밀해지면서 중국에 세계적인 물류시장이 탄생하게 될 거라고 전망했다.

펑 부부장은 "중국은 화물 처리량 1억 톤이 넘는 항구가 8개나 되며, 2004년 컨테이너 화물 처리량이 6,160만TEU(20피트 컨테이너)를 기록, 세계 1위를 차지했다"며 중국국무원은 2004년 12월 <국가고속도로망규획>을 의결, 향후 30년 동안 수도에서부터 성(省) 및 지방 주요 현(縣)·시(市)까지 연결되는 총 연장 8만 5000km의 고속도로망을 건설하기로 했다.

이 고속도로망이 완성되면, 인구가 20만 명이 넘는 도시에서 고속도로 진입에 걸리는 시간은 △동부지역=평균 30분 △중부지역=평균 1시간 △서부지역=평균 2시간 등으로 크게 단축될 전망이다. 한편, 수륙운송 면에서는 2010년까지 심수항을 새로 350개 늘려 화물 처리량을 19억 톤 증가시키고, 3급 이상의 내륙하천 수로 총 연장을 1만km로 끌어올리기로 했다.

중국 항만 화물처리량 세계 1위로

2004년 중국 전체 항만의 화물 처리량은 전년대비 21.3% 늘어난 40억 톤에 달해 2003년에 이어 2004년에도 세계 1위에 오를 것으로 전망된다고 중국언론이 2004년말 보도했다. 중국 물류가 욱일승천한다고 희색이 만면이다.

이는 갑작스런 우연의 결과는 아니며 이미 조짐이 보이고 있었다.

이미 2004년 가을부터 중국 주요 항구들의 컨테이너 처리 물동량이 큰 폭으로 늘어나고 있다는 보도가 심심치 않게 나오고 있었다. 그리고 2004년이 끝나자 좀더 완전한 통계는 눈부신 중국물류발전을 알리고 있다.

상하이(上海)항, 세계최대 화물항구로 부상

항구와 도시는 함께 성장한다. 상하이항의 발전사는 급성장을 이룬 상하이 도시발전사의 축소판이라고 볼 수 있다.

50년대 말, 상하이항의 연간 화물물동량은 0.17억 톤이었고 이는 개혁개방 이전 시기의 최고 기록이었다. 1984년, 상하이항의 화물 물동량이 최초로 1억 톤을 돌파하였다. 2000년, 상하이항의 화물물동량이 2억 톤을 돌파하였고, 2003년 상하이항의 총 화물물동량은 3억 톤이라는 중요한 단계를 넘어섰다.

2003년 상하이항은 3억 1600만 톤의 물동량을 기록하면서 네덜란드의 로테르담항과 싱가폴항의 뒤를 이어 세계 3위를 차지하였다.

2005년 1월 5일, 상하이 항만당국은 2004년 상하이항의 화물처리량이 3억 8천 200만 톤으로 로테르담 항구를 제쳤다고 밝혔다. 그 동안 세계 최대

화물항을 자랑하던 로테르담 항구는 2004년 3억 5,500만 톤으로 상하이항에 밀려났다.

그리고 1년 후 상하이항의 2005년 물동량이 모두 4억 4,300만 톤을 기록, 사상 처음으로 싱가포르항을 제치고 물동량에서 세계 최대항으로 부상했다.

상하이항의 컨테이너 선석은 수요에 비해 아직 처리능력이 부족한 상태지만 양산(洋山)항 개발사업이 끝난 뒤인 2020년에는 컨테이너 처리량이 2,540만 TEU에 달할 전망이다.

상하이에 '국제항운센터' 건설

2004년 상하이는 다방면으로 국제 항운센터의 건설에 박차를 가하고 있었다. 상하이의 국제항운센터 건설은 중국의 중요한 전략적인 정책결정으로 평가되고 있다.

상하이항 관련 기관과 로테르담항 촉진위원회는 국제적인 항만관련 사업에 관한 계약협상을 진행하고 합작강화 및 심층적인 합작 실시에 합의하였다. 2004년 상하이항에는 Maersk/sealand사, Hutchison Whampoa Limited 등과의 합자경영하는 컨테이너 항만이 6개에 이르며, 이들 항만의 컨테이너 물동량이 전체 항만의 70%를 차지하고 있다.

상하이는 지앙쑤성(江蘇省)과 저지앙성(浙江省) 2개 성(省)과 연계해 현재 3자 공동으로 센터 건설을 추진 중이다.

먼저 저지앙성과의 협력 분야로는 약 10km의 해안선을 가진 양산(洋山)의 콘테이너 심수항(深水港) 건설이 있다.

지난 2002년 착공한 1기공사가 2006년말 완공될 예정이다. 오는 2020년까지는 연간 화물 취급능력을 표준 컨테이너 1,300만 개까지로 높일 계획이다.

다음으로 지앙쑤성과의 협력 분야로는 창지앙(長江) 하구의 심수항로정비가 있다. 1기공사는 지난 2000년 7월 마쳤으며, 수심은 8.5m에 달한다.

현재 상하이 항운기관의 기능, 통관 기능, 금융·보험·법률 등 관련 서비스의 개선에 주력하는 외에 전자화와 정보화를 추진해 항만, 수운시장을 더욱 개방, 내외의 수요에 부응할 계획이다.

국제항운센터의 건설은 창지앙(長江)삼각주 지대는 물론 창지앙연안지역의 경제발전에도 크게 기여할 것으로 기대된다.

중국 국제해운 허브로 부상

세계 해운업의 중심이 최근 동아시아로 이동하고 있는 가운데, 중국이 그 허브 역할을 맡고 있다고 『원후이빠오(文匯報)』가 2005년 5월 보도했다. 신문은 2005년 5월 상하이(上海)에서 개최된 제24회 세계항만대회 참석자들의 말을 인용해 이같이 전했다.

세계 1위의 컨테이너선 해운사인 머스크 씨랜드의 토미 톰슨 컨테이너담당 CEO는 머스크사가 아시아에서 미국 서해안으로 운송하는 화물 중 중국이 원산지인 화물의 비중이 10년 전의 42%에서 2005년 68%로 급증했다고 밝혔다. 톰슨 CEO는 미국·유럽은 중국 및 아시아로부터 수출화물이 늘어날 것에 대비, 항만에 대한 투자를 늘려야 한다고 강조했다.

웨이지아푸(魏家福) 중국원양운수그룹 총재 겸 CEO는 세계 20대 컨테이너 해운사 중 13개 사는 아시아 회사라며, 이들 13개 아시아 해운사가 전세계 컨테이너선의 70%를 보유하고 있다고 말했다.

웨이 CEO는 특히 세계 해운중심이 서양에서 동양으로 이동하고 있다며, 그 중에서도 중국이 결정적인 역할을 담당하고 있다고 강조했다. 2004년 중국·홍콩의 항만 컨테이너 처리물량은 총 8,370만TEU(20피트 컨테이너)에 달해, 전 세계 항만 컨테이너 처리물량의 약 4분의 1을 차지했다.

웨이 CEO는 전 세계의 컨테이너 화물 교역량은 최근 5년 간 국내총생산(GDP)이 1% 성장할 때마다 약 2.8%씩 증가한 데 반해, 중국에서는 약 3.5%씩 증가하고 있다고 지적했다.

장춘시엔(張春賢) 중국교통부장은 오는 2010년 중국의 항만 화물·컨테이너 처리물량이 61억 톤과 1억 4,000만TEU에 각각 도달하게 될 것이라고 밝혔다.

장 부장은 특히 중국은 홍콩·상하이를 국제 해운중심으로 하는 주지앙(珠江)·창지앙(長江)삼각주 항만 클러스터와 다리엔(大連)·티엔진(天津)·칭다오(青島) 등을 중심으로 하는 후안보하이완(環渤海灣) 항만 클러스터를 조성할 계획이라고 소개했다.

베이징으로 진입하는 외국계은행

2004년 12월 11일, 언론과 경제계의 화려한 조명을 받아온 중국 유통시장이 본격적으로 개방되었다. 그러나 비슷한 시기인 12월 1일, 언론의 조명을 크게 받지는 못했지만 이 못지 않게 중요한 다른 분야에서도 개방이 대폭 이루어지고 있었다.

바로 은행시장의 개방이다.

중국 은행시장 개방의 빠른 행진은 최대의 수혜자인 외국계은행들조차 예상치 못했다. 그러면서 이런 은행시장 개방에 힘입어 최근 외국계은행들의 베이징 진출이 가속화되고 있다.

2004년 12월 2일, 리푸안(李伏安) 은감회(中國銀行業監督管理委員會: CBRC의 약칭, 금융감독원에 해당) 정책법규부 부주임은 "베이징 은행시장의 개방은 경제상의 의의보다 정치상의 의의가 더 크다." 라고 말했다.

2004년 12월 1일, 리우밍캉(劉明康) 은감회 주석은 외국계은행기관의 인민폐 업무가 허가되는 지역은 베이징, 시아먼(廈門), 시안(西安), 선양(瀋陽), 쿤밍(昆明)으로 확대되어 기존의 개방된 상하이(上海), 선쩐(深圳) 등 13개 도시와 합쳐, 18개의 도시가 인민폐 업무를 개방하게 되었음을 발표했다.

그 중, 시안과 선양은 원래 2004년부터 개방하기로 예정되어 있지는 않았으나, 서부대개발 확대와 동북공업기지 부흥전략을 위해 국무원이 특별히 앞당겨 개방을 허락했다. 외국계은행에 대한 희소식은 이에 그치지 않았다.

리 은감회주석은 외국계은행의 서부와 동북지역의 기구설립과 업무개시 신청에 대해 "은감회는 그린채널(綠色通道: 안전하고 빠른 수속)을 만들어 동등

한 조건하에 우선적으로 허가를 해주며, 이와 동시에 외국계은행의 재중 대표사무소의 심사 절차 역시 간소화되었으며, 신청서류를 매 기관마다 보고할 필요 없이 직접 은감회에 제출하며, 또한 설립될 금융기관 소재지의 은감회 파견 기관에 보고하면 된다."고 말했다. 외국계은행기관 대표사무소의 대표자를 교체할 때에는, 현지 은행감독원에서 그 재직자격에 대해 심의와 심사를 하면 된다.

이번 조치로 해당 지역의 외국계 은행의 영업범위가 위엔화, 보험 등으로 확대됐으며, 영업을 원하는 은행은 은감회에 서류를 제출해 서비스 및 자기자본 비율 등을 심사받은 뒤 승인을 받아야 한다.

그러나 다른 곳의 개방 조치는 베이징의 개방만큼 주목을 받지 못하는데, 이는 중국에서 베이징이 금융감독과 금융정보의 중심이기 때문이다.

은행시장 개방과 더불어 외국계은행은 이제 막 행동개시에 들어갔는데, 2004년 12월 2일 북경은행감독국의 한 인사는 "지금까지 북경은행감독국은 외국계은행의 인민폐 업무 개시에 대한 3건의 신청을 받았다."고 밝혔다.

스탠다드 챠타드와 동아시아은행, 베이징 진출 가속화

스탠다드 챠타드은행(渣打銀行: The Standard Chartered Bank. 런던에 본부를 두고 있으며, 전세계 50여 개 국에서 500개 이상의 지점과 3만 명 이상의 직원을 운영하고 있는 150년 전통의 영국계 글로벌 은행) 소식통은 본 은행의 북경지점은 이미 2004년 11월 30일 오후 베이징은행감독국에 인민폐 업무를 신청했다고 말했다. 인민폐 업무는 2005년 베이징지점의 가장 중요한 3가지 계획 중 하나인데, 나머지 두 가지 계획은 영업장소를 새로 옮기는 것과 05년 제 2/4분기에 소매은행업무(retail bank: 은행업무 가운데서 개인과 중소기업을 대상으로 하는 비교적 소액의 거래업무. 이는 도매은행업무와 대비)를 시작하는 것이다.

스탠다드 챠타드는 그 전에 기반시스템, 직원배치 등에 대한 상당한 준비작업을 앞당기고, 직원에 대한 교육을 진행할 계획이다.

동아시아은행(東亞銀行: The Bank of East Asia. 1918년에 설립된 BEA는 홍콩 최대 규모의 독립 지방 은행으로 100개 이상의 지점과 15개의 대리점을 갖추고 있음) 역시 베이징지점 신청서를 제출했는데, 동아시아은행은 이미 상하이, 선쩐, 광저우(廣州), 다리엔(大連), 주하이(珠海) 등 5개 도시에서 인민폐 업무를 하고 있는 터라 베이징은 더더욱 양보할 수 없는 곳이다.

동아시아은행에게 다행스러운 것은 또 다른 새로운 정책적 혜택을 받는다는 것이다. 이에 관해 리 은감회주석의 말에 따르면, 서부나 동북지역에 설립하는 외국계은행의 인민폐 업무신청에 대해, 이윤에 따른 자격조건 심사를 완화할 계획인데, 즉 현재 단독 분점 이윤에 대한 심사에서 신청인의 재중 전체분점의 이윤을 종합하는 심사로 바뀐다는 것이다.

동아시아은행 시안 분점은 시안시의 유일한 외국계은행으로, 단지 동아시아은행의 재중 종합 제출보고에 이윤이 있다면, 시안분점 역시 인민폐 업무 자격 취득이 가능하다.

한국계 은행들도 베이징 진출 가속화

5개 도시 금융시장 개방으로 한국계은행들의 영업 범위가 넓어지고 수익 증대를 기대할 수 있을 것으로 보인다. 외환은행(KEB) 등 이미 중국에 진출한 한국계 은행들은 베이징시 당국에 심사 서류를 제출하고 승인을 기다리는 상황이다.

중한 투자 과학기술유한공사 이위엔수에 사장은 "한국과 중국에 사업 기반을 가지고 있는 업체나 개인들은 앞으로 달러뿐 아니라 위엔화로도 운영 자금 대출이나 송금 및 수금이 가능하다."며 "차별화된 금융서비스, 높은 신용도, 선진적 경영기법을 가진 외국계 은행의 각축전이 예상된다."고 전망했다.

금융시장 개방에 대해 외환은행 베이징 지점의 한 관계자는 "아직 한국계 은행의 금융 서비스가 선진국과 격차가 있고, 광대한 중국 국내에 지점이 적은 편이어서 고객들이 이용할 때 불편함이 있다."며 "중국 고객의 신용도를 파악하는 것도 어려워 중국 시장에서 단기간에 수익을 창조하려면 많은 고민도 뒤따를 것"이라고 전망했다.

금융개방화에 우려와 기대의 목소리 공존

중앙은행 영업관리부가 선정한 베이징시의 중외국계은행 종합경쟁력에 대한 순위에서 외국계은행이 효율적인 기업관리, 명확한 재산권, 혁신능력 등에서 우위를 보이며 상위에 랭크되었다.

이러한 시기에 인민폐 업무 개방에 맞닥뜨린 베이징시와 베이징 은행계에선 개혁과정에 막 진입한 국유은행이 상대하기 어려운 외국계은행을 만나 고전을 면치 못하며, 이런 난관을 어떻게 대처해 나갈 것인가에 대한 우려의 목소리가 일고 있다.

이에 대해 리 부주임은 베이징의 개방은 단기적으로 중자은행에 큰 충격을 주지 않을 거라 생각하는데, 그는 분석에서 2004년 10월말, 재중 외국계은행의 총자산은 659억 달러로, 중국은행업 금융기관 총자산의 1.8%를 차지한다고 밝혔다. 덧붙여 이는 외국계은행이 중국에 진출한 15년 동안 매년 30%에 가까운 빠른 발전의 결과이며, 유럽과 미국시장에서는 은행의 이러한 성장속도가 5%를 넘기기는 힘들다고 말했다. 이런 점에서 외국계은행 경영이념에 비추어 보면, 그들은 최대한 현재의 성장속도를 유지할 것이며, 급히 서두르지는 않을 것이라는 것이다.

이번 조치는 중국이 세계무역기구에 가입한 후 3년의 유예 기간이 끝나면서 내려진 조치이며, 우려의 목소리가 존재하기도 하지만 한편에서는 중국의 금융업계의 경영마인드 및 서비스가 한 단계 도약하는 발판이 될 것으로 기대하고 있기도 하다.

초대형 쇼핑몰 개장에 대한 분석

중국 상무부 통계에 따르면, 중국의 소비재 소매총액은 2004년 12월 이미 5조 위엔을 넘어 역대 최고수준을 기록하고 있다. 이런 막대한 소매총액을 바라보며 상상을 초월한 경이적인 규모의 쇼핑몰이 베이징에 탄생했다.

세계 최대 단일 쇼핑몰 등장

세계 최대 규모의 쇼핑몰 '베이징진위엔스따이(北京金源時代)쇼핑센터'가 2004년 10월 5일 개장됐다. 베이징(北京)시 하이디엔취(海淀區) 시쓰후안네이(西四環內) 위엔따루(遠大路)에 위치한 이 쇼핑센터는 쇼핑 · 레저 · 오락 · 먹거리 등 다양한 소비형태를 한곳에 통합, 그 규모가 무려 68만m^2에 이른다.

쇼핑센터 내에는 건축자재 · 주방설비 · 가구 인테리어설비 등을 판매하는 쥐란즈지아(居然之家) · 길이 300m에 너비 6m의 실내 도로와 자동차 관련 매장을 갖춘 진위엔 야윈춘(亞運村)자동차시장 등이 앞서 영업을 시작했다.

곧이어 이엔샤요우이상청(燕沙友誼商城) · 꾸이요우상창(貴友商場) · 이추리엔후아(易初蓮花) 등은 개점에 들어갔다.

쇼핑센터 관계자는 "베이징시민들은 10월 24일 전면 개장된 시점부터 세계적인 유명상품들을 곧바로 접할 수 있었다"고 밝혔다.

한편, 쇼핑센터 내에는 맥도널드, KFC, 진산청(金山城: 사천(四川)식 샤브샤브 체인점), 한라산(漢拿山: 한국음식점), 동라이순(東萊順: 중국 샤브샤브 체인점) 등 100여 개 음식점 스따이(時代)클럽, 홍런(紅人)운동클럽, 완터(萬特)과기낙원, 중잉싱메이(中影星美)영화관 등 10여 개 레저시설도 아울러 갖추고 있다.

즉, 이 쇼핑몰에는 베이징의 유명한 상가, 슈퍼, 건자재 판매, 자동차 관련 판매상, 영화관 등이 입주하여 오락, 소비가 일체화된 상업체를 이루어 모든 소비자의 수요를 만족시킬 수 있다는 것이다.

총면적 68만m²의 진위엔(金源)쇼핑몰은 총 투자액 38억 위엔이 투자되었고 입주상점의 인테리어 비용을 포함한다면 총 투자액은 50억 위엔이라고 알려져 있다. 또 1만 대를 수용할 수 있는 주차장이 있으며 약 230대에 이르는 엘리베이터로 편리한 서비스를 제공하고 있다.

쇼핑, 여가, 오락이 일체화된 소비방식은 소비자에게 한 층 더 높은 즐거움을 가져다 주겠지만, 백화점 소비에 적응이 된 베이징시민에게 있어 길이 600m, 너비 120m, 총 7층 규모의 방대한 규모의 쇼핑몰의 갑작스런 출현에 대해 약간의 놀라움이 있으며, 업계에서도 우려의 목소리가 솔솔 나오고 있다.

대형 쇼핑몰 출현 시기에 대한 문제 제기

쇼핑몰은 구미와 동남아지역에서는 이미 일반적인 상업형태로 성장하였다. 그러나 개장한 지 어느 정도 시간이 흘렀지만 베이징 쓰후안루(四環路)변의 진위엔 쇼핑몰의 매출실적은 그리 좋지 못한 것으로 알려져 있다.

이 쇼핑몰에 대한 소비자들의 의견은 "너무 이르지 않는가"라는 것이다. 선진국의 각종 상업형태 발전에 대한 연구 결과에 따르면, 쇼핑몰의 출현은 일인당 GDP와 관련이 있다. 일반적으로 일인당 GDP가 약 1만 달러에 도달하였을 때, 다원화된 쇼핑몰, 특히 대형 쇼핑몰이 성장하는 가장 적절한 시기이다. 이러한 결과에 비추어 볼 때, 베이징의 대형 쇼핑몰 출현은 아직 이르다는 판단이 나온다.

그러나 진위엔 측은 세계 각국의 상업형식과 발전추세는 각각의 방식이 있고 1인당 GDP와 쇼핑몰은 관련성이 있지만 절대적인 것은 아니라고 주장하고 있다.

현재 개발도상국 중 중국은 매우 특수한 조건이며, 베이징 또한 특수성이 있으므로 베이징의 1인당 GDP는 3천 달러밖에 되지 않지만 고소득자가 매우 많고 상당부분의 소비자는 세계적 소비수준에 도달했으므로 잠재된 시장은 매우 거대한 것으로 분석하고 있다.

진위엔 쇼핑몰의 시행사인 진위엔 그룹 산하의 베이징 세기성 회사 총경리에 의하면 "중국의 미래를 본다면 베이징은 가장 먼저 자체적인 쇼핑몰을 구축하여 중국을 쇼핑몰 발전시대로 이끌어 나가야 할 것"이라고 전했다.

또한 베이징이라는 도시의 위치와 기능을 고려할 때 진위엔 쇼핑몰과 같은 대형 현대상업시설이 있어야 한다고 밝혔다. 비록 왕푸징(王府井), 통런탕(同仁堂), 취엔취더(全聚德)와 같은 유명한 문화코드가 있긴 하지만, 이들은 전통적인 상업문화를 대표하는 것이고, 현대화된 도시를 만들기 위해서는 전통과 현대가 공존하는 것이 필요하다고 한다. 이와 동시에 세계적인 관광의 중심을 만들기 위해서는 신형 쇼핑몰이 필요하다고 전하였다

미국의 경우, 이러한 대형 쇼핑몰은 약 200만의 인구가 필요하다. 베이징은 약 1,400만 인구가 있으므로 미국과의 경제적 상황차이를 고려하더라도 3~4개 정도의 대형 쇼핑몰이 필요한 것으로 계산될 수 있다.

투자 회수율 문제

세계 각국의 쇼핑몰의 수익 방식에는 두 종류가 있다. 하나는 쇼핑몰 자체적으로 직접적인 판매를 통하여 수익을 얻는 것이고, 다른 하나는 간접적인 매출 수익이다.

쇼핑몰 자체는 소득을 올릴 수 없지만 부동산개발을 통해 주변 토지 시가의 상승을 야기시켜 소득을 올릴 수 있다. 총 38억 위엔의 투자, 50억 위엔 이상의 가치를 가진 거대한 쇼핑몰은 눈앞의 수익보다는 몇 년 후에 투자를 회수할 수 있는지가 관건이 된다.

런민(人民)대학의 한 상업유통전문가는 "진위엔 쇼핑몰의 1일 평균 판매액은 약 5,000만 위엔이어야 한다"고 밝혔다. 쇼핑몰 전문가가 분석한 진위

엔그룹의 투자회수 기간과 시간표에 따르면, 진위엔 몰의 매년 판매액은 약 160억 위엔이어야 한다.

1일 평균 판매액은 약 5,000만 위엔, 매년 판매액은 약 160억 위엔은 베이징의 경제발전 상황과 소매매출액 등을 고려했을 때 무리지 않느냐는 게 일반적인 중론이다.

한편 진위엔 쇼핑몰 측은 이자 상환을 고려하지 않더라도 12년 후에야 투자회수가 가능할 것으로 예상하고 있다. 이는 진위엔측과 주요 입점상과의 계약이 일반적으로 20년이고, 각 상가에도 이윤분배를 주어야 하기 때문에, 5년 후에나 임대비를 올릴 수 있기 때문이다.

진위엔측은 진위엔 쇼핑몰이 10~15년 이내에 투자를 회수할 수 있을 것으로 보고 있다. Mall의 초기 설립시기, 부지선정, 주력 점포에 대한 확신 외에도 진위엔측은 자신들의 투자구조에 대해 자신하고 있다. 진위엔그룹의 자유자금은 38억 위엔의 총투자액 중 80%를 차지하고 있으며 은행 대출은 일부분만을 차지하고 있기 때문에 은행 대출금 상환, 재무부담이 비교적 적은 편이다.

주력 점포에 대한 조정능력

소매점포, 주력 점포 모두 중요하기는 하지만, 대형 쇼핑몰 중 주력 점포의 파워와 점포수가 실제로 해당 몰의 시행사와 운영상의 경영효율과 운명을 어느 정도 좌우한다고 할 수 있다. 소매점포는 임대비로 인한 이윤소득이 주력 점포들보다 높지만, 불황에 대한 위기대처 능력이 약하기 때문이다.

주력 점포는 이와 다르다. 일반적으로 장기간의 경험과 자금력을 갖추고 있기 때문에 시장 파동과 조정능력이 상대적으로 강한 편이다. 그러므로 주력 점포가 쇼핑몰에 입점한다면, 시장 육성기에는 집단적인 정책결정과 이성적 판단을 통하여 이윤에 대한 상당한 인내심이 필요하다.

주력 점포들의 대형 쇼핑몰의 성장과 성숙에 매우 중요한 역할을 한다.

또한 주력 점포들의 임대 기간은 일반적으로 길어서, 최소 3년에서 5년, 또는 더 긴 기간 동안 많은 수익과 안정적인 임대비를 제공하기 때문에 쇼핑몰의 성장에 최고의 보장이 된다고 할 수 있다.

진위엔 쇼핑몰에 입점한 주력 점포의 점포면적은 전체의 60% 이상을 차지하고 있다. 또한 일부 주력 점포는 경영면에서 조절할 수 있는 능력의 기반을 준비하고 있다.

진위엔 쇼핑몰에서 가장 큰 주력 점포 브랜드는 바로 진위엔 신이엔샤(金源 新燕莎)로, 68만m²의 임대면적 중 18만m²를 임대하여 조합방식인 "Mall in Mall" 방식으로 경영하고 있다.

총 18만m²의 임대 점포 중 2개의 주력 점포가 있다고 한다. 패스트푸드, 종합서비스 시설 등이 있어 신이엔샤 그룹은 진위엔 쇼핑몰 속의 새로운 Mall이라고 할 수 있다.

일반 중국인들 아직도 저축과 절약에 더 몰두

업계의 우려에도 나름대로 자신이 있어 했지만, 개장한 지 1년이 더 지났는데도 유감스럽게도 이 세계 최대의 중국 쇼핑센터에는 고객들의 왁자지껄한 소리가 들리지 않는다. 내부에는 각종 다양한 상품들이 진열되어 있지만 이곳을 찾는 고객들은 별로 없으며 기껏 고객들이 붐비는 곳이라고 해 봤자 쇼핑센터 구내 레스토랑 정도

세계 최대의 쇼핑센터에 고객이 보이지 않는다는 뉴스는 이미 공개적인 비밀이 되었다. 쇼핑센터 측에서는 미래에 대해 여전히 낙관적이지만 그 웃는 얼굴이면에는 누가 뭐래도 공허한 심정이 역력하다.

그렇다면 왜 이런 문제가 생긴 것일까? 혹시 진위엔스따이 쇼핑센터측에서 중국 중산층들에 대한 구매력을 너무 높이 평가한 것은 아닐까?

2005년 영국의 『이코노미스트지』는 중국 매체들의 소비열기에 대한 호들갑과 달리 중국 사회는 아직 전반적으로는 절약풍토가 지배적인 것으로 결

론지었다. 사실 중국인들의 저축률은 독일과 미국인들의 20%와 14%에 비해 아직도 월등히 높은 약 46%에 육박하고 있다. 저소득층도, 고소득층도 저축에 몰두해 있는 것이다.

베이징에서도 비싸기로 유명한 시단(西單)과 왕푸징 지역에 줄지어 늘어선 쇼핑 센터에 가보면 늘 고객들로 붐비는 것을 발견할 수 있지만, 그것이 결코 보편적인 현상은 아닌 것이다.

다시 말해 표면적인 경제지표에만 의존한다거나 구체적 수요와 소비패턴에 대한 치밀한 연구 없이 그저 서구식 경영방식을 중국에 도입한다 해서 그것이 성공을 보장한다는 것은 아니다.

중국 30대 유통업체 발표

중국 유통상황을 알기 위해 중국 30대 유통업체에 대해 알 필요가 있다. 2004년에 발표된 2003년 랭킹을 살펴보자.

2004년 중국상무부는 까르푸·월마트 등 6개 외국유통업체와 상하이바이리엔(上海百聯)·다리엔따상(大連大商), 가전제품만 전문적으로 취급하는 베이징구오메이(北京國美: GOME)·쑤닝(蘇寧: Suning) 등 가전제품 체인점과 등 중국 유통업체를 포함한 2003년도 중국 30대 유통업체 랭킹을 발표했다.

30대 유통업체 중 매출순위 1위는 상하이바이롄그룹(소매체인 부문)으로 485억 1,666만 위엔의 매출액을 기록했으며, 다리엔따상그룹 등 매출순위 2위부터 9위까지의 8개 업체가 매출액 100억 위엔대를 넘었다.

월마트(WAL MART)

이들 30대 업체가 2003년 한 해 동안 올린 매출총액은 전년 대비 29.9% 증가한 2704억 2,000

만 위엔, 점포 수는 전년대비 35.1% 증가한 1만 321개로 집계됐다. 특히 2003년에는 외국 유통업체가 처음으로 심사대상에 포함돼 까르푸·월마트·하오요우두오 (好友多: 대만) 등이 30대 업체에 새로 등장했다.

그 중 까르푸의 경우 중국시장에서 134억 3,682만 위엔의 매출액과 41개 점포로 일약 5위에 랭크됐다.

1. 上海百聯	2. 大連大商集團
3. 北京國美電器	4. 北京華聯集團
5. 家樂福(까르푸)	6.上海農工商슈퍼마켓
7. 蘇寧電器	8. 三聯商社
9. 華潤萬家(홍콩)	10. 蘇果슈퍼마켓(홍콩)
11. 上海永樂家用電器	12. 北京物美投資
13. 武漢武商	14. 重慶商社
15. 新一佳슈퍼마켓	16. 沃爾瑪(월마트)
17. 江蘇文峰大世界連鎖發展	18. 錦江麥德龍現購自運(메트로)
19. 家世界連鎖商業集團	20. 北京京客隆
21. 江蘇五星	22. 好友多슈퍼마켓(대만)
23. 北京王府井백화점	24. 武漢中百集團
25. 重慶백화점건물	26. 北京슈퍼마켓發連鎖
27. 利群集團	28. 深圳市人人樂連鎖商業
29. 江蘇時代슈퍼마켓	30. 北京燕莎

베이징 상권·유통시장의 지각변동

연 9%대의 고속성장에 걸맞게 중국의 수도 베이징은 하루가 다르게 발전하고 있다. 그리고 그런 변화에 발맞추어 상권과 유통시장에도 기존의 정보와 상식을 계속 수정하게 하는 변화가 연이어 따르고 있다.

교통의 요충지 高碑店 상권 떠오른다

2005년 들어 베이징 동부지역의 까오베이디엔(高碑店)이 베이징 중앙상업구역(CBD)에 이어 새로운 상업권을 형성하면서 급속히 부상하고 있다.

차오양(朝陽) CBD 동쪽으로 시따왕(西大望) 입체교차로를 지나면 바로 까오베이디엔이다. 지하철 1호선과 빠통시엔(八通線)·차오양루(朝陽路)·차오양베이루(朝陽北路)·동스후안루(東四環路)·동우후안루(東五環路) 등 베이징의 주요 교통로가 이곳을 관통하고 있어 더 없이 유리한 교통조건을 갖추고 있다.

특히 창안지에(長安街)의 연장선과 통후이허(通惠河) 양안, 잉빈루(迎賓路), 까오베이디엔베이루(高碑店北路)에 이르기까지 녹화율 약 43%를 자랑한다. 뿐만 아니라, 생태환경 개선을 통해 폐수오염으로 악취가 풍기며 죽음의 호수로 불리던 까우베이뗀호는 수많은 동식물이 서식하는 맑은 호수로 변모했다.

현재 까우베이디엔에는 1100여 무(畝=약 22만평)의 싱룽(興隆)공원, 80여 무의 쓰후이(四惠)화원, 40여 무의 노변공원, 50무의 골프장, 800여 무의 까우베이디엔호 등이 조성돼 있어 까우베이디엔은 손색 없는 녹색상권을 형성하고 있다.

까우베이디엔은 따윈허(大運河) 발원지에 위치해 있으며, 예로부터 비석이 많기로 유명했다. 그 옛날 대운하에 선박이 운항됐을 당시에는 베이징을 경유하는 상인들이 모여들었던 곳으로, 그 자체의 독특한 전통문화를 형성하고 있다.

까우베이디엔의 전통가구 거리가 중국 고대문화의 분위기를 풍긴다면, 아시아 최대의 폐수처리공장 까우베이디엔 폐수처리공장은 중국의 현대화를 상징한다. 현재 까우베이디엔은 싱룽공원-까우베이디엔 전통가구 거리-폐수처리공장 등을 대표로 하는 베이징 동부의 중요한 문화 관광코스를 형성하고 있다.

까우베이디엔의 진입 원가는 매우 낮은 편이다. 실질 경제를 발전시키기 위해 현지 정부는 2004년 7월 기업투자 장려에 관한 11가지 특혜 정책을 발표하는 등 투자유치에 발벗고 나섰다.

기술개조에 500만 위엔 이상을 투자하는 기업에 대해서는 투자액의 3~5%를 환급해주는 식의 장려 정책도 포함돼 있다.

西單상권은 변혁 중, 현대적 입체화 상업지역 구축

"왕푸징(王府井)은 중국인민의 왕푸징, 시단(西單)은 베이징(北京)인의 시단이다."

이는 시단 상업거리가 베이징인들에게 얼마나 중요한 존재인지를 잘 말해주고 있다. 부딪치는 인파 속에 밀려 시단 상업거리로 들어서면 급변하는 시단의 환경과 상업분위기가 그대로 피부에 와닿는다.

왕푸징(王府井)

2003년 12월 20일 쥔타이백화점(君

太百貨)이 사자춤과 경쾌한 음악연주 속의 개업식으로 소비자들의 발길을 잡아끌자, 그 맞은편에 위치한 중여우(中友)백화점은 '100위엔 쇼핑, 55위엔 반환'이라고 쓴 화려한 광고판으로 소비자들의 이목을 집중시키기도 했다.

명품 판매로 유명한 시단싸이터(西單賽特)는 2004년의 경우 새해를 맞아 50% 대할인 판촉행사를 벌였고, 베이징 4대 백화점의 하나인 시단쇼핑센터(西單商場)는 거금을 투입해 2개월 동안의 실내 인테리어 및 리노베이션을 마치고 영업을 재개했다. 리노베이션을 통해 시단쇼핑센터는 과거 '전통적 백화점'의 이미지와는 다른 '현대식정품백화점'으로 변신한 것이다.

학생과 젊은이들 사이에 인기가 높은 시단쇼핑센터 위층의 한국정품타운에 가면 온갖 액세서리와 장난감들이 즐비하게 진열돼 있다. 창안지에(長安街)의 남쪽에 위치한 쇼우뚜스따이(首都時代) 백화점은 편리한 쇼핑환경과 명품의류로 유명하며, 도시의 화이트칼라를 주요 고객층으로 삼고 있다.

왕푸징의 넓은 보행거리와 달리 시단 상업거리는 혼잡하기로 또한 유명하다. 그러나 이런 상황도 꾸준히 개선되고 있는 중이다.

새로 개업한 쥔타이백화점 지하 1·2층에는 주차장을 만들어 시단지역의 주차장 부족상황을 완화했고, 현재 건설 중인 시단과학기술광장은 시단문화광장·쇼우뚜스따이광장과 함께 쇼핑객들의 쾌적한 쉼터 구실을 하게 될 것이다.

점점 늘어가는 편의점

그 밖에 베이징시 정부는 향후 5년 간 상업시설 건설에 66억 2,000만 위엔을 투입해 시단 상업거리를 쇼핑·요식업·휴가·오락기능과 오피스텔 등을 갖춘 종합 상업거리로 조성할 계획이다.

외국 유통업체 베이징 진출 러시

이런 베이징 상권의 지각변동에 변수가 있다면, 그것은 외국 유통업체 베이징 진출일 것이다. 2004년 12월의 중국의 상업유통 분야 전면개방 전부터, 외국 유통업체들의 베이징(北京) 시장 진입 움직임이 이미 가속화 되고 있었다.

일본의 세븐일레븐이 2004년 4월 15일 베이징 동즈먼(東直門) 1호점 오픈을 시작으로 5년 안에 500개로 늘릴 계획인 것으로 전해지고 있다.

세븐일레븐(베이징)유한회사는 베이징에서 최초로 설립된 중외합자 편의점으로, 일본 유통업체 이토요카도(伊藤洋貨堂) 산하의 세븐일레븐주식회사가 65%, 베이징 쇼우리엔(首聯)그룹유한회사가 25%, 중구오탕지우(中國糖酒)그룹회사가 10%를 각각 출자해 설립했다.

지난 몇 년 간 까르푸·월마트 등 외국 유통업체들의 베이징 시장 진출이 활발해지면서 베이징 상권과 유통시장에도 구조적인 변화가 일어나고 있다. 그 중 가장 뚜렷한 특징은 체인형태의 점포 수가 급격히 늘어나고 있다는 점이다. 2004년초 이미 베이징 전체에서 체인형태의 슈퍼마켓 및 편의점 수는 1,600여 개에 달했으며, 70%의 주택단지에 편의점이 개설됐다.

특히 외국 유통업체의 베이징 시장 진출이 빨라지면서 토종 유통업체들의 대비 태세도 만만치 않다. 중국 체인업계의 원로격인 리엔후아(聯華)그룹은 리엔후아쿠아이크어(聯華快客)라는 브랜드로 베이징에 이미 100여 개의 점포를 개설한 상태다. 우메이(物美)·징커룽(京客隆) 등 토종업체들이 제휴, 산하 600여 개 체인점의 영업시간을 하루 16시간 이상으로 연장했다.

베이징 남역 주변의 우메이

2006년 유통업 성장세

▶ 중국인 소비증대로 유통업계 호황

중국에서 전반적으로 소비가 증진되고 있는 가운데, 유통업종의 성장이 빠르게 촉진되고 있다. 중국국가통계국의 최신 통계자료에 의하면, 2006년 1분기 소비품 매출총액은 1조8,440억 위엔을 기록, 작년 동기대비 12.8%의 증가율을 보였다.

그 중 도・소매 매출액은 1조 5,551억 위엔으로 12.9% 늘어났다. 지역별로는 도시의 소비재 매출총액이 1조 2,410억 위엔으로 13.5%, 현(縣) 및 현보다 작은 지역은 6,030억 위엔으로 11.5%씩 증가했다.

매출총액의 급속한 증가는 소비자들의 소득증대와 정부의 각종 내수진작정책에 힘입은 것으로 분석된다. 올 들어 개인소득세 징수기준이 800위엔에서 1,600위엔으로 올라가고, 춘지에(春節: 설) 연휴기간 소비지출이 늘어난 점 등도 내수진작에 도움이 됐다.

3농문제 해결을 위해 정부가 노력하면서, 농촌지역의 소득증대와 농업세 폐지로 소비가 한층 늘어나게 되었다. 이 같은 소비 증가추세 아래서 유통업체들의 성장세가 두드러지고 있다. 핑안(平安)증권 관계자는 유통업종에서 시장선점과 규모 우위를 차지한 선도기업들이 향후 M&A와 금융 등을 통해 규모확장 움직임을 더욱 강화할 것으로 전망하고, 이에 따라 유통업종의 시장 집중도가 더욱 높아질 것으로 예상했다.

▶ 교체기 겹쳐 가전제품 판매 호기

유통업체 중에서는 특히 가전 유통업체의 전망이 가장 밝은 것으로 분석된다. 한 업계 관계자는 현재 시기적으로 도시는 가전 교체단계, 농촌은 가전 소비단계에 접어들었다며, 가전 유통업체들이 계속해서 고속 성장세를 보일 것으로 전망했다.

도시가정의 가전 보유량이 상대적으로 낮은 상황에서, 특히 에어컨・IT・디지털제품의 시장 잠재력이 매우 클 것으로 전망된다. 그 밖에 도시 소비자들은 전기・전자제품을 구입할 때 가격・환경・애프터서비스 등에서 우위를 가진 전문 가전유통업체를 더욱 선호하는 경향을 보이고 있는 것으로 분석된다.

이에 따라, 향후 가전유통업체들은 일반 체인슈퍼마켓과 백화점에 비해 더욱 빠른 성장세를 유지할 전망이다.

(자료원: 『징지르빠오(經濟日報)』, 2006년 6월 8일)

외국인 투자자에 대한 중국 프랜차이즈 제한 풀린다

중국 신규 프랜차이즈 규정 2월 1일 시행

중국 상무부가 2005년 발표한 중국 내외 사업자들에게 통용되는 신규 프랜차이즈 규정에 따라 2005년 2월 1일부터 중국은 외국인 투자자의 중국 내 프랜차이즈 종사에 있어서 시장 진입과 내국민 대우 관련 제한을 철폐했다.

이로써 외국인 투자 기업은 중국에서 상업특허 경영을 할 때 절차상의 특별 규정이 있는 것 외에는 설립조건이나 권리, 의무, 정보공개, 광고선전 등에 있어서 중국 내 내자 기업과 동일한 규정을 적용 받게 된다.

중국에서 1년 이상 최소 2곳의 매장을 운영한 프랜차이즈는 현지 프랜차이즈 계약을 체결하고, 제품 및 서비스에 대한 자체 기준을 설정할 수 있으며, 가맹 수수료를 징수할 수 있다. 또한 기준을 위반한 프랜차이즈 가맹점에 대해서는 계약을 철회할 수 있다.

한편 프랜차이즈는 자본 및 감사 후 재무보고서, 세금납부현황 등 상세 재무 정보를 공시해야 하며, 허위 광고는 엄격히 금지된다. 그리고 모든 외국계 프랜차이즈들은 전년도에 체결한 모든 가맹 계약보고서를 정부에 제출해야 하며, 외국인 투자자 관련 규정을 준수해야 한다.

* 그 동안 단독으로 체인점을 운영할 수 없는 제도적인 제한 때문에 중국에 진출한 일부 업체들은 현지 파트너와 합자 형태로 운영하다 불화 때문에 사업을 접는 경우가 종종 발생했었다.

중국 프랜차이즈업 현황

중국 프랜차이즈업은 10여 년의 짧은 역사를 지녔으며, 도입기에서 발전기로 접어들고 있다.

1980년대 중반부터 맥도날드, KFC가 중국시장에 진출하였으나 합자사업 직영점에 머물렀을 뿐 프랜차이즈 체인의 형태를 갖추지 못했다.

법정비와 상업분야에 대한 대외개방의 지연으로 피자헛, 세븐일레븐 등도 같은 시기에 중국측과의 합자/합작, 점포임차 등의 형태로 점포를 늘렸다.

본격적인 프랜차이즈 체인은 1990년대에야 출현했다. 1992년 홍콩 후아룬(華潤)슈퍼마켓, 93년 KFC가맹 1호점을 시작으로 북경오리(베이징카오야)로 유명한 취엔취더(全聚德), 만두로 유명한 티엔진(天津)의 고우부리바오즈(狗不理包子), 면으로 유명한 마란라미엔(馬兰拉面) 등 중국 국내외 브랜드가 활발히 프랜차이즈 체인 형태로 점포를 늘려가고 있는 상황이다.

현재 중국에서는 기존의 전통적인 요식업, 소매업, 개인서비스업에서 교육, 비즈니스 거래, 가정관련 서비스, 자동차 서비스 등 새로운 업종으로의 영역확대로 약 60개 업종에 해당하는 1,500여 개 사업체들과 7만여 개의 가맹점들이 성업 중이며, 2010년에는 프랜차이즈 영업이 전체 소매 영업의 30%에 이를 것으로 예상하고 있다. (선진국의 경우 프랜차이즈업이 소매업 매출의 40% 이상을 차지함.)

가장 대중적인 KFC

2003년말 기준으로 10개 이상 체인점을 확보한 업체는 519개이며, 100대 프랜차이즈 기업 매출액은 3,580억 위엔인데 2002년 대비 45% 증가했다. 종업원 수는 약 64만 명이고 2002년 대비 23%

증가했다. 그리고 10대 프랜차이즈 기업은 리엔후화(聯華)슈퍼마켓, 다리엔따상(大連大商集團), 화리엔(華聯)슈퍼마켓, 北京國美電器(GOME), 베이징화리엔(北京華聯集團), 까르푸(프랑스), 상하이농공상(上海農工商)슈퍼마켓, 蘇寧電器(Suning), 산리엔(三聯商社), 화룬완지아(華潤萬家: 홍콩)로, 모두 매출이 100억 위엔 이상이다.

프랜차이즈 체인점식 경영으로의 발전 추세

중국 도시 지역은 프랜차이즈 체인점식 유통 구조가 발전할 수 있는 토대가 마련되었기 때문에 유통 구조가 빠르게 발전될 것으로 예상된다.

2004년 6월말까지 일정 규모 이상의 체인점포 수는 2003년말에 비해 20.2%, 2002년말에 비해 52.8%가 증가하였다.

프랜차이즈 체인점의 전체 규모뿐만 아니라 개별 점포의 규모 역시 크게 증가하고 있다. 중국의 프랜차이즈 체인 기업이 전체 유통 시장에서 차지하는 비중은 2002년 5.2%에서 2003년 6.3%, 2004년 상반기는 8.1%로 증가하고 있다.

특히 베이징이나 상하이 등 대도시의 경우 비중이 20% 이상에 달한다. 이처럼 빠른 속도로 프랜차이즈 체인점 형태의 유통 기업이 발전하고 있는 이유를 국가통계국 무역부 보고서는 프랜차이즈 체인점 형태의 유통 구조가 가진 장점과 함께 다음과 같이 설명하고 있다.

베이징의 고급음식점 피자헛

첫째, WTO 가입 이후 세계 최대의 대형 할인마트 체인이 풍부한 자금력과 경험 및 경영 노하우를 앞세우고 중국 시장을 공략하고 있다. 이에 대응하기 위해 중국유통 체인이 적극적인 변신을 추진하고 있어서이다.

둘째, 2003년의 사스, 2004년의 조류독감 등으로 소비자들의 식품 안전에 대한 중요도가 커지면서 믿을 수 있는 체인점에 대한 선호도가 높아지면서 전통적인 재래 시장이 축소되었기 때문이다.

中잡지, 한국프랜차이즈업계 집중 소개

2004년 12월 11일부터 중국 프랜차이즈 시장이 외국기업에 전면 개방된 가운데 중국의 프랜차이즈 전문지가 국내업체들을 집중적으로 소개해 관심을 끌고 있다.

중국 프랜차이즈 전문지 『체인(連鎖)과 특허』는 2004년 12월호에서 2004년 11월 중국 베이징(北京), 광저우(廣州), 상하이(上海) 지역을 순회하며 개최된 '프랜차이징 차이나 2004' 박람회에 참가한 한국 업체들을 소개하고 특집기사 형식으로 국내 B 치킨업체를 집중 조명했다.

체인정보 박원휴 대표는 "프랜차이즈업 개방 이후 중국이 한국기업에 큰 관심을 보이고 있다."면서 "국내 프랜차이즈 업체로서는 중국시장 개방이 또 하나의 기회가 될 수 있을 것"이라고 말했다.

외국기업, 중국 전력시장 출입 빈번

지역 전력시장 가격경쟁 시대 도래

전력 공급이 어려워짐에 따라 2년 간 중국의 전력 시장은 괄목할만한 성장을 보여왔다. 하지만 외국투자자들은 상대적으로 냉정한 태도를 보였고 투자가 많은 반면 철수도 있고 동시에 지켜보는 투자자들도 많다.

이는 아주 평범한 투자현상으로 일부 언론에서는 "일부 외국자금이 중국 전력시장에서 완전히 철수한다, 혹은 1,200억 위엔의 외국 자금이 중국 전력시장에서 철수한다"라고 보도했다.

일부 외자, 전력시장서 퇴출

중국 전력공업 외자유치는 큰 개념이다. 여기에는 외국기업의 직접투자가 있고 간접투자도 있다.

통계에 따르면 1,200여 억 위엔 중 330여 억 위엔은 따야완(大亞灣) 핵발전소에 투자했고, 약 190억 위엔은 후아닝(華能)그룹이 차입의 형식과 외국에서 상장하는 방식으로 유치한 것이며, 또한 375여억 위엔에 달하는 자금은 친산(秦山)핵발전소의 3기와 광동성(廣東省) 링아오(嶺澳) 핵발전소에서 유치한 것이다. 248억 위엔에 달하는 자금은 타이수(台塑)그룹의 왕용칭(王永靑)이 푸지엔성(福建省) 장저우(漳洲) 후아양(華陽)발전소에 투자한 것이다.

이 몇 개 전력 프로젝트만 해도 유치한 외자금액이 약 1,150억 위엔에 달한다. 알려진 바에 따르면 외국자금을 유치해 건설한 발전소 프로젝트 생산에 투입된 후 종합적으로 훌륭한 경영 상황을 보였다.

하지만 1997년, 특히 1998년 전력공급이 유연해지면서 전력시장에 처음으로 투자한 외국기업들은 대대수가 많은 돈을 번 후 효율 감소를 느끼고 철수하기 시작했다.

비공식 통계에 따르면 외국 자금이 전력시장에서 철수하기 시작하여 2002년말까지 중국에 남은 대·중형 합자 전력발전소는 39개, 기계 설치량은 총 2700만KW, 중국 전국 전력 기계설치 총량의 8.46%를 차지했다.

자금 철수 원인은

국무원은 2003년 7월 전기료 개혁방안에서 국가심사비준 절차에 부합되는 외국직접투자기업 중 1994년 전에 건설했고 동시에 전력구매 계약을 체결한 기업, 1994년 및 이후 국무원의 허가를 받고 전기료 보수율을 비준 받은 기업들은 투자자들의 합리적인 수익을 보장하는 기초에 다시 협상하여 새로운 체제에 따라 운행하게 해야 한다고 명확히 규정하였다.

비준을 보장받을 수 있고 전력건설이 활발한 시기임에도 불구하고 왜 일부 외국자본은 중국 전력시장에서 철수하는가.

외국회사 자체에 원인이 있을 수 있다. 또는 자체적인 내부 원인 외에 회사의 나라에 원인이 있는 경우도 있다. 예를 들면 2000년 하반기부터 미국 캘리포니아주에서 3년 동안 전력공급에 위기가 생겼고 2003년 8월 14일에는 미국, 캐나다에서 정전사건이 발생했다. 미국 정부는 2001년에 미국 신에너지 정책에서 미국은 향후 10년 내 전력 수요량이 25% 증가할 것이라고 예측했다. 미국의 일부 에너지 기업은 자국내시장을 점유하고 동시에 국민들 마음속에서의 이미지 개선을 위해 해외투자를 축소시키는 방식으로 자금을 모아 자국 내에 돌아와 전력 건설에 참여하였다.

외국기업 전력투자 붐 재기 조짐

몇 년 간 중국의 전력공업 성장속도가 빠르게 진행되고 발전기계설비도 짧은 기간 내에 1억KW 성장해 약 4억 5000만KW에 달했지만 1인당 평균 연간 전력소비 수준을 놓고 볼 때 세계 평균 수준의 3분의 2인 1,683KW/h 밖에 안 된다.

1인당 평균 연간 소비량이 낮은 것은 중국의 전력공업이 여전히 넓은 발전 공간이 있음을 의미한다. 그리하여 일부 외국자금이 중국 전력시장에서 철수하는 동시에 더욱 많은 외국자금이 전력영역에 투입되는 것을 볼 수 있다.

2002년 8월초 홍콩 중화전력 유한회사는 꾸이양(貴陽)에 25억 위엔에 달하는 자금을 발전소확장에 투자하였고 2002년 10월 초에는 홍콩 쩐싱(眞興) 그룹과 미국 AES 그룹은 합자하여 즈강라카(直崗拉卡)발전소 건설을 착공하였다.

또한 2003년 5월말, 미국 메이야(美亞)전력유한회사는 취징(曲靖) 발전소의 37%에 달하는 국유주식을 구매했는가 하면 2004년 6월 6일, 하루만 해도 윈난성(雲南省) 관련부문은 홍콩 푸디엔 국제실업투자유한회사, 야타이(亞泰) 투자그룹, 타이완(臺灣) 푸셩(富勝) 회사 등과 전력에 관해 합작 협의를 달성했다.

외국기업이 중국 전력시장에서 대부분이 적자운영을 하고 있지만 많은 외국기업들은 여전히 중국 전력시장 진출을 희망하고 있다.

최근 외국자금이 중국 전력기업의 주식을 구매하는 것과 상담 중인 외국 자금 투자의향을 놓고 볼 때, 중국 전력시장의 질서는 비록 규범화·체계화가 되지 않았지만 점차적으로 중국 전력시장에 총체적으로 새로운 외국자금 투자 붐이 일 것으로 보이기 때문인 것으로 풀이된다.

티엔진의 수자원 부족, 담수화로 해결

경제 발달지역인 중국 연해 지역은 인구가 밀집되어 있으면서도 담수 수급에 커다란 문제를 안고 있다. 연해 공업도시의 1인당 수자원 보유량은 중국전체 1인당 평균의 4분의 1에 불과하다. 경제발전에도 불구하고 이런 모순은 더욱 두드러지고 있다.

오는 2010년 연해도시 인구는 현재의 2억 명에서 3억 명 이상으로 증가, 매년 110억m^3의 물이 더 필요할 것으로 추산된다. 이런 상황에서, 티엔진(天津) · 다리엔 (大連) · 이엔타이(煙臺) 등 연해지역에서 날로 커지는 해수의 담수화 규모는 주목할 만하다. 바닷물에서 담수를 구하는 일은 이미 중국 수자원 부족문제를 해결하는 가장 효과적인 방안으로 대두되고 있다.

중국의 1인당 평균 수자원보유량은 2,200m^3 미만으로, 세계 평균의 8분의 1에 불과하며, 현재 전국 660개 도시 중 약 110개 도시가 물 부족 상태다. 그리고 티엔진은 중국 내에서 물 부족이 가장 심각한 도시 중 하나이며, 1인당 평균 물 보유량은 160m^3로 중국 전국 평균의 불과 15분의 1이다.

해수 담수화의 중심지

중국의 여러 도시 중에서 티엔진은 정말 "목이 마르다."

중국 북부지역의 최대 항구 도시인 티엔진은 1인당 수자원 보유량이 160m^3에 불과해, 루안허(灤河), 황허(黃河) 등 외부 수자원에 의존하지 않을 수 없는 물 부족 도시다. 티엔진은 현재 수자원 부족문제를 해결하기 위해 153km의 해안선을 형성하고 있는 보하이완(渤海灣)에 시선을 돌리고 있다.

그곳에 풍부한 바닷물이 존재하고 있기 때문이다.

2004년 4월 티엔진 시정부와 국제담수화협회(IDA)는 티엔진에서 '해수의 담수화 이용국제세미나'를 개최했다. 이 자리에서 국제담수화협회 관계자는 "티엔진은 곧 중국 내 해수 담수화의 중심지로 부상할 것"이라고 장담했다.

티엔진시는 대규모 해수의 담수화 방면에서 10여 년의 역사를 가지고 있다. 티엔진 따강(大港)발전소는 1988년 미국에서 하루 3,000톤 생산 규모의 다단 플래쉬법(MSF) 증발장치 2기를 들여옴으로써, 중국 최초로 다단 플래쉬법에 의한 해수 증발장치를 가동하는 곳이 됐다. 티엔진 소다공장은 1987년 중국 최초로 하루 1만 톤 처리규모의 해수 정화 처리장을 건설했다.

생활용수 기준 만족

2005년 티엔진의 해수 담수화 규모는 중국 전체의 3분의 1 수준, 즉 하루 1만 톤에 이른다. 새로운 해수 담수화 프로젝트들도 진행되고 있는데, 그 중 티엔진 타이다(泰達)사가 건설하는 하루 2만 톤 규모의 다중 효용법(ME) 해수 담수화 프로젝트는 올해안으로 1기 공사가 완료되면 바로 가동이 가능하다.

연구 방면에서도 티엔진은 중국 내 선두주자다. 2003년말 건설된 하루 1,000톤 규모의 역삼투법(RO) 해수 담수화 시범프로젝트는 해수의 담수화 방법・장비・제품 연구에서 하나의 시험무대가 되고 있다.

통계에 따르면, 현재 세계적으로 해수의 담수화 규모는 하루 3,200만 톤이 넘고, 연간 매출은 약 100억 달러에 달한다. 2004년 7월 영국의 과학전문지 『뉴 사이언티스트』는 과거 사막지대에서 성행하던 해수의 담수화가 현재 도시로 진출했다며, 해수 담수화가 티엔진・런던 등 연해도시에서 물 부족문제를 해결하는 우선적인 방안으로 떠올랐다고 지적했다.

현재 해수의 담수화 기술로는 열을 이용한 증발법과 반투막을 이용한 역삼투법 등 크게 2가지가 있는데, 이미 공업용수는 물론 생활용수의 기준까지 만족시키는 수준에 도달했다.

처리비용 절감이 핵심

중국에서도 담수화된 해수의 수질이 개선되고 있고, 처리비용이 끊임없이 낮아지고 있다. 티엔진 따강발전소의 1톤당 처리비용은 6위엔 가량으로 떨어졌으며, 다중 효용법이 채택된 티엔진 타이다의 1톤당 처리비용은 5.32위엔에 불과하다.

후이샤오탕(惠紹棠) 중국국가해양국 티엔진해수담수화·종합이용연구소 소장은 "중국의 해수 담수화 기술이 현재 성숙했고 처리비용도 낮아지고 있다."며 "해수 담수화의 시장잠재력이 크다."고 밝혔다.

후 소장은 동시에 "해수 담수화 기술의 연구수준·혁신능력·장비개발능력·시스템설계 등 방면에서 중국이 아직 외국에 크게 뒤떨어진다"며 "현재 중국의 해수 담수화 규모는 하루 3만 톤으로, 세계 전체의 1%에 불과하다"고 지적했다. 리우원추이(劉文萃) 티엔진 발전개혁위원회 하이테크산업처 처장은 "해수 담수화의 처리비용을 낮추는 문제에 중점을 두고 새로운 기술·공정·장비·제품을 개발해야 한다."고 강조했다.

티엔진시, 3개 담수화 공장 건설

티엔진시는 앞으로 3년 간에 걸쳐 3개의 해수 담수화 공장을 건설할 계획이다. 곧 착공할 따강취(大港區)의 하루 10만 톤급 담수화 공장의 초기 건설 투자액은 무려 7억 5,000만 위엔에 달한다고 전해진다. 2004년 9월에는 티엔진 개발구의 하루 2만 톤급 공장을 착공했으며, 총 투자액은 1억 6,000만 위엔이다. 2006년에는 보하이(渤海)화공그룹이 탕구(塘沽)에 하루 20만 톤의 담수화 공장을 건설할 계획이다. 투자액은 최저 30억 위엔이나 된다.

이들 3개 공장이 완공되면 보하이(渤海)지역의 물 부족이 어느 정도 완화될 것으로 기대되어지고 있다.

중국제조업 육성하는 한·일 산업이전

일본 투자전략 제3국 수출기지 건설로 변화

한국 대외투자 투자총액 확대, 평균규모 증대

최근 한국, 일본이 대 중국 투자를 대대적으로 확대하는 새로운 추세를 보이고 있는 가운데 중국경제학자들은 한·일 산업이 대규모로 중국으로 이전하는 현 발전 추세를 중국기업이 놓치지 말고 적극적인 행동을 취해야 한다고 지적하고 있다. 즉 더할 나위없이 좋은 호기를 놓치지 말라는 의미이다.

난카이(南開)대학 경제학원의 원장 조우리췬(周立群) 교수는 "최근 한·일 산업이 중국으로 대폭 이전하는 절호의 기회에 직면하여 중국의 새단계 경제성장과 구조조정은 한국과 일본의 투자전략에 호흡을 맞춰야 한다. 일본 산업의 구조조정은 중국에서 새로운 발전기회를 노리고 있다. 동시에 한국 기업도 중국 경제성장의 강력한 추세를 빌어 한국경제를 이끌기를 갈망한다. 한국정부는 이미 중국을 한국의 제 2내수시장으로 점찍고 있다."고 말했다.

한국과 일본의 대외투자 전략조정도 새로운 기회를 맞고 있다. 일본의 투자전략은 단순한 시장공략으로부터 제3국 수출기지 건설로 변화하고 있는데 이는 제조업의 해외 투자로 나타나고 있다. 한국 대외투자의 변화는 주로 투자총액의 확대, 평균규모 증대로 나타나고 투자구조는 고급화되어, 자원산업 투자에서 점차 제조업 투자로 변하고 있으며 투자지역이 점차 이전하고 있다. 이로 볼 때 지역적으로, 제조업에서 우위를 차지한 중국은 충분히 한·일 투자의 중심 대상으로 떠오르게 된다고 그는 덧붙였다.

일본 경제산업성 일본 제조업 백서는 일본의 대중투자는 향후 해마다

2,400억~3,000억 엔의 증가폭을 유지할 것으로 예상했다.

중국내 전문가들은 한국, 일본과 중국은 경제·무역 협력을 강화하는 한편 정보공유, 고효율의 물류망, 관광 플랫폼 구축에 상업적 기회가 존재한다고 밝혔다.

한·일 산업 이전 추이

1. 산업망 날로 완벽화, 독립산업 공급시스템 확보에 총력

최근 재중 한·일 기업이 대중국 투자 강도를 확대하고 있는 가운데 합자형식 외에 한·일 기업은 독립·독자화 경향이 갈수록 뚜렷해지고 있다.

창지앙삼각주(長三角)에 입주한 한·일 기업들은 대다수 합자형식으로 전자제품, 강철, 전자정보 등 핵심산업을 선택하여 현지에 공장을 설립하고 점차 규모를 확대하여 독립적인 생산기지를 형성했다. 샤프, 마츠시다, LG, 삼성 등 기업들은 모두 창지앙삼각주의 같은 도시 또는 같은 개발구에 몇 개 관련업체를 설립하는 방식을 통하여 기반을 확장해갔다.

한·일 기업의 대중국 투자는 대기업과 업종협회를 따라 움직이는 특성을 보이고 있다. 현재 티엔진(天津) LG와 납품관계를 맺은 기업은 약 500개로 그 중 대부분이 한국기업으로 LG의 대 중국투자에 따라 중국에 진출했다. 삼성전자는 티엔진에 지사를 설립한 뒤 이를 중심으로 티엔진 주변에 방대한 공급시스템을 구축했다. 삼성전자(주 티엔진)에 납품하는 회사는 약 100개에 달한다.

한·일기업은 시종 독립적인 브랜드 확대전략을 구사하고 있다. 재중 일본 합자기업은 보편적으로 일본기업의 브랜드를 채용하고 중국측 브랜드는 별로 쓰지 않고 있다. 예컨대 원래 명칭이 마츠시다완바오(松下萬寶)에어컨유한회사는 마츠시다 브랜드만 사용하고 완바오 브랜드는 제쳐두고 있다.

한국기업도 대다수 한국의 자체 브랜드를 사용하고 있다.

마케팅에서도 중국측과 합자한 한·일 기업은 자체의 판매 네트워크 구축에 총력을 기울여 중국측 회사들은 부득이 자체의 단독 결산시스템을 구축했다. 최근 한・일 기업의 투자확대와 단독투자의 증가에 따라 히타치(日立) 등 일본의 다국적 기업은 점차 중국 내 마케팅 네트워크를 합병, 총괄했다.

현재 우시(無錫) 하이테크개발구는 설계를 핵심으로, 칩제조 등 구성된 완벽한 산업시스템을 형성했다.

우시, 쑤저우(蘇州)는 이를 빌미로 국제적인 새 에너지기지와 중요한 집적회로, 칩 소프트웨어 산업기지로 부상했다. 하지만 다국적 기업이 긴밀한 산업시스템을 구축하여 한 부분만 움직여도 전반적으로 흔들려 이들의 투자동향은 투자현지에 직접적인 큰 영향을 주고 있다.

몇 년 간 한국 대기업들의 재중투자 조절로 중국에 진출한 한국대기업들은 관련 중소업체를 이끄는 견인역할을 하고 있다.

외상투자기업들의 독립화 추세에 직면하여 중국내 전문가들은 "독립화는 외상투자 형식의 고급화로써, 중국 관련부문은 적절하게 외자유치 정책과 방식을 변화하고 외자의 합리적인 인도에 신경을 쓰며 독자기업의 맹목적인 발전, 과열, 과도한 경쟁과 독점을 방지하여 경제 안전을 확보해야 한다"고 주장하고 있다. 동시에 첨단기술 분야에서 외국투자기업의 유치강도를 강화하고 외자들의 선진기술을 도입하여 중국내 관련산업의 새 기술에 대한 소화와 흡수에 유리하게 해야 한다고 지적했다.

2. 기술 업그레이드 고속화, 고부가가치 산업으로 집중

최근 재중 한・일 기업들의 투자는 기술 업그레이드가 현저히 빨라지고 투자분야가 날로 다양성을 띠고 있다. 한・일 기업들이 중국을 생산수출제품기지로 삼고 투자하던 예전의 패턴에서 벗어나 중국 내수 시장 중점 공략을 통하여 고액의 이윤과 수익을 획득하는 방향으로 발전하고 있다.

첫째, 최근 몇 년 간 한・일 기업들의 대규모적인 투자는 자본과 첨단기술 집약화산업에 집중되고 주요 지역은 창지앙삼각주(長三角) 위주이다. 쑤저우, 우시 등 지역의 대외경제부문에 의하면 창지앙삼각주에서 한·일 기업의 투자는 주로 전자산업, 집적회로, 정밀기계(자동차부품) 등 과학기술의 축적이 높고 비교우위가 있는 산업에 집중되어 있다.

현재 소니는 우시에 국제 동류업종에서 가장 선진적인 종합물리이온 전자생산기지를 설립했다. 또한 우시하이테크개발구에 입주한 일본의 알프스회사에서 생산하는 컴퓨터 하드웨어 자기헤드는 세계에서 2개 기업에서만 생산하고 있다. 액정모니터 메이저인 샤프도 투자액이 1억 달러에 달하는 프로젝트 협의를 맺고 우시에 산업클러스터를 조성할 예정이다.

한국기업들이 중국의 IT 기초산업에 대한 투자에 계속 열정을 보이고 있다. 최근 몇 년 간 세계 최대 액정모니터 제조기업인 삼성은 대규모로 쑤저우공업단지에 투자하고 있다.

둘째, 한·일 기업들은 중국과학연구소와의 협력을 강화하고 중국의 연구개발 역량과 인재를 이용하여 신기술 개발에 주력하고 있다.

난카이대학 경제연구소의 한 교수는 최근 한·일 국내 산업조정으로 연구개발센터 건설과 투자업무가 일체화를 실현하고 연구개발기구도 제조업기지를 따라 차츰 이전하고 있다고 지적했다. 한국 전국경제인연합회의 통계자료에 의하면 한국기업들의 2003년 대중국 연구개발 투자는 2002년보다 18% 증가했다.

일본의 유명한 에어컨회사인 다이킨은 3년 내 1억 엔을 투자하여 칭화대(清華大)와 공동으로 에어컨 에너지절감과 습도조절과 재료 등 중요기술을 개발한다고 발표했다.

소니는 2003년 우시에 세계제조업기지를 조성한다고 발표한 동시에 연구개발센터건설을 가동하여 노트북의 소프트웨어 연구 등이 모두 우시에서 진행되고 있다.

셋째, 통신·전자분야 외 제약 등 첨단분야에 대한 투자가 증가하고 일부 첨단제품을 중국에 수출하고 있다. 중국에서의 생산원가가 일본의 70%에 불과한 점에 비추어 일본의 유명한 제약기업인 Mercian은 산동루캉회사에 위탁하여 닭, 돼지 등에 사용하는 폐렴 예방약을 생산하고, 장래 동물용 예방약을 전부 중국에서 생산함과 동시에 인체 항암제의 중국 내 판매업무를 개척할 예정이다.

넷째, 한·일 자본은 교육, 출판, 생활소비 등 분야에도 섭렵하고 있다. 한국기업들의 투자는 일반 제조업에서 보험, 매체, 증권, 여행사, 공공서비스 등 분야로 이전하고 있다. 예컨대 'S'그룹은 상하이에 재산보험, 생명보험, 증권지사를 설립하고 베이징(北京)에도 생명보험 지사를 신설했다. 일본에서 TV프로그램을 제작하는 '시각일본회사'는 베이징에서 합자기업인 '중국국창국제문화발전회사'를 설립하고 DVD와 CD프로를 제작하고 있다.

3. 한·일 기업들 對中투자 중심을 남으로 이전

한국과 일본 기업들의 대중투자는 지금까지 지리적으로 가까운 보하이완(渤海灣)주변에 집중돼 있었다. 그것이 지금은 대거 남하, 대중투자의 중심이 창지앙(長江)삼각주지역 등 화동(華東)지구로 옮겨가고 있다.

다리엔(大連)·티엔진(天津) 등 한국과 일본 기업이 집중투자했던 지역은 여전히 양국 기업을 끌어들여 성장하고 있지만, 창지앙삼각주지역의 급성장에 미치지 못할 뿐 아니라 중국 전국에서 차지하는 비중도 내려가고 있다.

창지앙삼각주지역과 보하이완 주변지역에 관한 관련조사에 따르면, 창지앙삼각주지역에 진출한 한국과 일본 기업 수는 근래 급격히 증가하고 있다. 2005년 창지앙삼각주지역에 투자한 일본기업은 9,000여 개 정도로, 중국 진출 일본기업의 40%를 차지하고 있다. 한국수출입은행 통계에 따르면, 한국기업의 대중직접투자 중 동베이(東北)지역의 비중이 2000년의 15.3%에서 2002년 8.9%로 내려간 반면, 창지앙삼각주지역은 같은 시기 18.2%에서 29%까지 올라갔다.

특히 주목되는 것은 한·일 기업들의 창지앙삼각주지역에 대한 투자가 자본·하이테크 집약형 제조업에 집중돼있고, 대형 프로젝트와 첨단산업제품에 진출해 있다는 사실이다.

LG·삼성·소니·샤프 등 한·일의 대기업들은 창지앙삼각주지역에 하이테크산업기지의 전략적 포진을 적극적으로 추진, 창지앙삼각주지역이 한국과 일본 기업들에 의한 대중투자의 중심으로 점점 뚜렷하게 부상하고 있다.

한·일에 의한 대중직접투자의 대규모 남하는 한·일 기업들만의 현상이 아니다. 중국 내 전문가들의 지적에 따르면, 이는 분명히 외자기업에 의한 대중직접투자의 새로운 경향이다. 즉, 개혁개방 초기에는 중국의 값싼 노동력을 중시했었던 것에 비해 지금은 중국을 계속 생산기지로 중시함과 동시에 시장개척도 중시하면서 종합적인 생산코스트 삭감 고려로 전환한 것이다.

산동반도, 한·일 산업 이전의 배턴 잇는다

2004동북아 경제협력 포럼에서 전문가들은 한·일 산업 이전 템포가 빨라져 산동반도는 미증유의 발전기회를 맞는다고 밝힌 바 있다. 2차 대전 후 세계제조업 중심은 차츰 이전되는 추이를 보이고 있다. 유럽과 미국에 이어 제조업기지로 신속히 부상한 한국과 일본은 그 성과를 누리는 동시에 노동력 가격 상승의 영향을 크게 받고 있다.

지난 80년대 중·후반부터 엔화는 대폭 평가절상하여 일본샐러리맨들의 월급 평균수준은 세계 1위를 차지했다. 한국에서 관리자와 노동자의 시간당 임금은 각각 7.9달러와 7.7 달러, 중국은 1.2달러와 0.9달러에 달한다. 중국은 거대한 시장공간과 풍부한 인적자원으로 한·일 산업 이전의 최적지로 부상하고 있다.

제조업, 한·일 산업 이전의 주요 업종

현재 한·일 양국은 모두 산업구조조정을 다그치고 있다. 일본은 앞으로 경제성장중점을 발전 가능성 있는 기술혁신, 정보산업, 노령화 사회서비스와 환경보호 등 업종에 두고 한국은 경제성장의 중점을 첨단기술에 두고 있다.

제조업은 한·일 산업 이전의 주업종이다. 일본은 기술축적이 높은 부품은 본국에서 생산하고 일반 부품의 생산과 조립은 아시아기타 지역에서 생산하여 최종 제품을 세계 각지로 수출하기로 아시아국가에 역할분담·협력의 목표를 제안했다.

한국의 신발, 의류, 섬유 등 경공업과 전자통신, 금속가공, 기계설비 등 업종의 해외 이전템포는 날로 빨라지고 있고, 한국의 제1투자지로 부상한지 오래됐다.

통계자료에 의하면 일본의 절반 이상의 기업이 향후 3년 내 해외로 생산라인을 이전하려고 계획하고 있으며, 그 중 70% 이상이 중국으로 이전을 꿈꾸고 있다. 한국의 30여 만 개 중소기업 중 6,000여 개가 이미 중국에 이전했다.

현대물류 시스템 구축

이와 같은 한·일 산업 자본의 이전에서 산동반도는 독특한 지리우위를 갖고 있다. 산동반도는 일본과 바다로 직접 연결되어 있고 중국에서 한국과 가장 가까운 반도이다. 동시에 한·일 양국의 문화, 풍속, 습관과 많은 공통점을 갖고 있고 무역 보완성이 강하다.

다년 간의 발전을 거쳐 산동반도의 제조업은 전반적으로 기초가 튼튼한 한·일 산업 이전의 바통을 이어받기 위한 물류 기초를 마련했다. 또한 산동은 환해(環海)고속도로를 건설하고 도시 간의 교통건설도 다그쳐 반도의 1시간 반 생활권(1시간 반 내에 반도와 임의 지역에서 한국, 일본에 도착 할 수 있는 생활문화)형성 마련에 전력하고 있다.

산동은 현대화 제조업 발전에 걸맞는 서비스 지주시스템 구축을 기획하고 있다. 반도의 해로, 공항, 철도, 도로의 신경중추를 둘러싸고 네트워크화, 정보화, 국제화의 현대물류 시스템을 구축하여 외상투자환경을 개선하고 있다. 정책면에서 산동성은 반도지역에 부분적인 경제관리 권한과 비 경제류 심사승인권한을 부여했다.

중국 내 전문가들은 상술한 조치에 따라 산동 반도의 투자환경이 개선되고 산동반도는 창지앙삼각주, 주지앙삼각주에 이어 중국에서 한·일 산업 자본이전의 배턴을 성공적으로 이어받는 제3지역이 될 것으로 전망하고 있다.

산동성으로 몰리는 한국기업들

산동성에 진출한 한국투자기업은 9천여 개로 전체 외자 기업의 4분의 1에 이르는 것으로 나타났다.

중국 무역촉진위원회 산동 분회 장시아오란(張曉嵐) 부회장은 2005년 칭다오(靑島)에서 열린 한국 기업의 중국 진출에 대한 좌담회에서 이렇게 밝히고 한국은 산동성과의 2004년 교역액이 96억 4천만 달러로 산동의 최대 무역 파트너였다고 말했다.

장 부회장은 또 한국은 2003년과 2004년, 2년 연속 산동에 대한 최대 투자국이었고, 2004년 말까지 한국의 산동 투자 총액은 102억 달러로 중국 전체 투자액의 40%에 이르렀다고 강조했다.

한국 투자는 특히 연안도시 칭다오(靑島)에 집중돼 이곳에 부동산 개발 붐을 일으키고 3차 산업 진흥에 앞장서고 있다. 칭다오에는 약 6만의 한국인이 살고 있다.

산동성 정부는 한국계 기업의 투자를 적극 지원하면서 농업에 대한 투자로 확대되기를 기대하고 있다. 한편 일본은 한국이 선점한 산동성 시장에 대한 공략을 강화하기 위해 2004년 10월 칭다오에 일본무역진흥회(JETRO) 대표처를 개설하기도 했다.

외국 자본 진입에 충격받은 중국 전시업계

중국 전시 시장의 개방과 성숙, CEPA 및 2006년 WTO가입 협정의 전면적 실시에 대비해 외국 유력 전시 업체가 중국 시장에 대거 진출하고 있다. 국제 전시 회사와 국제 브랜드의 중국 진입은 중국 내지 전시 시장의 경쟁을 격화시키고 있을 뿐 아니라 중국 전시업의 발전에도 막대한 영향을 끼치고 있다. 외국 전시 자본 유치는 중국 전시회 수준의 제고가 본 목적이었으나, 밀려오는 외국 자본의 압박에 중국 전시업은 위기감을 느끼며 힘겨워하고 있다.

국제 전시 회사들의 중국 진입

이탈리아 밀라노국제컨벤션센터, 독일 프랑크푸르트, 뮌헨, 뒤셀도르프 등 실력 있는 전시 회사들은 2004년 중반에 중국시장에 진입했고, 독일 스튜트가르트와 이탈리아 볼로니아 그룹은 2004년 말에 차례로 중국에 진입했다.

중국 상무부 박람회경제연구센터 선단양(沈丹陽) 주임은 "전시업 개방은 이미 대세다. 비록 이는 중국 민족전시업에 충격을 줄 수도 있지만, 산업 전반적 시각에서 보면 중국 전시산업발전을 크게 추진할 수 있다. 그 외 중국 국내 전시업은 이 몇 해 동안 일부 외자기업들이 확보하지 못한 우위를 형성하여, 개방과정에서 적지 않은 새로운 발전 기회를 얻을 있다."고 밝혔다.

그러나 선단양 주임의 이런 말들은, 위기감을 느끼는 중국 전시업계의 귀에 들어오지 않을 뿐만 아니라, 현재의 분위기는 "2003년말 베이징 시내 런민따후이탕(人民大會堂)에서 개최된 '2003년 중국 컨벤션경제 포럼'에서, 2002년 중국컨벤션업계는 70억 위엔의 영업수입을 거뒀고 총 실내전시면적 320만m²에 달해 세계적으로 '전람 왕국'으로 불리는 독일의 250만m²를 앞질렀다"며 자축하던 분위기하고는 사뭇 다르다.

중국 전시업이 직면한 복합적 위기

WTO협정에 따라 2005년 말부터 중국은 서비스업을 전면 개방, 전시업도 국제자본의 도전을 피할 수 없게 됐다. 이 같은 흐름은 세계 최고 수준의 전시회를 중국에 유치할 수 있지만, 중국 본토 전시업은 점차 빈사상태에 빠질 수 있다는 위기감이 중국 전시업계에 점차 형성되고 있다.

예를 들어, 지난 2002년 상하이(上海) 푸동구(浦東區)정부와 독일 3개 도시의 전람회 회사가 50%씩 투자하여 건설한 '푸둥 새 국제컨벤션센터'가 개관되었다. 독일의 전시회는 브랜드상품전(展) 수량이 방대한데다 재단의 경제적 후원도 있는 점을 감안하여 푸동정부는 '불평등조약'을 체결하였다. 즉 독일 3개 회사에서 컨벤션센터를 우선적으로 사용하며, 나머지 시간을 푸둥정부에서 배당한다는 것이다.

이 '조약'으로 독일 3개 회사에서 박람회 성수기를 선점해 중국 국내 전시회는 비수기로 밀리게 되었다. 독일의 일부 전시회들이 상하이로 옮겨 개최되면서, 같은 유형의 중국 국내 전시회들은 모두 개최되지 못하였다. 베이징(北京)과 상하이 전시회들은 '푸동 새 국제컨벤션센터'가 개관된 후 정부와 협상을 통해서만 전시회를 개최할 수 있게 되었다. 이 여파로 홍콩의 전시회사들과 글로벌 네트워크, 브랜드 지명도가 부족한 전시회들은 상하이에서 퇴출하였고 일부 전람회사들은 전시회를 광저우(廣州), 동구안(東莞) 등지로 이전하였다. 2004년 상하이의 독일 전시회 점유율은 약 30% 수준이었다.

중국의 한 전람회사 경리는 "외국자본 유치는 중국 전시업 수준을 제고시키려는 것이 목적이었는데 지금은 오히려 중국 전시업 발전을 가로막고 있다."고 토로하였다.

한편 모 중국업계인사에 따르면 "잠재해 있는 인재부족 위기는 중국 내 전시업이 직면한 더욱 심각한 도전이다. 많은 전람회사 인재들은 전문 지식을 구비하지 못했는데 전시회를 알고 경험이 풍부한 인원은 많지 않다. 통계에 따르면 상하이에서 전시회의 전반 상황을 경영할 줄 아는 사람 중, 고위층 관리자는 50명을 초과하지 않지만 전람회사는 200여 개나 된다. 중국 국내 전람회는 많지만 진정으로 경쟁력과 실력 있는 전람회사는 많지 못하다.

또한 비슷한 유형의 전시회가 부지기수이고, 후원기관·관명권(冠名權)도 쉽게 얻을 수 있어 전시회에 참가하는 상인들은 어느 전시회가 효과적인지 모르고 있다. 진정한 유명 전시회는 모두 해외 전시회이기에 인재들은 국외 전시회로 유출되기 쉽다. 전시업을 잘 모르는 국내 업주들은 가격만 따지는데 그치고 있는데 이렇게 나간다면 미래의 중국 전시회사들이 몇 개나 살아남을지 모를 일이다"고 개탄했다.

중국 전시업, 새로운 생존 노하우 탐색

위기감을 느낀 중국 전시회 기업들은 새로운 발전의 길을 탐색하고 있다. 세계 전시업의 '항공모함'이라고 불리는 독일 프랑크푸르트전람회유한회사와 광저우의 저명한 전람회 민영기업인 광저우광아(廣州光亞) 전람회사에서 공동 주최한 '제9회 광저우 조명전시회(세계에서 2번째, 아시아 제일의 등불전)이 2004년 광저우 컨벤션센터에서 개최됐다. 이는 CEPA 체결 후 해외 전람회사 자본이 처음으로 광동 컨벤션산업시장으로 진입한 것이다.

이번 합작은 이전의 해외 전람회사에서 전람회를 유치하고 투자 유치에서의 프로젝트를 합작만 하던 방식에서 벗어나 프로젝트에서 자본에 이르기까지 모든 내용을 포함한 방식이다. 이들의 구체적인 합작방식은 아시아 1위, 세계 2위인 '광저우 국제 조명전' 프로젝트를 평가, 가격책정 후 프랑크푸르트 측에서 상정한 금액의 50%를 투입하고 또한 조명전 50% 주식을 가지며, 중국내 시장은 프랑크푸르트 홍콩분회사에서 책임지는 조건이다.

모 중국업계인사는 "중국 국내 회사들은 인재를 양성·관리하려는 의지가 부족하다. 인수·합병을 통하여 해외 브랜드와 국내 자원을 연결해 성과를 거두는 것이 중국 국내 전시회사들의 생존의 길이다."고 지적했다.

중국 전시시장은 유통이나 금융 못지 않게 외자기업들과 중국기업들의 각축장이 될 전망이다. 지금 한국의 전시업계는 무얼하고 있는 지 궁금하다.

중국 소비시장을 이끄는 요식업

2004년 중국은 경제성장과 소득향상에 힘입어 요식업 시장이 활기를 띠면서, 요식업이 중국 소비시장을 견인한 것으로 나타났다. 물론 이에는 중국사람들이 전통적으로 외식을 즐기는 데다 부부가 같이 맞벌이하는 것이 일반화되어 있는 사회구조에 기인한 것이기도 하다.

2004년 약 22% 성장…

2004년 중국의 요식업 매출은 7486억 위엔으로, 전년 대비 1330억 위엔 증가했다. 요식업 성장률은 전년대비 10%포인트 높은 21.6%로, 14년 연속 두 자리수의 성장률을 기록했다. 이런 성장률은 같은 기간 중국 전체 소비 성장률에 비해 8.3%포인트 높은 것이다. 특히, 요식업 매출은 중국 전체 소비의 13.9%로, 소비를 2.79%포인트 견인했다. 요식업종에 대한 외국인투자도 급증했는데, 2004년 신설된 외자(外資) 요식업소는 907개로, 전년 대비 29.02% 늘어났다고 『징지르빠오(經濟日報)』가 2005년 보도했다. 또, 실제 이용된 외국인 투자는 4억 3,100만 달러로, 전년 대비 48.4%나 증가했다.

중국 요식산업의 성장요인

중국 요식산업의 성장요인을 살펴보면 개인소득의 증가와 비즈니스 활동의 확대가 가장 큰 요인으로 작용하고 있다. 2004년 중국의 1인당 GDP는 전년대비 16.3% 증가한 1만 502위엔으로 도시주민과 농촌주민의 1인당 가처분소득은 각각 7.7%와 6.8% 증가한 9,422위엔과 2,936위엔에 달했다. 가처분소득의 증가는 외식소비의 증가로 연결되며 중국의 1인당 요식소비는 전년동기대비 22.7% 증가한 576억 위엔에 달했다. 또한 도시화 확대와 함께 비즈니스 활동이 보다 활발해지고 있는 것도 요식산업 성장에 크게 기여하고 있으며 춘지에(설), 노동절, 국경절 등 각종 장기휴일도 촉매작용을 하고 있다.

4분기에 매출이 가장 몰려

2004년 요식업 매출을 분기별로 보면, △1분기=1742억 3000만 위엔(16.6% 증가) △2분기=1631억 4000만 위엔(34.2% 증가) △3분기=1867억 3000만 위엔(19.8% 증가) △4분기=2245억 위엔(18.9% 증가) 등으로, 4분기에 매출이 가장 몰린 것으로 나타났다.

지역별로는 동부지역의 요식업 시장규모가 가장 컸고, 소비증가 공헌도 면에서는 서부지역이 가장 높았다. 동부지역 11개 성(省)·시(市)의 요식업 시장규모는 중국 전체의 55.7%인 4182억 8000만 위엔으로, 전년대비 22% 증가했다.

중부지역 8개 성·시는 중국 전체의 24%인 1,800억 위엔으로, 전년 대비 20.1% 증가했다. 서부 지역 12개 성·시의 요식업 시장규모는 중국 전체의 20.3%인 1520억 1000만 위엔으로, 전년 대비 23.8% 증가했다. 특히, 서부지역 요식업은 소비증가에 26.9%나 기여하면서 소비를 3.74% 포인트나 견인했다.

베이징 시장 56%나 성장

성(省)별 요식업 시장규모는 광동성(廣東省)이 약 997억 위엔으로 최고를 기록했고, △산동성(山東省)=587억 위엔, △지앙쑤성(江蘇省)=555억 6000만 위엔, △저지앙성(浙江省)=445억 3000만 위엔, △쓰추안성(四川省)=436억 3000만 위엔 등이 뒤를 이었다.

베이징(北京)·상하이(上海)는 매출 증가율에서 각각 56.6%와 39.7%로 1위와 2위를 나란히 기록했다.

도시별로는 광저우(廣州)·청두(成都)·선쩐(深圳)·우한(武漢)·시안(西安)·다리엔(大連)·선양(瀋陽) 등 7개 도시의 요식업 시장규모가 각각 100억 위엔을 넘었다. 또, 시안·꾸이양(貴陽)·청두·광저우·선쩐·시아먼(廈門)·닝보(寧波) 등 7개 도시는 요식업이 소비에서 차지하는 비중이 15% 이상으로 중요한 위치를 차지했다.

광저우의 1인당 요식업 소비지출은 중국 전체 평균의 7배 이상

요식업의 성장은 경제성장과 소득향상에 따른 외식수요의 증가에 힘입은 것이다. 2004년 중국의 1인당 요식업소비지출은 576위엔으로 전년대비 22.7% 증가했다. 특히, 요식업 시장이 가장 발달한 광저우의 1인당 요식업 소비지출은 4,143위엔으로 중국 전체 평균의 7배 이상을 기록했다.

월별로는 12월에 요식업매출이 가장 컸고, 4~5월에 가장 적었다. 특히, 9~12월 마지막 4개월은 비즈니스 행사가 집중되고 중추절(추석)·국경절(10월 1~7일)·크리스마스 등도 끼어 있어, 요식업 매출이 대폭 증가했다. 반면, 연휴기간의 요식업 매출은 감소하는 추세를 보였는데, 5월 매출은 월별 평균에 비해 13.6%포인트나 낮았다.

앞으로의 전망

중국의 요식업은 경제성장·소득향상 및 내수확대 정책에 힘입어 전체 소비시장을 이끄는 중요한 역할을 할 것으로 전망된다. 그리고 요식업 시장의 안정성이 강화돼 성장률이 계속 높아질 전망이다. 또 시장 잠재력이 커서, 시장규모는 더욱 확대될 전망이다.

부동산 값 폭락하는 상하이

얼마 전만 해도 상하이에선 빚 안고 아파트 구입

택시 기사 류모 씨 매일 차를 몰고 상하이(上海) 푸둥(浦東), 푸시(浦西)를 열 몇 번씩이나 왕래한다. 번화한 거리를 질주하면 기분도 좋다고 한다. 그러나 우뚝우뚝 들어서는 건축물을 볼 때마다 그는 저절로 이맛살을 찌푸린다.

"50이 넘도록 아직도 '산우(三無)'에 불과하다. 즉 재산이 없고 몸에 지닌 돈이 없으며 은행에 예금한 돈도 없다." 그는 이 모두가 주택 때문이라고 한탄했다,

그는 결혼할 때 가족이 많았다. 그 후 그는 새 아파트를 구입했으나 몇 년 간 저금한 것을 다 밀어 넣었을 뿐만 아니라 매달 은행대출금 2,000위엔씩을 갚아야 했다.

한 번은 거리에서, 몇 년 동안 만나지 못했던 동창을 만났다. 그 동창은 학생시절엔 공부도 제대로 하지 않고 싸움만 했다. 그러나 지금은 아주 풍족하게 잘 살고 있었다. 또 아들한테 푸동에 방 4개짜리 아파트를 사주었다고 자랑했다.

그날 저녁 그의 아들은 결혼 준비를 하겠다며 아파트를 하나 사줄 수 있겠느냐고 물었다. 류 씨는 대답하지 않고 후에 계산기를 눌러보고는 깜짝 놀랐다. 만약 지금 자기 아들한테 아파트를 하나 사주려면 40만 위엔이나 있어야 했다.

"은행대출도 가능하지만 원금과 이자를 다 갚고 나면 나는 팔십이 넘고 만다."며 류 씨는 탄식했다.

통계에 의하면 상하이 주택분양 가격은 놀라울 정도로 치솟았다. 상하이 도시권 중 가격이 가장 낮은 쉬후이취(徐滙區)를 예로 들어보자. 2002년 이 지역의 평균가격은 6,495위엔/m^2, 시평균가격 4,894위엔/m^2보다 1,601위엔/m^2높았다. 2003년 평균가격은 8,150위엔/m^2, 시평균가격 5,843위엔/m^2보다 2,307위엔/m^2 높다.

다른 한 통계에 의하면 2002년 상하이 평균가격은 4,963위엔/m^2, 2003년 5,897 위엔/m^2였다. 국가통계국에 따르면 2004년 1~9월 상하이 중심지의 주택분양가격은 1만 2000위엔/m^2 이상에 달했다.

갑작스럽게 폭락한 상하이 부동산 값

이런 이야기들은 2005년 5월 이야기이다. 모두가 상하이의 부동산은 하늘 높은 줄 모르고 치솟는 줄 알았다. 부동산에 투자 안한 사람들은 땅을 치며 후회하고 있었다. 그런데 상황이 급변했다. 중국 정부는 2005년 5월 11일 '주택가격 안정을 실현하기 위한 의견에 대해'라는 부동산 가격안정책을 발표했다.

6월부터 시행에 들어간 이 '신(新)정책'은 구매 후 2년이 되지 않은 주택을 되팔 경우 주택 가격의 5%를 세금으로 환수한다는 게 골자다. 토지 매입 후 1년 이내에 토지를 개발하지 않을 경우 개발업자에게 과태료를 물리고, 2년 이상 방치하면 개발 허가를 취소한다는 대책도 담겨 있다. 정책 발표 직후 상하이 부동산 가격의 급락세가 이어졌다.

사실 그 동안 상하이 중심지는 연평균 30% 이상의 상승세를 보여 왔다. 이는 2004년 중국 전체 부동산값 평균상승률 14.4%의 갑절을 웃도는 것이다. 따라서 상하이는 중앙정부의 부동산 투기대책의 표적이 되어 왔다.

당국이 공개한 부동산 시세(2005년 5월 13일 이후 약 2주 간)를 보면, 이 기간에 새 아파트값은 2005년 4월에 비해 30% 이상 하락했다. 도심에서 멀어질수록 하락 폭이 커, 교외 지역은 40%를 넘어섰다.

거래도 위축됐다. 2005년 3월 하루 평균 604건에서 5월 하순에는 232건으로 뚝 떨어졌다. 이에 따라 네덜란드 계열 중개업체가 철수하는 등 대형 부동산 투자자금이 상하이를 빠져나가고 있는 것으로 알려졌다.

2005년 5월 26일 양도소득세 부과를 뼈대로 한 투기대책의 세부지침까지 발표되자 상하이 부동산 중개업계에서는 "앞으로 적어도 40%는 더 떨어질 것"이라는 추측까지 나돌고 있다.

상하이 관영 인터넷 사이트가 발표한 자료에 따르면, 2005년 5월 중하순 상하이 1차 부동산 거래액은 신정책 발표 직후인 13일에 비해 m^2당 2,200 위엔이 떨어졌다.

상하이 황다오(荒島)부동산 연구발전부 펑웨이(馮偉) 매니저는 "지난 3월 중앙은행의 부동산 대출 이자율 인상과 5월 11일 부동산 과열방지 종합대책 발표 이후 외지 부동산 투자자들이 자금을 회수하고 있고, 기존 주택 거래가 눈에 띄게 줄었다."며 "'공황 심리'로 하락이 더 커질 수 있다."고 말했다.

대만 『공상(工商)시보』 등 중화권 언론들은 5월 26일 상하이의 하루 평균 부동산 거래량이 3월 활황기에 비해 60%나 줄어들었다고 보도했다.

한편 6월 2일 상하이의 부동산 전문 웹사이트인 '상하이 부동산의 창'에 따르면 대책 시행 당일인 6월 1일 상하이의 아파트 평균 거래가격은 m^2당 5,884위엔을 기록해 하루 전날보다 m^2당 1,426위엔 떨어졌다.

상하이 시는 이날부터 현행 거래가격의 1.5%이던 부동산 세금을 고급 주택(건평 140m^2 이상이며 m^2당 분양가가 1만 7500위엔이 넘는 경우)에 대해서는 3%로, 2년 안에 고급주택을 팔 경우 거래가의 5%를 양도소득세로 내도록 했다.

한국인들의 피해 우려

중국 정부의 고강도 부동산 규제책으로 상하이를 중심으로 저지앙(浙江)성과 지앙쑤(江蘇)성 일대 부동산 값이 급락 조짐을 보이고 있어, 중국 부동산에 뒤늦게 투자한 한국인들의 피해가 우려되고 있다.

2005년 5월 26일 현지 관계자들에 따르면, 상하이에서 외국인 거주지역인 푸동 지구가 한 달 사이 10% 가량 아파트 값이 떨어졌다. 일부 중국인 거주지역에선 20% 가까이 떨어진 아파트도 나오고 있다. 푸동 지구 내 세무빈강화원 아파트의 경우 중국 정부가 이곳에만 주택담보대출을 금지시키는 바람에 한 달 사이 30%까지 값이 떨어졌다는 후문이다.

현재 상하이에서 주재원 등 한국인들이 매입한 아파트는 1,000여 채에 이르는 것으로 알려져 있다. 상하이 부동산 업체 '상하이랜드' 문종철 사장은 "1,000여 채의 아파트 중 20% 정도가 투자 목적으로 사들인 것"이라고 말했다.

우림건설 상하이지사장 김수영 전무는 "상하이에서 아파트를 사들인 한국인 중에는 단기 차익을 노린 경우가 많아 피해가 불가피하다."고 말했다. 특히 이들 중에는 아파트를 여러 채 보유한 이들도 있는 것으로 전해졌다.

그래서 중국 상하이(上海)에 진출한 한국인 대상 부동산중개업소들은 요즘 심각한 고민에 시달리고 있다.

최근 몇 년 동안 상하이 부동산 경기가 호황을 누리자 상하이에 사는 한국인은 물론 한국에 사는 사람들까지 대거 상하이 부동산을 매입했지만 최근 이른바 투기억제를 위한 '신정책'이 시행되면서 시장이 갑자기 냉각돼 상황이 급반전됐다.

주요 한인 대상 부동산 중개소마다 '팔까요, 기다릴까요'를 물어오는 한국인들이 쇄도하고, 일부 사람들은 "당신들 말만 믿고 투자했다가 낭패를 보게 생겼다."면서 원망을 하는 바람에 중개업자들의 마음은 편치 않다.

하지만 전문가들조차 상하이 부동산 시장의 추세를 정확하게 예측하기 힘들어 자신있는 대답을 못하고 있는 실정이다. 불안해하는 투자자들에게 "여름철이 지나야 알 수 있을것"이라는 애매한 답만 해줄 뿐이다.

중국 부동산정책 전문가인 구윈창(顧雲昌) 중국 부동산협부회장은 5월 하순 "단기적으로는 부동산 시장이 타격을 받겠지만 장기적으로 시장 전망은 밝다"고 강조한 바 있다.

하지만 사회주의 중국의 특성상 당국이 앞으로 보다 강력한 대책을 내놓을 가능성도 있다.

부동산랜드 상하이지사 이호성 대표는 "상하이에 가면 부동산으로 돈 벌 수 있다는 막연한 투기심리는 이제 더 이상 통하지 않는다."면서 "단기투기 목적보다는 장기적인 안목의 투자를 해야 할 것"이라고 말했다.

중 · 장기적 전망?

전문가들 사이에선 의견이 엇갈린다. 상하이 중위엔(中原) 부동산 관리회사는 "시내 일부 지역 부동산은 지금까지 하락한 것 외에도 앞으로 최소한 30~40%가 더 떨어질 가능성이 있다."고 전망했다.

그러나 현지 부동산 컨설팅업체 '상하이에셋' 전인규 사장은 "소폭 조정되는 선에서 그치다 다시 완만하게 상승할 것"이라고 말했다. 상하이에 외국 업체들이 속속 들어와 주택 수요가 계속 생기고 있고, 중국 정부도 핵심 경제동력인 부동산 경기를 마냥 누를 수만은 없다는 것이다. 부동산 시장이 죽으면 부동산담보대출 상환에 문제가 생겨 금융 불안으로 이어질 수도 있다.

하지만 많은 전문가들은 정부가 강력한 부동산 과열 억제 의지를 밝히고 있는 만큼 단기간 조정은 불가피하다고 보고 있다.

베이징 부동산 시장 분석

중국의 부동산 시장은 한국을 비롯, 외국인들의 주요 관심사 중 하나다. 중국에 진출한 기업들의 영업환경과 직결될 뿐 아니라 경제 흐름에도 큰 영향을 주기 때문이다.

현재 중국에서는 부동산 가격에 대한 논쟁이 한창이다. 이와 관련해 중국 부동산 움직임을 대표하는 베이징(北京) 부동산 시장을 분석해 본다.

함정에 조심하라

실생활에도 도둑이 있듯이 부동산시장에도 '검은 손'이 존재한다. 베이징의 한 부동산회사에서 근무한 적이 있는 한 인사는 구매자에게 숱한 속임수가 도사리고 있다고 말했다.

예를 들면 국가규정에 의해 개발업체들은 예약판매허가증을 발급 받아야 주택을 분양할 수 있다. 그러나 착공식이 끝나자 그들은 모델하우스를 공개하고 '내부 구매'를 진행한다. 이럴 경우 아파트 입주가 제때 이루어지지 못하는 현상이 일어날 수 있고 심지어 개발업자가 돈을 챙겨 도주하는 일도 종종 발생한다.

더 많은 이익을 위해 개발업체들은 약속이라도 한 듯이 대형 주택을 건설한다. 소형 주택은 건축비용이 많이 들고 건설 시 많은 조건이 요구되는 것에 비해 대형 주택보다 이윤이 적다. 그러므로 개발업체들은 당연히 대형 아파트를 선택한다.

부동산시장 분양주택 이름도 다양한 명칭으로 인기를 끈다. 그 중 속임수도 존재한다. 일부 아파트단지의 조경시설은 아파트 입주자를 위한 것이 아니라 분양 시 전시용품으로 사용될 뿐 며칠 못가 말라 죽는다.

베이징 부동산 시장초기에 70%에 해당하는 부동산회사는 개발은 하지 않고 토지투기에만 신경을 썼고 또 개발하는 부동산회사의 토지 70%는 투기상들에게서 구입한 것이었다.

이로 인해 베이징 분양가격은 엄청나게 높아졌다. 베이징 관련부문에 의하면 2003년 베이징시 중심에 위치한 동청취(東城區) 아파트 평균 분양가격은 1만 704위엔/m^2, 2004년 3분기 평균가격은 1만 1200위엔/m^2, 11월은 1만 5212위엔/m^2이다. 2001년 베이징 중심지 주택분양가격은 이미 m^2당 약 1만 위엔에 달했고 싼후안(3環) 이내 지역도 약 8,000위엔/m^2에 달했다. 고가 분양가격 앞에서 구매자들은 어쩔 수가 없었다. 그러나 모 인사는 "사실 주택이 분양되지 않을 경우도 있다. 그러나 개발업체들은 약속이라도 한 듯이 절대 가격을 내리지 않는다." 이런 심리전에서 피해를 보는 것은 결국 구매자이다.

최근 베이징 부동산은 주춤한 상태

몇 개월 전만 해도 '가격을 내리지 않는다'가 개발업체들의 기본적인 입장이었다. 수요는 넘치고 공급은 한정되어 있기 때문이었다. 사실 인기 지역은 부르는 게 값이었다. 베이징과 상하이의 주요 지역 아파트 분양가격은 몇 년 새 2~3배나 뛰었다. 그래서 집값이라기보다는 금값이었다.

그런데 상황이 갑자기 변했다. 중국 정부는 2005년 5월 11일 '주택가격 안정을 실현하기 위한 의견에 대해'라는 부동산 가격안정책을 발표했다.

중국정부의 부동산 억제대책이 5월 11일 발표된 직후 베이징 부동산시장은 꽁꽁 얼어붙다시피 했다. 부동산중개업소에는 급하게 팔아달라는 매물은 많지만 사겠다는 사람은 종적을 감췄다. 현재는 약간의 안정을 되찾아 베이징 부동산 시장은 주춤한 상태를 보이고 있는 것으로 알려져 있다. 급락세를 보인 상하이(上海)를 비롯해 저지앙성(浙江省)과 지앙쑤성(江蘇省) 일대만큼까지는 아니더라도 욱일승천하던 부동산 가격은 그 기세가 상당히 꺾여 있다.

한국인들 돈 날릴까 울상

한국인들이 많이 살고 있는 베이징 왕징(望京) 지역에 아파트 여러 채를 사놓은 한국인들이 적지 않은데, 다들 요즘 심각한 고민에 빠져있는 것으로 알려져 있다. 대부분이 임대수익이 짭짤할 것이라는 권유를 받아들여 적지 않은 돈을 또는 전재산을 털어 마련한 아파트가 2005년 6월 1일부터 시행된 중국의 부동산 투기억제대책으로 애물단지로 전락했기 때문이다.

신규 분양시장도 마찬가지다. 찾는 발길은 물론 문의전화마저 뜸해졌다. 외국인들에게 인기가 높은 지역 가운데 하나인 차오양(朝陽)공원 근처에서 호화 아파트를 분양 중인 모 사의 한 관계자는 "5월초 끝난 1차 분양분의 경우 m^2당 1만 5,000~2만 위엔을 불러도 사겠다는 사람이 줄을 섰는데 최근 시작된 2차 분양에는 문의전화도 거의 없을 정도"라며 "이런 상황이라면 분양가 인하를 심각하게 고려해야 할 것"이라고 말했다.

한국에서 경험한 '부동산 불패신화'를 앞세워 중국에 몰려온 일부 한국계 '묻지마 투자'족(族)들은 이번 부동산 안정대책으로 안절부절 못하고 있다. 당장 가격하락으로 인한 피해도 있지만 앞으로 가격이 오른다 해도 양도세금 증가 등을 감안하면 손에 쥐는 돈이 거의 없을 것으로 예상되기 때문이다.

중 · 장기적 전망?

중국 부동산시장이 당분간은 얼어붙겠지만 중장기적으로는 낙관하는 전문가들이 적지 않다. 이들의 주장은 우선 중국정부는 물론 부동산 개발상, 구매자들이 가격하락을 원하지 않는다는 데 기초를 두고 있다. 한 부동산업자는 "5월 초까지만 해도 물건이 없어서 못 팔았다"며 "한국 사람들의 문의는 (예전보다는 덜 하지만) 여전히 많이 온다."고 말했다.

한편 베이징시 건설위원회와 통계국은 2005년 1~4월 베이징 집값 동향을 통해 이 기간 베이징에서 분양된 아파트 가격은 m²당 6,690위엔으로 2004년 부동산투기대책이 이런 상승세에 얼마나 많은 영향을 미칠지는 미지수이다. 같은 기간보다 550위엔, 8.1% 올랐다고 발표했다.

이는 베이징 부동산시장이 상승세를 타고 있음을 나타내는 수치다. 베이징의 돈 많은 사람들은 이 때문에 집을 사야 할지, 말아야 할지 고민하고 있다.

2006년 중국 부동산 업계 변수들

중국 부동산 시장은 2006년에도 여전히 여러 변수들이 존재한다. 『베이징천빠오(北京晨報)』는 2006년 초반에 다음과 같이 소개하였다.

부동산 보유세

시에쉬런(謝旭人) 중국국가세무총국장은 2005년 11월 11차 5개년계획(2006~2010년) 기간 중국은 부동산세제 관련 정책–부동산 보유세–을 단계적으로 추진할 방침이라고 밝혔다. 부동산 보유세란 현재 시행중인 △부동산세 △토지부가가치세 △토지양도금 등을 합친 것으로, 부동산 개발 기간에는 개발업자가 완공되면 부동산 소유자가 지불하도록 했다.

그러나 부동산 보유세 정책의 '안정' 정도가 부동산 가격에 직접적인 영향을 미치기 때문에 앞으로 몇 년 내에 전면적으로 시행하기는 불가능하다는 것이 업계관계자들의 분석이다.

부동산 거래소득세

개인 중고주택 거래에서 거래소득세가 20%로 책정됐지만 일부 지역에서만 시범적으로 시행되고 있다.

부동산 원가 공개

2005년 7월 푸저우(福州)시 물가국이 중국 최초로 상품주택의 평균원가 내역을 사회에 공개했지만, 전국적으로 추진하기는 어려울 전망이다.

분양주택 예매제도

부동산 시장 리스크와 거래 문제가 모두 분양주택의 예매에서 비롯된 점을 감안해 중앙은행은 현행의 부동산 예매제도 폐지를 건의했다. 그러나 단기간 내에 분양주택 판매제도를 폐지하면 부동산 개발업자들이 막대한 자금 압력에 처할 것을 고려, 중국 정부는 2005년 8월 24일 분양주택 예매제도의 폐지방침을 철회했다.

부동산 대출 고정금리제

중앙은행이 '2004년 중국 부동산 금융보고서'를 통해 일부 상업은행의 부동산 대출 고정금리 제도 실시를 허용한 가운데, 몇몇 은행들은 이 제도의 시행을 위한 실질적인 단계에 들어갔다.

중국 경제를 바라보는 중국 내의 견해차

중국 경제의 현재 및 미래에 대한 전망은 모두가 궁금해 하면서, 다양한 견해와 의견차가 보이기도 하다. 누구는 끝없는 장밋빛 견해를, 누구는 중국 붕괴론을, 누구는 중국위협론을 제시하기도 하다. 땅이 넓고 워낙 다양해서 한 마디로 정의하기 어려운 중국이고, 경제도 그렇기도 하다.

중국경제에 대해서는 외국 학자들 못지 않게 중국학자들과 관리들도 의견차가 존재한다. 물론 중국학자들과 관리들에게 중국 경제가 발전한다는 데는 이견이 없지만, 현 상황이 어느 정도인지, 얼마나 발전할지, 언제쯤 미국과 어깨를 나란히 하며 세계 최강국이 될 것인가에 대해 의견차가 나름대로 존재한다.

중국 2080년에야 선진국 진입

중국은 경제 현대화 수준이 미국에 비해 100년 이상 낙후돼 있으며, 2020년에야 초등선진국에 진입하고 2080년이라야 세계 선진국 대열에 끼일 것으로 전망됐다.

르짜오(日照)재래시장 거리

이 같은 전망은 중국에서 최고의 권위를 지닌 중국과학원 산하 중국현대화연구센터 허츄안치(何傳啓) 주임이 2005년 베이징에서 열린 세미나에 참석해

'중국 현대화 보고 2005'를 발표하는 가운데 나왔다. 이 보고서는 중국이 GDP 규모에서 세계 7위 경제대국(2005년 당시)이지만 현대화 수준은 선진국과 큰 격차를 보이고 있다고 분석했다.

보고서는 1인당 GDP와 지방 · 인구 · 비율 등의 지표로 계산할 때 2001년 기준으로 중국경제는 100년 전 미국 등 7개 선진국의 경제발전 단계와 비슷한 수준이라고 평가했다.

흐어 주임은 2001년 중국의 1인당 GDP가 구매력평가지수로 환산해 3580달러로, 이는 영국이 1881년, 네덜란드가 1897년, 미국이 1892년에 각각 도달한 수준이라고 지적했다.

보고서는 현 중국 지도부가 전면적인 시아오캉(小康: 여유있는 삶을 누릴 수 있는 정도)사회 실현 목표연도인 오는 2020년에 가야 중국이 초등수준의 선진국에 진입할 것으로 예측했다.

이어 2050년에 세계 40위권, 2080년에는 선진국 대열에 합류할 것으로 전망했다. 보고서는 중국경제가 좋은 기회를 맞고 있다며 △정보화와 세계화 △생명공학과 녹색경제 △문화산업 등을 3대 기회로 제시했다.

경제 현대화 목표를 실현하기 위해 중국은 △교통=8% △에너지=6% △통신=5% △지식기초산업=3%의 연평균 성장률을 유지해야 할 것이라고 보고서는 지적했다. 보고서는 특히 중국경제가 2050년까지 다음 10가지 도전에 직면할 것이라고 경고했다.

① 노동생산성의 지속적 향상
② 지식경제로의 전환
③ 농업현대화
④ 자원 및 에너지 지속 공급
⑤ 금융안정 지속
⑥ 경제와 환경의 조화 발전
⑦ 도 · 농 간 및 지역 간 조화 발전

⑧ 노동력 수준 제고

⑨ 혁신능력 및 효율제고

⑩ 경제 글로벌화 참여와 국가이익보호

중국 2020년까지 연평균 8% 성장

중국이 2000년~2020년 연평균 8% 수준의 경제성장률을 기록할 것이라고 중국언론이 2005년 11월 17일 쉬시엔츈(許憲春) 중국국가통계국 국민경제계산사 사장을 인용해 보도했다.

흐어츄안치(何傳啓) 주임의 보고서가 상당히 냉정한 평가에서 나왔다면, 현직 관리들의 견해는 상당히 낙관적이다.

쉬시엔츈(許憲春) 중국국가통계국 국민경제계산사(司) 사장은 중국의 생산성 개발과 관련된 국제포럼에서 향후 5년 동안 중국은 연 8.5%의 성장률을 유지할 것이며, 2010년 중국의 국내 총생산(GDP)은 26조 위엔을 기록할 것

상하이(上海)의 야경

이라고 밝혔다.

같은 해 중국의 1인당 GDP는 1만 9000위엔에 달할 것이라고 쉬 사장은 덧붙였다. 또 2010~2015년 중국의 GDP는 연평균 8% 수준으로 성장할 것이며, 2015년 GDP는 42조 위엔, 1인당 GDP는 2만 위엔에 이를 것으로 예상했다.

쉬 사장은 이때부터 중국은 세계은행의 2004년 평가기준으로 '중진국 상위권'에 랭크될 것이라고 말했다. 아울러 2015~2020년 중국의 GDP는 60조 위엔을 넘어서 1인당 GDP도 4만 위엔을 웃돌 것이라고 전망했다.

그는 2000~2020년 중국 경제의 주요 성장동력은 여전히 급속한 자본축적에 있다고 설명하고, 비록 GDP 성장에서 자본 유입의 기여도가 줄고 있지만 계속해서 50% 수준은 웃돌고 있다고 지적했다.

쉬 사장은 향후 5년 동안 에너지 수요에 따른 투자증가와 더불어 2차 산업의 비중이 지속적으로 높아질 것이라고 내다보고, 아울러 높은 투자율은 자본재 수요를 증대시킬 것이라고 설명했다.

그는 중국 산업화와 도시화의 영향으로 높은 투자율이 점진적으로 줄어들겠지만 소비는 꾸준히 늘어날 것이라고 말하고, 2020년까지 투자율은 35% 정도로 내려가는 반면 소비율은 60% 이상으로 상승할 것으로 전망된다고 덧붙였다.

앞으로 10년 후 중국경제가 직면할 8대 과제

그런가 하면 중국 정부의 싱크탱크인 중국국무원 발전센터는 10년 후 중국이 직면하게 될 8가지 과제를 밝혔다.

> 1. 자원부족
> 지난 20년 간 중국의 에너지 소비는 2.6배 증가했다. 에너지별로
> △석탄=2.4배 △석유=2.7배 △천연가스=2.2배의 증가를 기록했다.

2020년 총 에너지 소비량은 30억 톤(석탄에너지로 환산)으로 예상되며, 10년 후 중국은 에너지 보유량, 생산능력, 운송능력 등에서 어려움을 겪을 것이다.

2. 노령화사회

중국은 이미 노령화 초기 단계에 진입했고, 노령화 속도가 매우 빠르게 진행되고 있다. 65세 이상 노인인구 비율이 7%에서 15%에 달하는 기간이 프랑스 115년, 미국 68년, 영국 45년인데 비해 중국은 27년에 불과할 것으로 보인다. 2020년 노인인구(60세 이상)의 비율이 16%에 이를 것이다.

3. 인건비 우위 저하

1인당 GDP가 1,000달러를 돌파한 이후, 지역과 업종에 따라 임금상승률이 빠르게 진행되고 있다. 노동집약형 업종의 경쟁력이 인근 경쟁국가에 비해 점차 약화되고 있다. 10년 후에는 저렴한 인건비에 기반을 둔 대량생산의 비교우위가 훨씬 약해질 것이다.

4. 도시와 농촌 격차

1990년 대 이후 도·농 간 소득 격차가 2003년 3.2:1로 계속 확대되고 있다. 농업현대화의 추진으로 소득증대를 꾀하고 있으나, 농업부문의 노동생산효율이 낮아 빠른 소득증대로 이어지지 않고 있다.

5. 지역 간 격차 존재

서부대개발·동북진흥 추진 등으로 상대적 저개발 지역에 대해 관심을 쏟고 있으나, 10년 후에도 지역간 격차는 여전히 존재할 전망이다. 국토의 균형 발전전략에도 불구하고, 지리적 입지, 경제인프라의 낙후로 인해 차이는 더욱 확대될 개연성도 있다.

6. 취업난

세계은행에 따르면, 15~64세 사이의 노동인구가 △2000년=8억 5천만 명 △2010년=9억 5천만 명 △2020년=9억 8천만 명 등으로 지속 증가할 전망이다. 취업난이 중·저급 노동자에서 고급인력에까지 광범위하게 확산되고 있다는데 심각성이 더욱 크다.

7. 환경문제

공업화·도시화의 진전으로 환경문제의 심각성이 크게 부각되고 있다. 대기오염의 주범인 이산화탄소 및 이산화황의 세계최대 배출국가 중 하나로서, 현재 중국 전체인구 중 1억 명이 심각하게 오염된 공기로 호흡하고 있다. 또한 심각한 수질 오염에 따른 질병이 증가하고 있다.

8. 경제개방과 외부변수

경제의 전면 대외개방으로 경제구조의 선진화가 가능하게 될 것이지만, 경제운영에 있어 외부변수에 대한 고려가 심화될 것이다. 최근의 위엔화 절상문제나 잦은 통상마찰 등이 대표적인 예이다.

중국경제가 당분간 계속해서 고성장을 유지하는 데는 큰 이견이 없는 듯하다. 그렇지만 과연 지속해서 고성장을 이룰 수 있을지, 언제쯤 세계 최강국이 될지는 의견차가 분분하다. 누구는 2020년쯤이면 최강국이 된다고 하고, 누구는 2040~50년을 잡기도 한다. 어떤 이는 중국 경제가 한국처럼 한 번은 넘어질 수 있다고 한다. 경제가 붕괴는 아니더라도 큰 고비를 맞을 수 있다는 견해다.

고성장임에도 낡은 시스템은, 경제성장을 못 따라가는 경제와 사회시스템의 발전은 앞으로 중국 경제가 암초를 만날 가능성을 보여준다. 이 암초를 미리 예견하고 피할지, 큰 무리 없이 극복할지는 좀 더 지켜봐야 할 것 같다.

고성장 구가하는 중국요식업계

베이징(北京)에는 거리마다 음식점이 있는데, 식사하러 음식점에 들어갔다가 만원이라 자리가 나기를 기다리는 경우가 적지 않다. 그만큼 베이징의 요식업종이 활기를 띠고 있다는 반증이다. 가격도 중국물가나 월급을 고려하면 만만치 않은데도, 그 큰 음식점에 사람이 가득한 것을 자주 보게 된다. 그래서 이런 비싼 음식점에 어쩜 이렇게 사람이 많을까 하는 생각이 끊임없이 들게 된다. 싼 음식점도 나름대로 싼 장점을 내세우며 손님을 끌어들인다. 사실 한산한 음식점을 찾아보기가 어렵다.

베이징시, 음식점 20% 더 수용 가능

명절이나 연휴 때 베이징 시민들이 지출하는 1인당 요식비는 60~100위엔에 달하는 것으로 나타났다.

2005년 1분기 베이징시 전체 요식업체들의 매출총액은 62억 4000만 위엔으로, 매일 평균 7,000만 위엔씩의 매출을 올린 셈이 된다.

그러나 이 같은 규모의 요식업 시장에서 매달 10%의 음식점들이 새로 개업하고 8%의 음식점들이 양도 또는 폐업하는 것으로 나타났다.

베이징시 공상부문에 등록된 요식업체 수가 4만 1000개인 점을 감안하면, 매일 평균 130여 개 음식점들이 새로 생겨나고, 100개 정도의 음식점들이 양도 또는 폐업하는 셈이다.

요식업종은 폭리업종이라는 일반의 인식과는 달리, 전체적으로 인건비와 전기 · 물세 · 건물임대료 · 세금 등의 비용을 빼고 나면 음식점의 순이윤률은 3~5% 수준에 불과하다.

현재 베이징에서 소규모 음식점보다는 대형 음식점의 매출과 이윤실적이 상대적으로 좋은 것으로 알려져 있다.

베이징시 전체에서 연간 매출 200만 위엔 이상의 대형 음식점 수는 1,000여 개로, 2005년 1분기 이들 음식점은 39억 9000만 위엔의 매출을 올려 요식업 매출총액의 50%를 차지한 것으로 집계됐다.

업계 관계자는 "베이징의 요식업종은 아직 경쟁환경이 충분히 형성되지 못했다"며 "음식점의 서비스 질이나 요리의 질이 좋아지고, 가격은 낮아지는 것으로 경쟁환경 여부가 반영되는데, 베이징이 아직 그렇지 않은 것은 베이징의 요식업 시장이 아직 포화 상태에 이르지 않았음을 말해 주는 것"이라고 지적했다. 베이징시의 음식점 수가 현재 수준에서 20% 증가해도 문제가 없다는 것이 업계 관계자들의 일치된 예측이다.

음식점 브랜드 중요해

베이징을 예로 들었지만, 중국 요식시장이 호황을 누리는 것은 통계로도 나와 있다. 중국의 요식시장 매출규모가 지난해 8886억 8000만 위엔을 기록했다. 이는 전년대비 17.7% 증가한 것으로, 연속 15년 간 두 자리 수의 고성장을 기록하고 있다. 특히 올해는 사상 최초로 1조 위엔대를 넘어설 것으로 전망된다. 그리고 앞으로도 계속해서 고성장을 할 것으로 예측되며, 더 성장할 수 있는 여유공간도 많다.

그러나 거대한 시장에서 구심점 역할을 하는 선도기업이 없기 때문에 시장이 분산되는 양상을 보이고 있다. 이는 강력한 브랜드를 갖춘 대형 음식점은 적고 서로 비슷비슷한 소형 음식점들만 난립한 결과다. 실제로 지난 2004년 중국 요식업계 100대 기업의 총매출은 536억 8600만 위엔으로 전체의 8%를 차지하는 데 그쳤다.

요식시장에서는 브랜드를 보고 소비하는 경향이 두드러지게 나타난다. 중국연쇄(체인)경영협회의 2006년 최신 통계자료에 따르면, 요식을 할 때 음식점의 지명도를 중시한다는 소비자의 비율이 56%를 차지했다.

소형 음식점 난립

브랜드를 키우는 방법으로 오래된 음식점들은 최신 경영기법과 기존의 브랜드 우위를 결합시키는 방법을 즐겨 쓰고 있다. 오리구이로 유명한 취엔쥐더(全聚德)그룹의 브랜드 가치는 2005년 106억 3400만 위엔으로 평가됐다. 브랜드의 인기에 힘입어 2005년 5월 노동절 연휴기간엔 허핑먼(和平門) 지점에서만 이틀 연속 하루 110만 위엔 이상의 매출을 올리는 기록을 세웠다.

취엔쥐더는 브랜드 확립을 위해 특히 제품 표준화에 힘쓰고 있다. 지앙쥔시엔(姜俊賢) 총경리는 "규모화를 이루기 위해서는 표준화를 이뤄야 한다."고 강조하고, "취엔쥐더는 프랜차이즈 경영모델을 도입, 엄격한 관리시스템을 구축했다."고 설명했다.

현재 중식업계는 오래된 브랜드들 외에도, 타오란쥐(陶然居), 탄위토우(譚魚頭), 치아오지앙난(俏江南) 등 새로운 브랜드들이 소비자의 호평을 받고 있다. 전문가들은 요식업계가 이미 브랜드 경쟁 시대에 접어들었다며, 브랜드화·규모화 경영이 대세로 자리잡고 있다고 분석했다.

떠오르는 서양음식점

새롭게 떠오르고 있는 양식업계는 '돈이 보이는 사업'이다. 양식점은 현재 베이징(北京)에 1,600여 개, 상하이(上海)에 2,000여 개, 광저우(廣州)에 3,000여 개 등, 중국 전역의 중·대도시에서 성업 중이다.

양식업계가 호황을 누리는 원인에 대해, 한 서양요리 전문가는 '색다른 양식의 맛과 서비스를 체험하려는 사람들이 늘어난 점, 생활수준의 향상' 등을 들었다. 양식업계의 경영전략은 크게 두 가지로 구분된다. 양식의 원래 맛을 그대로 고수하는 업소로는 정통 프랑스요리를 추구하는 베이징의 '파리맥심(巴黎馬克西姆)'이 대표적이다. 반면 '양식의 현지화'를 통해 대중화를 추구하는 업소로는 광저우의 '뤼쥔거(綠茵閣)'가 손꼽힌다.

중국요리협회의 한 양식전문관계자는 양식점은 중식점과 다른 문화적 분위기를 가진 것이 장점이라고 설명했다. 오는 2008년 베이징 올림픽을 계기로 양식에 대한 사람들의 이해가 늘어나면 양식업계는 더욱 발전하게 될 것이라고 이 관계자는 내다보았다.

전망좋은 일·한 음식점

특색 있는 소형 음식점도 돈이 되는 사업으로 인기를 끌고 있다. 가장 큰 무기는 개성이다. 제8회 중국특허전시회에서는 '신선한 차(鮮茶)' 제조기가 크게 주목을 끌었다. 고압추출 원리를 이용해 짧은 시간에 차를 끓여내는 방식인 이 '신선한 차' 체인점에 가입하려는 사람들이 줄을 이었다.

여름철을 맞아 냉음료 업소도 '열기'를 더하고 있다. 그 중 '싼위엔메이위엔(三元梅園)'은 한때 사라졌던 베이징식 치즈의 맛을 되살려, 음료 형태로 저가에 보급하고 있다.

소형 패스트푸드점들도 다양화되고 있다. 중식은 만두·면·덮밥 위주에서 쌀 국수 등의 특색있는 스낵으로 경영범위가 넓어지고 있다.

외국음식으로는 일식 패스트푸드인 '요시노야(吉野家)'와 뷔페식 '松子'가 베이징에서 인기를 끌고 있다. 그리고 고급음식점인 수복성과 서라벌, 철판요리 전문 '한구오챠오판(韓國炒飯)', 닭요리 전문의 '바비버스(巴比博士)' 등의 한국 음식점들이 각광을 받고 있다.

중국, 애니메이션 강국으로

2004년 가을 중국 정부는 애니메이션산업을 국가 전략산업으로 선정하였다. 중국 문화부가 당시 마련한 '국가 애니메이션게임산업 진흥계획' 초안에 따르면 중국 정부는 국가급 애니메이션게임산업 진흥기지 및 산업단지 등을 건설, 국가가 관리하는 초대형 애니메이션게임 기지로 육성하기로 했다.

또 디지털 예술 연구실 등 애니메이션만화연구센터를 만들어 중국 문화와 스토리에 맞는 애니메이션게임산업의 핵심·범용 기술개발을 지원하는 한편 매년 연례회의 개최를 통해 관련 산업정책 결정에 실질적인 근거를 제공하기로 했다.

이와 함께 애니메이션 관련기업들이 대부분 중소기업이라는 점을 감안해 산업발전기금을 조성하고 장기저리의 자금을 지원하기로 했다.

중국 문화부의 고위 관계자는 "연구개발에 대한 자금지원은 물론 산업단지를 조성해 애니메이션 산업의 시너지효과를 극대화할 계획"이라며 "현재 베이징과 상하이 등을 중심으로 산업단지를 물색하고 있고, 연구개발자금 조성방안도 적극 강구하고 있다."고 밝혔다.

중국 정부의 이 같은 움직임은 중국 애니메이션산업의 절반 이상을 일본·한국·미국 등이 차지하고 있는데 따른 위기의식이 높아지고 있는데다 초기 시장이 형성되는 시점에서 중국 고유의 특색있는 작품을 만들지 않으면 국제경쟁대열에서 영원히 뒤쳐질 것이라는 우려 때문이다.

2004년, 현지 게임업계의 한 관계자는 "현재 중국 국민총생산(GDP)에서 차지하는 비중이 10만 분의 1에 불과한 애니메이션산업이 앞으로 5~10년 내에 100분의 1 수준으로 올라갈 것"이라며 "이렇게 될 경우 연간 1,000억 위엔대의 시장이 형성될 것"으로 전망했다.

중국산 애니메이션 부족 심각

중국정부는 현재 만화영화산업을 정책적으로 지원하고 있다. 중국산 만화영화와 외국산 만화영화의 TV 방영비율을 6:4로 정한 외에, 저녁식사 시간대에 만화영화를 방영하면 저녁 7~10시 사이의 광고시간을 늘려주는 혜택도 제공하고 있다.

그러나 중국 만화영화산업은 정책적인 지원에도 불구하고 중국산 만화영화의 제작편수는 아직 상당히 부족하다. 2004년 CCTV의 한 관계자는 CCTV에서만 매년 약 2만 5000분 분량의 중국 만화영화가 부족하다고 밝혔다. 성(省)급 TV방송국의 수요까지 감안하면 중국 전역에서 부족한 중국산 만화영화분량은 편수로 1만여 편에 해당하는 약 20만 분(分) 분량에 이른다.

만화영화의 캐릭터도 제대로 활용하지 못하고 있다. 중국 만화영화업계는 매년 2000억 위엔이 넘는 것으로 추정되는 문구, 어린이용 식품, 완구, 의류, 영상・음반제품 등 캐릭터관련 시장에서 조금만 노력하면 최소 100억 위엔 정도는 더 차지할 수 있다는 것이 전문가들의 지적이다.

한편, 중국산 만화영화는 적절한 기획이 이뤄지지 못해 시청자를 끌지 못하고 있다. 이에 따라 광고수입이 제작원가의 70% 수준까지 도달해야 함에도 불구하고 실제로는 10%에도 미치지 못하고 있는 실정이다.

중국 애니메이션의 현주소

2006년 중국의 IT징리스지에(經理世界)는 막대한 돈을 벌 수 있는 잠재력 있는 산업(애니메이션)에 사람들의 관심이 몰리고 있다고 보도하였다.

24세의 '링흐어치엔(零和千)'과 26세의 '동시(東西)'는 그들의 사무실에서 아이들과 청소년을 위한 도서와 애니메이션을 개발하고 있다. 그들이 심혈을 기울여 그리는 "얼통잉위지아니엔화(兒童英語嘉年華)"가 이미 출판 마지막 단계에 접어들었다. 그들의 꿈은 이런 연재물이 출판 후 독자들의 큰 환영을 받으면, 방송국이나 투자가를 찾아 애니메이션으로 만들고, 관련된 어린이 영어교육애니메이션 프로그램을 만드는 것이다. 현재 TV방송국에서 방영허가를 결정할 때, 만화캐릭터의 모습이 일본과 한국의 스타일을 닮지 않도록 요구하고 있는 것을 고려하여, 그들이 만화책을 만들 때 그들이 그린 캐릭터가 큰 눈에 긴 머리 스타일인 일본과 한국의 스타일과 같지 않도록 특별히 조심하고 있다.

하지만, 그들이 벽에 붙인 습작그림에는 일본과 한국 애니메이션의 영향을 받은 흔적이 남아 있으며, 그림 속의 캐릭터는 큰 눈에 작은 입을 가지고 있다.

'동시'와 '링흐어치엔'은 1980년대에 출생한 전형적인 중국 애니메이션업계 종사자들이고 중국 애니메이션에 대해서 이상이 넘치지만, 그들도 일본 애니메이션의 영향을 가장 깊게 받았다.

'동시'가 가장 먼저 접촉한 일본 애니메이션은 '성투사(세인트 세이야)'이고 '링흐어치엔'은 '미소녀전사 세일러문'을 잊을 수 없다고 한다. 그들은 외국 애니메이션이 중국 애니메이션 시장을 점거하던 시대를 지켜보면서, 중학교 때부터 만화잡지사에 투고하기 시작하여, 애니메이션과 관련된 직업을 구하였으나 저임금과 장기간의 실업을 겪게 되었는데, 중국에서는 이런 사람들이 꽤 많다.

근 2년 새 애니메이션 방영 열풍이 불고 활기를 띠지만 중국 애니메이션은 사실 저가경쟁이 치열하며 적절한 비즈니스 모델을 아직 찾지 못하고 있다. 일단 중국 애니메이션업계에 들어오면, 외국 애니메이션에 위협받을 뿐만 아니라 방송국의 구매가격이 놀랄 만큼 낮으며, 음악 및 상품시장에서 따오반이 정품보다 9배 정도 많다는 사실을 발견한다.

'링허치엔'이 예전에 일한 회사는 60명 정도가 일하는 회사였는데, 그녀가 떠날 때 회사는 이미 월급을 줄 형편이 못 되었고 적절한 비즈니스 모델을 찾지 못한 회사였다. 그 회사는 제법 돈을 들여 중국 스타일의 애니메이션을 제작했으나, 결과는 십 몇 편의 유아대상 애니메이션이었고 방영할 방송국을 찾지 못해 결국은 방송하지 못하였다.

사실 이 업계 대다수기업은 생존의 문제에 시달린다.

전통적 애니메이션은 매 분당 제작비용이 1만 위엔 정도 드는데, 더 세밀한 제작기법이 동원되면 비용이 더 올라간다. 그러나 전역 1,000여 개의 방송국은 애니메이션 제작사에 1분당 십 몇 위엔 또는 몇십 위엔의 가격으로 구입하며, 애니메이션의 내용과 품질에 엄격한 심사를 행하고 있다.

이에 중소기업에게 두 가지 활로가 있는데 얌전하게 방송국과 합작해서 제작비용을 받는 것과 기업을 위해 짧은 애니메이션을 만드는 것이다. 전자는 고정적인 수입을 가져오고 후자는 건당 수입을 올린다.

다른 생존방식은 몇 년 간 특히 불경기인 하청업이다. 하청기업은 전부 수입불안정과 저가경쟁에 휘말렸으며, '동시'는 중국이 해외 애니메이션기업의 가장 큰 하청기지가 되어 저가경쟁에 휘말리는 모든 과정을 직접 지켜보았다.

1998년 전, 전통 애니메이션 스케치와 채색에 종사하는 숙련공은 1달에 1만 위엔을 벌 수 있었으나, 현재는 하루 14장을 그린다고 가정하면 한 달 수입은 3~4천 위엔 정도에 불과하다.

짱푸꾸이(張福貴)는 "하청업의 진입장벽은 나날이 낮아지고, 경쟁은 더욱 치열해진다"고 말하고 "내가 요새 잃어버린 계약들은 중국내 경쟁자들뿐만 아니라 타이완, 동남아와 인도로 옮겨졌다."고 덧붙였다.

중국 애니메이션의 현주소는 겉보기와는 다르게 그리 낙관적이지는 않는 것 같다.

최명철

고려대학교와 중국사회과학원을 거쳐
현재 중국 청화대학교에서 경영전략 박사과정에 있다.

조선일보 경제 주니어보드, 매경ECONOMY와
비즈넷타임즈 및 코트라에서 자유기고가,
위드차이나에서 통신원을 했었고,
현재 유통저널과 물류신문의 객원기자이다.
관정 이종환 장학재단 제2회 장학생이었다.

차이나 리포트

초판 1쇄 인쇄 2006년 8월 25일
초판 1쇄 발행 2006년 8월 31일
지은이 최 명 철
펴낸이 박 성 복
펴낸곳 도서출판 월인
주소 서울시 강북구 수유2동 252-9
전화 (02)912-5000
팩스 (02)900-5036
e-mail worinnet@hanmail.net
homepage http://www.worin.net
등록 제6-0364호(1998.5.4)

ISBN 89-8477-327-1 03820

값 16,000원

烏魯木齊
新疆維吾爾自治區
青海省
西寧
西藏自治區
拉薩
四川省
昆明
雲南省

黑龍江省
哈爾浜
吉林省
長春
吉林
內蒙古自治區
瀋陽
遼寧省
呼和浩特
河北省
大連
北京
大同
天津
烟臺
太原
石家庄
延安
山西省
濟南
青島
山東省
日照
西安
鄭州
江蘇省
河南省
安徽省
南京
上海
合肥
湖北省
武漢
杭州
寧波
浙江省
南昌
溫州
湖南省
廣西省
長沙
福州
福建省
廈門
臺灣
廣省省
廣州
深圳
茂明
奧門 特別行政區
香港
特別行政區
海口
海南省